紫金农商银行史

紫金农商银行史编委会　著

当代中国出版社
Contemporary China Publishing House

图书在版编目(CIP)数据

紫金农商银行史 / 紫金农商银行史编委会著. --
北京 : 当代中国出版社, 2017.2
ISBN 978-7-5154-0742-5

Ⅰ. ①紫… Ⅱ. ①紫… Ⅲ. ①商业银行-银行史-南京 Ⅳ. ①F832.9

中国版本图书馆 CIP 数据核字(2016)第 258599 号

出 版 人　曹宏举
责任编辑　姜楷杰
责任校对　康　莹
封面设计　木　易
出版发行　当代中国出版社
地　　址　北京市地安门西大街旌勇里 8 号
网　　址　http://www.ddzg.net　邮箱:ddzgcbs@sina.com
邮政编码　100009
编 辑 部　(010)66572264　66572154　66572132　66572180
市 场 部　(010)66572281　66572161　66572157　83221785
印　　刷　北京宝昌彩色印刷有限公司
开　　本　720 毫米×1020 毫米　1/16
印　　张　21.25 印张　36 插页　插图 67 幅　274 千字
版　　次　2017 年 2 月第 1 版
印　　次　2017 年 2 月第 1 次印刷
定　　价　56.00 元

2000 年 4 月 14 日，国务院总理朱镕基（左）在中国人民银行行长戴相龙陪同下在江苏视察农村信用社

2002 年 5 月 22 日，全国人大常委会副委员长成思危（中）视察南京农村信用社

1998 年，中国人民银行南京市分行副行长冷贤豪（前排左五）在南京市农村金融体制改革领导小组办公室有关领导的陪同下参加城郊联社成立大会，并与南京市各（区）县联社理事长（主任）合影

2003 年 11 月 28 日，合并重组的浦口区联社举行开业典礼，江苏省农村信用社联合社主任王明津（左六）和区四套班子领导等参加

2006 年 6 月 25 日，江苏省委常委、副省长赵克志（前右）在江苏省农村信用社联合社理事长王晨曦（前左）的陪同下考察市区联社金融知识普及月活动

2007 年 5 月 10 日，江苏省委常委、南京市委书记罗志军等领导在市区联社调研

★ 领导关怀

2010 年 5 月 7 日，江苏省农村信用社联合社纪委书记景伯秋（左四）视察六合区联社

2010 年 5 月 18 日，江苏省农村信用社联合社副主任陈友慧（右排左二）在江宁区联社调研

2011 年 10 月 6 日，江苏省农村信用社联合社理事长王晨曦（前左）在紫金农商银行调研

2012 年 2 月 16 日，江苏银监局副局长谭震祥（前左三）到商户调研“紫金快付通”的使用情况

★ 领导关怀

2012 年 9 月 20 日，中国人民银行行长助理金琦（左一）到紫金农商银行观摩全国首台硬币存款兑换一体机

2013 年 3 月 21 日，南京市副市长罗群（左四）来紫金农商银行调研

2013 年 6 月 18 日，江苏省农村信用社联合社主任王明津（右排右二）、南京市委常委李世贵（右排右一）在六合支行调研

2013 年 7 月 1 日，江苏省农村信用社联合社党委副书记王国琛（前排左二）来紫金农商银行指导“七一”党建主题活动

2014 年 1 月 28 日，江苏省农村信用社联合社副主任吴瑕（前左一）到紫金农商银行营业网点调研旺季业务运营情况

2014 年 6 月 10 日，南京市委常委、常务副市长刘以安（左一）来紫金农商银行调研指导工作

2014 年 9 月 23 日，中国人民银行南京分行行长周学东（前左二）来紫金农商银行调研征信查询机上线运行情况

2014 年 10 月 29 日，江苏省农村信用社联合社主任胡长征（中）、副主任顾士新（右）等领导来紫金农商银行调研

★ 领导关怀

2015 年 6 月 12 日，江苏省农村信用社联合社理事长王晨曦（中）等领导来紫金农商银行调研“三严三实”和劳动竞赛情况

2015 年 12 月 31 日，南京市委副书记、市长缪瑞林（前左三），江苏省农村信用社联合社主任胡长征（前右三），市委常委、常务副市长刘以安（前右二）来紫金农商银行慰问

2016 年 3 月 14 日，中央组织部组织二局五处调研员、副处长袁继学（中）等领导在江苏省农村信用社联合社理事长吴万善（右一）等领导的陪同下来紫金农商银行调研党建工作

2016 年 9 月 13 日，江苏证监局副局长凌峰（右排中）等领导来紫金农商银行调研

★ 领导关怀

2016 年 11 月 22 日，江苏省农村信用社联合社副主任韩后军（中）来紫金农商银行调研

2016 年 12 月 7 日，江苏银监局局长扶明高（左排左二）、副局长丁灿（左排左三）、江苏省农村信用社联合社理事长吴万善（右排右二）、副主任胡建斌（右排右一）来紫金农商银行调研

紫金农商银行总行新大楼

紫金农商银行原总行大楼

原南京市区联社大楼

原江宁区联社大楼

原浦口区联社大楼

原六合区联社大楼

★ 重要事件

2010 年 12 月 26 日，紫金农商银行创立大会暨第一次股东大会召开

2011 年 3 月 28 日，紫金农商银行开业。图为江苏银监局副局长谭震祥（右）向紫金农商银行董事长黄维平颁发金融许可证

2011 年 9 月 21 日，紫金农商银行入股高淳农商银行（筹）签约仪式

2012 年 9 月 28 日，紫金农商银行与南京市住房公积金管理中心举办住房公积金归集行签约仪式，市委常委、常务副市长沈健（后排左二）等市领导参加

★ 重要事件

2013 年 8 月 6 日，紫金农商银行召开发展战略规划项目启动大会

2014 年 8 月 1 日，紫金农商银行召开商务转型启动暨培训会议

2015 年 11 月 27 日，紫金农商银行与南京股权托管中心正式开展股份登记托管合作，南京市委常委、常务副市长刘以安（后排左五）等领导参加

2016 年 2 月 26 日，紫金农商银行科技支行开业

★ 重要事件

2016 年 4 月 15 日，紫金农商银行召开“企业文化建设年”启动大会

2016 年 4 月 21 日，紫金农商银行召开 IPO（首次公开募股）工作启动大会

2016 年 6 月 24 日，紫金农商银行产品研发中心（上海）正式成立

2016 年 6 月 28 日，紫金农商银行江北新区分行成立

★ 文化建设

2005 年市区联社保持共产党员先进性教育动员大会现场

2011 年紫金农商银行组织党员赴井冈山开展革命传统教育

2013 年 8 月 7 日，紫金农商银行举办群众路线主题教育活动

2015 年 6 月 10 日，紫金农商银行召开“三严三实”专题党课暨专题教育部署视频会议

2011 年 6 月 21 日，紫金农商银行员工参加南京市财贸工会举办的建党 90 周年红歌赛大合唱获二等奖

龙舟赛是紫金农商银行每年举办的重要特色比赛项目

★ 文化建设

2011 年 11 月“紫金银行杯”江苏省银行业羽毛球比赛举行

2012 年 3 月紫金农商银行举办一周年庆名家书画交流联谊会

2015 年 4 月紫金农商银行举办骑行赛

2015 年 5 月紫金农商银行员工参加南京城市乐跑赛

2011 年 7 月，紫金农商银行举办拓展训练

2014 年 11 月，紫金农商银行在江苏省农村商业银行首届业务技能比赛中喜获团体一等奖

2015 年 3 月紫金农商银行荣获南京地区银行从业人员业务知识竞赛三等奖

2015 年 9 月，紫金农商银行“案件防控提升年”知识竞赛暨演讲比赛选手合影

★ 文化建设

2016 年 10 月，由江苏省国资委、江苏省总工会主办的“紫金农商银行杯”“重走长征路”迷你马拉松赛在南京举行

2016 年 11 月，紫金农商银行开展“守护紫金山　清扫落叶行”环保公益活动

2016 年 10 月，紫金农商银行组织党员赴湖南韶山开展红色教育

2016 年 12 月，紫金农商银行与江苏第二师范学院为合作打造的“紫金艺术团”举行揭牌仪式

★ 回馈社会

2011 年 8 月，董事长黄维平（中）参加“大爱长江·圆梦大学”活动

2013 年 10 月，紫金农商银行青年志愿者看望结对帮扶的留守儿童

2013 年 12 月，紫金农商银行启动帮扶溧水区晶桥镇项目

2015 年 2 月，紫金农商银行行长汤宇（左一）在六合区领导陪同下慰问困难群众

2016 年 3 月 18 日，紫金农商银行董事长张小军（左）在南京市扶贫基金会成立大会上向精准扶贫项目捐赠 2000 万元

★ 回馈社会

2016 年 7 月 13 日，紫金农商银行与市扶贫办、市扶贫基金会举行精准扶贫捐赠签约仪式。南京市委副书记龙翔（后排左二）参加

2016 年 12 月，紫金农商银行党委副书记王留平（中）走访慰问溧水区困难群众

紫金农商银行被授予2010~2012年度江苏省文明单位称号

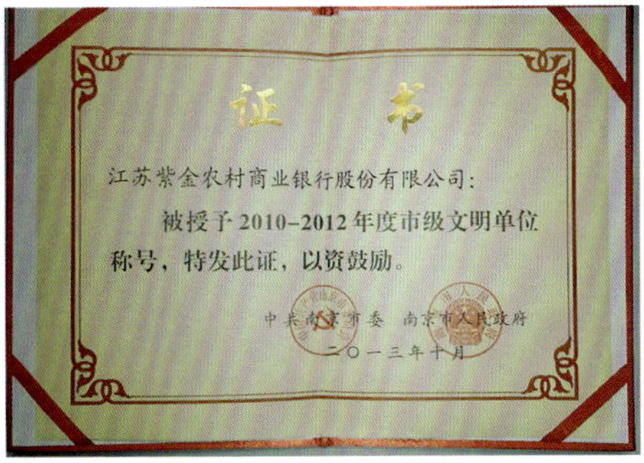

紫金农商银行被授予2010~2012年度南京市文明单位称号

紫金农商银行获2011年度“三农”服务和产品创新奖

紫金农商银行获2012年南京人居环境建设突出贡献单位（最佳金融服务）奖

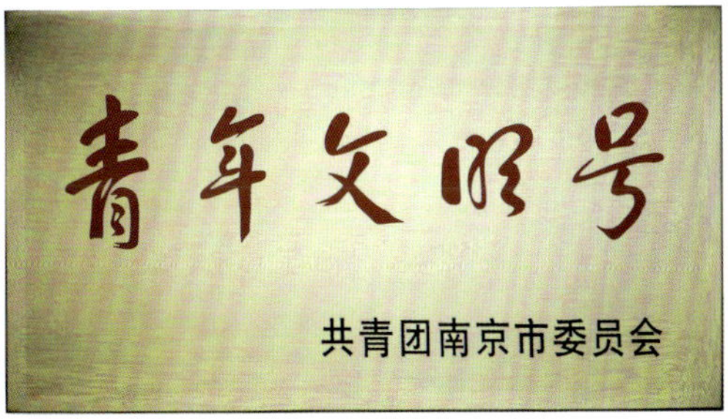

紫金农商银行获2012年度青年文明号称号

紫金农商银行获2012年度小微企业金融产品创新奖

★ 硕果累累

紫金农商银行获2012年推动中小企业发展金融服务奖

紫金农商银行获2012年最佳惠农商业银行奖

紫金农商银行被评为中国地方金融2013十佳竞争力银行

紫金农商银行被评为2013年度最佳中小企业融资银行

紫金农商银行获2014年度金融业服务小微企业竞赛三等奖

紫金农商银行被评为中国地方金融2014年十佳竞争力银行

2014 年 11 月紫金农商银行被评为十佳支持三农银行

紫金农商银行被授予 2013~2015 年度江苏省文明单位称号

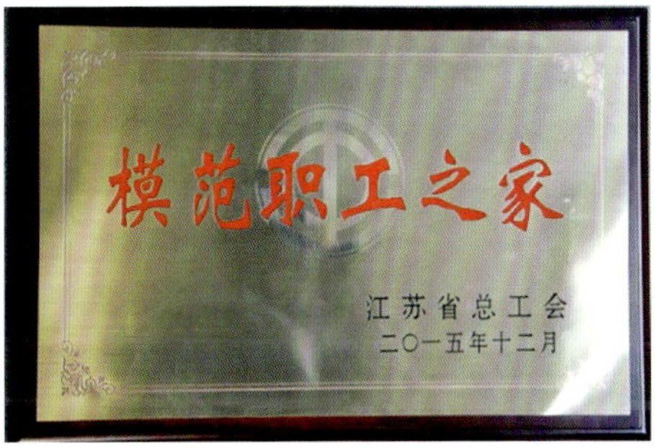

2015 年 12 月紫金农商银行被授予江苏省模范职工之家称号

2016 年 2 月紫金农商银行被评为全国十佳创新服务小微企业银行

2016 年 1 月紫金农商银行被评为年度竞争力优势银行

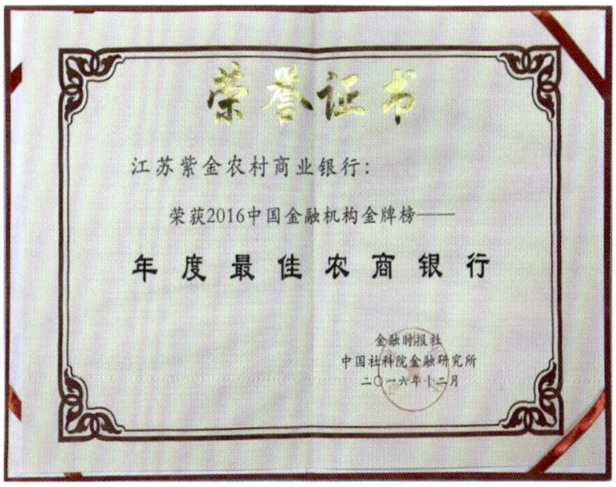

紫金农商银行获 2016 年度最佳农商银行

★ 硕果累累

江宁县联社获 1993 年度信用合作工作优胜奖

大厂区联社获 1995 年度旺季组织资金先进单位奖

大厂区联社被评为 1996 年度业务经营综合考核先进单位

浦口区联社营业部 2001 年成功创建青年文明号

市区联社被授予 2005~2006 年度南京市文明单位称号

江宁区联社被评为 2008 年度创建“四好”领导班子先进单位

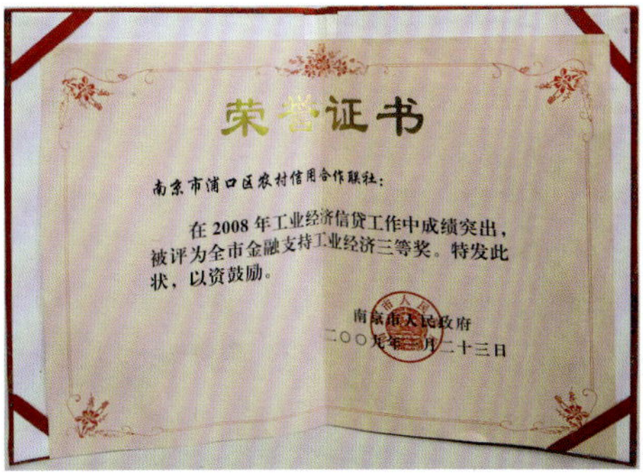

浦口区联社获2008年全市金融支持工业经济三等奖

江宁区联社获2009年度经营目标综合考核优胜单位一等奖

六合区联社被授予2007~2009年度江苏省精神文明建设工作先进单位称号

六合区联社被授予2007~2009年度南京市文明单位称号

六合区联社2010年4月获南京市五一劳动奖状

市区联社团委被评为2010年度江苏省五四红旗手团委创建单位

★ 领导班子

紫金农商银行第一届领导班子成员：左起副行长刘广生、副行长汤宇、行长张意如、董事长黄维平、党委书记解自来、监事长陶正国、副行长孔小祥

紫金农商银行第二届领导班子成员：左起副行长李昌盛、副行长周石华、监事长陶正国、党委副书记王留平、党委书记、董事长张小军、副董事长黄维平、行长汤宇、副行长陈敬民、副行长孔小祥

序一
传承农信魂　共筑紫金梦

盛世修史，鉴古知今。

为纪念中国共产党成立95周年暨紫金农商银行组建5周年，经总行党委研究，紫金农商银行开展了以“修一本行史书、建一所行史馆”为主题的行史建设活动。2015年5月行史编纂项目正式启动。编纂人员历时一年多，深入档案馆、图书馆查阅档案史料，组织相关人员座谈，访问农信历史亲历者，在此基础上确立写作大纲，并数易其稿，经行史编委会成员集思广益最终成稿。《紫金农商银行史》的付梓，是南京农村金融发展史上的一件大事，也是紫金农商银行发展史上的一件盛事，可喜！可贺！

巍巍紫金山，百年农信情。《紫金农商银行史》系统记载了从20世纪20年代南京第一家农村信用社的创设到紫金农商银行改革发展90多年的风雨历程。发展农村合作经济，是中国共产党领导农民摆脱小农经济困境，走社会主义道路的伟大实践。本书通过对新中国成立以来南京信用合作史料的梳理，实事求是地阐述了在这个实践的探索过程中经历的曲折道路，归纳了合作金融在南京地区发展的历史经验，再现了农信人在“服务三农、服务中小、服务城乡”进程中锐意进取、奋发有为、开拓创新的壮丽画卷，浓缩了农信人、紫金人在这一历史进程中的宝贵精神财富和文化精神。

《紫金农商银行史》的出版，一方面“追本溯源”，对南京农信事业的发展脉络进行了追溯和梳理，填补了南京农信史的研究空白；另一方面“泽被后世”，及时抢救、整理了一大批史料，为读者、后人留下了翔实的第一手资料，肩负起了紫金农商银行文化积累和传承的使命，对于提高紫金的知名度、凝聚力，激励后人有着重要的示范和引领作用。《紫金农商银行史》不仅是一部描绘南京农信事业发展的行业史、记载南京农信社发展沿革的企业史，也是一部记录南京农信人艰苦创业的奋斗史、不断奋进的变革史、追求卓越的创新史，更是我国农信社改革发展的历史缩影。

古人云“以史为鉴，可以知兴替”“知之愈明，则行之愈笃”。

一部农村信用社到紫金农商银行的历史告诉我们，中国共产党是全国各族人民的领导核心，始终代表中国先进生产力的发展要求，代表中国最广大人民的根本利益。没有中国共产党的正确领导就没有合作金融发展的今天。

一部农村信用社到紫金农商银行的历史告诉我们，作为植根于“三农”、成长于“三农”的商业银行，必须以咬定青山不放松的精神，牢牢把握“服务三农、服务中小、服务城乡”的市场定位，我们才能立足市场，不断前行。

一部农村信用社到紫金农商银行的历史告诉我们，改革创新是企业生存发展的动力之源。没有不断地改革创新，就没有紫金农商银行蓬勃发展、生机盎然的今天。

历史是凝固的现实，现实是发展的历史。今天，我们更要大力弘扬“坚韧不拔、敢打敢拼”的农信精神，不断总结历史经验，不断发扬光荣传统，创新创业，力行实干，坚定现代商业银行发展方向，因势而谋、因势而动、因势而进，变中求新、新中求进、进中突破，为全力打造最理解客户、体验最佳、最值得信赖的高效便民银行而共同前行！

谨以此书献给为南京农信社、紫金农商银行辛勤付出的农信人、紫金人！

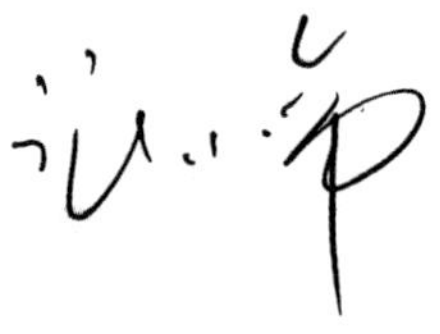

2016年6月

序二
一部浓缩农信社到紫金农商银行的信史

历时一年多谋篇布局、精心编纂、数易其稿,《紫金农商银行史》终于面世。这是第一本详细记载和反映南京农村信用社发展历程的史书,也是紫金农商银行的第一本正史。南京农村信用社的创设到紫金农商银行成立90多年的历程,既是总结昨天的记录,又是我们把握今天的起点,更是开创明天的向导。

编纂一本紫金农商银行信史既是紫金农商银行文化建设的重要内容,又是一项承上启下、继往开来、服务当代、有益后人的重大工程。遵照行党委提出要编纂一本观点正确、资料翔实、有地方特色、有学术品位史书的要求,编写人员以存史、资政、育人为目的,以历史唯物主义和辩证发展观为指导,客观、系统地记述了紫金农商银行的发展历程。本书不仅遵循了史书编纂的一般规则和方法,同时具有以下几个特点:

第一,史料翔实,资料准确。全书坚持以马克思主义的历史唯物主义为指导,力求对每段历史的发展进行正确的分析和阐述,做出科学判断,使得行史建立在正确的思想指导和科学的基础之上,充分体现正史的特点。本着详今略古的原则,编者将90多年的历史做了合理布局。20世纪20年代第一家南京农村信用社的创立到新中国的成立作为篇首,自新型信用合作组在南京的出现到改革开放,信用社联社成为独立法人的70多年的历程占全书的三分之二,紫金农商银行筹备开业至今占三分之一的篇幅,基本上做到了详今明古,拿捏得当。

编写过程中,编写人员不辞辛苦,先后奔赴南京市档案馆、中国人民银行南京分行、省联社、农行档案馆、原四家联社所在地查询,共收集有关档案资料数百万字、图书资料数百种。在此基础上，经过认真甄别，去粗取精，严谨引用，为本书的编写打下了扎实的资料基础。

同时，在正文中将所有引用资料以脚注形式明示，体现资料来源的准确无误，便于后人进一步研究。

第二，全面系统，彰显时代特色。本书系统地介绍了紫金农商银行及其前身农村信用社从无到有、改革探索、逐步壮大的发展过程。依据重要时间节点，全书将行史划分为十个发展阶段，大显小隐，囊括了农村信用社萌芽创立、曲折探索、改革创新、跨越发展等阶段翻天覆地的变化。不仅记载了农村信用社员工艰苦奋斗，勤俭办社，靠一把算盘一支笔，努力为改变“一穷二白”状况，支持农业生产，打击高利贷而做出的卓越贡献，而且浓墨重彩以较大篇幅介绍了紫金农商银行成立后，在上级领导关心和董事会的领导下，坚持以支持“三农”为重点，坚持改革创新不动摇，加快体制革新、业务创新、机制转换，群策群力，锐意进取，实现了五年新跨越的进程，彰显了改革创新的时代主旋律。

第三，正确处理共性与个性的关系。在农村信用社阶段，南京地区的农村信用社既带有全国农村信用社的共同特点，同时又表现出与众不同的地域特色。例如，2000 年 8 月，经国务院批准，江苏成为全国农村合作金融改革首个试点省，为全国农村信用社改革提供经验。这次试点，主要包括统一法人、明晰产权、转换经营机制，组建省联合社，组建农村商业银行等。在人行南京分行营管部的组织和推动下，当年 10 月，南京各县（区）信用联社与基层信用社顺利完成统一法人工作，信用社整体抗风险的能力得到加强，资源配置得到优化。此后，南京农村信用社改革步伐加快，在国家票据置换等一系列改革措施的推动下，农村信用社逐步摆脱了历史包袱，经营风险得到化解，经营机制转换加速，服务“三农”能力显著增强，为今后南京农村信用社大步发展创造了有利条件。

第四，详略得当，图文并茂。本书记事重于记人，以事系人，展现了信合人、紫金人自强不息的守业、弘业、创业精神。精选图片 140 余幅，凡重大事件、重大活动、重要人物都有图片对应，起到“一图抵千言”的作用，从而增强了史书的说服力。同时，做到语言流畅，引人入胜。尤其是章下无题序承前溯源，统领该章内容，反映全貌，增强整体性，内容概括，语言简洁，与正文叙述角度不同，基本没有重复，加深了读者对行史的认识和判断。

正文后附有各信用联社及紫金农商银行劳动模范、烈士及获省市以上先进人物，大事记，历届党政领导班子、董监事会的沿革，可谓内容丰富。

纵观过往，紫金农商银行从其前身——农村信用社诞生伊始就被赋予了服务“三农”、服务地方经济的光荣使命，90多年以来，一直和农业转型增效、农村经济发展、农民脱贫致富紧密相连。创业、阵痛、成长、崛起，经历了漫长而艰苦的历程，最后破茧成蝶为紫金农商银行。随着价值创造力和核心竞争力不断提升，在现代商业银行理念下，紫金农商银行将扎根于服务“三农”的土地，为地方经济的发展和腾飞贡献出新的力量。她的成长史，既是一部南京农村金融的创业史、改革史、发展史，又是对南京金融志的佐证和补充，也是地方经济史的重要组成部分。

为史之道，以古传今。不了解过去，就不能把握现在，不能把握现在，就无法开创未来。希冀这部行史的出版，赋予我们更多的“同分享、共成长”的动力和源泉，让新一代紫金人学习了解农信社的成长历史，继承发扬老一辈的优良传统，大力弘扬“坚韧不拔、敢打敢拼”的农信精神，同舟共济，开拓创新，奋发进取，不断攀登紫金发展高峰！

衷心感谢省委省政府、市委市政府、人行南京分行、江苏银监局、江苏省联社、人行南京分行营管部、农行江苏省分行及营业部、南京市档案馆、南京党史办等机构在本书编纂过程中给予的支持和帮助；衷心感谢全行员工为本书编纂提供的宝贵资料与建议；衷心感谢编委会全体成员为本书编纂付出的汗水和努力！

2016年6月

目 录

第一章
20 世纪初的农村信用合作事业

紫金农商银行的前身为南京农村信用合作社。

农村信用合作社在南京的建立和发展，历史久远。早在 20 世纪 20 年代，南京就出现了首批农村信用合作社。

1924 年 10 月，随着西方合作精神在中国的传播，受新兴合作运动的启发，金陵大学教务委员徐澄在南京丰润门（今玄武门）率先创设了南京第一家农村信用社。1927 年，该校共在南京近郊农村筹办了 20 家合作社，到 1937 年 6 月，信用合作组织发展到 86 家。其中，郊区上新河地区最多，计 48 社；其次是城区内，15 社；燕子矶区，13 社；孝陵卫区，10 社；按业务分类：信用社 69 家，消费社 7 家，生产社 4 家，公用社 3 家，供销社 2 家，运销社 1 家。[①]

第一节　信用合作事业的兴起

一、信用合作思潮在中国的传播

合作信用又称合作金融，起源于 19 世纪的德国。以圈地运动为代表的工业革命使大量财富向城市集中，为解决农村金融的枯竭问题，德国、英国等欧洲农民开始自发地组建农村信用互助合作组织。1849 年，信用合作事业的创始人雷发巽在六十多位富裕平民的赞助下，设立了德国第一个救助合作社，并附设储金合作社。1866 年，雷发巽所著《当作农民救济手段看的信用合作

① 南京地方志编纂委员会：《南京市志丛书·金融志》，南京出版社 1995 年版，第 187 页。

社》一书面世以后，欧洲各国竞相效仿，不同形式的信用合作组织纷至沓来。[①]农村信用合作社在德国取得了巨大成功，时至今日众多的雷发巽式银行仍然是德国金融体系中必不可少的组成部分，而且成为世界上合作金融的典型模式之一。

伟大的革命先行者孙中山在创立中国同盟会时把“平均地权”作为政治纲领，并第一次提出“耕者有其田”的主张。他认为，要实现“耕者有其田”，就要宣传农民疾苦，启发农民的觉悟，使农民联络起来，组成团体，再一地一省地扩大到全国。

五四运动前后，盛行于西方的合作思想随着形形色色的社会主义思潮开始在中国传播。受西方合作运动思潮的启发，中国知识界或用文字或以口头等方式鼓吹合作主义，宣传合作思想。梁漱溟、晏阳初等率先提出改造中国农村的合作理论，并热心地进行“乡村建设的实验”。此后，金陵大学农学院、江苏省立教育学院、燕京大学农科院、中央大学农学院等一批致力于农村建设的学术团体相继成立，有力地推动了农村合作事业的发展。

20 世纪 20 年代初，中国农村陷入空前危机，出于维护自身统治的需要，北洋政府开始积极规划现代农村金融体系，筹设农村金融网络。其间，以银行农贷活动为标志的农村现代金融得到逐步建立和发展。虽然现代农村金融体系的建立并没有从根本上解决问题，但客观上缓解了江南农村金融危机，促进了当地经济的复苏和发展。

1920 年，河北、山东、山西、陕西、河南等五省发生严重旱灾。在合作思潮的影响下，中国华洋义赈会应运而生。次年 11 月，参与五省赈灾的各省赈济组织为总结赈灾经验，推选代表在上海举行会议，议定成立了一个全国性的救济团体——华洋义赈救灾总会（简称华洋义赈会）。

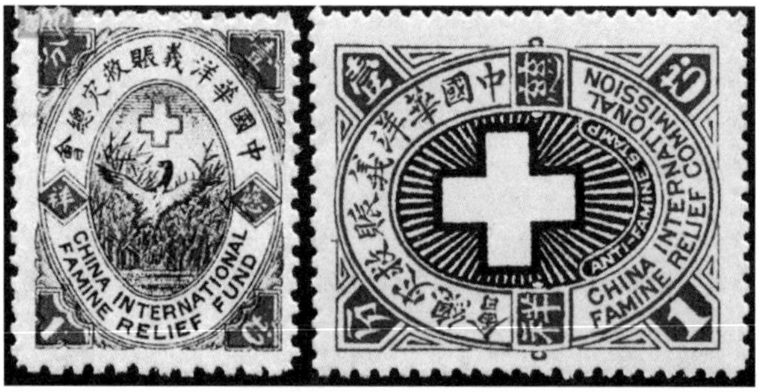

中国华洋义赈救灾总会通过各种合作形式向受灾地区农民提供生产性贷款。图为该组织当时发行的印花一分税票

① 苏彤、赵新利：《雷发巽式信用社的成功与失败及启示》，《经济研究导刊》2008 年第 13 期。

秉承“救灾不如防灾”的宗旨，华洋义赈会以赈灾余款为基础，仿照西方信用合作制度，在河北农村试办农村信用合作社，开中国农村合作金融之先河。

华洋义赈会通过开展信用合作和金融合作的方式，提供受灾地区的农业生产性贷款，部分满足了小农对资金的渴求，一定程度上抑制了农村高利贷的盘剥。尤其是该会在中国广大农村倡导并推动成立了成千上万的农村合作社，成为近代中国农村经济组织转型与近代化的重要标志。有学者指出：“从20世纪20年代开始，该会比较成功地将西方合作制度引入中国农村，通过开展信用合作和金融合作，对将农民组织起来，吸引城市资金流向农村，促进部分农村经济发展和社会进步，提高农民的文化水平，起到了积极的用”。

二、南京农村的基本借贷形式

民国初年，南京地区的农业生产关系仍以土地私有制为基础，通过土地兼并和买卖，大量土地向地主阶级手中集中。据统计，1932年，江浦县有9万农户，其中佃户4万户、雇农1万户、自耕农3万户、半自耕农1万户。1933年，高淳县有农户21291户，其中佃农8340户、雇农3130户、自耕农2133户、半自耕农7688户。据抽样调查，1942年，溧水县地主占总农户的6%，占有农村土地的52.4%，户均179.8亩；富农占总农户的13%，占有农村土地的24.2%，户均38.3亩；中农占总农户的23%，占有农村土地的15.9%，户均14.2亩；贫农占总农户的54%，占有农村土地的7.5%，户均2.7亩。大量土地被地主、富农占有，农民缺少土地。农业生产以种植水稻、小麦、玉米为主，生产以一家一户的小生产方式为主。由于南京地处长江中下游的丘陵地区，雨量丰沛不均，水利设施落后，春旱夏涝，十年九灾。

这一时期的南京农村金融，主要由传统农村金融与现代农村金融组成。传统金融包括高利贷以及典当、钱庄、合会等传统借贷关系和金融组织；现代金融包括银行在农村的农贷活动以及银行农贷的中介——农业仓库等现代金融组织。但高利贷仍是农村传统借贷关系中的最基本的层次，主要有货币借贷、实物借贷及二者衍生的其他借贷形式，是农村农民解决生产、生活困难最主要的借款来源。高利贷的盛行，严重制约着农业生产力水平的提高。

促使民国时期江南农村金融转型的因素是多方面的，既有外国银行侵入的影响，也有江南农村经济嬗变、现代农村金融理论传播和政府积极参与共同推动。毛泽东在1927年发表的《湖南农民运动考察报告》中提出：“合作社，特别是消费、贩卖、信用三种合作社，确是农民所需要的。他们买进货物要受商人的剥削，卖出农产要受商人的勒抑，钱米借贷要受重利盘剥者的剥削，他们很迫切地要解决这三个问题。”[①] 这是毛泽东在第一次国内革命战争时期，根据中国的实际情况提出的解决农村经济问题的重要观点。他充分肯定了发展信用合作的重要性，反映了农民群众的迫切要求和强烈愿望。

三、南京首家农村信用社的设立

1924 年 10 月，在倡导合作事业的中国华洋义赈救灾总会贷款银洋 240 元的支持下，金陵大学教务委员徐澄在丰润门创办了南京第一家农村信用社。由于试办成功，影响较大，1926 年，华洋义赈救灾会又拨给金陵大学银洋 5000 元，支持该校继续试办乡村合作社。农村信用社这一崭新农村金融模式在南京的出现，受到农民的普遍欢迎，并得到迅速发展。

截至 1927 年 6 月，该校在南京附近农村试办的合作社有 20 个。

信用合作社和农业仓库是银行农村贷款的中介，与传统农村金融组织相比，具有组织机构健全、法律法规完善、业务经营多样等特点，对传统农村金融形成一定的冲击，对农村经济和农民生活产生了一定的积极影响，但由于自身制度设计和执行上的缺陷，还不能完全取代传统农村金融，更不可能从根本上改变农村现状。

1926 年 1 月，国民党第二次代表大会提出“从速设立农民银行，提倡农

1924 年南京第一家农村信用社在丰润门诞生

①《毛泽东选集》第 1 卷，人民出版社 1991 年版，第 40~41 页。

民合作事业”；10 月，国民党中央联席会议又通过了《政府应帮助农民组织各种农民合作社》的政纲。囿于北伐战争和当时环境及社会条件，这些政令未能付诸实施。而广袤农村在天灾人祸的驱迫下，呈现出一种“总崩溃的危机”，再加上各地佃农风潮高涨，迫使农村问题再次被提上议事日程。

1927 年，国民政府定都南京以后，发展经济、巩固政权成为当务之急。1928 年初召开的国民党二届中央第四次全体会议，通过了《组织合作运动委员会建议案》。《建议案》指出：“解决民生问题的方法虽不止一种，但合作运动却是最稳妥的，最切实的，最合于民生主义的一个重要方法”，因此，“应特别提倡合作运动，应把合作运动的理论切实研究起来，宣传起来，然后实行起来”。蒋介石、陈果夫等在国民党第 137 次、143 次中政会上，也多次强调在乡村组织合作社的必要性，并将其列为训政时期“七项运动”之一。[①]

1928 年 6 月，江苏省政府主席叶楚伧率先响应国民党中央的号召，推进本省合作事业。由省政府农矿厅颁布了《江苏省合作社暂行条例》，置合作事业于政府法令之上；同时，在省农矿厅下成立合作事业指导委员会，作为“实施指导合作事业之总枢”，专门负责对全省合作事业的规划。7 月，江苏省农民银行正式开业，“扶助农民经济之发展，以低利资金，贷与农民”，贷款对象以“农民所组织之合作社为限”。[②] 这两大机构，前者为宣扬理论与指导合作的行政机构，后者是提供资金的金融部门，协同促进江苏省乡村合作事业的进行。

为训练合作专门人才，江苏省政府开办了合作指导员养成所，并从各地招收学员，分期培训，然后再由省政府分派到各县，充任地方合作事业促进员。据统计，至 1930 年 5 月，全省肄业的学员有 64 人，均由厅分别委用于各地的合作指导所工作。指导员的工作，在无合作组织的县内“为提倡及劝导”；在有合作组织之县内，“为指导、监督稽查及劝导”。[③]

---

① 荣孟源：《中国国民党历次代表大会及中央全会材料》上册，光明日报出版社 1985 年版，第 635 页。

② 江苏省农民银行总行：《一年来之江苏省农民银行》1929 年，转引自赵泉民、忻平：《乡村社会整合中的“异趣”——以 20 世纪 30 年代江浙两省乡村合作运动为中心》，《华东师范大学学报（哲学社会科学版）》2003 年第 35 期。

③ 方显廷：《中国之合作运动》，《政治经济学报》第 3 卷第 1 期，1934 年 10 月。

第二节　民国时期的南京信用合作事业

一、农村合作社的多样化发展

国民政府定都南京，南京金融业因而有了较快发展，信用合作和信托、保险业务逐渐兴盛起来。1929 年 6 月，南京市社会局呈准市政府设立合作事业指导委员会，延聘合作事业专家担任委员，于 8 月 5 日召开第一次委员会议，推进合作事业的发展。

尽管此时国内资本主义经济有了一定程度的发展，但对于广大农村来说，一家一户的小生产仍然是生产经营的主要形式，生产工具十分落后，生产技术也沿袭了传统农耕的经验和模式。改造传统农业，关键是引进新的现代农业生产要素，而新生产要素的分配、扩散对于仅能维持生存的个体农民而言是力所不及的，故而只能是由“供给者”即营利的企业或非营利的机构来承担。农村合作运动中组建的各种合作社，或举办合作讲习会，或举办合作社职员培训班，或邀请农业技术专家授课，在推广和应用新品种、新技术方面扮演了“供给者”的角色。

为改进和培育农作物品种，国民政府先后建立中央农业试验所（1931 年）、全国稻麦改进所（1935 年），并吸收国外经验建立各种农事试验场，探求粮棉增产技术，提高粮棉产量。在这种情况下，农村信用合作社成为联结农户与政府、市场之间关系的载体，在帮助农民解决资金困难，推广作物品种、改进作物品质方面发挥了重要作用。至 1937 年，江浦、江宁、丹阳、镇江、金坛、句容、上海等县，均通过合作社引进德字棉 531 号、珂字棉 100 号、岱字棉 14 号等美棉品种。如高淳龙塘乡棉花产销社，“社员皆试种脱字棉，及江阴白籽棉等改良品种，……颇为顺利，成效亦著”。[①] 各地根据资源状况和自然条件，还成立了具有区域特色的合作社，如养猪合作社、养蚕合作社、养鱼合作社、养鸡合作社、养蜂合作社、畜牧产销合作社等。

镇江、昆山、如皋、南通、江都、阜宁、仪征、江宁、无锡等地的农民还成立了灌溉合作社，购买抽水机等新式机器，满足社员灌溉农田的需要。为了解决农忙之时因农工缺乏，“农作物不能得充分栽培，农产减少”的困境，

---

①《民国二十六年中国农民银行业务报告》,《农行月刊》第 4 卷第 4 期，1948 年，转引自姚兆余：《民国时期的农村合作运动与农业技术植入》,《中国农史》2008 年第 4 期。

“择各村有志改良农业之同志，集股购买，每股十元，分一百股，共计洋一千元”，用于向农具公司购买抽水机、打稻机等新式农具，向金陵大学农科购买五齿中耕器、冰铁犁等改良农具。[①] 农村合作社以集股的方式筹集资金，以组织的形式或者从金融机构低息贷款，或者筹措其他方面资金，用于购置新式农机具或农田灌溉方面。此外，合作社还改革缫丝技术，以一种改良的木制机器代替旧式机器，再发展到用蒸汽引擎做动力的缫丝工厂。养殖业引进的克夏猪、来克航鸡也得到了普遍推广。

在政府推动下，南京地区的农村合作社不仅数量较多，种类也较多。“消费者感觉消费费用增高，办消费合作社；生产者感觉资本缺乏，办信用合作社；缺乏种子肥料，办购买合作社；感觉运销不便，或是水利不修，办理利用合作社，以便买牛买马，买打水的机器，或挖灌田的水渠；收割之后，觉得人人都上市集去卖米，时间人工，不太经济，办了贩卖合作社，就可以解决这个问题。农人种出米来，可是得穿布匹、点煤油，应用种种他们自己所不生产的物质，办个消费合作社”。江苏省政府开办的合作指导员养成所，从各地招收学员，分期培训，充任地方合作事业促进员。派定的合作指导员，主要进行的是一些“技术性”活动，如指导农民如何填表可以借款，宣传合作社的好处，谋求合作社“量”的增进。但是，对于社员的构成、贷款对象及合作社的社务管理却缺少真正的“指导”；而有的指导员“所受训练，自属粗浅，对于工作，恒未能胜任”。同时，指导员的地域分配极不均衡，往往形成“人少事多”之情形；同时政府拨发的活动经费拮据且无定期。[②] 结果自然使合作运动成绩难期。

在南京市合作事业指导委员会指导下，至 1936 年，全市农村信用社 59 个，有社员 2178 人，股金 4772 元。1937 年 6 月，合作社发展到 86 个，其中信用社 69 个，消费社 7 个，生产社 4 个，公用社 3 个，供销社 2 个，运销社 1 个。信用合作社社员虽多，但每社社员多数为四五十人，百人以上者，非常少见。每人大多认 1 股，每股金额皆以银洋 2 元为限。农村信用社负责人，以乡、保、甲长为最多。根据社章规定：信用社设理事会和监事会。理、监事均由社员大会从社员中选任。理、监事主席均系义务职，会计和司库（出

---

① 江恒源：《徐公桥》，中华职业教育社印行，1929 年，第 73 页。

② 方显廷：《中国之合作运动》，《政治经济学报》第 3 期，1934 年 10 月。

纳）酌支薪给。社员股金按年息6厘计算，但无盈余时，概不分配。年终盈余，除弥补累积损失及付给股息外，其余部分的20%做公积金，10%用于合作教育及公益事业之公益金，60%做社员分配金（按借款社员已交付之利息比例分配），10%做理事及事务员之酬劳金。晓庄信用社历年盈余，则全部资助农村办学事业。信用社均为无限责任制，在信用社损失清算时，先由公积金弥补，公积金不足由股金抵充，再不足时按股向社员分摊。下表为1936年6月南京信用社分布及股金统计情况。

1936年南京农村信用社入社人数及股金统计

序号	社　名	入社人数	股金（元）	社　址	序号	社　名	入社人数	股金（元）	社　址
1	中胜村	55	110	上新河区	21	白马村	62	128	上新河区
2	永定北村	46	92	上新河区	22	莲花村	70	172	上新河区
3	寿带社	41	82	上新河区	23	和平村	45	90	上新河区
4	横坝村	40	80	上新河区	24	旗杆下村	60	122	上新河区
5	永定东村	60	120	上新河区	25	旗杆上村	49	98	上新河区
6	平良村	34	68	上新河区	26	积善村	51	104	上新河区
7	永定南村	42	84	上新河区	27	寇家村	40	80	上新河区
8	永定西村	39	78	上新河区	28	安东村	26	52	上新河区
9	兴隆村	85	170	上新河区	29	新埂村	40	80	上新河区
10	红庄村	35	70	上新河区	30	河南后街村	41	92	上新河区
11	圆通村	69	140	上新河区	31	双龙村	68	142	上新河区
12	厂圩村	65	130	上新河区	32	白鹭村	36	72	上新河区
13	东寿村	34	70	上新河区	33	李盛村	67	134	上新河区
14	红胜村	37	74	上新河区	34	清江上村	35	156	上新河区
15	中埂村	36	72	上新河区	35	大中河村	39	78	上新河区
16	皇木厂村	27	344	上新河区	36	凤林上村	45	90	上新河区
17	贾家村	38	76	上新河区	37	凤林下村	48	98	上新河区
18	北圩下村	32	108	上新河区	38	金胜村	30	60	上新河区
19	东隆村	34	68	上新河区	39	岗子村	30	32	燕于矶区
20	积贤村	50	100	上新坷区	40	奋斗村	16	34	燕子矶区

续表

序号	社　名	入社人数	股金（元）	社　址	序号	社　名	入社人数	股金（元）	社　址
41	张化村	20	40	燕子矶区	47	晓庄村	34	68	燕子矶区
42	小岗下村	31	62	燕子矶区	48	孙家庄村	41	82	孝陵卫区
43	诚实村	27	54	燕子矶区	49	石婆庙村	40	80	孝陵卫区
44	伏家桥村	45	90	燕子矶区	50	王家庄村	31	62	孝陵卫区
45	娄家庄村	20	40	燕子矶区	51	余粮庄村	38	76	孝陵卫区
46	上伍旗村	34	68	燕子矶区	小　计		2178	4772	

资料来源：南京地方志编纂委员会:《南京市志丛书·金融志》，南京出版社 1995 年版。

农村信用社的建立，第一次使力薄、分散的个体农户与商业银行建立了信用关系，在信用社经营需要和贷款资金不足时，可以通过银行贷款解决困难。但在实际操作中，真正从商业银行取得贷款支持的社并不多。据 1933 年上海商业储蓄银行南京分行的《农村贷款报告》称："南京附近之信用合作社，不下百余所，然与本行有经济往来者，只有汤山、晓庄、栖霞山、尧化门等处 29 个社。当年共对信用社发放贷款 149030 元，收回 11713 元。晓庄信用合作社，用全部盈余辅助当地小学校，实在难能可贵"。1934 年 12 月，中国农民银行向栖霞、汤山等地的 17 个信用社 307 户社员发放贷款 11461 元，月息 1 分，以 8 个月为期。1935 年以后，对南京市农村信用社贷款，以中国农民银行为最多，当年 2 月至次年 5 月，该行共贷给信用社 10.05 万元，收回 3.27 万元。1938 年 6 月 30 日，中国农民银行南京分行的业务移交武汉分行时，尚有江心洲、双龙村等 7 个信用社欠款 189.4 元。

二、日伪统治下惨淡经营的农村信用社

1937 年 12 月，南京沦陷，农村信用社被迫即行解散。

日军占领南京后，农村经济日益萧条，农民生活更加贫困。1939 年 5 月 16 日，安德门区海新乡第二、三、四、五保保长援引早期南京开办信用合作组织的经验，联名向伪南京市社会局呈请，要求恢复信用合作社，以解决农业生产和农民生活的困难。当年 7 月 21 日，伪中国合作社南京支社在朱雀路 77 号成立，由伪行政院合作事业管理委员会南京地区事务所管辖，

内设贩卖、金融、事业和总筹四课。为控制农村金融，日本占领军委派日本人担任信用事务所负责人，管制合作社、事务所的营运。至1941年10月，伪南京支社共在下关、燕子矶、孝陵卫、安德门、上新河设立5个分社，22个出张所（即收付组）和4处仓库。到1943年，伪南京支社共有正社员59880户，募集资本286434股，其中配给事业的社员为59701户，出资285436股；金融事业的社员148户，出资720股；贩卖事业的社员31户，出资278股。①

日本无条件投降后，伪南京支社即行解散。

三、中央合作金库在南京建立

1946年，国民政府官办四行（中央银行、中国银行、交通银行、中国农民银行）、两局（中央信托局和邮政储金汇业局）、一库（中央合作金库）及各省市银行、官商合办银行在南京相继复业后，根据国家行、局、库的分工原则，合作贷款由中央合作金库负责。农村信用合作事业迅速复苏。中央合作金库于当年2月成立，位于南京太平路太平巷口。总库实行理监事会制度，由财政部拨给合作专款100亿元，辖有直属库及北平、上海、东北、河南、河北等9个分库；锦州、淮阴、徐州、泰县等19个支库，以及南京下关、上新河、太平路、江宁东山镇等10个分理处。下关分理处，位于热河路146号，1947年8月18日成立；江宁分理处，1948年3月1日成立，位于江宁县东山镇；上新河分理处，同年4月21日成立，位于上新河新桥街8号。

中央合作金库本票

中央合作金库以合作业务机关及合作社团为主要对象，业务往来以社员之存款、汇款及仓储为限，自成立至南京解放止，仅两年余。其业务活动主要有：对合作社贷款或为缓解季节性生产资金缺口，减少生产、消费的中间剥削发放合作贷款，同时，接受合作组织的委托，代购、代销物品。至1946年末，南京市先后成立35个信用合作社，社员36772人，共收缴股金102亿

① 南京地方志编纂委员会：《南京市志丛书·金融志》，南京出版社1995年版。

多元。[①]

1946 年 7 月 5 日，南京市还成立了合作社联合社，设于评事街竹竿里 15 号。市联社设生产、信用、消费、保险、公用、仓运等部。1948 年，经中央合作金库板桥工作站调整，板桥合作社信用部社员发展到 2473 户，占全镇总农户的 83%，计 9622 股，实收股金 4820 万元。信用社实行会计独立核算，财务制度使用新式簿记，以便灵活运用资金。6 月，国民政府财政、社会两部公布《城市信用合作社管理办法》，对城区信用社业务作出诸多限制，致使城市信用社面临困境，加之物价猛涨，货币贬值，亏损数额日增。南京解放前夕，全市农村、城市信用社全部停业。

1949 年 4 月解放前夕，南京计有官办的四行（中央银行、中国银行、交通银行、中国农民银行）、两局（中央信托局和邮政储金汇业局）、一库（中央合作金库）及各省市银行、官商合办银行在南京的分支机构 34 家、商业银行 25 家、英国汇丰银行 1 家、钱庄 23 家、信用合作社 34 家、保险公司 33 家、典当 1 家。

第三节　民国农村信用合作组织的局限性

农村合作运动中组建的各种合作社，在改良品种、改进耕作技术、推广农业知识等方面发挥了较大作用，扮演了引进和扩散现代农业生产要素的角色，丰富了农作物的品种，提高了农业生产的效率，增加了农民收入，在调剂农村金融、救济灾荒、改造农村社会等方面均发挥了一定的作用。但从总体上看，其作用甚微，既没有解决农村金融枯竭的问题，也没有改变农民生活的困苦现状。这一时期南京信用合作组织的特点和局限性十分明显：

一、信用合作社规模较小，农民真正得到实惠较少

据 1935 年统计，“京市（南京）人口九十七万六千三百七十七人，县境（江宁县）四十九万二千零八十五人。”1936 年 5 月，南京城乡各区总计 197937 户，1019148 人，其中乡区总户口数 33268 户，157230 人。如前所述，全面抗日战争爆发前（1937 年），全市信用社社员总数 2865 人，股金 17531

① 蔡佩铃、谢准：《中央合作金库简述》1989 年 12 月，南京金融志编纂委员会、中国人民银行南京分行：《南京金融志资料专辑》（3），1991 年。

元，入社社员人口仅占全部农民人口的1.8%。就全国全省而言也是这样，如江苏省人口3700万人，入社人员仅38280人。

按照国民政府发展合作事业的相关规定，合作社在社员构成上是以有一定田产且生活上较能自给的自耕农为主体。与此相联系，合作社社员也是有一定动产或不动产做抵押且生活上可以自给的中产者，而最需救济同时也是占乡村劳动力最大多数的贫农却被排除在合作社门槛之外。何以如此呢？其一是贫农无力购股。据合作法规，社员入社时每人至少须认购社股1股，每股股金至少为2元，入社时至少交纳股金半数，这对“以谋生不遑之贫农，责其至少交纳股金一元，其力曷能胜任。故虽明知合作社之利益，但为股金所限制，不能不越趄于合作社门外”。其二为无力担负责任。凡入社社员，对合作社财产的损失，须负连带责任，合作社大都采取保证责任或无限责任，若贫农入社借款经营事业失败，或合作社遭遇意外失败，“贫农社员将无力清偿其债务与连带担负其责任，因而对贫农分子不能不加以歧视进而至于拒绝”。结果也只能使合作社被有产者把握，并成为其使用之工具。曾在江苏从事合作工作多年的秦柳方也说：“战前乡村组社贷款，社员以少数豪绅地主富农为主要成分，大多数中小农民和贫农，不得其门而入；甚至贷款时，亦往往要由乡村长和富绅担保，流弊所至，农贷成为地主富农转放的资金。”

二、新旧豪绅、权势者把持信用社社务

合作社中真正具有实权的是组织者及理事、监事，他们的身份和素质会直接影响到合作社服务的对象和政府主旨的实现程度。从当时组建合作社的章则来看，合作社的设立不仅要有7人以上，而且还需要完成一系列手续后才准设立，如召集创立会，通过章程，选举理、监事，组织社务会，向所在地主管机关登记等。要做到这些，非但要有一定的文化素养，同时更要具有相当的号召力和影响力，故此推断，不仅合作社的创办者非普通农人所能充任，就连合作社的理、监事亦非寻常百姓所能担任。事实也多如此，在江苏高淳县，“乡村中的狡狯之徒，利用农民名义以组织合作社，而获得合作社之理事、主席或重要职员，假公济私，从中渔利；社员以知识浅薄，不知底细，徒供利用，虽间有不满，然格于情势，亦无可奈何也。”[1] 如江宁县，“理事之

---

① 沈宜荪：《高淳合作事业停止原因及其救济方案》，《农行月刊》1936年9月。

辈，常由乡村长之流充之。”[①] 由此可见，在合作社的发起上，无论是政府的命令，还是银行的策动，或是农民自动模仿，都“必须找着有地位、有信用和有知识的人物来作领袖，而合乎此种领袖资格者，无疑的只限于新旧豪绅而已。”[②] 故而，信用合作社多为“有势之人”，即豪绅、地主富农所操持。

从实践上看，国民政府推行的乡村合作运动，多是以村落中有一定资产可做抵押且生活上可以自给的中产者为根基。因此，“合作事业之推行，多未符合作的目的，不能救济最底层而最多数的贫苦农民。能够向合作社借款的多数是上等中等农户。”而且“政府推行合作，只求社数之增多，不求组织之健全……乃致社会投机分子，藉口指导农民运动，施其鬼蜮伎俩，而农民转添一种剥削阶级。”[③]

三、竞争力弱，资金筹集困难

信用合作社是互助合作金融机构，以信用合作社为平台，社员之间互相合作保证信用，可以极大提高信用合作社的信用。信用合作社本身没有信用，当社员需要大量资金时，就需要社员之间相互合作，即依靠社员间全体的信用。例如，会员 10 人每人有 10 元的信用，要是相互保证起来，每人就有百元的信用。信用合作社社员不止 10 人，而且每人的信用也不止 10 元，这样，信用合作在农村金融发展中的作用就可想而知了。一般而言，农户对资金的需求，或是应急，如治病、子女上学等；或是希望促进生产，如进行规模种植或养殖等。前者，农户可以向商业金融机构申请借款，但要经历较烦琐的流程。后者，农户本来经济基础较差，缺乏抵押物，商业金融机构出于风险防范考虑，往往予以拒绝。

入社社员少，资金筹集困难，使信用合作社的作用大打折扣，是这段时间的最大特点。仍以南京农村信用合作组织为例，1936 年 6 月全市 51 家农村信用合作社，股金合计 4772 元；次年，信用社社员总数 2865 人，股金仅 17531 元。由于合作社的社内资金极其微小，转而不得不依赖于社外资金，而社外资金对于农村合作社的支撑又极不稳定，从而限制了合作社对农村社会

---

① 秦翊：《农村信用与地权异动关系之研究——江宁县第一区农村调查报告》，《地政月刊》1934 年 6 月。

② 千家驹：《中国乡村建设批判》，北京新知书店 1936 年版。

③ 参见赵泉民、忻平：《乡村社会整合中的“异趣”——以 20 世纪 30 年代江浙两省乡村合作运动为中心》，《华东师范大学学报（哲学社会科学版）》2003 年第 35 期。

变革所发挥的作用。逐步衰落的典当、钱庄和合会仍然是农村传统金融组织的代表，在农村借贷中仍占有重要地位。据江宁县合作社的一项调查，向合作社借钱的人，有 45.1% 的人是为了还债，所占比重为 61.2%[①]，这显然违背了信用合作社的办社初衷。

人行南京分行老同志汪伯樵在《回忆抗战胜利后的南京信用合作社》一文中说："实质上南京的 35 家信用合作社真正社员存、贷款为数极微，大多从事金、银、花纱布、五洋（主要是卷烟）的买空卖空、投机买卖。没有哪一家信用合作社不以黄金（金条）棉纱、龙头细布、卷烟为筹码进行投机倒把活动……如我本人工作过的南京第五信用合作社就是依靠解放前中国银行襄理兼业务主任陈方修，租有中国银行保险箱存放黄金进行抵押借款，与原南京总商会理事长（会长）王绎斋所经营的怡康钱庄进行往来透支。"[②]

民国时期信用合作事业最终归于失败，其原因是多方面的，既有政局动荡不安、战争连绵不断、政治腐败方面的原因，也有背离合作原则、自身素质差等因素。但是，农村合作运动避开土地私有制问题才是矛盾的焦点，也是其失败的根本原因。信用社掌握在地主、富农手中，在经营目的上一味追逐利润，实质上成为另一种高利贷组织，一种剥削贫苦农民的工具。

客观来讲，尽管这一时期农村信用合作事业对恢复和发展农村经济的作用和收效甚微，但它却是国民政府试图把中国农村推向近代化的一次有益的尝试。

---

① 王世颖、冯静远：《农村经济与合作》，上海黎明书局 1936 年版。转引自咎金生：《民国时期江南农村信用合作社述论》，《中国矿业大学学报》2002 年 9 月。

② 南京金融志编纂委员会、中国人民银行南京分行：《南京金融志资料专辑》（5），1991 年，第 48 页。

第二章
新中国成立初期农村新型信用关系的建立

南京解放后，广大农民在中国共产党的领导下，挣脱了锁链，实现了“耕者有其田”，成为土地的主人，但是，农业生产并没有因此摆脱个体经济的束缚。

1952年，在党和人民政府的领导下，南京郊区在完成土地改革后，迅速开展了农业合作化运动，试办以土地入股、按土地和劳动分红、统一经营为特征的初级农业生产合作社，开始探索和完善农村土地公有制的实现形式，使生产关系逐步适应生产力发展的要求。为了打击农村高利贷活动，走共同富裕道路，中国人民银行南京分行在雨花台区西善桥集镇建立了全市第一个信用互助组，参加农户108户。是年底，郊区信用互助组发展到18个，参加农户1401户。次年，各区又新建了一批信用组，根据“积极领导，稳步前进”的方针，人行南京分行及政府郊区办事处相应建立信用合作科、股，并配备专业人员。1955年3月，市郊实现乡乡有社，计有信用社33个，信用部1个，入社社员16881户，占总农户的84%。根据自愿原则，每户1股，每股2元，共收股金19533元。信用社以行政村为单位，理、监事均在社员代表中产生，协助催收贷款，分发盈余红利。

第一节　蓬勃发展的农业合作化运动

一、土地改革运动在郊区的深入开展

1949年4月23日，南京解放。

从当年5月开始，党和人民政府开始领导郊区郊县人民进行减租减息，

废除保甲制，开展生产自救，成立农民协会，组织农村调查，为土地改革创造条件。

土地改革前，南京郊区有公田公地 5.9 万亩，私田私地 29.3 万亩。地主占郊区农业人口的 5%，拥有土地占土地总量的 28.5%，占地千亩以上的地主有 8 户，其中浦口区大柳洲岳子璋占地 1.1 万亩；占郊区农业人口 45.7%的贫雇农，占有 12.0%的土地。据 11 个乡调查，地主占有水稻田的 56%，占菜地及夜潮土地的 30%；富农占农业人口的 4.1%，占地 7.1%；中农占农业人口的 41.2%，占地 30.8%；城市工商业者、小商贩、手工业者和小土地出租者占 13%；宗祠、庙宇、会馆、团体等占有 8.6%的土地，而这些土地大都是国民党反动派官僚政客、洋奴买办和帝国主义分子从农民手中直接或间接掠夺来的，可见郊区的土地关系极其错综复杂。①

封建地主对农民的剥削异常残酷，收租额高达农民常年收入的 50%~70%，有的甚至高达 80%。中农和贫农都不得不租种地主的土地以维持生计，农民在租佃时得先变押板金，最低每亩 1 石米，通常 3 石米，最高达 7~10 石米，有的押板金要交 3~4 次。除此之外，还得交烂板（见面礼），交租时，地主见钱贵就要钱，粮（菜）贵就要粮（菜），高利贷盛行，南京郊县高利贷的主要形式有“见风涨”“印子钱”“大头利”“包子钱”“银子钱”“押利钱”“靠田契”“放稻利”“放麦青”等十多种。地主阶级还依靠国民党反动势力霸占了农民在沿江一带开垦的荒地数万亩。多数地主除了出租土地、放高利贷等之外，还兼营粮、柴、鱼等行栈，垄断农村经济，贱买贵卖。对农民为维持生活而从事的农业生产进行苛重的中间剥削。双闸乡恶霸地主曹少良，在从芜湖至笆斗山的夹江一带遍设粮行、鱼行，号称“曹半江”。

郊区的地主阶级、官僚买办与各种封建势力相互勾结，反动党团、特务土匪、青红帮、一贯道等遍布各村，许多大地主同时又是国民党反动政府的官僚或反动组织的骨干。如北郊七里洲的大地主萧月波，充当青帮头子，有徒弟 460 多人，与伪法院、警察、宪兵等勾结，霸占土地 350 多亩，横行七里洲长达 40 年；东郊大地主、人称“金刚石”的杨宜海，既是伪立法委员、孝陵卫镇长，又是国民党区分部委员、青帮头子，有徒弟 400 多人；八卦洲的大地主吴嘉兴是一贯道首领，有门徒 3000 多人。这些大地主与国民党反动

① 中共南京市委党史办公室编：《春风七年金陵路》，东南大学出版社 1990 年版，第 174 页。

势力相勾结，对农民随便打骂、枪杀、扣押，奸污妇女，敲诈勒索，横行乡里，无恶不作。在这样残酷的政治统治和经济掠夺下，郊区农业生产和农民生活陷于停滞不前的境地。据 1951 年初对郊区 11 个乡的调查，平均每 2.5 户才有一个粪桶，14 户才有一头耕牛，18 户才有一部水车，农业生产遭到严重破坏。

南京市人民政府遵照《中华人民共和国土地法》《郊区土地改革条例》，根据华东军政委员会的指示精神，为郊区土地改革的开展做了一系列的准备工作。1951 年 1 月 11 日，市人民政府和市政协常委会召开联席会议，通过了郊区土改实施计划，并决定设立以江渭清为主任委员，李广、陈鹤琴为副主任委员的 27 人组成的郊区土地改革委员会。1 月 12 日，为积极筹划土改工作，郊区开始土改运动动员，3000 多名乡村干部、农民积极分子分别集会讨论改进作风及整顿组织问题。市人民政府同时发出通知，要求在本市其他区乡占有土地的业主均须从通知发布之日起至 2 月 15 日止办理土地申报（2 月 13 日又通告延至 2 月底止）。1 月 19~27 日，郊区举办了 839 人参加的以阶级教育、政策教育和检查工作作风为主要内容的土改积极分子学习班。2 月 12 日，由各民主党派、科学、文艺、教育工作者和南京大学、金陵大学、金陵女子学院学生等共 244 人组成的郊区土改工作队正式分赴各区乡开展工作。

1950 年 12 月 22 日，市农协筹委会主任刘孤林和市政府办事处主任贾世珍率领 74 名干部，在南郊的菊花乡、集合乡、五里镇和西郊的兴隆乡开展土改典型试验。1951 年 2 月 12 日，南京郊区土改进入全面开展阶段。

土改工作队依靠贫雇农，团结中农，中立富农，有步骤、有分别地消灭封建剥削制度，宣传党和政府关于土改的路线、方针、政策，启发农民的阶级觉悟。在正面教育、扎根串连、访贫问苦的基础上，通过算账、对比、回忆、诉苦等方式，使农民从自己的痛苦体验中认识土改的正义性和必要性，激发对地主阶级的仇恨和斗志。诉苦采取由分散到集中的方式，以苦引苦，以苦串苦，逐步提高农民的阶级觉悟。在这个基础上，先后开展了四次规模较大的反恶霸地主的斗争。通过诉苦和对地主的斗争，引导农民追穷根、挖苦根。诉苦不仅充分揭露了封建地主阶级的罪恶，而且提高了农民的阶级觉悟。

在群众觉悟普遍提高的基础上，各区成立了农民协会，清洗了一批本质恶劣、成分不纯、屡教不改的干部和成员，提拔了一批新干部，充实各级领导班子，工作队抓住了评选干部的主要环节，经过充分发扬民主和反复协商，新提拔了乡、村干部1945人，初步形成了土改的中坚和核心力量。

各土改工作队通过组织农民学习《怎样分析农村阶级》《政务院关于划分农村阶级的决定》等文件，发动群众，分清敌、我、友。划分成分的工作结合各村的情况，采取自报公议、民主讨论的方法。自报成分后，由群众评定，如本人不同意，可以当场说明情况并可向政府申诉，同时群众亦可当场摆清事实，找出根据，使被划者口服心服。评议阶级结束后，提交村农民大会民主通过，并报区政府批准，张榜公布。

经划定阶级成分，农村阶级阵线明朗，贫雇农的积极性空前高涨。根据《城市郊区土改工作条例》的规定，开始没收地主的土地、农具、耕畜及多余的粮食、房屋；征收半地主式富农出租的土地；征收祠堂、庙宇、寺院、教堂、学校和团体在郊区的土地和荒地；征收工商业者在郊区的农业土地和荒地及原有农民居住的房屋。没收、征收的土地、农具、耕畜、粮食和房屋，由村农会登记造册，妥善管理。在没收、征收工作结束后，分配果实。由于郊区人多地少，各村在分配土地时，按照富农、中农和佃农土地不动的原则，将没收、征收和地主自营土地与贫雇农一起，按人口平分，做到中立富农、团结中农。其他生产资料和生活资料，贫苦农民按照实际需要和可能，自报公议，实行公平合理的分配。

1951年7月，根据内务部、政务院的有关文件，南京市人民政府公布了《南京市郊区颁发土地证实施办法》，发给农民土地使用证。为了加强对发证工作的领导，成立了市、区、乡三级发证整籍委员会，在充分发动群众的基础上，进一步查实各队土地面积。1951年8月底，郊区53个乡镇的土地使用证发放完毕。1952年2月，经过发动群众、整顿组织、划阶级成分、没收和征收分配土地财产、检查纠偏、颁发土地使用证等阶段，土改胜利完成，前后经过一年零两个月时间。

1951年，江宁、江浦、高淳、溧水、六合五县先期完成土地改革工作。

据有关资料，土地改革中，全市共没收、征收土地143万亩，房屋83241.5间，耕畜613头，农具15.30万件，粮食771.57万千克。地主占有的土地由土改前的13.1亩下降到2.09亩，富农由3.72亩上升到3.89亩，中农由1.8亩上升到2.46亩，贫农由0.66亩上升到1.87亩，雇农由0.06亩上升到

2.78 亩。[①] 从而，消灭了市郊地主阶级的封建土地所有制，政治上斗垮了地主阶级，激发了农民的生产热情。

土地改革以后，农民虽然获得了土地，但是由于贫下中农底子薄，生产、生活都有困难，出现农民买卖田产现象。江宁县有 5100 户卖田 10716 亩，六合县有 4008 户出卖土地 9603 亩。

二、农村合作化的三种形式

1953 年 9 月，中共中央提出了过渡时期总路线：要在一个相当长的时期内，逐步实现国家的社会主义工业化，并逐步实现国家对农业、对手工业和对资本主义工商业的社会主义改造。为了避免重新借高利贷甚至典让和出卖土地，产生两极分化，要从生产关系方面限制并消灭富农雇佣劳动剥削；通过发展农村供销合作，从交换关系方面限制并消灭商业资本的中间剥削；通过发展农村信用合作，从农村借贷关系方面限制并逐步消灭高利贷的剥削。过渡时期总路线，成为引导农民走向富裕的必由之路。

12 月，中共中央颁布《关于发展农业生产合作社的决议》，《决议》明确指出："农业生产互助合作、农村供销合作和农村信用合作是农村合作化的三种形式。这三种合作互相分工而又互相联系和互相促进，从而逐步地把农村的经济活动与国家的经济建设计划联结起来，逐步地在生产合作的基础上，改造小农经济。"在中共中央指示的推动下，农村三大合作得到了迅速发展。

根据"自愿结合、等价交换、民主协商"的原则，在不改变土地所有制形式、独立经营的前提下，南京郊县开始引导组织农民建立临时农业生产互助组，进而建立常年农业生产互助组。1950 年，江浦县白马乡丁长友、公子乡许光宏等试办农业互助组。六合县试办丁解农业互助组，竹镇乡成立周元朝农业互助组。1951 年 4 月，第七区吉祚乡五官村成立郊区第一个互助组——李玉互助组。同年 9 月，中共南京市委贯彻中共中央《关于农业生产互助合作的决议（草案）》，推动郊区互助合作运动的发展。至年底，全市共建立临时性互助组 5200 多个，常年互助组 200 多个。1952 年初，中共南京市委制定《南京市郊县 1952 年整顿与发展互助组的规划》；3 月，召开全市首届农业劳动模范大会，总结交流互助合作经验。年底，全市共建成生产互助组 21408 个，其中常年性互助组 3308 个，临时性互助组 18100 个，克服了农户

① 中共南京市委党史办公室编：《春风七年金陵路》，东南大学出版社 1990 年版，第 180 页。

分散经营中劳力、役畜、农具、资金不足的困难，促进了农业生产的发展。

三、从初级到高级的农业生产合作社

1952年起，南京地区开始试办以土地入股，按土地和劳动分红、统一经营为特征的初级农业生产合作社，土地与劳力按比例分红（多数是土地报酬占45%、劳动力占55%，也有的按土四劳六比例分成）。同年4月，第七区的李玉、崔玉明两个互助组，按照自愿互利的原则，组建两个初级农业生产合作社，参加农户共28户，有耕地474亩，当年小麦亩产超过全村平均亩产的89%，水稻比上年增长60%，社员收入增长30%。同年冬至1953年初，江浦、六合、溧水、高淳等县分别在桥林区公子乡、龙山乡和四合乡的沟王、乌山乡西杨家村、砖墙区相南乡上垛村，试办初级合作社取得成功。到1954年底，南京初级社已发展到2211个，后经检查发现郊区新办的270个合作社中有30%不符合办社条件，有一半以上的合作社未经郊区区委批准，生产秩序混乱。江浦县汤泉、东葛等区出现新办合作社垮台和社员退社现象。为此，中共南京市委贯彻中共中央《关于整顿和巩固农业生产合作社的通知》精神，停止合作社的发展工作，对已建的合作社进行全面整顿、巩固、提高，使郊区一类社占55%，三类社压缩至4.6%。年底，郊区381个农业合作社，比互助组增加收入的有356个，占93.4%；平产的21个，占5.6%；减产的4个，占1%。1955年，全市建成初级农业合作社5130个。

1956年江宁县东山高级农业社成立大会现场

1954 年，第八区有 12 户农户成立胜利蔬菜生产合作社，取消土地分红，主要生产资料完全公有，实行按劳分配。自 1955 年起，郊区部分初级社开始自发地向高级农业生产合作社过渡。9 月 12~24 日，中共南京市委召开郊区干部大会，传达毛泽东关于农业合作化运动的指示，规划郊区的合作化运动。1956 年 1 月 11 日，毛泽东在南京郊区视察农业合作社，考察南京玄武湖蔬菜合作社和十月农业社。1 月 15 日，十月农业社周围的新合、尧辰、乌龙三乡合并成立郊区第一个高级农业生产合作社，入社农民 1800 多户。16 日，郊区有 559 个初级社合并组建成 22 个高级社，入社农户达 90%。1956 年初，江宁县在试办 14 个高级农业生产合作社后，全县普遍组建高级社；2 月底，全县建成高级社 270 个，入社率达 97%。3 月，郊区将高级社的规模调整为 88 个，入社农户占总农户的 98%。年底，南京建成高级农业生产合作社 1381 个。

1957 年春节前后，六合、溧水县农户入社的比例分别达 99%、97.5%。同年 7 月至冬季，江浦县本着“少扣多分”的原则，进行年终分配。

第二节　新型农村信用合作社的建立

一、农村信用互助组在南京的出现

全国解放前夕，毛泽东就对农村三大合作的发展作过理论上的论述，他指出：“必须组织生产的、消费的和信用的合作社……。单有国营经济而没有合作社经济，我们就不可能领导劳动人民的个体经济逐步地走向集体化，就不可能由新民主主义社会发展到将来的社会主义社会，就不可能巩固无产阶级在国家政权中的领导权。谁要是忽视或轻视了这一点，谁也就要犯绝大的错误。”① 这是毛泽东在中国革命即将从新民主主义转变为社会主义的关键时刻，为解决农民和农村问题，指明的信用合作新的方向和任务。

这一理论的实践，早在抗日战争时期就已开始。1938 年，中国共产党在陕甘宁边区的延安建立了南区合作社，并开始兼办信用业务，1943 年正式成立信用社。为了进一步推动合作社运动的发展，毛泽东指出：“除了这种集体互助的农业生产合作社以外，还有三种形式的合作社，这就是延安南区合作

①《毛泽东选集》第 4 卷，人民出版社 1991 年版，第 1432~1433 页。

社式的包括生产合作、消费合作、运输合作（运盐）、信用合作的综合性合作社，运输合作社（运盐队）以及手工业合作社。……这是人民群众得到解放的必由之路，由穷苦变富裕的必由之路，也是抗战胜利的必由之路。”① 在以毛泽东为首的党中央的领导下，抗日根据地信用合作运动迅速发展。晋冀鲁豫边区的冀南银行把开展信用合作工作列为银行的基本任务之一。据不完全统计，1949 年全国解放区已有 880 多个信用合作组织。这些信用合作组织，在帮助农民解决生产、生活困难，打击高利贷剥削，促进农业生产的发展和支援革命战争和抗日战争等方面，都发挥了重要作用。

1951 年，土地改革完成以后，“组织起来，发展生产”成为党在农村的中心工作。当年初，中国人民银行召开第二届全国金融会议，回顾总结新中国成立一年多来的农村金融工作，明确规定中国人民银行各省级分行应以 80% 的精力抓农村金融工作，迅速将银行机构下推一层，在区一级建立营业所，同时发展信用合作事业。为加强对农村金融工作的领导，会议还提出建立农业合作银行。中国人民银行在当年 5 月召开的第一届全国农村金融工作会议上，根据土地改革后农村经济发展的新情况，提出了农村金融工作必须从政策思想、组织机构、业务经营、工作方法等方面实现新的转变。会议明确指出，新的历史条件下的农村金融工作，不能局限于单纯的农贷工作，而应当包括存、放、储、汇、保险以及开展信用合作，管理金融市场，推动人民币下乡，调节货币流通等一整套金融工作；农村金融工作的任务，不仅要支持农业生产，而且应包括支持农副产品收购、工业品供应，推动工农产品交换，活跃城乡物资交流，促进工业生产发展等方面的任务。实践证明，这个指导思想的确立，对整个南京农村金融工作的开展有着重要意义。

由于南京郊区农业生产的基础薄弱，抵御自然灾害能力差，为打击封建剥削的高利贷活动，增强贫下中农在合作化中的经济地位，避免贫苦农民受高利贷的剥削，抑制土地改革后可能出现的贫富分化现象，人民银行发放大量的农业贷款，从资金上帮助农业合作社解决购买生产资料的困难，帮助农民解决生产、生活困难和提高抵抗自然灾害的能力。南京解放后，中国人民银行南京分行迅速成立（1949 年 5 月 2 日对外营业），郊区农业贷款和农田水利基本建设资金均由中国人民银行南京分行经办。1951 年 6 月，市郊农业基

①《毛泽东选集》第 3 卷，人民出版社 1991 年版，第 932 页。

1949 年南京解放后中国人民银行南京分行成立

本建设资金改由交通银行南京支行办理，以后又改由中国建设银行南京市支行统一管理，农业生产需要的周转性贷款仍旧由人民银行负责提供。

1952 年 12 月，中国人民银行南京分行和苏南、苏北两分行同时撤并，成立新的中国人民银行江苏省分行，下设直属营业部接办原南京分行全部业务。次年 12 月 31 日，人民银行江苏省分行营业部改建为人民银行南京市支行（以下称人行南京市支行）。根据政务院有关农村金融工作的指示，人行南京市支行开始就发展农村信用合作事业开展调研工作。为增强分散的农民信用度，走共同富裕道路，通过调查研究，在雨花台区西善桥乡集镇建立了全市第一个信用互助组。

西善桥是商农兼具的小村镇，过去高利贷风行，民间高利贷月息高达 100‰~1500‰，农民辛苦所得大半为高利贷者所占有。西善桥信用互助组成立时共吸收会员 108 户，约占全村户数的 67%，其中纯农民者占 2/3，兼营小商贩及小手工业者占 1/3，每股 5000 元，共募集股金共 140.5 万元[①]。参照生产互助组的形式，互助组通过成员大会民主选出会长及会计出纳人员，内部划分成 4 个小组，推出小组长负责小组业务推广。信用互助组的建立，得到市人民政府和人民银行的大力支持，人行南京市支行抽出专人进行调研辅导。信用互助组的建立，有效解决了社员的临时性生产生活的困难，打击了高利贷，受到社员和人民群众的欢迎。1952 年 6、7 月间十一区横坝村、戚家村两个信用互助组也先后成立。横坝村 68 户中有 50 户参加，1 户 1 股，1 户 2 万元，共募集股金 100 万元。戚家村有 30 户参加，也是 1 户 1 股，每股 2 万

① 人民币旧币。1955 年 3 月人民币新币发行，新旧币兑换比例为 1∶10000。

元，共募集股金 60 万元[①]。通过典型培养和经验推广，年底，在人行南京市支行的大力支持下，全市郊区信用互助组发展到 18 个，参加农户 1401 户。

二、信用互助组发展为信用合作社

1953 年初，中国人民银行江苏省分行在江宁县陶吴乡南山坎生产互助组的基础上试办信用互助组，下半年组建了江宁县第一个信用合作社——秦淮乡信用社合作社。同年底，全县陆续组建信用社共 13 个，入社农户 845 户，股金 1.4 亿元[②]。1953 年夏，江浦县人民银行在浦城区龙坝乡创办了江浦县第一个农村信用合作社。募集信用社股份 200 股，股金 100 元，并成立了具有现代意义的理事会、监事会，管理、监督信用社的社务和经营。至 1954 年，全县信用社发展到 22 个，股份 16740 股，股金 5 万多元。

根据党在过渡时期总路线的要求，中共中央在 1953 年《关于发展农业生产合作社的决议》中规定了农村信用社的任务："在国营经济的领导下，帮助农民摆脱高利贷的剥削，发展农村储蓄和低利贷款，为农副业生产服务，促进农业生产互助合作的发展。"根据中共中央的指示，在农业生产合作蓬勃发展的推动下，南京农村的信用合作进入了大发展的阶段。经过辅导和整顿，1953 年全市各区又建成一批信用互助组，小柳洲信用互助组扩建成信用合作社。信用组和信用社的建立，有效解决了社员生产、生活的暂时性困难，大大提高了社员生产的积极性。七区黎明生产社缺乏耕牛，用信用社贷款购买了耕牛，解决了农忙时劳动力紧张的困难。小柳洲张洪达互助组 12 户在信用社贷款 250 万元买了鱼苗，组织生产自救，解决了组员的生活困难，在退水后已发展成生产社。八区迈皋桥乡蔡元宝生产组在藤子乡栋后村信用组贷款支持下，修好粪车，补充了部分农具。

信用合作的组织形式大体有三种：信用社、附设在供销合作社的信用部、信用组。信用社是信用合作组织中的基本形式，社区以乡或行政村为范围，有比较完整的民主管理组织和制度，社员缴纳一定股金，实行股金分红。供销社附设的信用部，是以供销社的机构和社员为基础，社员不再缴纳股金，资金、职工由供销社统筹解决，在供销社的统一领导下开展工作，是供销社的兼管业务，单设账目，单独计算盈亏。信用组是初级的信用互助形式，在

---

① 南京市档案馆：《中国人民银行南京市支行农村业务专题总结报告》1952 年 7 月。

②《江宁县志》，南京出版社 1989 年版，第 81 页。

群众自觉自愿的基础上，由二三十户农民自愿结合组成，订有简单的信用互助公约，由民主推举的组长掌管全组事宜。

1953 年 8 月 31 日，政务院发布《关于发放农业贷款的指示》，指出“人民银行在农村的主要任务，就是通过农业贷款及组织信用合作等农村金融活动，来扶持贫困农民，发展生产，并和高利贷者作经济斗争。”《指示》还指出：“目前在国家银行尚不能全部满足农民贷款需要，信用合作又未普遍发展的情况下，农村自由借贷仍为农民所需要，应允许其存在和发展”，“应当积极开展银行在农村中的贷款业务，组织农民的信用合作，逐步缩小高利贷者的剥削阵地，直到最后消灭高利贷”。为支持农业合作化和农业生产的发展，当年 12 月，中共中央发布《关于发展农业生产合作社的决议》，要求积极发展农村信用合作，办好农村储蓄，发放低利贷款，为农村生产服务，促进农业生产互助合作的发展。根据中共中央关于支援农业合作化的要求，人民银行着重抓了发放农业贷款和举办贫农合作基金贷款两个方面的工作，进一步推进信用互助组的建立和发展。

三、郊区实现“一乡一社”

1954 年 2 月，中国人民银行召开了第一次全国农村信用合作会议，对农村信用合作工作提出“积极领导，稳步前进”的方针，要求 1954 年底全国建立信用社 3.4 万至 4 万个，1957 年基本实现信用合作化，达到“一乡一社”，并明确了“信用社不是官办而是民办的”，强调信用社完全由群众自愿组织，绝不能强迫命令。1954 年 7 月召开的中国人民银行全国行长会议把信用合作社的发展规划由 4 万个改为 10 万个，要求提前于 1955 年实现“乡乡有社”。在这次会议的影响和推动下，到 1954 年底，全国信用社发展到 12.4 万个，多数地区做到了“一乡一社”。

国务院副总理邓子恢在中国人民银行召开的第一次全国信用合作会议上，对农村金融工作基本任务作了进一步说明，指出“办理农村信贷，开展信用合作，是农村金融工作的基本任务”，这两个任务“相互联系，互为因果，不能分割，不能偏废。高利贷发展了，就破坏了农业生产；打击了高利贷，才能发展生产；开展互助合作运动，农民逐渐富裕起来，借贷的人少了，就能制止高利贷剥削活动”。政务院关于发放农业贷款的指示和邓子恢对农村金融工作基本任务的说明，为做好当时和以后的农村金融工作指出了方向。

在全国信用合作会议精神指导下，根据“积极领导，稳步前进”的方针，

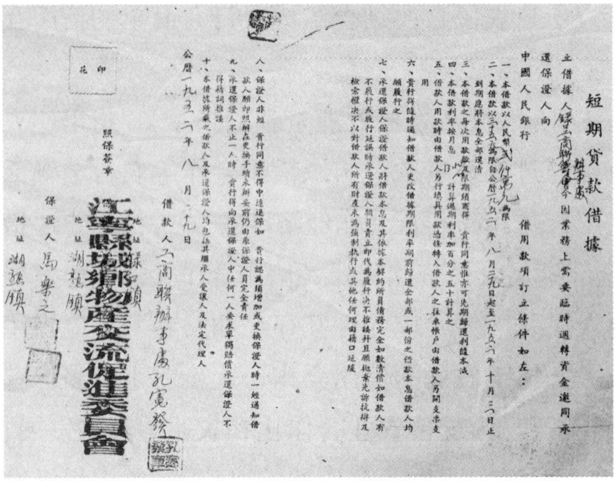

短期貸款借據

立借據人[illegible]因業務上需要臨時週轉資金邀同承還保證人向中國人民銀行借用款項訂立條件如左：

一、本借款以人民幣[illegible]為限

二、本借款以[illegible]為限自公曆一九五二年八月二十九日起至一九五二年十月二十八日止到期應將本息全部還清

三、本借款之每次用款數及限期須商得 貴行同意惟亦可先期歸還利隨本減

四、本借款利率按月息[illegible]計算逾期利率加百分之五十計算之

五、借款人用款時由借款人另行填具用款憑條轉入借款人之往來帳戶由借款人另開支票支用

六、貴行得隨時通知借款人更改借據期限利率或前歸還全部或一部份之借款本息借款人均願履行之

七、承還保證人保證借款人將借款本息及其依據本契約所負債務完全如數清償如借款人有不履行或履行延誤時承還保證人願負責立即代為履行決不推諉并且願拋棄先訴抗辯及檢索權決不以對借款人所有財產未為強制執行或其他任何理由藉口延緩

八、保證人非經 貴行同意不得中途退保如 貴行認為須增加或更換保證人時一經通知借款人願即照辦在更換手續未辦妥前仍由原保證人負完全責任

九、承還保證人不止一人時 貴行得向承還保證人中任何一人要求單獨賠償承還保證人不得藉詞推諉

十、本借據所載之借款人及承還保證人均包括其繼承人受讓人及法定代理人

公曆一九五二年八月二十九日

借款人 工商聯辦事處 孔寬發

照保簽章

江寧縣城鄉物產交流促進委員會

地址 [illegible]

保證人 馬樂之

地址 湖熟鎮

印花

1952 年由江宁县城乡物产交流促进委员会具保的短期贷款借据

人行南京市支行及郊区办事处相应建立健全了信用合作科、股，配备专业人员，采取“训练一批，发展一批，巩固一批”的方法，于 1954 年底在郊区共建立 34 个信用社，1 个信用部和 9 个信用组[①]。社员股数有 15059 股，参加农户达 1478 万户，占郊区农户总数的 62.6%，共募股金有 21174 万元，实收股金 18122 万元，占认股金额的 58.13%。原有的 34 个信用社，由组并社有 31 个，直接建社有 3 个。南京郊区有 40 个乡镇，除七区南门镇、八区燕子矶镇、十区上新河镇、五贵镇，因农业户较少，商业以及手工业审查组较多，不能单独建社外，其余 36 个乡镇都建立了信用合作社，占总乡数的 94%。其中，乡乡有社的有八、九、十区和陵园区，水灾较重的七区 2 个乡虽未能建社，但已有信用互助组。当年，全市农村信用社共吸收存款 420590 万元，年底余额 152790 万元，占当时银行农储的 53.67%，贷款累计为 124012 万元，余额 65914 万元，占当时银行农业贷款的 49%。全年全市信用社存款总额与银行农业储蓄的比例为 0.36∶1，贷款总额与银行农业贷款的比例为 0.62∶1。

四、信用社在整顿中巩固发展

1955 年 3 月，中国人民银行召开全国农村金融会议。会议制定并通过了整顿信用社的若干措施，主要内容是：要提高农村信用社干部政策和业务水平，建立健全财务会计制度，逐步健全信用社民主管理制度；制定了巩固信用社的五条标准，即业务开展、账目清楚、民主管理健全、执行国家金融政策、群众拥护。同时，还制定了《信用合作社章程（草稿）》，对信用社的性质、任务、组织、业务经营、财务管理都作了规定，使信用社做到有章可循，引导信用社逐步走上正轨。国务院于同年 6 月批转中国人民银行的报告，要

① 南京市档案馆：《中国人民银行南京市支行 1954 年信用合作工作总结》。

求各省、市、自治区人民政府执行。在市人民政府的支持和人民银行的努力下，全市农村信用社整顿工作顺利开展。经过整顿，一类社由原来的20%上升到30%，三类社由原来的30%下降到20%，各项业务工作逐步走上正轨。

为了适应农业合作化对农村金融工作的要求，加强对农村金融工作的领导，经国务院批准，1955年3月成立了中国农业银行。当年10月，中共七届六中全会通过《关于农业合作化问题的决议》，规定“人民银行和农业银行，除了设立贫农合作基金贷款，以便帮助解决贫农入社基金的困难，而有利于贫农同中农的合作以外，还应逐步地增加对于农业生产合作社的基本建设投资的贷款，恰当地降低利率，并且延长偿还期限（可以规定为三年到五年）。”为了筹集支持农业合作化的资金，农村金融干部坚持背包下乡，登门服务，贯彻“存款自愿，取款自由，为储户保密”的储蓄原则，积极组织资金。在储蓄方式上，除了举办定期、活期储蓄以外，还举办“爱国有奖储蓄”“耕牛储蓄”“建房储蓄”“售粮、售棉优待储蓄”等。农业银行和农村信用社大力组织资金投放于农业生产，为促进全市农业生产和社会主义改造做出了有益的贡献。根据“积极领导、稳步前进、大力而又迅速发展”的方针，在“训练一批、发展一批、巩固一批”的精神指导下，1955年3月，南京市郊实现乡乡建社。计建有37个信用社、1个信用部、5个信用组，各郊区基本上达到乡乡有社，参加农户达16574户，占郊区总农户的70.1%；收股金19533元，累计吸收存款853282元，余额124000多元，累计贷款255020元，占银行同期农贷总数的77.39%。[①]

1956年，南京市区划调整，郊区范围扩大，邻县划进一批乡，信用社增至50个，连同1个信用部在内，入社农户42582户，占总农户的99.4%。1957年，随着行政区划的变动，信用社按乡调整，原附设区供销社的信用部，亦按乡改建为信用社，市郊共设46个信用社。

第三节 支持合作化运动和农业生产的恢复

一、行社分工，信用社负责农户临时生产、生活贷款

1954年1月1日，中国人民银行南京市支行正式挂牌。为支持农业生产

① 南京市档案馆：《中国人民银行南京市支行1955年农村金融工作总结》。

和信用社建设，人行南京市支行专门设立农村金融科，办理财政农业拨款和贷款。农村的短期贷款对象限于生产合作组织和个体农民，贷款用途限于农业生产。1955 年 3 月，经国务院批准，中国农业银行成立（1957 年 4 月与中国人民银行合并），按照相关规定，中国农业银行归中国人民银行领导，农业银行对信用社是指导关系。由于当时江苏省及南京市没有成立农业银行，农村信用社的管理和指导仍由人行南京市支行农村金融科具体负责。

《全国农业发展纲要草案》第 36 条规定："巩固农村信用合作社，积极开展农村信贷业务和农村储蓄业务，帮助农业合作社和农民解决短期资金周转的需要。"也就是说，信用社不仅要帮助贫困农民解决生产生活困难，打击高利贷剥削，更主要的任务是支持社会主义集体经济发展。

市郊各信用合作社主要业务为农村存贷款的经营。为了坚持互利原则，帮助贫农解决生产中缺乏牲畜、农具和缴纳合作基金的困难，信用合作社普遍建立以后，人行南京市支行根据行社分工的原则，明确规定农户临时周转性的生产、生活贷款，均由信用社负责发放，资金不足，由人民银行给予支持。

市郊信用社成立初期，发放的贷款主要是农户生产、生活贷款。1953 年，在冬春青黄不接时，七区小柳洲信用组即时发放副业贷款，解决部分组员因人口众多产生的经济拮据问题。组员甘得富贷 8 万元经营贩菜，每次可赚 1 万元。[①] 同时，发动互助组调剂粮食 6000 斤，共度生活困难。1953 年 4 月间，农田发现红蜘蛛虫害后，小柳洲信用社主动及时地组织群众，结合自筹资金贷款 1000 多万元帮助农民购买农药和药械，消灭虫害，使 1200 多亩麦田获得丰收。陵园区苜蓿园信用社社员反映："信用社贷款给我们与供销社订粪肥合同，使肥料及时得到供应，搞好了生产。"九区新合乡和平信用社组织吸收存款百万元，解决组员缺乏农具种子的困难。如农民王家瑞，毁坏六年的水车没钱修理，得到贷款后才修复。据统计，1953 年上半年，全市郊区参加信用互助组织的有 29 个村（西善桥组扩至 6 个村、花神庙组有 5 个村），组员 1517 人，股金 1990 股，共 2528 万元，吸收存款 3796 万元，加上银行支持贷款，共贷款 11391 万元。信用互助组除开展存贷款业务外，还义务介绍实物借贷。1953 年 8、9 月小柳洲等 8 个信用组第三季度吸收存款 385 万元，放出 2414 万元。其中，小柳洲组吸收存款 316 万元。开展信用借贷小麦 5000 多斤，

① 南京市档案馆：《中国人民银行南京市支行 1953 年第三季度农村金融工作专题报告》。

结合银行贷款放出生产贷款，计 493 万元，生活困难贷款（包括副业）887 万元。1953 年，全市 18 个信用组共介绍粮食借贷 1.7 万多斤，累计吸收个人存款 5440 万元，累放贷款 14628 万元。1952~1953 年人行南京市支行在积极组建农村信用互助组的同时，发放贷款 4.42 亿元，用以解决贷款资金的不足。1953 年末，全市农业贷款余额为 0.75 亿元，初步形成私人自由借贷、国家银行支持的农村新型借贷关系，在支持郊区开展的农业互助合作运动、组织农民闲散资金、互济有无、发展生产、与高利贷做斗争等方面起到积极的作用。1952 年，西善桥乡集镇信用组成立后，当地私人借贷利率就由日息 3 分降为 1.5 分。

存款是信用社营运资金的主要来源。为了增加存款，信用社员工半天定点办公，半天背包下村，上门串户，动员存款。苜蓿园和茶亭等乡信用社每天清晨在供销社摆摊设点，结合供销社收购蔬菜，办理存款。产粮区的信用社，夏秋售粮期间，均在粮站设点，办理收贷和收储业务，以方便群众。石门坎、菊花、新合等乡信用社，经常了解乡政府为农民出售生猪开立自产自销证明的情况，并及时上门动员存款。浦口沿江、红旗两乡的社员运用亲邻相串的方法，动员妇女把私房钱存入信用社。

为提高信用社在农村中的声誉，1954 年按乡建立信用社后，农民个人的一般生产、生活贷款，均由信用社发放，信用社资金不足时，由人行南京市支行给予支持。资金有多余，可以发放周转性的集体农副业生产贷款。当年，南京遭到百年不遇大水。洪水灾害期间，通过贷款，信用社积极帮助灾民生产自救，安度灾荒。在大水后的生产自救中，雨花台区五星初级社向信用社贷款 100 多万元，搞起发豆芽、养猪等集体副业，社员生活有来源，情绪稳定，入社农户由 8 户增加到 36 户。苜蓿园乡信用社建成两个月，通过组织存款，不仅解决个人生产生活贷款，而且承担了全乡的集体农业贷款。灾害期间，一直活跃的后庄、前湖、后湖、明陵等 34 户放高利贷者自行停止了活动。当年，累计放出生产自

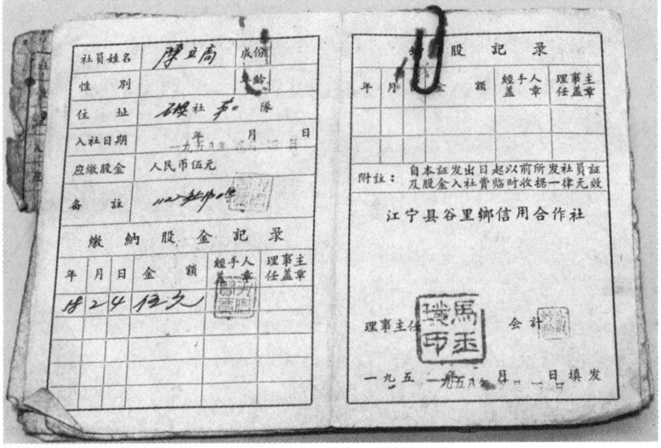

1958 年江宁谷里信用社社员证

救25.5亿元，为同期银行放出的77.4%。陵园区蒋王庙乡锁金村贫农刘福友1952年1月借同村周长安（中农）5万元，3个月后要付息4万元，刘还不出，周长安反付刘1万元，凑足本金10万元，到1953年夏季还小麦180斤，现金15万元,1954年又还16万元，仍欠本金5万元，两年内共付利息53万元。而刘福友在信用社贷款40万元，3个月共付利息2.58万元，他感慨信用社能够随时解决困难，利息又少，因而揭发了这一高利贷的事实。社干对周长安进行了批评教育，周表示认错，要悔改前非。

1955年1月大雪封门时，衡阳乡信用社会计背包下村，重点上门访问，七天中贷款400多万元，帮助70多户贫困农民解决了生活困难。同期石门坎乡信用社与有关部门联系，对缺粮无钱户采取一次立据，分次发米的办法，广受群众欢迎。截至当月，全市农村信用社共贷款31亿元，相当于银行的全年同类贷款总额。1956年，累计贷款79万元，比上年增加1.5倍，其中个人占76%，集体占24%。

二、开始承办农业社的集体存款

自1956年起，农业社的集体存款全部由信用社承办，这既有利于扩大存款业务的范围，又便于信用社掌握集体经济的动向，同时有利于社员个人存、贷、收款业务的开展。每到农业社分配之时，信用社都闻讯而动，上门宣传储蓄利国利民的好处以吸收存款。在当年农业社预先分配时，市郊信用社累计收储210227元。燕子矶区大庙信用社根据农业社秋季决分方案，逐户上门预约认储，分配中共收储9万多元，占农业社现金分配12.8万元的70%。从此，集体存款占很大的比重，社员储蓄主要依靠社队夏秋两季分配。种植蔬菜地区的大部分信用社，存款业务发展，不仅没有向银行借款，还发放社员个人贷款，担负起对集体农业贷款。

中共中央《1956年到1967年全国农业发展纲要》在市郊宣传贯彻以后，农村初级社向高级社转变时掀起高潮。1956年，中山陵园区各乡信用社对缴纳股份基金有临时困难的780户贷款13408元，其中贫农534户，中农235户，其他11户。同年夏季，该区信用社鉴于农业社不预支、社员没有收入等情况，发放社员口粮贷款72324元，农具贷款9474元，贷款面达78.2%。上半年，中山陵园区各乡信用社根据勤俭办社方针，在帮助农业社制订财务、贷款计划的基础上，共发放集体贷款38337元，其中肥料贷款占37.3%，帮助购买菜地黄粪35500多担，以养猪、养殖为主的集体副业贷款占20.9%。同期，栖霞区8个信用社发放农业社贷款215106元，占放出总数的35%，帮助购买牛草6000多斤，种子3.5万斤，包公厕6个，养猪113头，建猪圈44间，放鱼苗8000尾。该区信用社1964年上半年共发放生产队贷款45357元，占贷款总数的87.5%，为银行同期放出数的95.6%。尧化一队系半粮半菜队，全年口粮供应10个月。菜地种不好，买粮就要靠贷款。为此，信用社积极支持蔬菜生产，通过贷款帮助购买架柴200多捆和黄粪660多担以后，该队番茄、四季豆、豇豆等品种的上市量均为垒乡第一[①]。1956年，该信用社年末余额比上年增加43.14万元，增长24.37倍。次年，有所回落。这期间，也发生了一些非正常的现象。有少数信用社干部利用特权，拖欠信用社资金，缺乏必要的行之有效的监督；有些干部只贷不还，重放轻收，片面强调少还多分，严重影响信用社资金周转。1956年10月，郊区（除浦口区）、乡、社、队干部有3032人，欠信用社贷款87027元，占信用社个人贷款的12.6%。其中雨花台区菊花乡干部欠贷3278元，占信用社个人贷款达29%。这种只贷不还、重放轻收的局面，直至1957年1月南京市人委批转人行南京市支行的报告后才有所扭转。

郊区信用社除代办银行“优待售粮储蓄”、代理人民银行重灾区的生产救灾贷款外，从1956年以后，历年人行南京市支行集体农业贷款和支持贫下中农困难户贷款的放出与收回，均委托信用社办理。信用社到期贷款的收回，不仅关系到资金周转和年终损益，而且影响到信用社对人民银行支持款的归还。因此，借入银行款余额的变化，直接反映了信用社当年的收贷情况。1954~1957年，人行南京市支行共对郊区信用社贷款112.9万元，年均25.9万元，占同期银行农贷放出总数的27.69%。详见下表：

南京市郊区信用社各项存贷款余额统计

（单位：万元）

年　份	各类存款	农户个人贷款	借入银行款
1954	13.8	6.2	0.8
1955	46.1	10.6	1.8
1956	136.5	78.4	44.9

资料来源：杨文瑛:《建国后南京市郊农村信用合作社概况》，南京金融志编纂委员会、中国人民银行南京分行:《南京金融志资料专辑》(8)，1991年，第36~40页。

① 杨文瑛:《建国后南京市郊农村信用合作社概况》，南京金融志编纂委员会、中国人民银行南京分行:《南京金融志资料专辑》(8)，1991年，第36~40页。

三、关于农村信用社发展前途的争论

农业合作化是涉及生产关系等方面的一项重大变革，在农业合作化以后，由于缺乏经验和对中国国情的认识不足，中央对要不要继续办好信用社产生了不同的想法，对农村信用社的发展前途产生了争论。一种意见认为，信用合作社是在个体农民基础上组织起来的，为个体农民服务，它实行股金分红，是半社会主义性质的。信用社是以私有制为基础建立的，它的主要任务是帮助贫困农民解决生产生活困难，打击高利贷剥削。合作化后，农村主要的生产资料已经转为集体所有了，产生高利贷剥削的私有制基础不存在了。社员生产生活困难的大部分都由农业社集体经济组织帮助解决了。农业生产上所需资金又是数量较大，期限较长，信用社没有力量满足这些要求，因此就得出结论，信用社没有存在的必要了，应该由国家银行来代替。另一种意见认为，国家银行代替信用社后，与群众的联系少了，削弱了农村信贷工作的群众基础。信用社作为农村三大合作组织形式之一，在实现农业合作化以后，仍应长期存在下去，积极为集体经济和农民服务。同时，虽然实现了合作化，农业社并不能完全解决社员的生产生活困难，仍然需要信用社帮助。信用社在满足了社员的资金需要还有多余时，还可以帮助农业社解决生产资金困难。

经过争论和实践，最后还是确定继续办好独立经营的信用社，执行党和国家的金融方针、政策，接受国家银行的业务领导，并明确提出了长期办社、民主办社和勤俭办社的方针。

1957 年 1 月，中国人民银行在全国信用合作会议上总结了信用合作化的经验教训，讨论了在农业合作化后新的历史条件下信用社的性质、任务和发展方向，肯定了长期办社、民主办社和勤俭办社的方针，确定采取措施整顿组织、开展业务，要求通过整顿做到业务民主、财务公开，把信用社巩固下来，继续发挥它应有的作用。

当年 7 月，中共中央在批转这次会议情况报告的通知中指出：“1956 年的经验证明，在农村基本实现了合作化以后，信用合作社在调剂农村资金，促进农副业生产方面，仍然有着十分重要的作用，应当进一步巩固和加强。”“信用社作用的发挥，在很大程度上取决于加强它的群众性。必须便利群众存取，认真做到为存户保密，使存款户正常的经济生活不至于受到干扰。同时，信用社本身应当在发扬民主、接受群众监督的基础上，勤俭办

社，健全经营管理制度，杜绝贪污浪费，树立信用。”中共中央这个批示，结束了关于信用社发展前途问题的争论，再次明确了农村信用社建设和发展的方针。

第四节　民主办社、财务公开

一、理、监事会主任属于义务职

农村信用合作社是群众性的资金互助组织，是联系个体农民和银行的桥梁。

信用合作社的章程明确规定，信用社的最高权力机构为社员代表大会，入社农户多以行政村为单位，成立若干小组，每组选举组长（即社员代表）一人，组织评议社员个人贷款。其组成完全根据自愿原则，除地主、富农外，每户一股，每股两元，社章规定，理、监事均在社员代表中产生。理事一般一村一人，负责宣传动员存款，介绍、审查社员贷款，到期协助催收，还负责分发年终盈余红利。理、监事会主任均由乡干部兼任，属于义务职。会计一人，属半脱产性质，半天定点办公，半天下村流动服务。信用社的业务和社务，社员看得见摸得着。因此，当时的信用社被农民誉为“自己的小银行”。

社章规定，由信用社社员代表大会制订或修改社章，选举产生理、监事，确定业务方针，讨论年终盈亏处理和决定其他重大事项，每年至少开会一次。理事会是办理业务和处理社务的决策机构，每三个月至少开会一次。监事会是信用社的监察机构，一般由三至五人组成，每半年至少开会一次。理、监事主任，在理、监事成员中相互推举，通过社员代表大会公布。

互助股金是农民参加信用社所缴纳的股份基金，社章规定持有股份的社员有获得股金分红和奖励的权利。年终决算损益是信用社开展业务好差的重要标志。社章规定：盈余分配的50%提留公积金，40%做股金分红，10%为奖励金。

二、股金分红：花色毛巾等实物

信用社创立初期到1954年，由于各信用社积累较少，未见分红派利的史料。据记载，南京农村信用社大面积的股金分红始于1955年。当年，郊区各乡信用社1955年决算后多有盈余。中山陵园区苜蓿园社盈余最多，为11249元，雨花台区江东社盈余最少为91元。盈余的27个社（占总社数81.8%），总计 15644 元，均及时召开社员代表大会，进行分红和奖励，每股分红最高为 0.75 元，一般为 0.2~0.4 元，最少为 0.04 元，共奖励社员代表 190 人，理、监事和社员 252 人。春节前，苜蓿园、孝陵卫、马群三社分别进行了盈余分配及股金分红。会前分别向乡党支部汇报并召开理监事小组长扩大会议，确定了分配比例，提出初步受奖励社干与模范社员名单。大家一致主张，以实物代替现金分红和奖励，使获奖社员既能得到实惠也有纪念意义。经过广大社员的讨论，最终确定分配方案和名单。具体分配比例是：孝陵卫、马群二社股金分红为 40%，公积金 50%，公益金与奖励金各 5%。苜蓿园社因盈余较多而应收利息所占比例较大，因此股金分红比例随之适当减少为 30%，公积金 60%，公益金与奖励金各 5%。[①] 股金分红时采购了若干花色毛巾，并加印有结合开展业务的标语和社名字样。每条毛巾相当于各社社员每股应得红利，奖励金为学习用品。

社员大会前，先收集社员证，按自然村填制“股金分红社员领取清单”，并与社员证逐笔核对。获奖社员感到十分荣耀，情绪热烈，参会社员都受了一次爱工护社的实际教育。社主任及乡党支部书记分别就各项工作做了总结，社员代表现身说法，叙述信用社的好处和体会。盈余较少的乡社，也分别召开社员大会，讲清未能分配的原因，提出下一年发展的方向。

信用社是实行独立核算、自负盈亏的经济实体。建社初期，理、监事主任均由乡干部兼任，属义务职。信用社会计，在农村有文化的青年积极分子中物色挑选，由理事会聘用，每月补贴 8~12 元，属半脱产性质。1956 年郊区范围扩大，邻县划进一批单纯产粮乡，经济条件较差，加之到期贷款回收率较低，市郊 46 个社就有 29 个社亏损，亏损额 5941 元，经过审批，人行南京市支行给予补贴 2171 元。并乡并社后，一般信用社均配脱产人员 2~3 人，主任负责外勤工作，会计办理内勤业务。工资做了调整，在不超过乡干部标准的前提下，最高为 24 元，一般为 20~22 元，最低为 15 元。1957 年结合区乡调整，社干按每千户配备 1 人的原则，郊区原有脱产社干 110 人，精简下放 49 人，根据信用社负担能力，每人发给 1~3 个月工资的生活补贴费。1957 年整顿后，盈余社由上年占总社数的 40% 上升到 71%。

市郊农村信用合作社的建立与发展离不开党和人民政府的正确领导，离

① 南京市档案馆：《陵园区信用合作社 1955 年盈余分配股金分红工作总结》。

不开人民银行的支持。人行南京市支行不仅在政策上、资金上对信用社的发展给予支持，而且及时发现和帮助解决信用社发展中的问题。1954 年，人行南京市支行在对江宁、铜山两县部分信用社账务情况的调查中发现，部分信用社账务出现贷款借据多缺、存款账务不符、库存长短、不及时记账等错乱问题，明确要求加强对信用社的账务指导，并要求由各级行的会计部门主管对信用社的账务指导，各级行农金部门配合会计部门共同进行。[①] 针对一些信用社工作粗糙，资金力量小，吸收存款很少，干部严重不纯，贪污挪用公款之事屡有发生的现象，根据中国人民银行召开全国农村金融会议精神，认真配合区县政府开展农村信用社的整顿提高工作。

到 1956 年底，全市对农业、手工业和资本主义工商业的社会主义改造基本完成，标志着社会主义经济制度的确立，从而实现了近代以来最深刻的社会变革。在过渡时期总路线的引导下，南京郊区成功实践了一系列从低级到高级社会经济改造的形式，奠定了进一步发展的良好基础。

农村实现信用合作化是在党的领导下进行合作金融的一次伟大实践，它结束了高利贷长期统治农村信用的历史，促进了农村合作化的社会改革高潮。这一时期南京农村信用合作社发展的基本经验和特点主要有：

1. 政策引导，发展迅速

自 1952 年南京出现第一家信用合作组以后，在党的领导下，合作事业由点到面，由组到社，循序渐进，蓬勃发展，至 1956 年，由于区划调整，郊区范围扩大，信用社发展到 50 家，覆盖了全市整个农村，入社农户 42582 户，占总农户的 99.4%。且信用社组织健全，章程公开，管理上民主意识强。

2. 新旧农村信用社有着本质区别

新型信用社建立在土地公有制之上，有效克服了旧中国信用社无法摆脱的土地私有的矛盾。新型农村信用合作社是群众性的资金互助组织，是联系个体农民和银行的桥梁。1953 年中共中央在《关于发展农业生产合作社的决议》中指出："农业生产互助合作、农村供销合作和农村信用合作是农村合作化的三种形式。这三种合作互相分工而又互相联系和互相促进，从而逐步地把农村的经济活动与国家的经济建设计划联结起来，逐步地在生产合作的基

① 南京市档案馆：《人行江苏省分行关于加强信用合作社账务指导工作的指示》1954 年 5 月。

础上改造小农经济”，并规定了农村信用社的任务，即“在国营经济的领导下，帮助农民摆脱高利贷的剥削，发展农村储蓄和低利贷款，为农副业生产服务，促进农业生产互助合作的发展。”

3. 作用发挥好，成为国家银行有力助手

市郊农村信用合作社配合人民银行吸收了农村闲散资金，活跃了农村金融，使农村节约储蓄蔚然成风，限制和打击了农村高利贷，成为国家银行在农村中的有力助手。一方面组织货币回笼，帮助国家积累建设资金，稳定物价，另一方面发放各项贷款，帮助农民解决困难，促进生产发展。如陵园区苜蓿园乡成立信用社以后，除少数金额大、期限长的设备性贷款外，其他一般性的贷款就用不着银行发放了。同时，有条件的信用社还接受国家银行委托，开办代理业务，如农田、水利基本建设贷款、收贷，以及优待储蓄等工作。灾区的信用社在掌握实际情况和贷款政策方针后，代理银行相关业务，为方便灾民，往往简化手续发放生产救灾贷款，并做到及时合理，使农民满意。

这一时期，由于缺乏经验也出现过一些问题，主要是基本建设贷款发放过多，效益不好，贷款收不回来。农业贷款一度增加过多，与农业生产资料的供应不相适应，导致市场生产资料供应紧张，资金使用效果不好。在业务发展上，要求过急，工作粗糙，信用合作的形式过于单一。在一些地方还不具备建立高级形式信用社的条件，应当先建立低级形式的、简单易办的、群众乐于接受的信用小组、信用互助组，等到经济上有了需要，群众有了要求，工作有了经验后，再因势利导，建立高级形式的信用社。同时，由于经济落后、社区范围大、交通不便等原因，一些信用社的资金规模小，存款少，业务开展不起来，收入维持不住开支，发生的亏损不得不由银行补贴。

第三章
农村信用管理体制的曲折发展与探索

1956 年底，全市农业、手工业和资本主义工商业的社会主义改造基本完成。社会主义经济制度在南京的确立，为农村的进步和发展奠定了良好的基础。1957 年 10 月，中共中央制定并颁布《全国农业发展纲要草案四十条》（以下简称《农业四十条》），中共南京市委和市人民委员会按照《农业四十条》精神，加强对郊区工作的领导，积极组织农业生产“大跃进”。1958 年底，全市郊区农村在高级社的基础上普遍建立人民公社。根据国务院“两放、三统、一包”（“两放”指的是下放人员、下放资产；“三统”指的是统一政策、统一计划、统一流动资金管理；一包，指的是包财政任务）的财经管理体制，中国人民银行南京市支行将郊区（除浦口区）原有的信用社和银行营业所合组为 8 个信用部，一并下放到人民公社。同时，信用部的用人权和资金权也下放给人民公社管理，实行联合经营，合署办公，一部两账。

1959 年 4 月，“两放、三统、一包”政策停止执行，人行南京市支行营业所从人民公社的管辖下收回，仍由人民银行领导和管理，而信用社则下放给生产大队，改名为信用分部。全市先后建立起 79 个信用分部，信用分部工作人员由生产大队管理，盈亏由生产大队统一核算，业务由生产大队和人行南京市支行基层营业所共同领导。1962 年初，根据以“调整”为中心的八字方针，开始“撤部建社”（撤销信用分部，恢复信用社），全市郊区农村陆续恢复建立了 30 个信用社。在“大跃进”和十年“文化大革命”时期，农村的信用合作事业受到“左”的思想的严重破坏和干扰，经历了曲折发展的过程。

第一节　人民公社化与信用社、银行营业部的合并下放

一、郊区农村的“人民公社化”

《农业四十条》是中共中央为迅速发展农业生产而提出的奋斗纲领。为深入贯彻《农业四十条》，1957 年 10 月南京市委先后召开区委书记会议及工商、文教卫生等有关部门的会议，集中研究如何支援郊区提前实现《农业四十条》的问题。时任市委第一书记、市长彭冲出席了在玄武湖公园召开的有 1.5 万余人参加的大会，欢送首批经组织批准的 1100 多名干部到农村去。各机关、工厂、学校和广大居民被动员起来，开展各种形式《农业四十条》的学习、宣传和讨论活动。12 月 17 日，市委决定再抽调机关科级以上干部 200 多人下放到农村，以加强郊区和乡、镇基层工作。各郊区在广泛向干部群众进行农业发展纲要宣传教育基础上，发动各农业社制定 1958 年“跃进规划”。

1958 年 1 月，南京市委召开盛况空前的郊区农村社会主义建设积极分子表彰大会。这是南京解放以来规模最大的农村工作会议，郊区农村工作的骨干 3000 多人到会。会议表彰了在 1957 年全市农业生产、经营中成绩突出的 37 个先进单位和个人，强调农村干部要“拿出劲头来，拿出措施来，为两年实现四十条而奋斗！”会议期间还组织与会代表鸣放辩论，狠批保守思想，制订 1958 年农业社的“跃进规划”。这次会议，实际上成为组织和促进农业“大跃进”的大会。会后，各农业社不断修订生产规划，产量指标一再加码，各项措施一再修订。粮食亩产由 300 斤一直加码到千斤以上。据对 105 个农业社的统计，经过修订生产跃进规划，产量指标不足 800 斤的有 4 个农业社，899 斤以上的有 31 个社，千斤以上的有 70 个社，其中最高的订到每亩单产 1560 斤，形成脱离实际片面追求高指标的倾向①。

为支持农业生产的“大跃进”，南京市委抽调近百名区、乡干部，全面审查、“过堂”各农业社的规划，并提出争取用两年（1958~1959 年）时间基本实现农业发展纲要。1958 年头两个月，城区居民平均每天有 6000 多人下乡参加兴修水利义务劳动，工业部门为农村赶制农机，财贸部门为农村赶运百货和器材。为支援农业发展，市委还发动市民挖运秦淮河、金川河、乌龙潭、

① 唐佐才：《南京市郊县的人民公社化运动》，《风雨同舟——南京探索前进的三十年》，中共党史出版社 2002 年版，第 314 页。

莫愁湖、玄武湖等处淤泥，组织实施清淤积肥工程。

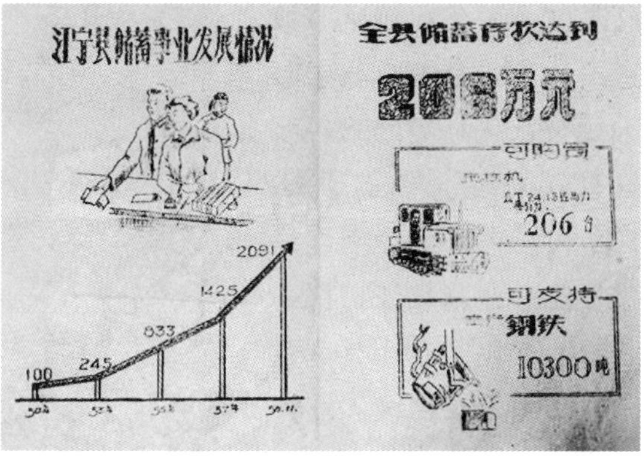

1958 年“大跃进”时期江宁县储蓄发展手绘宣传画

中共中央制定和颁布“鼓足干劲，力争上游，多快好省地建设社会主义”总路线后，全国各地掀起了“大跃进”高潮。6 月 10 日，南京市委制订郊区小社适当地并为大社的规划，计划将百户以下的蔬菜社、200 人以下的圩区和山区的农业社、300 人以下的洲地农业社都进行合并，全郊区 146 个郊区农业社合并为 100 个左右。生产队也进行调整，未实行机耕的农业队 20~30 户，已实行机耕的农业队 30~40 户。规划颁布的当年秋季，全市小社并大社的工作基本完成。

7 月 15 日，经江苏省委批准，原属常州专区的江宁县与扬州专区的江浦县、六合县划归南京市。至此，全市辖区扩大到 4717 平方千米，拥有 257.6 万人和 284.1 万亩耕地。

为贯彻总路线，7 月 28 日至 8 月 5 日，市委组织大型农业生产检查团，包括全体乡党委书记、部分高级农业社的支部书记、社主任、生产队长以及老农代表共 351 人。由北向南、从县到郊区，逐乡进行。检查中不切实际地追求农业高指标，要求实现总产比 1957 年翻一番。在检查团的推动下，农村中“左”的风气愈演愈烈，检查评比层出不穷，到处开展“三旗”（红旗、绿旗、黑旗）竞赛，社社比、队队比、事事比、人人比，组织全面跃进。

当年 7 月《红旗》杂志发表文章中引证毛泽东关于办公社的讲话：“我们的方向，应该逐步地有次序地把‘工（工业）、农（农业）、商（交换）、学（文化教育）、兵（民兵，即全民武装）’组成一个大公社，从而构成为我国社会的基层单位。”毛泽东倡导办人民公社的消息在报刊发表后，南京郊区（县）少数高级农业社立即掀起大办人民公社的热潮。8 月 25 日，江宁县龙潭乡和营防乡的干部群众冒雨集会，庆祝南京辖区第一个农村人民公社——江宁县长江人民公社正式成立。长江社的成立揭开了南京郊县大办人民公社的序幕，为以后相继建立的人民公社起了示范作用。《南京日报》采用套红标题“江宁县长江人民公社诞生”报道，称赞它是本市“走向人民公社化高潮的第一面红旗”。

1958 年，公社青年踊跃到长江人民公社红专大学学习

长江人民公社南靠沪宁铁路，北临长江，周边长 60 余里，全社有 261 个自然村。在初级农业社时期，这些村共办了 46 个初级社，升为高级农业社后，合并成了 13 个高级社。该社地处圩区，土地比较平整，共有耕地 2.5 万多亩，农民有 2134 户、9600 多人。经过农业合作化，农业社社员的生活水平已达到当地中农水平，预测 1958 年农业总收入将比 1957 年增加 3 倍多。在“大跃进”的形势下，当地的乡、社干部感到高级农业社的组织已不能满足生产发展的需要，积极要求创办国营农场。当得知毛泽东称赞“人民公社好”，报纸上不断报道各地积极办人民公社的消息后，立即开始筹办人民公社。按“统一经营，分级管理”的原则，将全社分成 6 个作业区，下设专业生产队，内设 5 个股（农林水和副业股、工业股、财政经济股、武装保卫股、文化福利股），分工管理全社的一切事业，实行“固定工资加奖励”的分配办法。原高级农业社的土地归公社全民所有；不便于统一耕作的家前屋后的零星土地，仍交社员使用；社员的房屋、家具、家禽、家畜仍为私人所有。为保证农、林、牧、副、渔，工、农、商、学、兵全面发展，该社成立后办起了公社炼铁厂、化肥厂、面粉厂、大米加工厂、工具修配厂、糖厂、食油加工厂等 15 个社办工厂，建了养鱼场、蓄牧场、竹业场，并成立 3 所农业中学和 1 所成人红专学校，还兴办农村公共食堂、浴室、理发室等福利事业。

长江人民公社成立后，各区（县）区委即不断收到所属乡、社干部、群众要求加速建立人民公社的申请书、保证书、决心书。为加强领导，市委于 8 月底召开区（县）委书记会议，指示各县、区委选派得力干部深入乡、社，具体帮助基层开展人民公社的筹备工作。1958 年 8 月 31 日和 9 月 1 日，短短两天时间，郊县一下子宣布成立了18个人民公社。其分布是：陵园区2个（紫金山、秦淮），雨花台区1个（江东），栖霞区2个（十月、龙潭），浦口区2个（红旗、沿江），江浦县11个（灵山、石桥、陡岗、龙山、兰花、汤泉、星甸、永宁、大桥、白马、建设）。《南京日报》为此在9月2日头版发表了题为“积极领导人民公社化运动”的社论，同时编发了综合报道《建立人民公社，实现伟大理想》。

9月2日，雨花台区又成立了雨花、两善、板桥3个人民公社。雨花人民公社成立前夜，乡乡队队组织群众讨论人民公社的好处，通宵达旦地向区委送喜报，锣声鼓声彻夜不断。公社成立的庆祝大会设在雨花台烈士墓前的草坪上，热闹非凡的庆祝活动进行了整整一天。9月27日，全市郊县农村全部成立人民公社，978个高级社合并为57个人民公社，入社农户28.3万户，占总农户的99.9%。

二、信用社与银行营业所下放到人民公社

1958年12月，《关于适应人民公社化的形势改进农村财政贸易管理体制的决定》颁布，同时，国务院颁布《关于人民公社信用部工作中几个问题和国营企业流动资金问题的规定》，按照中共中央、国务院规定，银行营业所要下放给人民公社，与信用社合并组成公社信用部，人权、财权、资金使用权由人民公社管理，盈亏由人民公社统一核算。同年底，人行南京市支行将信用社与人民银行所属的基层营业所合并，并按人民公社的区划设立8个信用部，内部实行一块牌子两本账。

在国家统一政策、统一计划、统一流动资金管理条件下，银行实行信贷资金差额包干，“应当放的必须放，以调动公社的积极性；应当统的必须统，以保持国家的计划性。”[①] 到1959年底，全国共建信用分部近20万个，信用社服务站17万个，其业务实际上由生产大队单独领导，变成生产大队的组成部分。很多信用分部的干部，被公社、生产大队抽调从事其他工作，信用分部的工作无人负责，许多信用分部财务混乱，贪污盗窃事件不断发生[②]。人民公社有权随意动用信贷资金，而信贷资金的主要来源是存款，被动用的资金收不回，存款就无钱兑付，银行为了支付存款，被迫增加货币发行。

---

① 李先念.《怎样认识农村财贸管理体制的改进》,《人民日报》1959年1月17日，第2版。

②《农村信用合作事业在曲折中前进》,《当代中国的金融事业》，中国社会科学出版社1989年版，第454~455页。

金融战线先进人物李炳森

这期间南京农村金融战线涌现了不少先进人物，他们克服种种困难，在一线服务农民、支持农业生产。李炳森就是其中之一。

李炳森1951年考入江宁县人民银行，先后任陶吴营业所农金员、副主任、主任和县支行农金股长等职。起初，他被分配在偏远的横溪、小丹阳做农金员，那里距离营业所最远的乡有五十多里，不通公路，连基本的交通工具自行车都没有。面对困难，李炳森没有退缩，他硬是靠双腿奔波在村庄与村庄之间，有时吃住都在村上。上级布置的贷款、收贷和储蓄任务，李炳森每次都能出色完成。1954年，他负责组建了横溪、小丹阳片7个乡的信用社。由于工作出色，从1952~1959年，他先后三次出席全国性的先进工作者代表会议，两次受到毛泽东主席、朱德副主席等接见。1959年11月，他作为大会主席团成员出席了全国金融系统群英会。[①]

1958年10月3日，南京市委召开县、区委书记会议，对人民公社的体制与机构设置方面统一规定，以原高级社为单位组成大队，以原初级社为基础划分生产队，实行公社、大队、生产队三级体制。同时规定农村供销社、信用社和银行、粮食购销供应站等，一律下放到公社。会议在肯定“人民公社所有制应该是全民所有制”的同时指出，“在公社化初期，不便急于改变，应根据具体情况，有计划有步骤地加以改变”。会议规定凡参加人民公社各单位集体所有的一切公共财产，包括土地、经济林木、现金、工具、物资、公共积累、建筑物等一律转为公社所有。原单位所欠的债务，农业方面凡用于当年生产的债务，应由原高级农业社偿还；凡用于基建的贷款，由公社偿还；其他方面的贷款应分别按使用的性质进行处理。原单位中的小集体（如农业社的生产队）的公共财产及生产资料都归公社所有。社员未入社的土地、经济林木、大型农具、母猪等一律折价入社，按照实际价款记在个人名下。各种合作组织成员所交的股份基金和联营、合营企业的资产一律转归公社，记在个人名下，社与社不再拉平。为体现人民公社高度的公有化，在分配上实行按共产主义的“各取所需”与社会主义的“按劳取酬”相结合的原则，即供给

① 中国人民银行南京分行：《南京金融志资料专辑》（8），1991年10月。

制加按劳取酬。实行“吃饭不要钱”，在同一公社内，社员的伙食标准统一，包括口粮每人每年 600 元，伙食费每人每月 5 元左右。社员按劳所得的报酬，一律存在公社，发给存折，不计利息；原存在信用社和银行的存款，也转到存折上去；除定期发少数零用钱外，社员若需要物资，由公社供给或凭存折到公社百货零售商店选购，实行非现金结算，以杜绝“资本主义自发势力”。

按照“按劳取酬”的原则，各家人民公社依社员劳动能力进行了分等，工资标准由高到低定为 8 级：八级 7 元，七级 5.7 元，六级 4.6 元，五级 3.7 元，四级 3 元，三级 2.6 元，二级 2.3 元，一级 2 元。平均工资为 3.8 元，每月发放一次，一律采取非现金结算。为培植“共产主义因素”，紫金山人民公社大办文化、福利事业，实行“十包”，即包生（办产妇院）、包老（办幸福院）、包治病（实行公费医疗）、包死（统一殡葬）、包教（办托儿所、幼儿园、中小学）、包深造（择优保送读高中和大、中专的学生，除国家供给部分外，其余费用由公社供给）、包理发（公社办理发室，社员凭票免费理发）、包洗澡（公社办澡堂，社员凭票免费洗澡）、包娱乐（公社办文化馆、影剧院）、包婚庆（喜事由公社主办）等。郊区的十月、紫金山、江东、雨花等一大批公社抢在欢庆国庆九周年之际，实行“饮食供给制，吃饭不要钱”。据统计，至当年 10 月 27 日各公社开办公共食堂 1079 个，年终上升至 1246 个，在食堂吃饭人数为 19.72 万人，占参加公社人数的 76.8%。又据南京市委农工部 12 月 25 日统计，公社化后三县和近郊区办起公共食堂 8277 个，有 120 多万农业人口参加了食堂，平均每个食堂有 140 多人。在当年秋收秋种期间，几乎所有农村公共食堂都是“要粮进仓，要鱼下塘，要柴上山”，乱吃混用的现象十分普遍。“放开肚皮吃饭，鼓足干劲生产”，使为数不少的食堂两个月就吃掉了半年的口粮。在吃饭不限量的食堂中，很多食堂不仅一日三餐吃干饭，还开展“吃饭吃好竞赛”[①]活动。

人民公社化以后，市郊农村的生产资料实行了单一的公社所有制，取消社员自留地和饲料地；按“大兵团作战”方式组织生产，合作化时期建立起来的行之有效的经营管理制度被全部打破，造成生产无制度、劳动无定额、报酬无区别的混乱状况。“五风”一度盛行。所谓“五风”，指的是“共产风”、

① 唐佐才：《南京市郊县的人民公社化运动》，《风雨同舟——南京探索前进的三十年》，中共党史出版社 2002 年版，第 316 页。

浮夸风、强迫命令风、干部特殊化风和生产瞎指挥风。高指标，瞎指挥，不仅破坏了生产秩序，而且使在基层工作的同志都感到压力增大，违心地跟着“感觉走”。金融战线也普遍刮起了一股不正之风，如大办实物存款、弄虚作假、强迫命令等。信用社充当了社队平调社员财物的工具，将从社员家中强迫征用来的木料、砖石、农具等财物，折成现款，算作社员在信用社的存款，同时作为信用社对社队的贷款。空收空付，信用社的存、贷款业务数字在几天甚至一天之内就翻几番。有的社队没有钱给社员发工资或分配兑现，信用社就给社员开存单，算作社队的贷款。一些地区为了挖掘农村的资金潜力，强迫群众出卖金银首饰，虚增信用社存款，甚至连群众正在使用的铜铁器具也变成存款。受浮夸风、高指标、高征购的影响，1958 年冬全市农村和城市开始出现粮食、副食品全面紧张的局面。

针对上述非正常现象，1959 年 4 月中共中央发布了《关于加强农村人民公社信贷管理工作的决定》。《决定》规定把下放给人民公社的银行营业所收回银行管理，但同时又把信用社下放到生产大队。信用社人权、财权、资金使用权交给生产大队，盈亏归生产大队统一核算。当年，南京市人民公社的信用部撤销，银行营业所全部收回人行南京市支行，信用社按生产大队的建置改建为 79 个信用分部。这一措施的实施，并未使普遍存在的弄虚作假、乱收乱支现象得到有效遏制。

由于各信用分部在大队干部的领导下开展银行业务[①]，郊区（县）的信用社因此失去了独立性，国家银行也失去了对信用社的有效领导，金融政策不能贯彻，必要的制度不能执行，生产大队把信用社当成了小钱柜。以“高指标、瞎指挥、浮夸风和‘共产风’为主要标志的‘左’倾错误严重地泛滥开来”。[②] 据 1962 年上半年统计，全国信用社的贷款约有一半被社、队所占用，在被占用的贷款中又有一半左右用于社员分配，或其他财政性开支，长期收不回来，造成许多信用社支付不了存款，业务陷于瘫痪状态。

三、三年经济困难时期的信用社经营

这一时期，信用社业务受到严重影响，各郊区信用社的增股扩股停滞，储蓄业务也没有开展。此时国家对农业信贷资金推行严格的信贷计划管理，

---

① 南京市地方志编纂委员会编：《南京金融志·大事记》，南京出版社 1995 年版，第 731 页。

②《关于建国以来党的若干历史问题的决议》1981 年 6 月 27 日。

实行存贷两条线，吸收的存款全部逐级上缴人民银行总行，由总行逐级分配贷款指标。指标不够时，逐级申请，由上级行调剂。南京市郊发放的农业贷款，实行专项指标管理，分配到区，不得突破，不得相互流用，春放秋收，一般当年归还。农贷指标分为国营农业、农业长期和短期三个科目。各项贷款，均按贷款对象分设科，以便考核。人行南京市支行将上级行核定的指标分配到区，由办事处或营业所掌握发放。由于农业生产连年下降，现金分配减少，社员储蓄因此呈停滞、萎缩状态，支持农业生产和农民的临时贷款时增时减。

从1958年起，国营农业贷款单独划出使用，不再列入农贷指标。同年，江苏省人民银行对农贷采取指标包干办法，“一次核定，暂定三年不动”。同时，对每年6月末信用社转存款余额的20%，提作农贷资金，由各地一并安排使用。当年，省分行核南京市郊农贷指标125万元，可用转存款12万元，合计137万元。由于信用社存款不足，当年人民银行对信用社贷款增至42.67万元。信用社的贷款和收贷，基本上是根据乡社干部意见。1959年信用社下放大队建立信用分部期间，人行南京市支行及时制定《农村人民公社信用分部资金管理暂行办法》，在信用分部资金不足时由人民银行提供，但严格规定资金使用的用途和限度。

1959年，上级行规定对公社信用部贷款计划，实行“计划包干，差额管理，统一调度”的办法。人行南京市支行采取分级管理，对江宁、江浦、六合三县的存放差额“一年一包”，县人民银行按季编制计划，向人行南京市支行备案，对郊区“一季一包”，另批年度差额做参考。此办法施行不久，贷款失控，于是又恢复指标管理，超过包干指标的部分，作为临时指标。是年，全市核定郊县农场指标27.3万元，农贷指标713.3万元，临时指标117万元。其中分配郊区农场指标3万元，农贷指标119.4万元，临时指标16.4万元，合计138.8万元，占全市总指标的18.7%。

1960年，社办工业贷款从农贷中划出。省人民银行核定南京市此项贷款指标250万元，其中长期指标（即设备贷款）97万元，农业中学和工业贷款7万元。人行南京市支行除分配三县外，市郊分得65万元，其中长期17万元，农业中学1.5万元。1959~1961年，人行南京市支行对大队信用分部贷款74.85万元。1962年5月，江宁、江浦、六合三县划出，市郊的贷款指标为农贷127.5万元，农场13万元，社办企业17.5万元。

第二节　信用社业务统一划归银行领导

一、“撤部建社”，恢复郊区信用社

1960年冬，中共中央开始纠正农村工作中的“左”倾错误，并决定对国民经济实行以“调整”为中心的“调整、巩固、充实、提高”八字方针。为贯彻中共中央《关于农村人民公社当前政策问题的十二条紧急指示信》，南京市委在落实八字方针、调整经济建设计划的同时，调整政策，采取措施，对农村经济危害极大的“共产风”、浮夸风、瞎指挥、强迫命令和干部特殊化进行纠正和制止。通过“调整”和“纠正”，各项工作取得了一定的成效，全市农村信用社工作也有了一定起色。

1962年2月，中共中央发出《改变农村人民公社基本核算单位问题的指示》，决定将基本核算单位下放到生产队（即小队）。在贯彻《农业六十条》前，南京县郊已经就此进行了尝试。如郊区在大队对生产队实行“三包”后，又实行了“三统一、两分别、大包干”的办法。“三统一”，就是由生产大队统一提留公共积累，统一提留行政管理费用，统一提留农业税。“两分别”，指按市值分别计算成本，分别计算收入分配。生产队的总收入扣除提留和生产费用后，即为本队社员分配部分，按社员实际工分分配到户。“大包干”，就是大队和生产队按年订立协议，确立提留多少，一次定死，包干到底。“大包干”实际上就是小队核算，生产队的生产权、管理权和分配权统一了，解决了队与队在分配上的平均主义。① 与此同时，江苏省委向全省发出农村人民公社要坚持以生产小队为基本核算单位的通知，推行“三包一奖”（生产队向生产大队包产、包工、包本，超产奖励），按件计酬、评工计分等管理制度。经过调整，调动了广大农民的积极性，农业生产逐渐得到了恢复和发展。

1962年11月，中共中央、国务院批转中国人民银行《农村信用合作社若干问题的规定》（以下简称《规定》），重新明确农村信用社的工作重点和任务。《规定》明确提出：我国的农村金融组织有两种所有制，一种是全民所有制的国家银行，一种是集体所有制的信用合作社。信用合作社是农村人民的资金互助组织，是国家银行的助手，是我国社会主义金融体系的重要组成部

① 中共南京市委党史办公室编：《中共南京地方史（1949~1978）》，中共党史出版社2009年版。

分。《规定》还指出："信用社主要任务是在本公社范围内吸收农村的闲散资金，帮助农民解决副业生产和生活上某些临时性的资金困难，促进农业生产的发展和人民生活的巩固与提高"。同时明确规定信用社的业务统一归银行领导，任何单位和个人都不准抽调或挪用信用社的资金，不准长期抽调信用社的干部去从事其他工作；信用社的经营亏损，无法自行弥补的，由银行补助。除此以外，还明确信用社干部的口粮、副食品和日用品的供应，按照人民公社同级干部待遇标准由商业部门供应。

1962 年末，根据国务院转发的《规定》和"调整、巩固、充实、提高"方针，南京市郊完成"撤部建社"工作，恢复建立独立于人民公社和生产大队的 30 个信用社，由人民银行指导。各信用社在资金不敷使用时，仍由人民银行给予支持。由于国家紧缩信用，人行南京市支行支持信用社贷款余额由上年的 16.6 万元降到 9.7 万元。值得一提的是，信用社恢复独立后，在资金使用上有了较大的自主权。

信用社划归人民银行领导后，按照党和国家的方针政策，把大力组织农村闲散资金、有效发放各项贷款、支持社队发展农业生产作为首要任务，帮助社队贯彻"勤俭办社"方针，管好用好资金，帮助社员群众解决农业生产、多种经营以及生活资金困难，打击高利贷剥削，为加快实现农业现代化服务。同时，配合人行南京市支行帮助公社培训会计人员和建账建制。根据生产规划，指导编制财务收支和贷款计划。夏秋分配期间，督促清工结账，编好分配方案，正确处理国家、集体和社员之间的关系。在体制变更过程中，主动参与并账、分账和建账工作，落实债权债务。

为了加强国家对支农资金的统一管理和农村各项资金的统筹安排，防止发生浪费资金和挪用资金的现象，1963 年 11 月 9 日，全国人大常务委员会通过决议，批准建立中国农业银行，作为国务院的直属机构。中共中央和国务院在关于建立中国农业银行的决定中指出："今后，国家将继续增拨支援农业的资金，大力支援农业。为了使这些资金能够充分发挥效益，中共中央和国务院认为除了建立各级农业资金管理小组，加强支援农业资金的统一管理发放外，还有必要从上而下地建立中国农业银行的各级机构，把过去由财政部门直接拨付的各项支援农业资金和人民银行办理的各项农业贷款，统一管理起来，并统一领导农村的信用合作工作。"根据这一决定，中国农业银行江苏省分行及南京市支行于次年初先后建立。

1964年4月1日，中国农业银行南京分行（下称“农行南京分行”）成立，按行政区划设立栖霞、燕子矶、陵园、雨花台、江东和浦口6个营业所（1965年5月，因行政区划调整，合并为栖霞、雨花台和浦口3个营业所），内设人事秘书、国营农业资金管理、支援人民公社资金管理、信用合作管理和会计5股。郊区71个公社的农金业务，均委托信用社办理。[①]1968年，经过中共中央批准，中国农业银行和中国人民银行合并，农行南京分行亦同时撤销，全部业务并入人行南京市支行。郊区信用社工作复由人行南京市支行金融科负责，直到1980年农行南京分行重建。

二、信用社各项业务得到恢复

在国民经济调整期间，郊区信用社随着行政区划的调整几经变化，业务发展缓慢。1963年，县和郊区人民公社经过几次调整，基本解决社队规模过大的问题，郊区调整成26个公社，5个县调整为81个公社。当年上半年，区、乡（公社）划小，生产大队一级取消，信用社又按区建社，按乡（公社）设站，郊区合并成6个信用社，下设56个信用站。根据中共中央和国务院《农村信用合作社若干问题的规定》精神，1964年信用社的业务统一归农业银行领导后，在农行南京分行的领导下，农村信用合作社在组织上逐渐巩固起来，业务有所发展。1965年，郊区、公社合并，恢复生产大队，市郊区信用社合并成3个区级信用社，下设信用站按公社区划调整为27个信用分社。随着农业生产的恢复和发展，社员储蓄存款出现了逐年上升的趋势（见下表）。

南京市郊区1958~1965年信用社存贷款余额统计

（单位：万元）

年份	各项存款					各项贷款			借入银行款
	社队集体存款	社队企业存款	社员储蓄	其他存款	小计	农户个人贷款	社队集体	小计	
1958	—	—	—	—	—	—	—	—	42.7
1959	—	—	—	—	—	—	—	—	16.6
1960	—	—	—	—	—	—	—	—	19.4
1961	—	—	—	—	—	—	—	—	16.6

① 南京市地方志编纂委员会编：《南京金融志·机构》，南京出版社1995年版，第731页。

续表

年份	各项存款					各项贷款			借入银行款
	社队集体存款	社队企业存款	社员储蓄	其他存款	小计	农户个人贷款	社队集体	小计	
1962	116	—	72	13	201	2	47	49	9.6
1963	205	—	54	19	278	1	43	44	11.9
1964	389	43	35	36	494	1	36	37	6.8
1965	332	43	58	48	481	0.8	45	45.8	6.8

资料来源：南京市地方志编纂委员会编：《南京金融志·大事记》，南京出版社 1995 年版，第 732 页。

1963 年，中国人民银行恢复长、短期农贷分别管理，项目之间不再流用。人行南京市支行根据长贷指标的实际可用数，分配各区使用计划。在银行统一安排下，各信用社建立了严格的贷款审批制度，实行了会计事后监督办法。根据中国农业银行的规定，农贷资金按生产费用、生产设备、灾区口粮和支持贫下中农困难户四大项分别管理，项目之间不得流用。同时，对长期无息、基本建设、社员个人和支持信用社等贷款，只收不放。灾区口粮贷款指标，由省统一掌握。1964 年，市郊信用社共代理银行贷、收款总额为 82.3 万元，1965 年为 81.9 万元。[①]1966 年，农行南京分行实行农贷资金固定管理制度，农场贷款指标由人民银行掌握发放，社办工业贷款列入生产费用指标考核。

1964 年 1~11 月，南京市郊信用社共发放贫下中农贷款 16422 笔，计 172396 元，其中口粮款 10281 户，计 89383 元；治病 3356 户，计 36242 元；养猪 1385 户，计 18074 元；修房、丧事 1200 户，计 28697 元。1964 年，为支持贫下中农发展正当的家庭副业，省农行在南京市短期农业贷款指标内划出 6 万元，作为此项专用贷款，不计利息，期限一般一年，到期确实无力归还，经过申请，可以适当延期。人行南京市支行委托各区信用社通过所属信用站（公社）具体办理。发放时，坚持群众路线的方针，经贫下中农讨论评议，然后根据贷户困难大小和家庭副业生产的条件，确定贷款用途，并直接把贷款发到他们手中。1964~1965 年两年间，市郊共发放此项贷款 5.1 万元，

① 南京金融志编纂委员会、中国人民银行南京分行：《南京金融志资料专辑》（8），1991 年，第 36~40 页。

1965 年底实际余额为 2.5 万元。

为压缩农村消费性贷款，人行南京市支行从 1964 年起对信用社贷款只收不放。1962~1965 年，对信用社共发放贷款 15.96 万元，年均 3.99 万元，为前三年年均数的 15.99%。1964~1969 年的 6 年中，此项贷款余额一直保持 6.8 万元。

清欠是农村信贷的重要内容之一。1965 年 7 月，农行南京分行根据江苏省人民委员会批转的江苏省人民银行《关于清理 1961 年底以前农业贷款的报告》中的清理原则、要求和方法，会同市供销社，结合农村社会主义教育运动，在郊区欠贷最多的雨花台区双闸公社大胜大队试点。清理后，大队欠供销社赊销款 2500 元和大队承贷后落实到生产队至今未还的银行贷款 27264.97 元，全部予以豁免。176 户社员个人欠银行和信用社贷款（包括贫农合作基金贷款和极贫户贷款）8699.98 元，其中全免的有 139 户；部分免的有 23 户，共免贷款 7722 元，占 88.7%；不免的有 14 户，不免的贷款共 977 元，占 11.3%。同时，生产队减免 1961 年底以前的贫下中农超支款 130 户，计 10670.09 元，占 1961 年底以前超支未还数的 74.6%。豁免的集体贷款除生产队减免社员超支款后多余的 19094.90 元，作为生产队的公共积累，用于扩大再生产。社员个人豁免贷款和生产队减免超支款，共减轻债务负担 18393.07 元，平均每户 131.3 元。到 1966 年，郊区全面清理结束。经复查、验收和报批，1971 年郊区银行共豁免 32.31 万元，其中集体农业贷款占 69.2%，集体副业贷款占 3.5%，社队工业贷款占 2.2%，社员个人贷款占 25.0%，并相应减少农贷包干指标。是年，全市（包括江宁、江浦二县）共豁免农贷 219.38 万元，其中郊区占 14.73%。

根据国务院批转中国人民银行的请示报告，从 1963 年起，郊区脱产信用社干部的口粮，改由国家供应，副食品和日用品按公社同级干部标准，由商业部门供应。1963 年按区建立的 6 个信用社，5 个社盈 46614 元，1 个社亏 2938 元。1964 年社社盈余，共盈 60222 元，其中盈余最多的为燕子矶区社，盈 18427 元。1965 年合并成 3 个区社，均有盈余，共盈 65655 元，最多为栖霞区，盈 41720 元。

1964 年 6 月，郊区信用社干部首次实行工资等级制，主任、副主任最高为 4 级 44.5 元，最低为 7 级 29.5 元，会计、出纳、业务员最高为 5 级 39 元，最低为 9 级 22.5 元。经过评定级别，调整后人均月工资 34.9 元，比原工资增长 11.3%。同时在年终盈余中，提取信用社干部一个月工资总和，作为奖励金，按表现和贡献评定后发放。各区社按奖励金总额提取的公益金，上交 50%，由人行南京市支行统一管理使用，用于信用社干部的统筹医疗和困难补助。

股金分红根据盈余多少确定，公积金不低于盈余的 50%，每元股金最高为 0.2 元，一般为 0.08 元，最少为 0.05 元。社员代表的奖励，按每人 0.2 元提留，实际奖励面不超过社员代表总数的 30%，并一律采用实物奖励。1965 年市郊信用社共有公积金 22.7 万元，股金分红 6541 元，奖励金 2202 元，公益金 4874 元。

1965 年上半年，区、乡（公社）合并后共有脱产社干 106 人，不脱产 2 人，其中区社每社 5~7 人，分社每社 2~3 人。脱产人员人均月工资为 33 元。是年，以户入社改为以人入社，共发展 12744 股，其中栖霞区增加 5522 股，燕子矶区增加 5178 股，中山陵园区增加 2044 股，全市郊区信用社股金共有 82697 元，年终盈余 65655 元，并有往年积累 240634 元。这一时期，由于理、监事会制度、民主管理意识淡化，流于形式，虽然定期召开，但仅限于通报业务和财务情况。

第三节　“文化大革命”中的坚守

一、由无人管理到人民公社代管

“文化大革命”时期，南京农村经济工作受到严重冲击和干扰。在所有制形式上，取消“自留地”“十边地”，限制社员家庭副业和集市贸易。在经济发展上，片面强调“以粮为纲”，多种经营得不到应有的发展。在经营管理上，批判“工分挂帅”“物质刺激”，否定“按劳分配”原则，推行平均主义、“大锅饭”，严重挫伤了农民的积极性。郊区农村一度取消了定额包干为主要内容的评工、记工方式，限制劳动力必须在田生产。在生产上，片面强调和夸大人的主观能动作用，违背客观规律，劈山造田，毁林种粮，破坏了生态平衡。农业生产因此遭到严重破坏。

1969 年 1 月，中国人民银行在天津市召开了所谓“斗、批、改”座谈会，提出信用社要实行贫下中农管理，职工走亦工亦农道路，并肯定这是两条带有根本性的问题。所谓贫下中农管理，就是要把信用社的人权、财权和资金使用权下放给社队掌管，实质上是又把信用社交给社队管理，走 1959 年把信用社下放给生产大队已经失败了的老路。所谓职工“亦工亦农”，就是要把大批熟悉业务的信用社职工下放回家，改为不脱产职工，最终造成职工思想混乱，业务开展不起来。同年 11 月，中国人民银行在河南省嵩县阎庄信用社召开了“斗、批、改”现场会，继续推动信用社实行贫下中农管理和职工走亦工亦农道路。

在极左思潮影响下，有人把信用社干部抓业务工作说成是“业务挂帅，走白专道路”，鼓动一些信用社干部脱离工作去搞串连。1966 年下半年，为方便社员存贷，人行南京市支行在郊区八卦洲试点后，在郊区建立了 75 个亦工亦农的大队信用站，在困难的局面下坚持工作。许多农村信用社无人负责，规章制度荒废，财务混乱，组织无序，业务停顿，社队和社员的生产资金需要得不到解决，农村信用合作事业遭到严重破坏。

为了扭转把信用社下放给人民公社和实行“贫下中农管理”造成不良后果的局面，1969 年 12 月，根据党政机构“一元化领导”的要求，南京市革命委员会撤销了区一级的信用社，并将 27 个信用分社改为独立核算的信用社，业务由各家人民公社代管。1969 年末，人行南京市支行并入财政局。财政局业务组只有一人兼顾储蓄业务（1973 年 2 月，人行南京市支行与财政局分设）。信用社的各项业务再次处于停滞不前的状态。

总之，这一阶段不少银行和信用社的干部、职工在党政机关一度瘫痪的困难环境下，坚守工作岗位，努力办好业务，在一定程度上减轻了极左思潮造成的损失。

二、农村信用社重归人民银行管理

1970 年，中国人民银行采取措施对农村信用社进行了体制调整。一是肯定了信用社在实际上是银行的基层机构；二是对信用社干部的待遇、工资福利要与银行干部一致起来；三是在机构设置上，凡一个公社既有银行营业所又有信用社的，实行合署办公，由银行领导信用社，银行业务则委托信用社办理。同时规定，生产队生产性短期贷款均由信用社承担，银行对少数信用社给

1970 年长江农村信用社存放账据的木箱

予必要的贷款支持。这样，信用社的贷款余额又开始有所增加，业务有所发展。

1971 年 4 月，江苏省财政局（当时财政、银行仍处于合并状态）颁布《农村信贷包干试行实施办法》，除审核农贷包干指标周转使用外，南京市从当年 6 月起，银行的社队存款、社队企业存款和信用社转存款余额，比上年同期余额的增加部分，经省人行批准可作为农贷临时指标，统一安排使用，年末自动上缴。

1973 年 4 月，人行南京市支行与市财政局分设。按照中国人民银行的规定，郊区农村信用社重新由人民银行管理。针对“文化大革命”初期信用社干部被乱抽乱调，以及贷款管理松弛和内部账务差错等状况，人行南京市支行组织力量分期分批开展了整顿。

经中共中央、国务院批准，自 1971 年 3 月原分属六合、镇江地委的江浦、江宁两县划归南京市；1975 年 11 月原属扬州地委的六合县划归南京市。南京市辖区有要武区（玄武）、朝阳区（白下）、遵义区（秦淮）、红卫区（建邺）、延安区（鼓楼）、东方红区（下关）、雨花台、栖霞、浦口区和江宁、江浦、六合县等九区三县。

1968 年南京市革委会成立后，郊县农村的农业生产秩序基本恢复到“文化大革命”前的状况。1970 年，全国北方农业会议提出了农业五年发展跃进奋斗目标。为贯彻会议精神，全市农村进行了较大规模的以建设高产、稳产田为中心的农田水利建设，相继建成了驷马山引江分洪、马汊河分洪、大河口和三汊湾枢纽、铁路圩加固、朱家山疏浚等工程。1972 年，秦淮河通石臼湖的天生桥枢纽工程建成后着手全河流域治理，1975 年底大型治理工程——秦淮新河正式动工开挖。同时，对各独流入江的小河道也逐步进行了整治；各乡镇还大搞连片样板田，平田整地、格田成方、削坡造田、连片治理。水库工程也形成建设高潮。“文化大革命”中，全市共兴建中小型水库 136 座，占南京解放以后建库总数的 66%。国家财政也加大了对农业的投入，10 年中财政预算支出的农林水事业费达 2617 万元，是“文化大革命”前 17 年的 4.2 倍。农田水利建设的成就直接扩大了粮食生产规模，全市水稻种植面积大幅度增加，年均播种面积达 354 万亩左右，比 60 年代扩大了 94.7 万亩，总产量增加 43.3 万吨，突破了 100 万吨。与水利建设相配套的机电排灌站建设也迅猛发展。全市以巩固、发展机电灌溉面积，配合流域性河道治理和圩区、丘陵农田水利配套建设为重点，投资兴建了一大批较大的保证水源的基础工程和电站；各区县增建了一批零星小站并对老站进行增容、扩建及机改电，水电设施起了质的变化。至1976年底，全市实行机电灌溉面积占农田总面积的81.2%，防涝面积占易涝面积的93.7%，为农业高产、稳产提供了可靠的保障。

三、配合银行做好社队财会人员的辅导和财务检查

1974年，根据南京市革命委员会转发的国务院有关文件规定，农村社队会计辅导统一归口由银行管理。为了清理社队经济管理混乱、记账方法不一的局面，当年全省农村“账改”会议后，人行南京市支行在郊区办事处和基层营业所，自上而下地建立农村财会辅导科、股，配备专职人员负责社队会计的辅导，努力帮助公社生产队会计提高政策水平、业务水平和管理能力。信用社积极配合人民银行做好社队财会人员的辅导工作。是年初，为做好农村账册改革工作，将单一“现金收付记账法”改为“现金实物收付记账法”，将原在账外登记的财产、粮食、物资，全部纳入账内核算，以利于对集体资产的管理。

郊区信用社还积极配合银行开展对社队的民主理财和财务大检查。1974年，栖霞、钟山两区以大队为单位建立的83个会计辅导站，每月定期集中会审834个生产队的账册单据。然后，经生产队民主理财小组审查，再向社员公布，接受群众监督。玄武湖大队6个生产队，每月公布账目，都做到“八上墙”，即在墙上公布本月发生的各项收入、支出、往来和社员借支、工分、投肥以及月底结存的粮食、物资数量，受到社员的支持和欢迎。

1976年，市郊开展民主理财的有1458个生产队，其中依靠贫下中农管理较好的有606个队，占41.5%。是年春天，江北办事处在三河公社黄姚大队北门二队和沿江公社汤庄大队赵庄生产队，总结民主理财经验，并组织推广。10月，信用社配合城东办事处会同区农林科对9个公社9个大队87个生产队进行财务大检查。结果显示，只有74%的生产队能坚持民主理财，定期公布账目，记账基本及时，对钱、粮、物的管理较好。在财务大检查中，发现一些生产大队社员超支款比较严重。1975年，全市（包括江宁、江浦、六合三县）社员超支款，较上年增加311万元。上升的原因，除生产队单一经营、分配水平较低、部分社员困难较多以外，干部多占是重要的因素。雨花台区西善公社吴村生产队，1975年社员超支欠款达6932元，其中社队干部欠4961元，占总数的72%。通过财务大检查，雨花台办事处对上年有超支的554个生产队（占总队数717个的77.3%），结合秋季分配组织收回81万多元。江北办事处抽出20人，经半年多时间，查出大队、生产队和社队企业有

271 人贪污 3.23 万元，46 人挪用 1.63 万元，收回超支欠款 7.27 万元。城东办事处抽出 14 人，清理收回超支欠款 3101 户，计 55.6 万元，使超支户减少 28%，超支款下降 30.9%。

至 1976 年 10 月“文化大革命”结束时，全市郊区信用社调整为 26 个。

第四节　清除“左”的影响，整顿信用社组织

一、揭发、批判“四人帮”

1976 年粉碎“四人帮”后，中共南京市委采取一系列措施，拨乱反正，下大气力清除长期以来的“左”倾思想，重申和落实了按劳分配、社员自留地和家庭副业、开放集贸市场等政策。针对“文化大革命”在农村中所造成的经济政策混乱等状况，整顿了各级领导班子，使大批曾受迫害的干部回到了经济管理部门，强化了农业生产指挥力量。广大农村干部群众心情舒畅，精神振奋，开始放开手脚发展生产，全市农村经济开始复苏。

1976 年 12 月 10 日，中央下发了《关于深入揭发批判“王洪文、张春桥、江青、姚文元”反党集团罪行（材料之一）》，之后又陆续下发了罪行材料之二、之三。按照中央统一部署，在江苏省委、南京市委的领导下，各信用社充分发动群众，掀起大揭发、大批判“四人帮”的高潮。通过召开各种会议，传达、学习了有关决议和文件，举办各种临时性的学习班、讲座会，提高思想认识。有的信用社还成立了大批判小组，召开各种类型的大批判专题会议，撰写了批判文章。

1977 年 8 月中共十一大以后，整党整风运动在全国范围内逐步展开。在人民银行的领导下，各农村信用社边破边立，边整边改，认真组织党员学习毛泽东思想，提高理论认识，重点抓好领导班子的整顿。

二、清理、整顿从整章建制开始

1977 年 11 月 28 日，国务院下发了《关于整顿和加强银行工作的几项规定》，文件要求在强调为适应农村经济的发展，必须整顿和加强银行各项管理工作的同时，重申：“信用社是集体金融组织，又是国家银行在农村的基层机构”[①]，进一步明确了农村信用社的属性和任务。针对长期以来在极左思潮的影

---

① 南京市档案馆:《关于整顿和加强银行工作的几项规定》1977 年。

响下，信用社作为国家银行在农村的基层机构，管理混乱，各地信用社出现大量股金、财产和公共积累被人民公社挪用，信用社的人员被随意抽调等不正常现象，全市郊区农村信用社认真开展了清理、整顿。在省市人民银行的领导下，首先恢复了信用社管理机构，明确各农村信用社业务由相关区域的人民银行基层办事处管理。为落实国务院文件，被人民公社挪用的信用社股金、财产陆续归还信用社，被抽调的信用社的人员陆续归位，半瘫痪的信用社逐步恢复正常，建立和恢复了各项行之有效的管理制度，聚精会神抓业务，推进清理整顿措施的落实，积极组织存款，促进农业生产和农村经济的发展。

自 1977 年 5 月，市郊信用社存贷款计划，纳入银行统一信贷计划。为调动农金员吸储收贷的积极性，根据省人民银行下达《关于实行农村信贷包干的通知》精神，市郊农村实行信贷包干制。以 1977 年的农贷指标作为贷款的包干基数，多收多放；又以 1976 年 6 月底农村存款余额作为存款包干基数，以后每年 6 月底农村存款余额比包干基数增加的部分，在下年初并入农贷指标，其中地市县用 80%，省用 20%，多存多放，存款减少相应减少农贷指标。

根据业务发展和“四双”（临柜、管库、守库、押运都要求双人进行）制度的需要，郊区 26 家信用社于 1978 年从农村知识青年和退伍军人中，吸收脱产人员近 80 人。年底，全市郊区信用社共有脱产人员 185 人，平均每社 7.1 人。是年，盈余 303796 元，较 1965 年增长 3.6 倍，比 1975 年增长 1.3 倍。公积金余额 138.4 万元，比 1976 年净增 41.9 万元。

三、集中有限资金，促进农副业和社队企业的发展

“文化大革命”中，在“以粮为纲”的思想指导下，南京农村经济发展缓慢。农村经济在以粮为主的种植业和以猪为主的养殖业这种单调的经济结构中循环，林业、渔业、除生猪以外的畜牧业以及非农产业发展缓慢。1976 年，全市农业产值的结构为：种植业占 74.2%，林业占 1.8%，牧业占 15.7%，渔业占 1.8%，副业占 6.5%；在副业中的社队工业占 6.1%，农业结构呈现典型的纯农经济。

1977 年，夏秋之交，暴雨连绵，江河水位陡涨，部分圩区水涝严重，秋季减产幅度较大。为解决灾民生活困难，郊区信用社及时帮助生产队购买抽水机泵 20 多台套，日夜抢排，减轻了灾害损失。次年春，郊区信用社发放社员贷款额高达 105.8 万元。八卦洲信用社对灾情严重的 88 个生产队逐队到户，

及时发放灾区口粮无息贷款 2.18 万元，使农民安心从事集体生产。

1978 年春，八卦洲信用社适时进行返青肥贷款 6 万多元，帮助生产队购回化肥 100 多万斤。是年，全公社三麦总产 1586 万斤，平均亩产 550 斤，均创历史最高水平。同年 6 月，由于长期干旱少雨，严重影响农作物的生长，马群、紫金山、迈皋桥等信用社及时贷款 10 多万元，帮助生产队购回喷灌设备，大大增强了蔬菜基地的抗旱能力。浦口区顶山信用社贷款 2 万多元，帮助公社机电排灌站购回从长江引水的设备，保证了丘陵地区水稻秧苗的及时栽插。栖霞区十月公社徐三生产队，信用社贷款帮助购买拖拉机以后，解决了机耕、运输、脱粒等问题，粮食总产量同比增长 16.5%。

农村政策的调整调动了广大农村干部群众的农副业生产积极性。当年为发展农副业，全市农村信用社集中有限的资金投入社队副业发展，促进农民饲养家禽和生猪。燕子矶信用社贷款 4 万元，帮助公社办起一个大型养猪场。社队三级共建有猪场 2219 个，饲养种猪 18842 头，年末存栏母猪 21520 头。这些措施丰富了市场的供应。1978 年，全市农副产品收购额达 26922 万元，粮食收购量达 44.91 万吨，比 1976 年增长 14%；油料收购量达 3889 吨，比 1976 年增长 75.5%。

在支持社队集体企业的发展上，信用社也发挥了积极而重要的作用。从 1976 年开始，南京市委广泛组织“区县挂钩、厂社挂钩”等多种形式的城乡互助活动，采取“挂、支、帮”的办法，帮助郊区（县）兴建社队企业工业，发展多种经营。市属 9 个工业局的 10 多个工厂与 37 个公社挂钩，将 86 个产品“脱壳”给社队。郊县及公社也分别设立了社队企业管理局或管理办公室。根据人民银行的要求，自 1978 年开始，郊区社队的企业贷款、集体农贷全部由信用社承担，在资金不足时由银行提供支持。信用社借入资金后，贷于社队集体或企业，并负责管理和回收。1976~1978 年三年中，郊区信用社共发放集体农业贷款 1216.9 万元，其中生产性贷款 1077.7 万元，占 88.6%；设备贷款 139.2 万元，占 11.4%，对全市农业生产的发展和社队企业的兴起，发挥了积极作用。①

1978 年，社队贷款全部由信用社承担的增加到 20 个，较 1976 年增加 3 个，占全市农村社队企业贷款的 76.9%。雨花台区江东、沙洲等信用社对

---

① 南京地方志编纂委员会编：《南京金融志》，南京出版社 1995 年版，第 731 页。

社队水产养殖场，浦口区的三河、沿江等信用社对社队兴办的砖瓦厂和采石（沙）场，都给予了积极支持。1978 年末，全市社队工业产值上升到 17222 万元，比 1970 年增长 38.8%。1966~1978 年南京市农村郊区信用社各项贷款余额详见下表。

1966~1978 年南京市农村郊区信用社各项贷款余额

（单位：万元）

年份	社员贷款	集体		社队企业		合计	借入银行
		生产费用	生产设备	生产费用	生产设备		
1966	44	5.3	—	—	—	49.3	6.8
1967	44	10.3	—	—	—	54.3	6.8
1968	39.5	2.9	—	—	—	42.4	6.8
1969	47	9	—	—	—	56	6.8
1970	44	28	—	—	—	72	14.8
1971	34	78	18	6	—	136	18.4
1972	32	39	16	5	—	92	26.9
1973	30	31	12	6	—	79	24.2
1974	31	45	20	7	—	103	24.5
1975	30	46	30	9	—	115	28.9
1976	30	30	22	20	—	102	17.7
1977	25	29	18	18	—	90	10.3
1978	23	36	31	86	33	209	10.3

资料来源：南京金融志编纂委员会、中国人民银行南京分行：《南京金融志资料专辑》（12），1991 年。

在“大跃进”和十年“文化大革命”时期，农村的信用合作事业经历了曲折发展的过程。在粉碎“四人帮”后的两年左右的日子里，农村信用社逐步清除“左”的影响，整顿了组织，恢复信用社的管理机构和各项规章制度，在人行南京市支行的领导下，大力组织存款，积极支持农业生产，发展多种经营，在服务农村经济的同时，自身经营实力不断提高，为即将全面展开的农村改革奠定了基础。

这一时期南京农村信用社的发展过程极为复杂，其主要特点有：

1. 隶属关系几经演变

在农村信用体系建设的探索中，南京农村信用社大体经历了五次大的调整与变革。1958 年前由人行南京市支行管理；1958 年末实行“所社联营”，即各信用社与人行南京市支行营业所合组为信用部，由人民公社管理；1962 年末“撤部建社”，营业所回归人民银行，信用社改为信用分部，由生产大队管理；1969 年末，信用分部改由各人民公社管理；1970 年，信用社与人行南京市支行营业所合署办公，逐渐演变为人民银行的基层机构。

2. 业务发展缓慢

农村信用事业的发展与农村经济的发展密不可分。“大跃进”、人民公社原意是打算通过调整生产关系，加快经济发展，但由于超越社会发展阶段，违背客观规律，加上自然灾害等因素的影响，给南京农业生产和城乡人民生活造成了极大的困难和影响，也给信用社的发展带来困难。以农村存款为例，据统计，1962 年全市农村各项存款仅为 201 万元，1965 年 481 万元，直到 1979 年才突破千万元。

3. 信用社管理几经变迁，规章制度遭到严重破坏

自 1951 年 5 月，中国人民银行在第一次全国农村金融工作会议上做出了“大力发展农村信用社”的决定，到 1970 年恢复由人民银行管理，农村信用社先后两次划归银行管理，下放给人民公社、生产大队管理，后来又一度交给贫下中农管理，历经艰难曲折。期间信用社的产权制度、规章制度、人事制度遭到极大的破坏，基本失去集体经济组织的性质。

在探索建设社会主义的道路中，农村信用社管理体制发生的变化，遇到的挫折和困境，引起了许多党员干部的疑惑和反思，也为信用社的改革发展积累了重要经验。在粉碎“四人帮”后的两年里，经过拨乱反正，广大干部群众从“文化大革命”的破坏和损失中，深切地感受到只有发展生产才是唯一出路；只有尊重客观规律，才能保证经济的健康发展；只有执行合理的规章制度，才能保证企业的正常运行。

第四章
改革开放初期农村信用社的恢复和发展

1978 年中共十一届三中全会的召开，开启了改革开放历史新时期。全会从根本上冲破了长期“左”倾错误的严重束缚，作出了把党和国家的工作重点转移到社会主义现代化建设上来和实行改革开放的战略决策。

随着农村“包干到户”、联产计酬等多种形式的生产责任制的建立，1980 年 3 月中国农业银行南京分行恢复建制（下称“农行南京分行”）。10 月，根据中共中央关于“信用社应该在银行的领导下，实行独立核算，自负盈亏”的指示，中国农业银行召开了全国信用合作会议，专门研究信用社的改革问题，提出信用社改革的基本要求和具体方案，由此揭开了农村信用社改革的大幕。为充分发挥其在调剂农村资金中的作用，把信用社真正办成群众性的合作金融组织，在农行南京分行的领导下，1981 年郊区（县）农村信用社展开了以恢复信用社“三性”为主要内容的各项改革，实施了与业务工作挂钩的奖励制度，增强了信用社的活力，随后当年即有盈利社增加、亏损社减少的效果。各信用社相继召开社员代表大会，选举产生新的理、监事会，增扩股金，壮大信用社的资金力量。1983 年全市郊区（县）农村信用社发展到 124 个，其中所社联营的信用社增加到 120 个，有力推动了农村经济的发展。

第一节　增加信用社网点，搞活信用社业务

一、农村承包责任制的试验和推开

中共十一届三中全会在确定党的工作重心由“以阶段斗争为纲”转移到经济建设上来的同时，原则上通过了《中共中央关于加快农业发展若干问题

的决议（草案）》。1979年2月间，中共南京市委、市政府把落实生产队的经营自主权和建立经营管理责任制作为农村工作的中心任务。市委派出工作组，进行劳动计划管理，推行劳动定额，按件计酬，实行包产、包工、包成本，超额奖励的生产责任制和联产计酬试点。接着，又在部分社队进行联产到组、联产到劳、包干到户等多种责任制试点。

1980年9月后，全市进一步扩大小段包干、包产包工、包产到户、包干到户等不同形式的联产承包试点。江浦县林山公社林山大队中心生产队实施包干到户联产承包责任制，当年三麦、油料分别比上年增长36%和5.7倍。自1980年开始，南京市在部分社队开始试点，建立多种形式生产责任制。1981年，原六合县红星乡、原江浦县林山乡在尊重群众意愿的基础上，率先在部分生产队对棉花、油菜、粮食等作物实行了“统一经营、联产到劳、专业承包、以产计酬”的生产责任制，效果显著。

1981年8月，市委、市政府召开全市农村工作会议，总结推广试点经验，明确把生产责任制形式的选择权交给广大农民，联产承包责任制由试点向面上推开。会后，全市形成推进农业生产责任制的热潮，其中“双包”（包产到户、包干到户）形式效果尤为明显，农民称之为“交够国家的，留足集体的，余下都是自己的”。到1983年6月，全市19541个生产队，有94%的生产队实行了包干到户的家庭联产责任制，集体的土地分配给农户承包，实行大包干，村集体的种子、耕畜、中小型机械农具折价给农户，生产队与农户签订承包合同。有的按人口包口粮田、按劳力包责任田，有的直接按人口承包土地。同年，山林、水面也先后建立起联产承包责任制，广大农民群众对所获得的经营自主权和名副其实的多劳多得十分满意。至此，郊县全面实行“统分结合、户为基础”的双层经营体制，土地承包15年不变。

与此同时，按照修改的《中华人民共和国宪法》规定，市郊农村开始建立村民自治制度，废除人民公社体制，村务公开也在稳步推进。从1981年底到1982年初，南京市开始在江宁县试点，经过近一年时间，完成了农村政权体制改革。全市农村重新设立乡、镇人民政府，生产大队、生产队分别改建为村民委员会、村民小组，结束了农村人民公社体制。121个公社党、政、社三分开，乡党委设正副书记、组织、宣传、共青团、妇联等干部6~8人，乡政府设正副乡长、民政、司法、财粮、文教、武装、公安、计划生育、乡镇建设等助理员10~12人。各乡镇成立经济联合会，根据本地的经济特点，划分为不同的专业公司和办公室。如江宁禄口乡的经济联合会下设工业、花木、水产、农业服务及农副产品等5个公司和1个经营办公室，而龙都乡的经济联合会下设农业服务、工农产品服务、机电水服务及工业等4个公司和1个经营办公室。随着政社分开，原生产大队和生产队的组织也相应进行改革，一般是大队改为村，生产队改为村民小组。村设党支部、村民委员会和经济联合会3个主要机构。农村政权建设得到加强的同时，文化教育和卫生事业得到发展，社会治安和乡风、民风进一步好转，农村经济管理得到加强，集市贸易得到发展。

根据1981年中共中央、国务院转发的《关于积极发展农村多种经营的报告》精神，南京市在1982年初就提出农业生产商品化和专业化问题，坚持"绝不放松粮食生产，积极开展多种经营"的方针，加大富民政策宣传，鼓励和引导农民发展多种经营农业生产结构调整，发展农村多种经营，走专业联合生产道路。1983年南京市委在《关于进一步发展郊县农业新局面的意见》中，明确提出坚定不移地走全面发展、综合经营的道路，实行农林牧副渔全面发展、农工商综合经营，并提出对符合条件的农户给予资金和技术及管理方面的扶持。自此，南京广大农民面向市场广开生产门路，在商品化、专业化、社会化方面迈出了坚实步伐，农户家庭经营由"小而全""小而专"向"专而联""大而专"发展。全市农民专业收入在农户自营收入中的比重逐步提高[①]。随着农业生产结构的调整，农业配置趋向合理，林牧副渔业比重显著提高，农村经济迅速由过去单一经营、城乡分割的二元结构转向多部门综合经营。

中共十一届四中全会明确提出"社队企业要有一个大发展"，以此为开端，乡镇企业（当时称"社队企业"）发展的政策环境逐步得到改善，政策支持逐步得到加强。中共中央1983年一号文件指出："社队企业也是合作经济，必须努力办好，促使完善发展。"借一号文件的东风，南京各地出现了兴办乡镇集体企业的高潮。1984年下半年，县郊乡村企业普遍开展了"一包三改"，即推行经济承包责任制，改干部任命制为聘用制，改固定工为合同工，改固定工资制为浮动工资制。

---

① 中共南京市委农村工作办公室：《乘风破浪：南京农村改革三十年回顾》，中共党史出版社2008年版，第328~334页。

农村改革的实质是调整农村的生产关系，使之与农村的生产力水平相适应，是具有革命意义的变革，也为农村信用社的改革增添了动力。

二、农村信用社划归农业银行领导

1979 年 2 月 23 日，国务院发出了关于恢复中国农业银行的通知，中国农业银行正式恢复。其业务范围是，在国家计划指导下，大力组织农村存款，统一管理支农资金，集中办理农村信贷，领导农村信用社，促进发展有计划的商品经济。

1980 年 3 月，中国农业银行南京分行恢复建制，王鑫任行长。市郊按区复建栖霞、雨花台和浦口 3 个办事处，原由人行南京市支行管辖按公社设置的 25 个信用社与其合署办公，对外设立营业所。农行南京分行基层办事处均设有 5 个职能股，即人事秘书股、社队信贷股、企业信贷股、社队财务辅导股和计划会计股，对外设立营业部。当年上半年，江宁、江浦、六合三县相继重新划归南京市，其范围内的信用社亦划由农行南京分行管辖。农行南京分行内设“六科、一室、一部”，即：社队信贷、企业信贷、社队财务辅导、计划、会计、政工、办公室和办理市区业务的营业部。农行南京分行恢复以后，把大力组织农村存款，统一管理支农资金，集中办理农村信贷，支持农村商品经济的全面发展作为工作重点，促进了农村商品经济的迅速发展和乡镇企业的崛起。同时，受权对农村各企事业单位实行现金管理和工资基金管理，领导和帮助农村信用社等工作。

中国农业银行与农村信用社合署办公的营业场所旧址

三、信用社成为农业银行的基层网点

从 1980 年开始，根据上级有关规定，农行南京分行将全市农村信用社的资金纳入国家信贷计划。南京农村信用社与农行南京分行营业所实行联营，

20 世纪 80 年代农业银行营业所与农村信用社使用的电话机与付款牌

统一核算，利润分成。信用社与农行南京分行营业所两块牌子，两套班子，两本账，成为农业银行的基层网点。信用社虽然名义上还是农民群众的合作金融组织，但从 1960 年以后就实质上演变为国家银行在农村的基层营业机构。

农村实行联产承包责任制以后，社员家庭经营迅速发展，迫切要求信用社融通资金和办理结算业务，而当时南京设在生产大队的信用社虽然有二十多家，但相当数量的信用社只办理储蓄单项业务，不办贷款。由于网点不足，信用社远远满足不了改革开放后蓬勃发展的农村经济和资金融通的需要。为满足农村社队融资的需求，在农行南京分行的领导下，市郊农村信用社逐步加强了网点建设，因地制宜、多种形式地普设信用社网点，加快经营机制的转换。在小集镇和交通方便、经济集中的村庄，建立信用分社或信用站、信用组，新增加的人员不吃国家供应的商品粮，不实行工资制，而按业务量大小计算报酬，改变了“铁饭碗”的做法。

到 1983 年底，随着新一轮区划调整，溧水、高淳二县划入南京市管辖，全市五县（江宁、江浦、六合、溧水、高淳县）四郊（栖霞、雨花台、浦口、下关区）信用社（含分社）共发展到 124 个，其中所社联营 120 个。是年，全市各信用社均召开社员代表大会，选举产生新的理事会、监事会，分发股息 37.2 万元，增扩股金 26.2 万元。

第二节　积极稳妥地推进信用社改革

一、农业银行和信用社资金往来利率的调整

全市郊区农村信用社各项改革措施是在农业银行的具体领导下顺利开展的。

作为改善农村民间金融的农民合作组织，信用社历经人民公社管理、国家银行管理，实际上成为“官办”的基层银行机构，逐步失去其经营上的灵活性、组织上的群众性、管理上的民主性。虽然在各个历史时期，农民合作

组织在支持农村经济的发展上发挥了一定的积极作用，但随着改革开放的不断发展，其矛盾和问题越来越突出。为适应农村经济体制改革的需要，在中国农业银行成立之初的 1980 年 8 月，中共中央对信用社的改革就曾明确指示：过去“把信用社下放给公社办不对，搞成‘官办’的也不对。这都不是把信用社办成真正集体的金融组织。信用社应该在银行的领导下，实行独立核算，自负盈亏。它要办得活一些，不一定受银行一套规定的约束，要起民间借贷的作用”。

根据这个指导思想，中国农业银行于同年 10 月召开了全国信用合作会议，专门研究信用社的改革问题。会议认为，信用社在管理体制上存在着种种弊端：一是在指导思想上否认信用社与国家银行两种所有制金融机构长期并存的历史现状，急于把信用社过渡到国家银行；二是银行用行政方法管理信用社，统得过多，管得过死，使信用社没有自主权而成为银行的附属物；三是信用社的干部管理、资金管理、业务制度、利率等与银行一样，缺乏灵活性，存、贷款利率倒挂，限制了业务发展；四是财务上不讲究核算，经营成果与职工利益不挂钩，亏损由银行补贴，行、社共吃“大锅饭”；五是信用社的民主管理流于形式，股金也停止分红，脱离了社员群众。会议提出，为充分发挥信用社合作金融的特点和优势，适应农村经济体制改革的形势，更好地支持农村商品生产和活跃农村经济，必须加快信用社的体制改革，恢复和提高信用社经营上的灵活性、组织上的群众性、管理上的民主性。

根据全国信用合作会议提出的精神，农行南京分行迅速在全市信用社中组织贯彻，提出南京农村信用社改革的基本要求和具体方案，揭开了南京农村信用社改革的序幕。

为解决信用社因存、贷款利率倒挂造成的亏损问题，农行南京分行根据人民银行的相关规定，适当调整了农业银行和信用社资金往来的利率，为信用社加强经济核算和自负盈亏创造必要的条件。对信用社存贷款利率，人行南京市支行和农业银行一直实行存贷一致的优惠利率，信用社存银行款划分缴存准备金和一般转存款，实行差别利率。[①]1981 年郊区信用社对社队贷款余额由上年 663 元万增至 1613 万元，少数信用社备付存款资金发生困难时，由农行南京分行贷款 155 万元。1983 年，根据国务院〔1981〕45 号文件规定，

① 南京市地方志编纂委员会编：《南京金融志·农业放款》，南京出版社 1995 年版，第 392 页。

全市信用社对1978年以前结欠的农业贷款345万元，与银行农贷一起，进行了清理。1985年10月，经省农业银行批准，在公积金余额中，豁免50327元；欠贷还本250969元，免息57088元。

二、信用社业务经营自主权的扩大

1981年后，农业银行在适当调整和信用社资金往来利率的同时，适当扩大信用社业务经营的自主权，将过去信用社存款由指令性计划改为指导性计划，将信贷计划纳入农业银行的总盘子，改为农业银行只管信用社的信贷计划，贷款审批权限下放给信用社。扩大自主权后，信用社的活力显著增强。信用社吸收的存款除了上缴给农业银行一定比例的准备金以外，其余由自己安排使用，资金运用比较活了。在信贷计划和政策规定的范围内，信用社有权决定把款贷给谁，贷多少，期限多长。由于实行浮动利率，资金可以横向调剂，提高了资金使用效率，加速了资金周转，带来存贷业务的大发展。各家信用社努力扩大业务范围，广泛开展代理银行、政府和相关事业单位的业务，以增加经济效益。采取这些措施以后，信用社的业务有了较快发展，各项存款、贷款显著增加，盈余信用社和盈余金额增加，亏损社明显减少。

但是，由于这些改革是在维持信用社作为“银行基层机构”这一体制的情况下进行的，因此改革的进展十分有限。

1982年10月，中共中国农业银行党组召开三次扩大会议，学习中共中央关于经济体制改革的指导思想和方针政策。① 会议坚决贯彻中共中央关于“把信用社办成真正集体的金融组织”的指示，确定了信用社改革的主要内容为：一是恢复信用社的“三性”，不再走“官办”的老路；二是独立经营，独立核算，自主经营业务，逐步做到自负盈亏；三是调整农业银行和信用社的分工，信用社以支持农业生产为主，支持双包户、专业户为主，解决流动资金需要为主（即“三为主”），主要任务是为农村多层次的经济组织服务；四是信用社的贷款，在用途、利率和做法上，可以与银行不一样，用途可以比银行广泛，方式和手续可以比银行灵活，利率可以比银行高，也可以比银行低；五是中国农业银行加强对信用社的领导，主要是方针政策领导，并运用经济方法进行领导。

1984年下半年，随着金融体制改革的深入，中央银行新体制逐步浮

---

①《中国金融四十年》，《当代中国的金融事业》，中国社会科学出版社1989年版，第458页。

出水面，农业银行和信用社的关系成为制约农业银行改革的瓶颈。当年 8 月，经国务院批转中国农业银行《关于改革信用合作社管理体制的报告的通知》,《通知》指出，为了适应当前农村经济发展的需要，促进商品生产的发展，信用合作社管理体制必须抓紧进行改革。要通过改革，恢复和加强信用合作社组织上的群众性、管理上的民主性、经营上的灵活性，在国家方针、政策指导下，实行独立经营、独立核算、自负盈亏，充分发挥民间借贷的作用。《通知》强调，信用合作社经营的是货币信贷业务，货币流通需要全国统一调节，信贷收支需要全国统一平衡。因此，信用社改革要十分谨慎，符合宏观经济的要求。农业银行要加强对信用社的领导，不宜改变信用社的隶属关系。任何单位和个人都不得平调信用社资金、财产，不得强令其发放贷款和投资，以维护信用社的经营自主权，保证农村信贷活动沿着正确的轨道发展。《通知》要求各级人民政府要加强对这项改革的领导，注意研究解决改革中出现的问题，把信用社真正办成群众性的合作金融组织。

三、内部管理和分配制度的改革

这期间，市郊信用社内部管理和分配制度的改革也在顺利推进。

信用社劳动人事制度改革先于体制改革。1979 年，信用社的劳动工资制度进行了初步改革，实行了职工收入与单位储蓄增长、贷款回收业绩相联系，“精神鼓励与物质鼓励相结合，以精神鼓励为主”的奖励办法。按照有关规定，当年郊县（区）187 名信用社人员转为集体所有制正式职工。从当年起，信用社人员编制列入县（区）劳动计划，人员不足时，可在城镇知识青年中公开招收，就地招聘，统一考试，经过考试和体检，择优录用，工资福利待遇，参照农业银行标准，实行合同制。经国务院批转，中国农业银行下发《关于改革信用合作社管理体制的报告的通知》，规定从 1982 年前参加工作的职工，政治经济待遇不变，对新增的职工实行合同制，可进可出，在信用社内部实行责、权、利相结合的经营责任制，

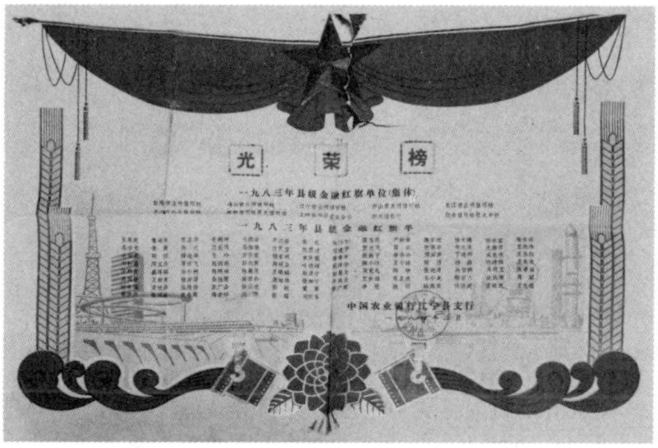

1983 年中国农业银行江宁县支行表彰先进的光荣榜

实行固定工资加浮动工资相结合，以贯彻奖勤罚懒的原则。

人事制度的改革，为信用社增添了活力。为适应新形势下业务发展的需要，各信用社逐步加强了人才的培训。根据省农业银行 1984 年（苏农银 21 号）印发《信用合作发展基金筹集使用管理暂行办法》，各信用社相继建立了“信用合作发展基金”，按上年末的利润中提取 15% 作为信用合作发展基金，主要用于信用社职工的培训教育及集体福利和模范人物的奖励等。

第三节　群众性、民主性的初步恢复

一、清理股金，补发股息

自信用社业务划归农业银行管理后，信用社的民主管理流于形式，股金也停止分红，严重挫伤了社员群众对信用社的感情。1980 年全国信用合作会议以后，恢复信用社的群众性和民主性工作开始逐渐受到重视。

政治观点、生产观点和群众观点鲜明地体现了信用社的社会主义性质，是信用社不断发展壮大的根本经验。对于信用社来说，在工作中就是要坚持群众路线，接受社员的监督，认真研究社员在生产、生活中遇到的各种问题，帮助社员发展生产和家庭副业，开发多种经营，增加收入，使他们尽快摆脱困难，提高生活水平。

为恢复信用社群众性的合作金融组织的属性，在南京市委市政府的领导和农业银行的支持下，1983 年各家信用社清理了股金，补发了股息，根据盈余情况分了红利。同时，改变每个社员只能入 1 股、每股股金不超过 2 元的规定，确定社员入股数量和股金数额不受限制（但不管入多少股，只有一票选举权），集体经济单位也可以入股。贯彻自愿原则，全市各农村信用社积极吸收农民入股，增强群众基础，把信用社和农民的经济利益紧密联系起来。同时又规定，信用社持股人有入股和退股自由，实行保息分红制度，无论盈亏，都按一年定期储蓄存款利率

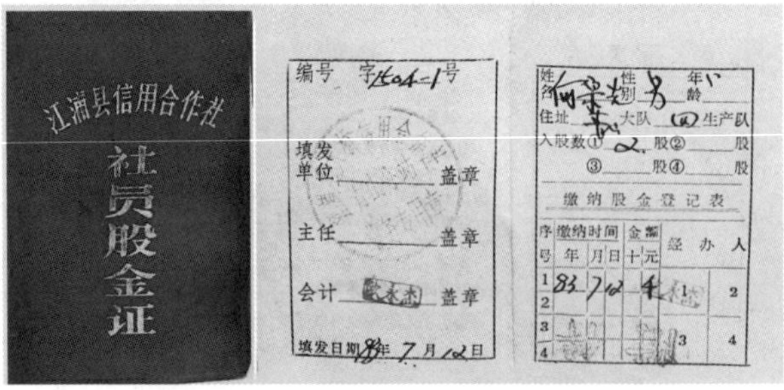

1983 年江浦县信用合作社社员股金证

付息；信用社如有盈余，还可以照章分红，在同等条件下，对入股社员贷款可以优先，利息可以优惠。

根据中国农业银行有关文件精神，省农业银行于 1984 年 7 月 21 日印发《关于建立县信用合作联社的意见》（苏农银信 12 号）和《县信用合作联社示范章程（试行草案）》《农村信用合作社示范章程（试行草案）》，要求建立各县（区）联社，信用社参照试行草案制订、修改自己的章程。关于信用联社与各信用合作社的关系，《意见》明确县（区）联社是各个基层信用社组织起来的联合组织。建立县（区）联社后，各个基层信用社仍然是独立经营、独立核算、自负盈亏的经济实体。县（区）联社领导人，由全县信用社代表大会选举产生，在县（区）农业银行领导下开展工作。县（区）联社日常具体工作由农业银行县（区）支行信用合作股负责，其任务是：在全县范围内调剂信用社的资金余缺；从信用社利润中，提取一定数量的互助基金，用于调剂盈亏；统筹解决职工退职退休经费；组织经验交流和信息交流；管理职工培训教育工作；综合并考核信用社各项计划执行情况；检查信用社执行方针、政策的情况。

二、县（区）信用合作联社的成立

《农村信用合作社示范章程（试行草案）》下发后，全市各信用社相继召开社员代表大会，加强组织建设，选举产生新一届理、监事会。经理事、监事民主推选产生理事会正副主任（即信用社正副主任）、监事会正副主任，并报县联社批准。信用社的机构体制、业务计划、分配制度、人事制度、利率

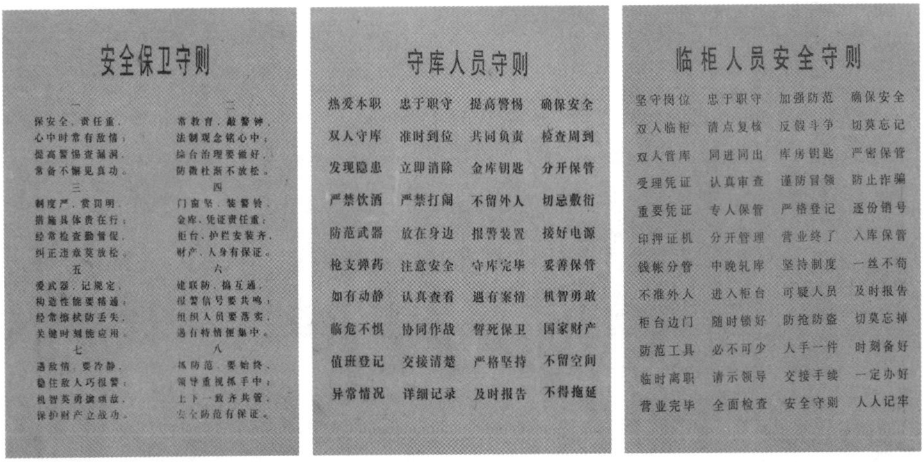

20 世纪 80 年代信用社安保挂墙制度

浮动等重大问题，都纳入理事会或社员代表大会民主讨论的议程。

新选出的信用社主任一般都有较高的文化水平，年龄较轻，懂经营，会管理。经过这些改革，逐步恢复了社员的民主权利，信用社与社员的关系更加密切，同时为下一步农村金融体制改革奠定了基础。当年，全市信用社分发股息 37.2 万元，增扩股金 26.2 万元，进一步壮大了信用社的资金力量。入股农户一般达到总农户的 80%左右，增强了信用社的群众基础。

各县（区）农村信用社推选代表参加县（区）信用合作联社社员代表大会，民主选举县（区）联社理、监事，并由理、监事会分别选举产生理、监事会和正副主任。按省农业银行《关于建立县信用合作联社的意见》，联社理事会一般由 7~11 人组成，监事会一般为 7~9 人组成。“理事会主任从县农业银行副行长中选举兼任”，副主任两名，一名为县农业银行信用合作股长兼任，一名由基层信用社选入的理事会成员产生。

1984 年 9 月，栖霞区信用合作联社成立，作为农行南京分行栖霞办事处的一个专业科室，隶属办事处领导。10 月，雨花台区信用联社成立，隶属农行南京分行雨花台区办事处。联社辖红花（辖双龙街、中和桥两个信用分社）、雨花（辖雨花台、莲花两个信用分社）、江东（辖红旗、上新河两个信用分社）、双闸（辖天保桥、新闸两个信用分社）、沙洲、铁心桥、板桥、西善桥、石门坎（辖牌楼信用分社）、江心洲等 10 个信用社。当年底，在各家信用社召开社员代表大会，产生新一届理、监事会的基础上，江宁、江浦、六合县及浦口、大厂区等县（区）信用合作联社相继成立。[①]

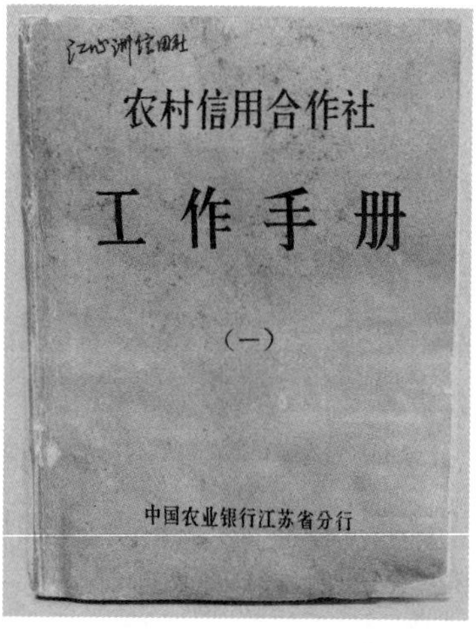

农村信用合作社工作手册

新建立的县（区）信用联社是基层信用社的联合经济组织，也是基层社的领导机构，仍属合作金融组织性质。县（区）信用合作联社的任务是领导和督促基层社按照国家金融方针政策，大力组织农村资金，做好农村信贷服务工作，并对基层社执行金融方针、政策进行检查和业务辅导。审查批准基层社

① 南京市地方志编纂委员会编：《南京金融志·其他金融业》，南京出版社 1995 年版，第 191 页。

信贷计划和财务计划，并编制全辖信用社信贷计划，定期进行考核和分析，在区域内和跨区组织基层社资金的余缺调剂。

县（区）信用合作联社的建立，对于加强基层社的建设，对于进一步恢复和加强农村信用社组织上的群众性、管理上的民主性和经营上的灵活性都发挥了积极的促进作用。它的建立不仅增强了农村信用社的内部管理能力，也是农村信用社逐步走向自主管理和发展的重要标志。尽管当时农村信用社仍属农行下属机构，但毕竟县联社领导都来自于基层信用社，代表基层信用社开展管理工作。①

农村信用社县（区）联社成立后，农行南京分行对信用社的领导改变了过去直接管理各个信用社的模式，开始通过县（区）联社来实现对各信用社领导。从而，为下一步深化信用社改革奠定了基础。

第四节　大力支持农村经济和乡镇企业的发展

一、积极组织存款，支持农村经济发展

中共十一届三中全会以后，中共中央十分重视农村经济的发展，把社队经济的发展放在解决“三农”（农业、农村、农民）问题的重要位置。

1979 年 9 月，中共十一届四中全会在《中共中央关于加快农业发展若干问题的决定》中指出：“社队企业要有一个大发展，逐步提高社队企业的收入占公社三级经济收入的比重。凡是符合经济合理的原则，宜于农村加工的农副产品，要逐步由社队企业加工。城市工厂要把一部分宜于在农村加工的产品或零部件，有计划地扩散给社队企业经营，支援设备，指导技术。对社队企业的产、供、销要采取各种形式，同各级国民经济计划相衔接，以保障供销渠道能畅通无阻。国家对社队企业，分别不同情况，实行低税或免税政策。”1979 年中国农业银行成立后，国务院就对信用社和农业银行的业务分工作了明确规定。在《国务院关于恢复中国农业银行的通知》（国发 56 号）中，明确指出：“农村人民公社基本核算单位、社队企业和社员个人的存款、贷款，由信用社统一办理。国家设在农村的机关、团体、学校、企事业单位的存款、贷款，以及城乡结算、现金管理等，由农业银行办理。”

---

① 王海松：《农信社使命》，西南交通大学出版社 2011 年版，第 60 页。

信用社的资金来源，主要是在本社范围内吸收的农村储蓄和社队集体存款。为积极组织存款支持农村经济发展，各县（区）信用社把积极揽存作为各项工作的首位。随着城乡群众生活水平的逐步改善，奖励制度的恢复，以及农村农民收入的增加，自1979年起全市信用社开始增办三、五年期零存整取定期储蓄，使当年末农村存款增幅较上年扩大一倍多。当年起，农行南京分行不再向各信用社下达指令性业务指标，除交提存款准备金外，不再规定转存款任务。

1980年，实行“存贷挂钩，差额包干”的信贷管理办法后，各信用社进一步重视对存款工作的领导，运用多种手段，努力挖掘存款潜力。当年全市农村存款余额为12485万元（含农行南京分行），较上年续增28.5%，1981年为15146万元，又增长21.3%。[①] 从1982年起，各县（区）农村信用社与农业银行的营业所联营，各项业务均纳入农业银行科目核算。1983年，农行南京分行将大包干办法有步骤地推行到辖内各营业所和信用社，以调动基层所社组织和运用资金的积极性。当年，全市农村存款达到20318万元，首次突破2亿元大关。

为调动信用社组织资金的积极性，从1980年6月21日起，信用社吸收的定期储蓄存款，利率高于转存银行利率的部分，由农业银行给予补贴。1981年末，郊区信用社各项存款余额逐年上升到6159万元，比1978年增长96%。其中，通过增设网点，聘请协储员和开展优质服务，农村储蓄余额增至1876万元，比1978年增长2.46倍。1983年末，全市（含五县四郊）信用社存款余额达2.32亿元，其中农村储蓄占43.14%。储蓄存款占存款总额的比重逐年增加。1984年，因国家收紧银根，宏观控制，全市农村存款余额较上年有所回落，为15758万元。

1979~1984年所社联营时期的南京农村存款统计

（单位：万元）

年份	全市各项存款总计	城镇储蓄	农村存款	占城镇储蓄存款比重（%）
1979	233342	24348	—	—
1980	224662	34055	12485	36.7
1981	283524	39476	15146	38.4
1982	309701	53311	3839	7.2
1983	383847	63951	20318	31.8
1984	448867	85926	15758	18.3

① 南京市地方志编纂委员会编：《南京金融志·存款》，南京出版社1995年版，第204页。

二、把支持农村多种经营、发展社队工业放在重要位置

信用社的资金运用取之于民，用之于民，为发展农业生产，繁荣农村经济服务。南京也是这样，农村信用社贷款的发放对象主要是本社队、社队企业和社员，把支持农村多种经营、发展社队工业生产放在重要位置。1979 年，国家农业信贷计划实行“存贷挂钩，核定差额，包干使用”新办法。所谓“核定差额”，指年中、年末的差额，以 5 月末存款余额和月度农贷最高控制数相比，是为“年中差”；年末农村存、贷款余额相比为“年末差”。1980 年 4 月，省农业银行下拨南京市农业信贷基金 3300 万元，农行南京分行根据 1979 年年中农贷最高余额和年末商业贷款余额，按比例分配给各县行、郊办和农行营业部。1980 年 7 月 1 日起，农村信贷由包干（小包干）改为农工商信贷资金大包干，即“统一计划，分级管理，存贷挂钩，差额包干”。农行南京分行对辖内三县（江宁、六合、江浦县）三郊（栖霞、下关、雨花区）和农行营业部的全部资金来源与全部资金运用轧抵后，核定年中和年末两个差额。资金来源大于资金运用的为差出（存差），资金来源小于资金运用的为差入（贷差）。核定差额后，贷差不得突破，存差要力争超额。在差额包干数内多存多收多放，少存少收少放，农工商各项贷款之间，可以临时调剂流用。县区以下，农村信贷实行“小包干”，对集镇工商企业和供销社的贷款，仍维持指标管理。

1982 年，从信用社贷款发展生产的江宁养鸭专业户（上）与江浦养牛专业户

在信贷管理中，各信用社贯彻以承包户、专业户（重点户）为主，以农业生产为主和以流动资金为主的方针，在保证农业贷款需要的前提下，凡

是国家法令、政策允许生产和经营的项目，能实现预期经济效益，保证按期归还贷款的，信用社都给予贷款支持。重点支持郊区（县）社队企业产品适销对路、经济效益较好的建筑材料和服装、针纺织、皮鞋及皮革制品等轻工产品的生产。实行浮动利率，贷款利率可在银行规定的基准利率基础上，本着接近市场利率的原则，根据贷款项目的社会效益、利润大小、偿还能力、信用好坏等，上下进行浮动。1980 年，浦口区信用社得知辖区经济薄弱的林场、四周、乐桥和汤庄等四个大队准备开办砖瓦、纸盎、制盆和汽车修理厂，急缺流动资金购买设备时，立即深入调研，落实有关手续后，分别贷出 30 多万元。四家村办企业当年实现产值 60 多万元，利润 15 万元，使林场、四周、乐桥和汤庄大队的经济实力大大增强。本着面向农村、方便群众、有利于生产和经营，信用社适当调整机构设置、组织形式、工作方法，积极推行信贷合同制度，通过信贷活动，把国家计划与农户、经营单位的生产经营活动联系起来。

在信用社资金的支持下，郊区（县）通过引进技术和人才，大搞加工配套，一批社队企业迅速发展。随着农村经济体制改革和产业结构调整，社队企业加快发展，信用社的贷款投放亦相应增加。设备贷款是社队企业发展的瓶颈，其需款量较大，属于投资性贷款，故国家银行控制较为严格。1980~1981 年，根据国民经济调整方针，郊区信用社坚持择优扶持的原则，对产品适销对路、经济效益较好的社队企业，共贷款 4692 万元，其中用于设备的占 13.43%。1981 年该项余额 968 万元，比 1978 年增加 7.13 倍，为同期农业银行同类贷款余额 60 万元的 15.1 倍。当年，全市对社队企业贷款余额由上年 663 万元增至 1613 万元，全市郊区（县）社队工业实现产值 2.77 亿元，利润 4.147 万元，产销率 90.25%，销售成本率 78.7%，百元固定资产产值为 176.5 元。1981 年在少数信用社备付存款资金发生困难时，农行南京分行即时发放贷款 155 万元（年末余额 80 万元）。①

1983 年，为适应农村经济体制改革后的产业结构调整，社队企业贷款范围扩大到联合联营工业和商业服务业。原列入社队企业的集体种养业贷款 50.34 万元，划入集体农贷科目考核。是年，贯彻省农行“丁山”与“昆山”两次会议“解放思想、放宽政策”的要求，全市五县四郊的农业银行

---

① 南京市地方志编纂委员会编：《南京金融志·农业放款》，南京出版社 1995 年版，第 391 页。

共发放社队企业周转贷款8377万元。当年四季度，遵照国务院关于紧缩银根的通知，及时控制投放，至年末贷款回收率达101.1%，余额减为2325万元，其中周转贷款占37.3%。同期，郊区的余额由上年1005万元减至513万元，降幅为48.96%，实现了信贷收支平衡。1984年末，农行南京分行松绑放权，农村经济的周转性贷款基本上由营业所掌握发放。当年全市信用社此项贷款余额达13907万元，为同期农业银行同类贷款数的2.5倍，其中郊区占27.02%。[①]

1979~1984年所社联营时全市农业贷款情况详见下表。

1979~1984年南京市农业贷款余额统计

（单位：万元）

年份	国营农业	个人	集体	社队企业	银行对信用社贷款	合计
1979	35	0.4	56.9	64.3	9.4	166.0
1980	249	0.4	54	86	—	389.4
1981	70	0.4	50	60	80	261.4
1982	248	0.4	265	905	—	1418.4
1983	528	17	1762	2335	—	4642
1984	2225	16	1273	5572	—	9086

资料来源：南京市地方志编纂委员会编：《南京金融志·农业放款》，南京出版社1995年版，第354页。

三、帮助社队提高财务管理水平

1979年全市农村实现工业产值3.85亿元，1983年达到7.3亿元，五年递增17.4%，为乡镇企业的进一步发展奠定了坚实的基础。[②]1984年末，乡镇企业周转贷款余额比上年猛增1259万元，增长1.45倍，其中郊区增长40.85%。自1980年起，信用社农业贷款开始改变长期以来单纯“支持农业生产”的传统做法，社队企业贷款余额不断增长，占比逐年增高。

各信用社除通过信贷业务、活动，组织与调剂农村资金外，还在帮助社

① 南京市地方志编纂委员会编：《南京金融志·存款》，南京出版社1995年版，第204页。

② 中共南京市委党史工作办公室、中共南京市委办公厅编：《走向辉煌：南京改革开放二十年》，江苏文艺出版社1998年版，第114页。

队提高财务管理水平，统筹安排，管好、用好资金，监督使用方面做了许多工作。工作中，从支援发展生产出发，认真帮助社队全面落实党和国家在农村中的各项经济政策，尊重生产队的自主权，开展多种经营，搞好各种形式的生产责任制，以调动社队和社员的生产积极性。为了帮助社队改善经营管理，管好用好资金，1979 年，根据农村经济发展的需要，信用社配合农业银行开展社队财务人员（包括江宁、江浦、六合三县）培训 3.3 万余人次，其中，生产队会计 2.9 万人次，大队会计 3483 人次，公社辅导员 212 人次，对现金保管员和仓库保管员也进行培训。1981~1982 年，根据国务院有关文件和市政府的统一部署，在开展农村财务的整顿中，共整顿 64 个公社、4 个集镇、604 个大队、7411 个生产队和 890 个社队企业。其中，浦口区整顿 215 个生产队和 7 个大队，收回暂付款 36937 元，收回 152 户超支欠款 14653 元，粮食 3237 斤，查出 30 人贪污挪用 6334 元。雨花台区通过两批财务整顿，对利用职权挪借和多占的粮、钱、物，折价收回 84.81 万元。整顿过程中查清了集体固定财产的来龙去脉，归类分项，登记造册，做到账物相符。

1979~1984 年是南京农村信用社发展的重要时期，这段时期，除 1979 年前后由人行南京市支行对信用社管理和领导外，大部分时间由农行南京分行管理和领导，其业务发展和经营的特点主要是：

1. 信用社成为银行的基层网点和农村经济运行的“晴雨表”

农业生产的高速度发展，特别是多种经营的大发展，促使农村经济日益活跃。由于人民银行机构不普遍，大部分银行业务均委托信用社代理。除代理银行业务外，信用社还代理中国银行、保险公司等单位的委托业务。自 1980 年以后，经营的重点由从事农村社队和社员简单的存款、贷款业务，发展到办理农村转账结账、工商信贷和现金管理等农村金融的各项业务。因而，社队的一切生产活动，从积累分配到商品流通，以及其他经济活动，在信用社的业务活动中都有所反映，实际上承担着农村信贷、结算、现金活动中心的任务，成为农村经济部门资金活动的枢纽，农村经济运行的“晴雨表”。

2. 信用社的经营能力和支持农村社队经济的作用增强

农村社队与社队、社队与企业、集体经济与国营经济、农村与城市之间的经济往来活跃，带来信用社业务的日益频繁。据统计，除社员股金外，1979 年初全市农村存款 3512 万元，1983 年末达到 20318 万元，较 1979 年初增长 4.8 倍。1979~1982 年的四年中，全市农村信用社共发放生产费用贷款 1488 万元，年均 372 万元，为前六年年均贷款的 31.5 倍。其中，1980~1981 年共发放集体农贷 627 万元，多种经营贷款为 78 万元，占 12.44%。1984 年末，信用社与农业银行划账分营时，全市信用社集体农贷余额 1731 万元，为农业银行同类贷款的 135.9%。分营后，随着农村商品经济的发展，信用社的资金不断增强，全市农村大部分地区的集体农贷均由信用社承担。①

3. 由于行社联合经营，信用社“三性”的恢复缓慢

行社联营期间，虽然农业银行在成立信用联社后，对信用社业务主要是通过信用联社、以经济方法进行管理，但由于县（区）信用联社仅仅是松散的经营联合体，多数信用社仍处于分散经营，单打独斗，无论在经济实力还是在经营手段上都显得十分薄弱。因而，各信用社的存贷业务和结算业务都不得不依靠国家银行的支持，许多信用社增加收益，扭亏增盈，还是要靠向银行借款来发放贷款赚取息差。信用社恢复“三性”的工作，虽有进展，但进展缓慢。

① 南京市地方志编纂委员会编：《南京金融志·农业放款》，南京出版社 1995 年版，第 354 页。

第五章
所社分营时期的农村信用社

20 世纪 80 年代初，以家庭联产承包责任制为基础的农村经济体制改革极大地促进了农业和农村经济的发展。在农村经济体制改革的浪潮中，南京郊区（县）农村逐步形成多层次贸、工、农综合经营的格局。农村经济多层次多结构的发展，呼唤农村金融体制的变革和金融体系能够为农业和农村经济发展提供及时、有效的服务。

1985 年初，南京农村信用社与农业银行营业所由过去联合经营、统一核算、利润分成，转变为各自独立核算，仍归属农业银行领导。在农行南京分行的领导下，以县（区）为单位的信用联社，逐步担负起对信用社的服务、指导、协调和管理职能，督促下属信用社执行国家支援农业生产的各项政策。1990 年末，全市郊区（县）建立有 9 个县（区）信用合作联社，辖 124 个信用社，101 个信用分社和储蓄所，员工 1981 人，各项贷款 48968 万元，存款 79088 万元，其中储蓄达 60220 万元，成为南京农村金融的“半边天”。[①]1992 年，农行南京分行深入贯彻中国农业银行《关于印发〈1992 年农村信用合作工作意见〉的通知》，进一步加大全市农村信用社改革的力度，采取措施努力增强信用社资金实力和服务功能，落实国家对农业、农村、农户的倾斜政策，督促和加强信用社内部管理。到 1995 年，全市郊区（县）建有 10 个县（区）信用合作联社（含 135 个信用社，121 个信用分社、储蓄所，20 个信用站），职工 2121 人，资产总额达 43.32 亿元，各项存款余额 29.82 亿元，贷款余额达 21.67 亿元，存贷款均占全市金融机构的 5%。

---

① 李继清、吴德平：《南京市农村信用社体制改革的调查报告》，《南京市农村金融学会第四次年会论文集》，1991 年，第 209~220 页。

第一节　专业银行与信用社分工合作态势的形成

一、人民银行开始行使中央银行职能

1984 年 10 月，中共中央做出《关于经济体制改革的决定》，全国以城市为重点的经济体制改革步伐加快。经济的迅猛发展，推动着金融体制改革的进程，要求进一步改革和完善金融体制，以便掌握和运用价格、税收、信贷和利率等经济杠杆，调节社会需求总量和供应总量，促进经济发展。

改革开放前，我国实行的是社会主义计划经济体制，银行业实行“大一统”的经营模式，中国人民银行集中央银行和商业银行的作用于一身，既负责货币发行和金融管理，又具体从事各种业务经营。金融业机构单一，业务范围狭窄，管理体制高度集中，在国民经济中地位不高，作用自然也就发挥得不够充分。在高度集中的计划经济体制下，这种银行模式有利于政策的上传下达、指挥的协调一致和对经济全局的控制。在特定的经济环境中，企业的生产、销售都是由国家负责统一安排的，基本建设投资规模也由国家统一确定，银行主要负责组织和安排资金，处于从属的地位，实际上起着会计、出纳的作用。宏观经济实行“大财政、小银行”管理，在人民银行内部，各分支机构的人财物由总行集中统一管理、统一核算，吸收的存款交总行统一调配，贷款按照总行信贷计划和指令发放。由于企业生产资料的供应和产品的销售都是由国家统一安排，因此，商业信用被取消，企业之间不能发生信用关系，整个社会的信用方式集中于银行，因而非银行金融机构和金融市场等也就无从存在。

自 1978 年开始，随着中国农业银行、中国银行、中国建设银行相继恢复成立或独立运营，金融体系打破了人民银行一统天下的结构，逐步建立起二级银行制度的框架。一个按产业设置，以产业分工为主要特征的专业银行机构开始形成。中国农业银行负责统一管理支农资金，集中办理农村信贷，发展农村信贷业务；中国建设银行主要办理国家基本建设项目的投资和管理；中国银行作为国家指定的外汇专业银行，统一经营和集中管理全国的外汇业务。与此同时，成立了国家外汇管理局，中国银行和国家外汇管理局对外两块牌子，对内一个机构。1979 年以后，中国建设银行开始利用自己吸收的存款发放基本建设贷款，试行基本建设贷款的“拨改贷”，支持企业为生产国家急需的短线产品而进行的挖潜改造工程，并发放城市综合开发和商品房建设贷款，逐步由完全办理财政业务过渡到既办理财政业务又办理金融业务专业银行。

1983 年 9 月 17 日，国务院颁布《关于中国人民银行专门行使中央银行职能的决定》，“成立中国工商银行，承办原来由人民银行办理的工商信贷和储蓄业务”。根据国务院的决定，1984 年 1 月中国人民银行和中国工商银行同时成立。中国人民银行开始专门行使中央银行职能，中国工商银行承担原人民银行办理的商业银行业务，成为业务量最大，储蓄存款总额、中短期贷款总量、资金清算总量、城市机构网点总数均居各专业银行首位的专业银行。

自工商银行成立之后，中国人民银行摆脱了具体业务，不再直接经营商业银行业务，独立行使信贷管理和货币发行权，开始发挥中央银行的作用。这一转变，使其在货币政策的制定和贯彻执行上拥有了更大的自主权，使间接调控能力和金融监管能力得到加强，可以有效防范和化解经济运行中的金融风险，保障经济秩序和金融秩序的稳定，促进经济体制改革和经济建设的顺利发展。

1985 年是南京金融体制改革发生重大变化的一年。其标志是，形成了以人民银行为领导，工商银行、农业银行、中国银行、建设银行按专业分工的金融格局。1987 年 4 月，综合经营金融业务股份制的交通银行南京分行组建，与此同时，保险市场的多元化步伐不断加快，太平洋保险公司、中国平安保险公司两家全国性保险公司及天安保险股份有限公司、上海大众保险有限责任公司等区域性保险公司相继在南京设立。保险、证券、信托、期货业的快速崛起，加快了金融业向市场经济体制转变的过程。

二、金融体制市场化倒逼信用社全面改革

金融体系走向市场化的转变，以及金融基本制度的创新发展，倒逼着农村信用社的全面改革。

为支持农村金融业的发展，支持正在兴起的农村各项改革措施的发展，农行南京分行逐步加大了对信用合作机构的领导，进一步重视信用社网点的建立和完善，促进信用社在农业和农村经济发展中的作用发挥。

由于制度的调整，各专业银行和信用社，开始建立并形成了“存款立行”的约束机制，树立“存款立行”意识。1979 年前，人民银行在资金配置的制度上，实行“统存统贷”，一切存款的使用权集中于总行，一切贷款由总行按季节给各分行核定指标，逐级分配下达，在指标内掌握贷放。这种管理制度，一方面不利于银行存款的增加，另一方面也不利于基层银行因地制宜地使用

信贷资金。因为从基层银行来说，存款是否增加或增加多少，与自己没有切身的利益关系，所以不能充分调动行处吸收存款、增加信贷资金来源的积极性。同时，由于决定贷款数额者不能充分掌握各地情况，从而难免出现有条件和应该贷款的项目没有资金，而不应该办理的项目却得到资金的情况。鉴于“统存统贷”体制存在的缺点，1979 年后信贷管理改为差额控制的办法，“统一计划、分级管理、存贷挂钩、差额包干”，即人民银行对基层银行由存贷款总额指标管理改为存贷款差额指标管理，不再约束基层银行的信贷总额，只控制存贷款差额，各级银行在完成存差计划或不突破贷差计划的前提下，多存可以多贷。从而，改变了各级银行过去作为指令性计划单纯执行者的被动地位，拥有了在完成存贷差额计划的前提下发放贷款的自主权，调动基层银行组织存款、用好贷款的积极性。

随着存款立行约束机制的逐步形成，各专业银行相继推出吸收存款的服务新举措，采取各种手段加入存款竞争的行列。1986 年，各专业银行、南京邮政局和交通银行先后开办城镇储蓄业务，根据国务院和人民银行的有关通知，专业银行开始实行业务交叉制度。当年 10 月，南京工商银行率先引入电子局域网技术，办理个人汇款、储蓄旅行支票、活期储蓄异地通存通取等新的结算业务，以吸引和争取客户。年内，各行、社、局新增储蓄网点 58 个（含银行与企业联合开办的联办所）。全年，南京储蓄存款净增 39455 万元。1987 年，由于生活费用指数上升 11.7%，涨价风时起时落，在“重物轻币”心理驱使下，储户取款待购增加。同时，由于国家公债和金融债券的发行，为多增存款，各家银行展开激烈竞争，各种形式的“有奖储种”增多。南京市面储蓄存款在专业银行之间互相流动，此起彼落。各行、局、社纷纷开办电脑储蓄，通存通兑，储蓄服务新招迭出；在内部管理上，普遍实行各种形式的经营承包负责制，以争取存款。

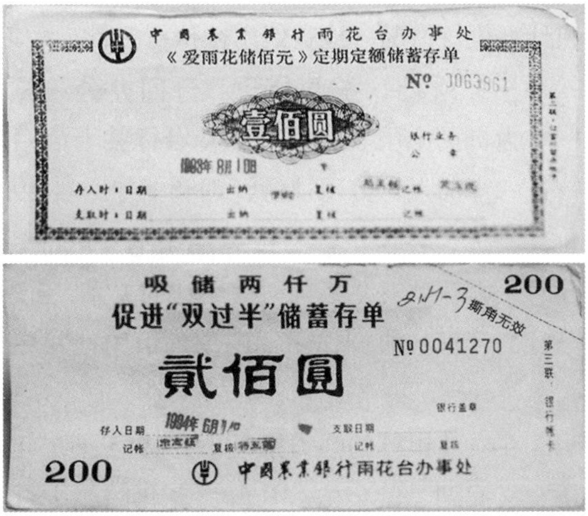

1983 年和 1984 年中国农业银行雨花台办事处储蓄定额存单

在各专业银行激烈竞争面前，农村信用社无论在资金实力、经营管理，还是经营手段上，都处于劣势，这种状态并不能适应飞速发展的农村经济需要。特别是信用社与农业银行相互间的关系没有理顺，没有建立起合理的管理体制和良好的运行机制，农村信用合作社基本失去了合作的性质。同时，农业银行领导管理农村信用社的体制，与其自身改革存在诸多难以理顺的关系，既不能适应业务发展需要，也不利于支持农村经济开发能力的提高。

根据国务院批转的加快农村信用社改革精神，中国农业银行提出要进一步加快信用社改革的步伐，并要求各分支行1985年底基本完成改革的任务。改革的主要内容是：一是进一步充实和健全民主管理制度，保证信用社的民主管理组织能够充分行使职权、发挥作用，信用社的业务、社务、财务、人事等重大事项，都要经过社员代表大会或理事会讨论决定。二是中国农业银行对信用社的业务活动，主要是通过经济方法进行管理。中国农业银行不给信用社下达指令性业务指标，除按规定缴存准备金外，不规定转存款任务，信用社的资金首先用于农村，多吸收存款可以多发放贷款。信用社的利率可以接近市场利率。三是逐步取消中国农业银行对信用社的亏损补贴，信用社实行独立经营、自负盈亏。对已经亏损的信用社，则实行“亏损包干，减亏分成，定额补贴”的办法，要求在一定期限内扭亏为盈。四是建立信用社的县（区）联社。由县（区）联社在全县（区）范围内调剂信用社的资金余缺，并从信用社的利润中提取一定数量的互助基金，用于调剂盈亏和统筹解决职工退职退休的经费；组织工作经验交流，管理职工培训教育，考核信用社各项计划执行情况，检查信用社执行方针、政策的情况。

三、所社“账务分开、分门办公”试点

为贯彻中国农业银行和省农行关于信用社全面改革的精神，农行南京分行进一步加强对信用社的管理和辅导，自1985年初不再给信用社下达指令性业务指标，各信用社除按规定缴纳存款准备金外，也不规定转存款的任务。同时，为理顺农业银行与信用社的关系，充分发挥县（区）联社对各信用社、分社的管理、协调作用，调动各信用社发展业务积极性，开始对辖内所社联营单位开展“账务分开、分门办公”改革试点。

在农业银行的强力推动下，1985上半年，栖霞区八卦洲、燕子矶、迈皋桥、玄武湖、紫金山、马群、尧化门、十月、摄山9个农业银行营业所、信用社实现“一门两柜”，各自办理业务。各县（区）信用合作联社开始行使民

主管理的职能，至1985年底，全市农村信用社与农行南京分行进行了账务划分，恢复各自经营。[①]

1987年，由于南京区划调整，江宁县的长江、营防、花园3个乡划归栖霞区，郊区信用社增至29个。1990年末，全市共有县、区联社9个，乡镇信用社124个，信用分社89个，信用站34个，储蓄所15个。正式职工1981人，比1983年增加72.3%，其中高中文化以上的占69.1%，有专业技术职称的占48.7%。自有资金达6803万元，比1983年增长5.25倍，每社平均五县为44.7万元，四郊区（栖霞、雨花台、浦口、大厂）为88.2万元。[②]

1990年南京市农村信用社基本情况统计

（单位：万元）

	联社家数	信用社家数	信用分社个数	信用站个数	储蓄所个数	正式职工人数	高中以上	自有资金	自有房产
雨花区	1	10	11	—	—	212	164	677	5816
栖霞区	1	12	15	—	2	281	220	1404	6311
浦口区	1	5	15	3	1	117	85	268	2654
大厂区	1	2	3	—	—	60	52	209	1866
高淳县	1	19	11	15	6	238	137	506	11859
溧水县	1	16	7	9	1	163	99	492	7830
江宁县	1	24	20	4	—	448	283	2060	43832
江浦县	1	11	9	3	1	152	112	396	3290
六合县	1	25	13	—	4	310	217	791	14956
合　计	9	124	89	34	15	1981	1369	6803	98414

注：1. 专业技术职称人数：中师37人，助师150人，员级777人。2. 自有资金包括股金、公积金、专用基金、信贷基金和固定财产基金等。

资料来源：南京市地方志编纂委员会：《南京金融志·其他金融业》，南京出版社1995年版，第192页。

---

① 南京金融志编纂委员会、中国人民银行南京分行：《南京金融志资料专辑》（8），1992年。

② 南京市地方志编纂委员会：《南京金融志·其他金融业》，南京出版社1995年版，第191页。

为加强对农村信用社的管理，遵照中国农业银行的《关于分行机关进行“三定”工作的通知》精神，在农行南京分行1990年机关“三定”中（定岗位、定人员、定责任），专门设立信用合作处，负责管理全市信用社社务、业务、财务工作，推动信用合作规范化、制度化。信用合作处的主要任务是，贯彻执行国家金融政策和上级规定，制定或参与信用社管理的规章制度、细则、方法的制定，并检查其执行情况，编制信用社存贷款计划、财务计划，及时分析信用社经营状况，改善其经营管理，并负责对信用社社务、财务、业务的审计、稽核。[①]

四、农业发展银行的建立为信用社市场化改革创造条件

中共十四大确立了农村信用社社会主义市场经济改革的方向。

1993年12月，国务院颁布《关于金融体制改革的决定》，提出“先将县联社从中国农业银行中独立出来，办成基层信用社的联合组织；在县联社的基础上有步骤地组建农村合作银行”的改革意见。同月，人民银行和农业银行联合下发了明传电报，强调农村金融体制改革要在党中央、国务院的领导下，由中国人民银行和中国农业银行统一部署，稳步进行。农村信用社由中国农业银行代表中国人民银行进行领导和管理。

1995年2月9日，作为政策性银行的中国农业发展银行江苏省分行在南京成立，主要经营办理由国务院确定、中国人民银行安排资金并由财政予以贴息的粮食、棉花、油料、食糖等主要农副产品的国家专项储备贷款；办理粮棉油收购和调拨贷款等。

中国是个农业大国，农业生产和农作物的稳步增产关系千家万户，关系到国家和民族的安危。涉农政策性银行在全国的建立，为“三农”经济的稳妥发展奠定了基础，同时为农村信用社的市场化改革创造了条件。

1995年，《中国人民银行法》及《中华人民共和国商业银行法》相继颁布，人民银行作为国家中央银行，不再对非金融部门发放贷款，货币政策走向间接调控。随着金融体制改革的加快，原工商、农业、中国、建设等专业银行向国有独资股份制商业银行转变步伐加快，农村信用社体制改革步伐开始提速。

1995年4月，人行南京市支行在江宁县淳化信用社进行行社分门办公试

---

① 中国农业银行南京分行档案：《关于南京分行机关“三定”工作情况报告》。

点，为农村信用社全面改革积累经验。5 月，全市农村信用社改革全面推广实施，至年底，信用社与农行南京分行分门办公初步实现。

第二节　大力组织资金，壮大信用社发展实力

一、把组织存款作为立社之本

改革开放后，中共中央、国务院始终把农村工作放在各项工作的首位，十分重视农村金融工作。1985 年，中共中央、国务院在《关于进一步活跃农村经济的十项政策》中指出："信用社实行独立经营，自负盈亏。所组织的资金，除按规定向农业银行交付提存准备金外，全部归自己使用。在保证满足社员农业贷款后，可以以余款经营农村工商信贷，可以跨地区开展存贷业务。信用社之间、信用社与各专业银行之间可以发生横向业务联系。存放利率允许参照银行所定基准利率上下浮动，有的可以接近市场利率。信用社必须遵守国家金融政策并接受农业银行领导。"在 1986 年《关于 1986 年农村工作的部署》文件中，又明确指出："农村建设资金，除国家增加农业投资外，主要靠农村自身的积累。提倡各地合作经济组织从当年收入中适当提取公共积累，建立固定资产折旧制度。鼓励群众投资兴建各种生产设施。人民银行、农业银行要制定不同区域和产业的信贷政策，支持产业结构调整和农业技术改造。中央去年一号文件对信用社规定的各项政策和国务院有关信用社体制改革的各项规定，应逐项落实。不得向信用社下达指令性转存款指标，保证信用社多存多贷。"

由于信用社自有资金（股金）只占资金来源的很小部分，为壮大资金实力，促进农村经济和乡村集体经济组织的发展，全市区（县）信用社在农行南京分行的领导和统一部署下，把大力组织存款作为立社之本，认真落实"统一计划、分级管理、存贷挂钩、差额包干"信贷政策，努力增设网点，加强服务，大力组织存款，发扬长期形成的深受农民欢迎的优良传统，信用社干部肩挎背包，走村串户，服务到家。结合农民婚嫁、建房需要，开办存、贷款相结合的储蓄种类；结合农民防灾养老、独生子女教育费用需要，开办新型零存整取储蓄；结合退休人员安家农村需要，开办整存零取储蓄，以及其他各种特殊需要的储蓄种类等。

王四海是这一时期南京农信一线工作人员的优秀代表。1985 年 1 月 3 日

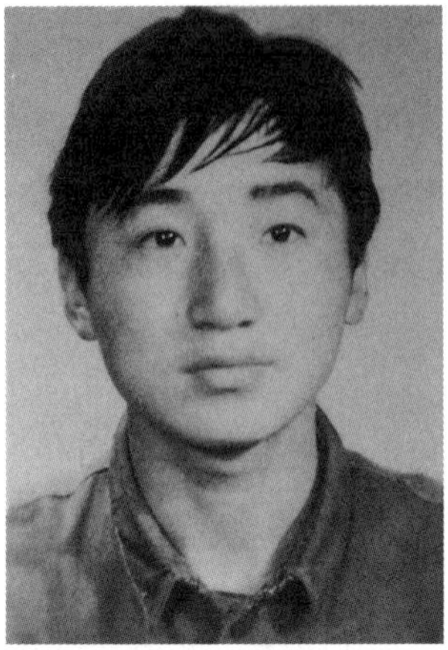

勇斗歹徒的信用社员工王四海

下午5时10分，坐落于南京雨花路上的雨花台支行、雨花信用社储蓄所已停止营业，刚满20岁的信用社会计王四海和农行女出纳员夏良慧正在柜台忙着结算账款，突然从虚掩的大门外闯进一名持枪的歹徒。他口气阴沉地说："把钱给我，快点！不然就要你们的命。"在这个紧急关头，王四海、夏良慧临危不惧，他们一边推开临街的窗户大声呼喊、报警，一边与歹徒英勇搏斗。罪犯向王四海、夏良慧连开数枪，王四海右胸被枪弹击中，伤势过重，光荣牺牲，夏良慧身受重伤，经全力抢救脱离了生命危险。王四海和夏良慧以年轻的生命和鲜血，保护了国家和人民的财产。1月13日，市领导及有关部门的代表400多人参加了王四海同志的追悼大会，很多群众自发前去吊唁。2月14日，市政府、省农行在南京人民大会堂召开了隆重的表彰大会，会上李英俊副市长宣布：经省政府批准，追认王四海为革命烈士；夏良慧被授予南京市治安模范、记大功一次。同时，夏良慧被授予全国、省农行系统先进工作者称号。

为加强储蓄工作"利国利民"的教育，1986年全市各郊县（区）、乡镇都相继成立"农村储蓄推动委员会"，许多信用社还在乡村企业增聘协储员，广泛深入开展储蓄宣传活动。针对一些农村青年的喜好，增办定期一年的"保息有奖"新储种。当年，全市信用社共收储4990万元，各信用社将利率上浮的部分，购买紧俏的彩电、自行车和其他工业品做奖品，用于储蓄奖励。当众开奖，当场兑现，受到储户欢迎。

农村乡镇企业存款，资金成本大大低于储蓄存款，是构成信用社存款的重要组成部分。据统计，1983年时南京农信社贷款资金有近三分之一来自乡镇企业的存款。各信用社在组织农村企业存款中，也十分注意加强服务，特别是改进结算，为企业提供方便，促使企业存款在整个信用社的存款中得到较快增长。为方便企业结算，加强服务，农行南京分行从1984年开始把个体户和专业户的开户审批权下放到信用社，随到随办，当年栖霞区就增加1615户。到1986年底，全市农村信用社的各项存款余额达42390万元，比1984年的27398万元增加55%。其中，储蓄存款由1984年初的14075万元增加到28508

万元，增长 103%，乡镇企业存款由 5904 万元增加到 7803 万元，增长 32%。

为加大对农业生产的投入，支持农村经济体制改革的发展，缓解农村信贷资金供求矛盾，1987 年中共中央在《把农村改革引向深入》（中发〔1987〕5 号）文件中进一步放宽农村信用社的存贷款利率，指出：“信用社交纳准备金比例降到与专业银行一致；存贷款利率可以比照国家的基准利率，按市场资金供求状况适当浮动；业务范围可以与其他基层金融组织适当交叉。”文件下发后，农行南京分行迅速组织贯彻，并制定《储蓄存款奋斗目标和竞赛奖励办法》，推行储蓄承包责任制。年末，全市各县（区）信用社存款总额实现 5.19 亿元，较 1983 年增长 1.24 倍，其中农村储蓄存款占 71.89%，比 1983 年增 2.73 倍，为农行南京分行同期储蓄余额的 159.4%。

1988 年物价波动激烈，全市生活费用指数上升 23.3%，南京出现三次“抢购风”和存款“挤兑风”。虽然国家再次调高储蓄存款利率，并开办人民币长期保值储蓄，但储蓄存款增幅出现连续下降，存款出现 5 次滑坡。[①]全市农村信用社在做好宣传、服务的同时，先后举办 176 期各种有奖储蓄，开办定期保值储蓄，采取多种形式和方法引导农民正确处理储蓄与消费的关系。年末，全市信用社存款总额回升到 5.57 亿元，比上年增加 3870 万元，其中储蓄存款 3.93 亿元，比上年增加 1463 万元。1989 年，社会上出现“集资热”和资金体外循环，使储蓄存款余额不断下降。农行南京分行及时制定《营业所、信用社储蓄存款承包责任制办法》，把完成任务、提高服务质量，与职工利益挂钩。全市信用社从大局出发，在储蓄成本增大的情况下，继续开办保息有奖和保值储蓄，至 6 月底终于稳住下降局面。年末余额达 6.4 亿元，比上年净增 8340 万元，其中储蓄存款增加 8034 万元，占总增额的 96.3%。1990 年市场物价稳中有降，人们消费心理也发生变化。为增强营运资金实力，促进农村经济振兴，农行南京分行继续把发展农村储蓄放在工作首位，常抓不懈。是年末，全市信用社存款总额达 7.9 亿元，比上年净增 1.5 亿元，其中农村储蓄 6.02 亿元，占 76.19%，是 1980 年 3942 万元的 15.3 倍，年平均递增率为 36.4%，为全市农行同期储蓄余额的 79.4%。郊区平均每社各项存款余额 1276 万元，五县社为 442 万元。[②]

① 南京市地方志编纂委员会：《南京金融志》，南京出版社 1995 年版，第 535 页。
② 南京市地方志编纂委员会：《南京金融志》，南京出版社 1995 年版，第 536 页。

二、信用社在农村金融体系中的作用不断加强

随着农村商品生产的发展与农村信用社业务的增长，农村信用社在农村金融体系中的地位和作用不断加强，成为农村资金的主要组织者，农业和乡镇企业借入资金的主要提供者。信用社存款业务的不断发展和自有资金的日益增多，使信用社转存银行款亦相应增加。1984 年初，全市信用社转存款为 1.98 亿元，占农行南京分行存款总额的 85.3%，到 1990 年末，转存款总额增至 2.53 亿元（含缴存存款准备金 1.01 亿元），占同期存款总额的 32%。其中，郊区 1.31 亿元，占全市农村存款的 55.6%。

1992 年，全市信用社干部员工认真学习和领会邓小平南方谈话精神，全面落实中共中央《关于进一步加强农业和农村工作的决定》，按照中国人民银行“控制总量、调整结构、强化管理、搞活存量、提高效益”的要求，狠抓内部管理和考核，大力组织资金。为落实存款任务，江浦县联社把组织资金的目标层层分解，从主任到个人，从机关到基层，人人都有吸储任务，把全员奖金、其他收入及部分工资纳入“捆浮”，与目标挂钩考核。利用重大节日，深入街头和集市，开展储蓄宣传。在“迎新春、送春联”揽存活动中，送出春联 1000 多副，吸储 80 多万元。永宁信用社抓住当地建造铁路机遇，深入到拆迁户中开展宣传，仅一个月就组织对公存款 150 万元，储蓄存款 80 多万元。江宁、六合县联社，在县农业银行开展的“储百元”活动中，邀请县政府领导参加储蓄宣传活动，运用报纸、电台、大幅标语，组织礼仪小姐深入厂矿、部队等多种形式，广泛宣传。同时，加大目标考核、激励机制，充分调动全员组织资金的积极性。1992 年，六合县所社（县农业银行、信用社）集体小额零存储蓄发展 1.7 万户，月存 34 万元，工资转存单位增加 48 户，月转存余额 54 万元。1993 年 11 月，江宁、汤山、禄口、丹阳、方山 5 家所社存款余额较上年

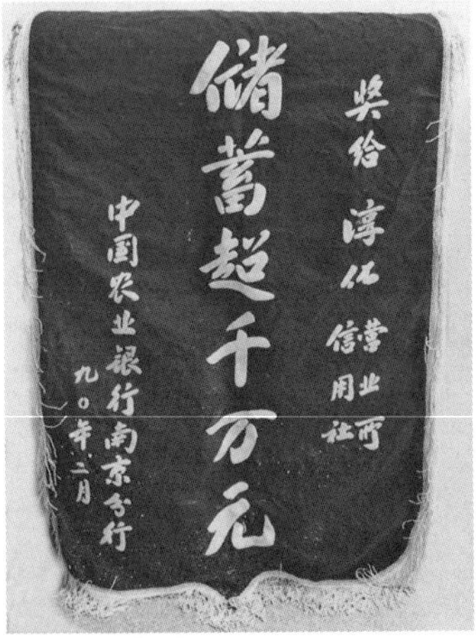

1990 年江宁淳化所社获存款超千万元的锦旗

90 年代利率牌

1991 年中国农业银行行长马永伟（右）视察江宁汤山所社

净增 1000 万元以上，周岗所社工资转存余额达 2000 万元，净增 462 万元。[①] 据统计，1993 年底，全市农村存款余额达 15.61 亿元（不含高淳、溧水县），为 1984 年全市农村存款的 4.7 倍。

三、不断完善行之有效的存款激励机制

1994 年和 1995 年，农行南京分行继续认真组织基层行社，不断完善行之有效的存款激励机制，调动行社内外组织存款的积极性，不失时机地组织开展阶段性的竞赛，掀起组织资金的新高潮。江宁县支行独家推出“有奖有息，无奖保息”新储种，针对上年“储百元”活动存款到期，又开展了“奋战八十天，存款超八亿”活动。1994 年 6 月，全县行社各项存款突破 8 亿元，净增 5200 万元。江浦支行自加压力，明确规定对公存款的任务由所社主任及分管信贷的信贷员承担，实行风险抵押金制度，按季考核，年末兑现。当年各项存款余额达 23006 万元，较上年增加 5455 万元，增长 32.1%，其中县联社余额为 9834 万元，较上年增长 2250 万元，增长率达 29.7%。1995 年，随着国家《商业银行法》的颁布，银行营业所与信用社分门办公摆上各行社的重要议程。农行南京分行即时下发体制改革的有关政策和方法，保证各项经营活动在机制转换过程中稳步开展。当年末，全市郊县（区）各项存款余额再次实现新跨越，年末余额达 26.78 亿元，较上年净增 7.83 亿元，增长 41.33%（不包括高淳、溧水县）。

---

① 档案资料：中国农业银行江宁县支行、六合县支行、江浦县《关于呈送 1992 年工作总结》的报告，《关于呈送 1993 年工作总结》《关于呈送 1992 年工作总结》，江苏省农行营业部存。

1984~1995年南京市郊区（县）信用社历年各项存款余额统计

（单位：万元）

年度	集体农业存款	乡镇企业存款	农村储蓄存款	其它存款	合计	转存银行
1984	6979	5904	14075	440	27398	12032
1985	4677	5453	19270	865	30256	13771
1986	4858	7803	28508	1221	42390	18008
1987	5269	7847	37280	1459	51855	23053
1988	4922	9223	39343	2174	55662	25981
1989	5221	9100	47377	2304	64002	26495
1990	6084	9779	60220	2955	79038	25319
1991	—	—	71600	—	95600	—
1992	—	—	—	—	82900	—
1993	—	—	—	—	105470	—
1994	—	—	—	—	215094	—
1995	64814	—	233419	—	298233	—

注：1984~1990年数据为五县四郊信用社；1991年后，数据未分类。

资料来源：南京市地方志编纂委员会：《南京金融志》，南京出版社1995年版，第536页。

第三节　把“三农”经济发展作为工作重点

一、信贷收支计划改为信贷资金收支计划

农村信用社贷款以生产队为主要对象，对个人贷款比例较少，全市农户个人贷款在较长的一段时间里一直保持在10亿元左右。1981年以后，随着各地农村相继实行联产承包责任制，为了支持家庭户巩固承包和发展生产，信用社逐步增加对家庭经营户的贷款，支持农业生产结构的调整，促进生产责任制的巩固和完善。

自1985年起，实行“统一计划，分级管理，实贷实存，相互融通”的办

法，改信贷收支计划为信贷资金收支计划。农行南京分行的年度信贷资金计划和年末借款计划（或年末上存资金计划）由省行核批，县郊行和各信用社的计划由市农业银行按省农业银行下达的指标核批执行。在年度信贷计划中，借款（或上存）基数、技改贷款、乡镇企业设备贷款和中短期设备贷款等项目为指令性计划，未经批准，不得突破。信贷总规模和乡镇企业流动资金贷款及其他贷款项目为指导性计划，项目之间，可以临时相互调剂。除指令性指标外，实行多存多贷。多存指的是完成全年存款计划后的增存部分，多贷是投向农业生产费用和乡镇企业的流动资金方面。

随着农村改革的深入和城市经济改革的提速，一些地方出现了基本建设投资过猛，消费基金增长过快的现象。为加强宏观控制，国务院批准并下发了中国人民银行《关于控制 1985 年贷款规模的若干规定》。根据紧缩贷款规模的精神，农行南京分行相应提高了各信用社缴存准备金的比例，增加信用社转存款任务，对乡镇企业贷款实行指标管理，收回信用社的贷款审批权，取消信用社的利润承包，限制信用社职工的奖金发放等措施。当年，为提高贷款的经济效益，加强贷款管理，中国农业银行制定并发布了《信用合作社贷款管理暂行办法》，同时建立了信用社业务稽核制度。从信用社现有的干部中挑选稽核工作人员，加强对贷款的管理检查，防止以权谋私和其他弊端的发生。1984 年末划账分营时，全市农村信用社集体农贷余额 1731 万元，为农业银行同类贷款的 135.9%。

二、郊区（县）大部分集体农贷由信用社承担

所社分营后，南京郊区（县）大部分集体农贷由信用社承担。

在国家继续加强宏观调控的背景下，为支持“三农”经济的发展，理顺农业银行与信用社的业务关系，1986 年中国人民银行和中国农业银行联合发文，一是降低信用社上缴存款准备金的比例，下调信用社向农业银行上缴存款准备金的比例，以增加信用社支持生产的资金力量。二是调整中国农业银行和信用社资金往来的利率。其中，存款准备金的利率，按“保本微利”原则由各省、自治区、直辖市分行确定，一般定为月息 5.4‰~5.7‰；农业银行支持信用社的贷款利率与存款准备金的利率一致起来；信用社转存中国农业银行的存款利率也适当提高。三是信用社实行浮动利率。在贷款上，根据国家政策和行业的不同情况，实行区别对待，执行不同利率。四是适应城乡经济交流的发展和农民进城办厂、办店的需要，改善资金结算办法。允许信用

社在中国农业银行开户，允许城市郊区信用社参加银行的票据交换，允许信用社的县联社办理县辖联行往来，允许信用社使用适合经济发展需要的结算方式。五是允许信用社与银行之间在业务上交叉，信用社可以根据自己的资金力量扩大对乡镇企业的贷款。六是按经济发展的不同水平和信用社的情况，中国农业银行实行对信用社分类指导。

1987 年，在国家实施严格控制基建规模、控制贷款规模的情况下，南京郊区（县）信用社严格执行农行南京分行下达的年度信贷计划规定，在贷款投放上首先满足保粮增棉，其次是保证农副产品收购，再次是乡镇企业的合理流动资金需要。县和郊区农行按上年末各项存款净增额的 8%抽调统筹资金，其中 3%上交省农行，5%由农行南京分行统筹营运，按月息率 5.4‰计息。信用社交存准备金比例由原来的 28%下降到 20%左右。1988 年，全市信用社特种存款 2650 万元，发行金融债券 2060 万元，按 13%交存人民银行一般准备金 10742 万元，比年初增加 2298 万元，全面完成调控任务。1989 年起，农行南京分行根据上级行核定的信贷资金计划，全面实行“以存定贷、存贷按比例管理”的方法。对没有资金负债的行处，按年度新增存款的 75%下达贷款增量规模；对有资金负债（包括占用省辖资金）的五县行和农行南京分行营业部，视其资金负债比例，确定用于贷款的限额。

1985~1990 年，全市信用社共发放集体农业贷款 34674 万元，约为同期农业银行放出数的 3 倍。其中农业占 31.8%，林牧渔业占 23.4%，集体其他行业和农业服务体系占 44.8%。1990 年，郊区信用社对乡村两级的 13 个养猪场，6 个养鸡场，41 个水产养殖场和 16 个奶牛场，共贷款 1040 万元，当年向市场提供肥猪 6.6 万头，肉鸡 36 万只，鸡蛋 1438 吨，成鱼 10585 吨，鲜奶 515 吨。同年，雨花台区信用社贷款 163 万元，支持乡村集体发展经济林 382 亩。浦口区沿江镇信用社贷款 30 万元，帮助镇办林业站营造丰产林 133 亩。1990 年末，全市信用社集体农贷余额为 5.745 万元，比 1984 年底增长 2.48 倍，其中农业占 37.87%，林、牧、渔业占 22.37%，农业服务体系和其他占 38.76%。按信用社平均，郊区每社 72.1 万元，五县每社 38.4 万元。

三、乡镇企业和承包农户是信用社的主要客户

贯彻中共中央和国务院关于支持“三农”经济发展、支持农业生产的方针，各信用社结合南京市政府的经济规划，为适应农村多种经营、多种经济组织的需要，积极为南京走城郊型经济的发展道路，实现城乡一体化服务。

1984 年末，全市信用社乡镇企业贷款余额达 13907 万元，为同期农业银行同类贷款数的 2.5 倍；其中郊区占 27.02 %。1985 年以后，根据市场变化情况，调整贷款投向。1985~1990 年的六年中，全市农村信用社累计发放乡镇企业贷款达 30.11 亿元，为农行南京分行同期放出数的 118.8%。其中固定资产贷款占 7.44%，为农业银行同期放出数的 134.1%。1990 年末，全市信用社此项贷款余额达 38787 万元，为农行同期余额的 111.37%。其中郊区信用社 15284 万元，为郊区农行同期余额的 161.48%。按信用社平均，郊区每社 527 万元，五县每社 247 万元。

“七五”期间，全市农村信用社新增贷款 30279 万元，累放 33.32 亿元，有力地支持了农村经济的发展。在农业银行和其他专业银行的支持下，农村产业结构得到调整，农村经济朝着专业化、商品化方向发展，一大批农村劳动力开始向第二、第三产业转移。1990 年，南京市粮食产量达 173.26 万吨，棉花产量 2392 吨，较上年增长 29.4%，林牧渔实现产值 14.69 亿元，增长 13.5%。1991 年全市乡镇企业与信用社有信贷关系的企业达 3165 家，占乡镇企业总数的 63%，拥有固定资产 6.27 亿元，1991 年 6 月这些企业实现产值近 12 亿元，利税 5259 万元。① 贷款结构的这一变化，对南京乡镇企业的发展和农村产业结构的调整，有着重要的促进作用。各信用社有重点地发放了技术改造贷款，支持乡镇企业推广运用新的实用技术。同时，各信用社还积极支持乡镇企业生产出口产品，增加外汇收入。

四、支持农村发展多种经营

支持农业生产是信用社的主体业务。为支持农村承包责任户发展商品生产，各信用社对种植粮、棉、油承包户所需资金做到基本满足，并执行优惠利率政策。自 1985 年，每年发放粮棉油贷款近 1 亿元。为扶持新型农业生产服务组织，支持农村多种经营，1990 年发放专项贷款 4187 万元，促进生产服务组织的完善和发展。贯彻中共中央和国务院关于扶持贫困农民发展生产、脱贫致富的方针，这一时期，信用社还把人均收入低于 700 元的地区和承包农户作为重点扶持对象，安排了优惠扶贫贷款，放宽贷款户的自有资金比例，并延长贷款期限。以支持畜牧业和粮棉生产作为发展商品经济的突破口，以支持“两户”（家庭户、专业户）为重点，积极帮助他们制定脱贫致富规

① 中国农业银行南京分行档案：《情况介绍》1991 年 8 月 3 日。

划，落实致富措施。同时，每年发放开发性贷款600万元，帮助具备条件的农户改造中低产田，发展经济作物。为适应农村经济体制改革后农村多种经济成分和经营方式蓬勃出现的形势，促进多种成分的经济发展，全市信用社对集镇的其他工商企业和个体经营户的临时周转资金困难，给予适当的贷款支持。1985~1990年，共贷予其他工商企业1192万元，个体经营户479万元。1990年末贷款余额，前者为102万元，后者为75万元。1991年，通过开发，全市新增粮食产量1300多万千克，出水成鱼400多万千克，新增农业产值2700万元。[①] 许多脱贫农民说："是信用社帮助俺们摘掉了穷帽子，走上了富裕路。"

1992年是农行南京分行计划单列的第二年。随着宏观经济形势好转，全市社会经济运行步入持续高速增长阶段，在信贷需求旺盛的形势下，经综合平衡，当年初中国农业银行下达南京农村信用社各项存款计划增加1.5亿元，其中集体存款3000万元，储蓄存款1.2亿元；各项贷款计划1.5亿元，其中农业（集体和农户）贷款计划增加3800万元，乡镇企业增加1.12亿元。全市农村信用社以中共十四大精神作指导，在农行南京分行的领导下，以深化改革为动力，以提高经济效益为中心，积极组织存款，合理运用资金，加强内部管理，支持农村经济的发展。全年农行南京分行及信用社各项贷款余额34.95亿元，较年初增加6.84亿元，其中信用社贷款余额较年初增长25%。[②] 当年农信一线也涌现了不少优秀人物。其中，六合县竹镇信用社主任沙宝璜获中国农业银行"全国农村金融系统抗洪救灾先进个人"光荣称号；溧水县明觉信用社主任张培贵获"江苏省农村金融系统抗洪救灾先进个人"光荣称号。

1993年，经中国人民银行批准（银复〔1992〕430号文），全市信用社实行资产负债管理。资产负债比例管理办法是信贷体制的重大变化，使农村信用社在资金营运上有了更大的自主权，同时也增加了经营风险。根据人行南京市支行和农业银行联合下发的《关于南京市农村信用社实施资产负债比例管理办法的通知》，各信用社进一步加强内部管理，增强风险意识，健全和完善自我约束，在资金运用上坚持面向农村，服务农村，按照国家产业政策和经济政策，合理调配和运用资金，做到瞻前顾后，统筹安排。1994年，

① 中国农业银行南京分行档案：《情况介绍》1991年8月3日。

② 中国农业银行南京分行档案：《1992年度信贷计划执行情况综述》1992年1月；《南京农村信用社1992年度财务分析》1993年3月2日。

全市郊县（区）信用社各项农业贷款余额 16.67 亿元，较上年增加 39982 万元。[①]1995 年，各项贷款余额达 21.67 亿元。1985~1995 年，南京市郊县（区）信用社历年贷款情况见下表。

1985~1995 年南京市郊区信用社历年贷款余额表

（单位：万元）

年度	农户贷款	集体农业贷款	乡镇企业贷款	合计
1985	418	610	3806	4834
1986	393	899	5778	7070
1987	538	1029	7699	9266
1988	699	1191	9396	11286
1989	713	1676	11983	14372
1990	805	2092	15284	18181
1991	—	—	—	63800
1992	—	—	—	78400
1993	—	—	—	111089
1994	—	—	—	166741
1995	—	—	—	216715

注：1982~1993 年，信用社与农行营业所联营；1991 年以后，数据来源于农行南京分行信贷计划执行情况概述，统计未分类；1994、1995 年全市营业收入分别为 29045 万元、36488 万元。

资料来源：南京市地方志编纂委员会：《南京金融志》，南京出版社 1995 年版，第 545 页。

为改善信用社资产负债结构，全市各农村信用社在努力做好信贷工作的同时，根据农村和农业发展的需求，积极试办新业务。1987 年，中共中央《把农村改革引向深入》文件指出：农村信用合作社“业务范围可以与其他基层金融组织适当交叉”。“农业银行和其他专业银行在平等互利基础上，为

① 中国农业银行南京分行档案：《1994 年度信贷计划执行情况概述》1995 年 1 月 8 日。

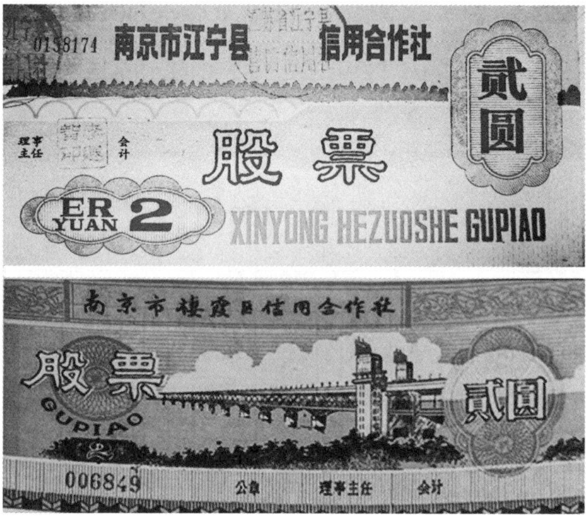

20 世纪 80 年代南京市江宁县与栖霞区所属信用社发行的不同面值的股票

信用社提供服务和相互代办委托业务。”依据这一精神，各信用社试办的新业务有：一是普遍开展了代收代付业务，接受企业、事业单位委托办理收款付款，既方便了客户，也增加了资金来源。二是在商品经济发达的地方代乡镇企业发行股票筹集资金，为乡镇企业解决困难，受到了群众的欢迎。三是有些地方的信用社为适应粮食承包户扩大经营规模的需要，试办小型机械（如拖拉机）的租赁业务，使缺乏资金的农户及时用上了拖拉机。一些地方的信用社，还代理保险公司办理乡镇企业财产保险和社员财产保险。

第四节　积极采取措施，努力增收扭亏

一、信用社不良资产持续增加

农村信用社是自主经营、自负盈亏的合作金融组织，既担负支农任务，又要取得自身的经济效益。长期以来，由于没有独立的结算系统，各自分散经营，在结算上依附于国家银行，造成结算环节多、速度慢，现金供应不足且不及时等，不仅给开户企业带来不便和损失，而且抑制了业务的正常开展。再加上管理体制变化频繁、内部管理不够健全、抗御风险的能力较弱等原因，效益低下。

作为信用社存贷款大户的乡镇企业，生产大多为“找米下锅”，其生产、销售随市场行情而变化，受原材料调价、市场竞争的影响较大，效益或好或坏，导致信用社不良资产的增加。

据统计，自 1986~1990 年，全市信用社各项收入的年均增长速度为 39.4%，而各项支出的年均增长速度为 67.6%，各项支出大大超过收入增长的速度。利润的减少，使积累水平呈下降趋势，致使信用社出现了大面积

亏损。1980~1986年平均每年增加公积金90.5万元，年递增率为29.5%，而1987~1990年则相反，平均每年减少196万元，年递减率为54%。

1989年，农行南京分行对全市信用社上年末的各项贷款余额进行了清查。全面核查结果：共有呆滞贷款5424万元，占1988年末总余额的11.08%，其中集体农业贷款、乡镇企业贷款、农户贷款、个体工商户贷款分别占13.86%、16.52%、15.22%和24.24%；呆账贷款401万元，占1.19%，其中集体农业贷款、乡镇企业贷款、农户贷款，分别占1.41%、1.21%和0.91%。清查中，收回呆滞、呆账贷款456万元，占两呆数的7.83%，落实逾期、呆滞贷款2512万元，占逾期、呆滞数的25.08%。1990年末，全市平均每信用社各项存款637万元，各项贷款395万元，而公积金和信贷基金平均每社只有1.7万元。全市有28个信用社亏损，亏损额1587万元，较1989年36家信用社亏损101万元，增加1476万元。这样大面积的严重亏损，在南京市信用社发展史上从未有过。[①] 又据有关资料，1990年全市信用社的2591个贷款企业中有483个关停，欠贷总额为1519万元，占年末贷款余额的3.9%；有303个亏损企业占用贷款4936万元，占年末贷款余额的12.73%。

南京市郊县信用社各项贷款余额分析表

（单位：万元）

年份	农户贷款		集体农业贷款		乡镇企业贷款		合计	
	余额	占农行同期（%）	余额	占农行同期（%）	余额	占农行同期（%）	余额	占农行同期（%）
1984	3408	2130	1731	135.9	13907	249.6	19046	277.6
1985	2240	1493.3	1619	113.1	14819	181.6	18678	217.0
1986	2786	1638.8	1984	127.2	19529	79.6	24299	93.1
1987	3320	1328	2727	141.4	24554	102.3	30601	117.9
1988	3301	1571.9	3050	142.7	26983	98.5	33334	112.8
1989	3012	1204.8	4958	169.4	30855	103.4	38825	118.4
1990	4244	884.2	5745	144.3	38787	111.4	48776	116.5

注：本表包括五县四郊在内；1985年以后，一些较小的集体其他工商企业贷款和个体工商户贷款未计在内。

资料来源：南京市地方志编纂委员会：《南京金融志》，南京出版社1995年版，第546页。

① 李继清、吴德平：《南京市农村信用社体制改革的调查报告》，《南京市农村金融学会第四次年会论文集》，1991年，第209~220页。

六合县信用合作联社厉远存分析了信用社经营面临的困境和原因。他说，一是信用社资金上缴比例过高。按照中国人民银行和中国农业银行规定，信用社的信贷规模应占各项存款及自有资金的75%。而大部分信用社远未达到这一比例。原因之一就是各种上缴比例过高，按照规定信用社要上缴13%的准备金，加上承担专业银行相同的购买债券任务，特种存款、留足备付金、业务周转金、库存现金等等，抽走和占用信用社全部存款的40%左右，使信用社自主经营的资金平均不到60%。二是存贷款利率倒挂，增加了资金困难，自身经济效益下降，造成存款越多、信用社越吃亏的局面，以致出现信用社大面积亏损。[①] 三是税负过重，严重地影响到信用社的自身发展能力。1986年国家对信用社开征营业税，1987年又按八级累进制征收所得税，加重了信用社的负担。据统计，1986~1990年五年中全市信用社共交纳税负1516万元，占同期信用社盈余的82.8%，占信用社创建40年积累和固定资产总值的42.5%。四是结算渠道仰求于国家银行，抑制了信用社业务的正常开展。五是内部管理机制不全，自我约束能力差。由于贷款约束机制不够健全，多数信用社贷款“三查”及其他管理制度不严格，导致信用社产生大量逾期、呆滞、呆账资金。

农行南京分行李继清、吴德平在《南京市农村信用社体制改革的调查报告》中持同样观点。他们认为，造成信用社经营困难的主要因素有三个方面：一是信用社资金来源结构发生了变化，低利率的对公存款比例逐年下降，资金成本逐年增加。由于各专业银行机构竞相下伸，农村金融服务新组织的兴起，不断挖走原在信用社的集体存款，使账面存款减少。二是开办保息和保值储蓄使信用社利息负担加重。各信用社为了增强组织资金的吸引力，充分运用其利率可以上浮的优势，纷纷举办保息有奖、实物有奖等储蓄。如1989年江宁县举办了106期4630万元保息有奖储蓄，当年全市信用社保息有奖储蓄达8738万元，占储蓄总额的18.5%，一年要多支付利息198.2万元，占当年定期储蓄利息支出的7.3%。保值储蓄的开办，也给信用社增加了新的压力，1989年全市信用社保值储蓄余额为10587万元，占储蓄存款余额的22.4%，当年支付保值贴补息98.08万元，提取应付未付贴补息631.2万元，

---

① 厉远存:《目前农村信用社经营面临的困境及对策》,《南京市农村金融学会第四次年会论文集》,1991年，第221~226页。

合计为729.31万元，平均每个信用社为5.88万元，使信用社存款成本增加了1.14‰。三是资金运用中低利率比重过大，信用社贴本经营，突出地反映在农业贷款利率偏低。1990年全市信用社累放农业贷款18812万元，平均利率为9.34%，较同期资金来源利率平均低0.14‰，一年贴本16万元。另外，行社往来和各种上存资金利率也严重倒挂。1990年全市信用社缴存存款准备金月平均余额为12720万元，平均利率为7.15‰，低于资金来源平均利率2.23‰，备付金和转存银行款月平均余额为13412万元，平均利率为7.5‰，低于资金来源平均利率1.98‰。

由于各专业银行机构纷纷下乡设点，处于市场竞争劣势的农村信用社受结算渠道和现金供应等方面的限制，许多信用社扶持发展起来的重点乡镇企业和一些规模大、效益好的企业纷纷转在其他银行开立结算户头，有的企业在信用社只保留一个空户以待时机。如1990年，原在江宁县方山、禄口两家信用社的28个企业，当年应汇回销售货款1172万元，但实际仅汇入信用社账户542万元，仅占46.3%。一些企业在专业银行资金与规模不足时，为了生产不得不与信用社维持信贷关系，一旦专业银行资金和规模宽松，为了减轻利息负担，理所当然地离开信用社。从人才竞争的角度看，人才匮乏、整体素质低是信用社最大的劣势。1990年，在全市1981名信用社职工中，初中以下占30.9%，高中占64%，中专占3.4%，大专占1.7%，有中级职称的占1.8%，初级职称的占48.8%，还有49.4%的职工不具有职称，信用社职工的文化业务素质与其承担的支持发展农村经济的任务要求极不适应。从信用社内部管理角度看，一是由于内部核算工作缺乏有效的管理，有章不循、违章不究现象较为普遍。在1990年上半年抽查的55个信用社中，账账不符的信用社有25个，占抽查的45%。二是信贷管理偏松，人情、越权贷款现象比较普遍，造成贷款效益差、资金沉淀多。据调查，1990年末全市信用社各项贷款余额为48968万元，非正常贷款余额11318万元，占23.1%，其中逾期贷款余额6429万元。“两呆”贷款余额4889万元。江浦县龙山信用社1989年末非正常贷款有93.11万元，占该社贷款余额的90.5%。类似龙山情况，全市有近15个信用社。内部经济案件频发也是一个体现。自1982年以来，全市信用社共发生违纪案件58起、内部贪污挪用等经济案件60起，金额31.9万元，其中贪污万元以上的8起，5000元以上的6起，2000元以上的12起。上述情况在全国其他一些地方并不鲜见。

二、人民银行下发专文解决信用社亏损问题

为了尽快解决信用社的政策性亏损问题，经财政、税务等有关部门商妥，并报国务院批准，1990 年 12 月 13 日，中国人民银行下发《关于解决农村信用社政策性亏损问题的通知》，决定对信用社信贷资金管理改为按比例与规模控制相结合的管理办法。《通知》要求，一是在贯彻“双紧”方针的前提下，信用社贷款增长幅度可以适当放宽，信用社年末贷款余额可占到自有及视同自有资金加各项存款金额的 65%，年中可控制在 75%以内。二是对贫困地区信用社安排一部分低息贷款。人民银行拟从 1991 年开始连续三年，在国家信贷计划中每年安排 3 亿至 5 亿元的低息贷款，由人民银行县支行按年利率 2.88%发放，限期收回，支持贫困地区信用社扩大农业贷款业务。三是开办特种存款和降低部分信用社存款准备金比率。为落实 1987 年中共中央（中发〔1987〕5 号）文件关于“农村信用社交存准备金比率应与专业银行一致”的规定，各信用社交存准备金比率由过去的平均 17%左右，降到 13%。同时，适当调整了信用社一般转存款利率，降低农业银行对信用社的贷款利率。税务部门对一些有困难的信用社，也按规定手续和财政隶属关系办理营业税的减免。

为加强信用社内部管理，1992 年 2 月，中国农业银行印发了《关于 1992 年农村信用合作工作的意见》，《意见》要求要认真贯彻中共十三届八中全会精神，增强信用社资金实力和服务功能，进一步落实向农业倾斜政策，确定 1992 年为信用社“管理效益年”，落实国家为扭转信用社政策性亏损的各项政策，全面完成“教育、清理、整顿”活动的各项任务，切实加强农村信用社内部管理和职工队伍建设，进一步疏通信用社结算渠道。《意见》还明确指出，城郊、城镇信用社要积极争取参加人民银行组织的同城票据交换，农业银行要积极支持县联社参加农行省辖联行，进一步加强县联社的建设。在农行南京分行的领导下，各信用社围绕强化管理和提高效益的目标，大力筹集资金，合理运用资金，积极开展增收节支，挖掘内部潜力。

根据中国人民银行批准的（银复〔1992〕430 号）文件，全市信用社自 1993 年起实行资产负债管理。依据人行南京市支行和农业银行联合下发的《关于南京市农村信用社实施资产负债比例管理办法的通知》，各信用社进一步加强内部管理，增强风险意识，健全和完善自我约束、自我发展机制，努力实现信贷资产的多元化和高效益。在资金运用上坚持面向农村，服务农村，按照国家产业政策和经济政策，合理计划资金，做到瞻前顾后，统筹安排。

1993年，江宁县岔路信用社获中国农业银行全国先进集体称号，江宁县上峰信用社获江苏省信贷“三无”（逾期、呆账、不良）贷款先进单位称号，雨花台区铁心桥所社、栖霞区迈皋桥所社、栖霞区信用联社、江宁县周岗所社、江浦县汤泉所社、城东所社、六合县灵岩所社、马集所社、溧水县明觉信用社、高淳县定埠所社、漆桥所社获1991~1993年度南京金融系统先进单位称号。年末，全市133个信用社和联社营业部有132个社盈余，金额532万元，较上年增长52%，1个社亏损，金额10万元，较上年下降86%，全面超额完成中国农业银行和农行南京分行下达的扭亏指标。[①]。

三、信用社开始实施风险度管理

为提高资产质量，自1994年各信用社普遍实施风险度管理，对新增贷款实行担保抵押方式，全年各项贷款16.67亿元，其中担保、抵押贷款额达3200万元，占新增贷款的86%。信用贷款均为科技含量高、上规模上水平的特一级企业。在抓紧抓好风险管理的同时，认真抓好岗位目标责任制的考核工作，逐月下达任务目标，按月考核，依年（季）兑现，把40%的活工资与各项任务挂钩，进一步调动员工的积极性。尤其是六合、高淳、江浦等基础较薄弱的县联社，从年初一就狠抓扭增盈，成效显著。各信用社紧紧围绕“存款立社”的思想，以增强资金实力为突破口，把组织资金放在各项工作的首位，使各项存款较上年增长38%，达到21.51亿元，其中储蓄存款达16.94亿元。大厂区联社在同业竞争的条件下，十分重视对公存款工作，年末对公存款余额占总存款的50%，净增4017万元。

1994年末，在发放储蓄存款保值贴补、工资制度改革等成本增加较多的情况下，全市134个信用社（含联社营业部）社社盈余，金额665万元，较上年净增143万元[②]，高淳县东坝所社、雨花区铁心桥所社、江宁县周岗所社、栖霞区迈皋桥信用社获江苏省金融先进单位。1995年，栖霞区信用联社、燕子矶、尧化、迈皋桥、玄武湖信用社、大厂区葛塘、长芦信用社、浦口区沿江、顶山信用社、雨花区铁心桥信用社、江宁县上峰信用社在农行南京分行等级社评审中被评为AAA级信用社，栖霞区营防信用社等9个社被评为AA级信用社。栖霞、高淳、雨花信用联社获先进单位称号。

---

① 中国农业银行南京分行档案：《南京农村信用社1993年财务收支执行情况》1994年2月17日。
② 中国农业银行南京分行档案：《1994年度南京市农村信用社业务经营及财务收支分析》。

第五节 深化经营体制改革，适应市场经济需要

一、推行经营目标责任制

所社分营后，全市郊区（县）信用社均不同程度地加快了各项改革进程，大部分信用社都实行了不同形式的经营责任制，从而调动了职工的积极性，增强了信用社的活力，提高了经济效益。

1986年2月，中国农业银行在总结各地信用社实行经营责任制经验的基础上，提出了进一步完善责任制的要求。明确规定，信用社经营责任制必须贯彻责、权、利相结合，国家、集体、个人利益相统一，职工劳动所得同劳动成果相联系的原则，实行多劳多得、少劳少得，奖勤罚懒、奖优罚劣。规定了衡量信用社经济效益的六项指标：各项存款增减率，各项贷款增减率，到期、逾期贷款收回率，贷款周转率，资金差错及损失率，纯益增减率或纯亏增减率。对盈余社实行“全面考核各项经济指标计奖”责任制；对亏损社实行“亏损包干，减亏分成”责任制；对职工实行“岗位责任制”。

在农行南京分行的领导下，1987年全市农村信用社全面推行经营责任制，业务经营逐步走上企业化轨道。[①]1991年，农行南京分行印发《南京市农村信用社经营责任制实施细则》的通知，进一步加强经营管理责任制，改善了信用社的经营管理。全市农村信用改革取得了明显的成绩，概括起来主要表现在：一是信用社的经营管理，包括计划管理、贷款审批、利率浮动、财务管理、利润分配等方面，基本改变了过去与国家银行一样的做法和管理；二是农业银行与信用社在人、财、物方面已基本界定清楚，在业务和核算方面已经分开经营，建立了一套比较适合信用社特点的制度规定，信用社有了一定的经营自主权，开始走上自主经营、独立核算、自负盈亏的道路；三是开展了清股、扩股工作，并在此基础上普遍恢复和建立了社员代表大会和管理委员会等民主管理组织；四是全市各县（区）普遍建立信用合作社联合社，对基层社进行管理、指导、协调工作，增强了信用社自我管理和发展的能力，信用社内部管理得到加强；五是初步改革了信用社劳动用工制度，开展了多种形式的业务技术培训，不断提高信用社职工队伍素质。

---

① 中国农业银行南京分行档案：《在欢迎斯里兰卡哈通银行客人座谈会上讲话》，《情况介绍》1991年3月。

虽然改革取得了明显的成效，各家信用社的经营实力和能力都有所提高，但依然存在着诸多问题，需要正视和解决的问题仍然很多。主要是，在内部经营机制上，信用社组织的资金难以充分运用，业务范围窄，服务功能不健全，劳动人事和分配制度内在活力不足，许多信用社法人意识不强，自我管理和自我约束能力以及监督制约机制比较薄弱；银行依法管理信用社的内容和方法不够完善，行政手段多，经济办法少，不合理的行政干预仍较严重。党中央、国务院以及中国人民银行和中国农业银行有关信用社改革和发展的方针、政策和措施在基层没有认真贯彻落实。产生上述问题的原因是多方面的，但其根本原因是，当改革深化到一定程度后，旧的经营机制不能适应新形势，而新的经营机制尚未完全建立起来，内外部配套措施尚未配套，特别是资金能多存不能多贷，严重挫伤了信用社组织资金的积极性。

二、政策性亏损逐步得到解决

针对农村信用社普遍存在的这一问题，1991 年 2 月，中国人民银行下发《关于解决农村信用社政策性亏损问题的通知》，降低了农村信用社交存存款准备金和调整了农村信用社转存农业银行的存款利率；4 月 12 日，中国人民银行又下发《关于农村信用社固定资产贷款利率浮动等问题的通知》，规定农村信用社发放的固定资产贷款利率可以上浮，其上浮幅度按银发〔1991〕68 号文执行。中国农业银行即时转发了人民银行的这两个《通知》，并要求各地分支行处认真贯彻执行。

人民银行《关于解决农村信用社政策性亏损问题的通知》和《关于农村信用社固定资产贷款利率浮动等问题的通知》的发布，一定程度上缓和了农村信用社的困境，但农村信用社大面积亏损现象仍未能彻底改变。1992 年 2 月，中国农业银行又印发了关于《1992 年农村信用合作工作的意见》，要求各地农业银行进一步加强对信用社工作的领导，进一步深化信用社改革，并指出信用社改革是一项系统工程，政策性强、工作量大、涉及面广，重申了改革的指导原则：第一，坚持信用社集体所有制性质的合作金融组织不变；第二，坚持信用社自主经营、独立核算、自负盈亏、自担风险、自我发展的法人地位不变；第三，在稳定现行的领导管理体制下，把转换信用社经营机制、强化内部管理、启动内部活力作为改革的重点；第四，坚持实事求是，从实际情况出发，因地制宜，分类指导；第五，坚持行社共同发展的思路，在保持行、社各自独立核算的前提下，做到优势互补，发挥农村金融整体功能，增强支农实力；第六，加强和改善农业银行对信用社的领导，完善对信用社的依法管理。各级行社领导要围绕业务经营这个中心，采取有力措施，转换信用社的经营机制，切实放开搞活，为信用社注入新的生机和活力。进一步树立五个观念，即市场观念、大农业观念、经营观念、开放观念、人才观念。这是在改革开放的新形势下，为了促进行社转换经营机制，增强应变能力，加快自我发展，更好地支持农村经济的重要思想保证。

三、进一步落实信用社经营自主权

根据中国农业银行和中国人民银行的通知要求，1992 年，农行南京分行进一步落实信用社经营自主权，试行信用社资产负债比例管理。信用社的资金投向、投量在以产业政策和市场为导向、确保支农资金需要的前提下，按照贷款使用序列，允许自主灵活运用，并相应承担贷款的责任和风险。进一步落实利率浮动权，在批准浮动幅度内，信用社可根据随行就市的原则，按照国家产业政策、贷款对象的效益、风险情况以及信用社的资金成本，自主掌握浮动幅度。同时，实行定岗、定编、定员，落实劳动用工与工资、奖金分配权。信用社有权拒绝任何单位或个人向其安插人员和平调信用社的职工。职工工资和奖金，实行“工效挂钩”等多种分配形式。

在上级行的领导下，全市农村信用社进一步加强信用社基础建设，改善和加强内部管理，积极创造条件，投入力量，搞好服务手段的现代化，开拓新业务领域，实现管理规范化、制度化。一些信用社根据当地需要，积极支持出口创汇项目发放配套贷款，试办证券、房地产等各项新业务。同时，大力开展增股、扩股工作，密切信用社与农民、农村企事业单位的经济联系，增强防御风险的能力。按股份合作制的要求，这次扩股范围包括个人股和企业法人股，重点是增扩法人股，扩股的对象包括农民个人和干部职工，法人股主要是当地的企业单位。新增股金实行“利益共享、风险共担”原则，入股的社员可享受贷款优先和参加信用社管理的权利，但不允许大股控权，以处理好原有公共积累和新老股金的关系。通过上

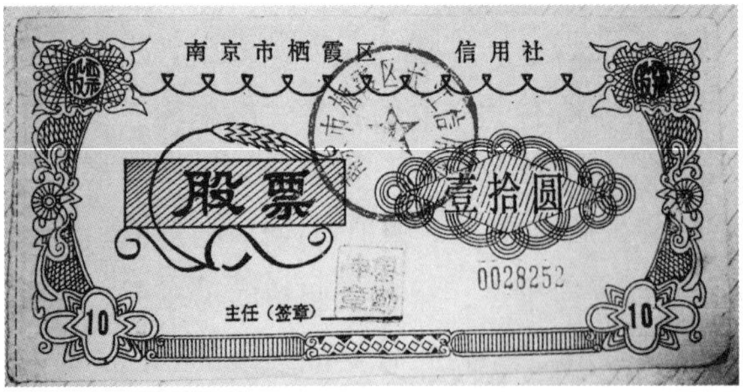

20 世纪 80 年代栖霞区信用社面值 10 元的股票

述办法，进一步密切了信用社的经营与社员切身利益，密切了信用社与当地乡镇企业的联系，共同关心信用社的经营与成长。

四、实施所社分门办公

1994 年，为适应资产负债管理，深化经营体制改革，全市信用社按照农行南京分行下发的规定，逐笔逐项完善过去贷出款项的手续，开始实行风险度管理。新增贷款除实行担保或抵押方式以外，全部用于支持科技含量高、上规模上水平的特一级企业及见效快的流通企业。重视信用社财务管理，严格执行财务会计制度，加强经济核算和成本管理，开展增收节支，提高贷款收息率，强化监督制约机制。3 月，中国农业银行印发《段晓兴同志在全国农村信用合作工作会议上的讲话》，要求学习领会中央经济工作会议精神，贯彻落实全国金融工作会议，大力组织和盘活资金，增强支农资金实力，强化管理，完善机制，努力提高信用社经营效益，加快信用社电子化改造的步伐，试行信用社等级管理。4 月 14 日，农行南京分行在《1994 年信用合作工作意见》中提出，新的一年，在确保农村信用社稳定的基础上，深化信用社体制改革，切实加强县（区）联社的建设，完善联社功能，理顺行社关系，真正把联社办成基层社的“经营管理中心和资金调剂中心”。同时，进一步加强联社营业部建设，不断扩大为基层社服务的范围。

1995 年 4 月，人行南京市支行在江宁县淳化信用社进行行社分门办公试点，为农村信用社全面改革积累经验。5 月，全市农村信用社行社分门办公改革全面推广实施。为改善信用社在分门办公后的结算困难，9 月，在农行南京分行的支持下，全市各县（区）联社以营业部为中心，开通信用社系统内县辖往来结算。年末，有五个联社营业部开通了省辖农行联行业务。

1995 年末，南京市各县（区）联社从县（区）农行的一个职能科室编制中正式剥离，单独行使对辖内信用社的管理职务职能，并先后完成联社营业部的筹建和开业工作，各基层信用社全部实现与农行办事处分门办公。随后各联社相继建立健全了机构，内设三科一室，即资金营运科、财务会计科、稽核监察科、办公室，配备专职管理人员 12~15 名，全面行使对信用社的管理。至 1996 年一季度，全市各联社营业部均开通联行业务，统一办理所辖社的结算，成为辖区内信用社的结算枢纽。

1985~1995 年，是南京金融发展史上的重要时期，也是农村信用社管理逐步健全，机构、业务快速发展的重要时期。这一时期，南京农村信用社虽然与农业银行实行了分账经营，但管理上仍由农行南京分行统一领导；各农村信用社仍然为一级法人，独立经营，但在机构设置和经营管理上服从于农业银行的相关行处领导，信贷计划纳入农业银行统一管理；新建立的县（区）信用联社不具有法人地位，多依托于所在区域的农业银行合作信用管理部门开展工作。

归纳这一时期南京农村信用社发展的基本经验，主要有：

1. 把支持“三农”建设放在首位是信用社得以不断发展的保证

中共中央和国务院一直把“三农”建设放在重要地位。作为专门以服务“三农”为主要职责的金融组织，对农村金融需求负有义不容辞的责任和使命，同时“三农”经济的发展也为农信社的加快发展提供了一个良好契机。这一时期，南京农村信用社抓住时机，充分发挥“三农”建设的主力军作用，坚持“立足三农、服务三农”的宗旨，保持忧患意识，为新农村建设提供优质的金融服务和支持。充分发挥金融服务的主观能动性，努力提高支农服务水平，做强、做优“三农”贷款，不断调整和优化农户小额信用贷款，巩固农信社在农户心目中的地位，多元化满足“三农”信贷需求。

2. 金融体制改革的深化使农村信用社有了做大做强的可能

这一时期，在农行南京分行的领导下，全市农村信用社逐步加大改革力度，以企业自身建设为基础，牢牢把握好扩大企业自主权机遇，加快向市场经济体制转变的进程，用好国家富农、惠农政策，特别是用好中国人民银行《关于解决农村信用社政策性亏损问题的通知》精神，使信用社实现了跨越性增长。至 1995 年末全市农村信用社各项存款 29.82 亿元，较 1984 年增长 9.88 倍，对农户、农业和乡镇企业贷款总额为 36488 万元，较 1985 年增长 6.55 倍，对解决农村信用社亏损问题起到积极作用。

3. 健全的内部管理体制是保持企业发展的动力

自 1984 年以后，全市各信用社开始全面推行经营责任制，实施经营目标管理，职责和利益挂钩，有效调动了职工积极性。但是，长期以来农村信用社内部管理涣散，发展战略及组织结构模糊并未得到解决。通过 1991 年开展的“教、清、整”（即教育、清理、整顿）和 1992 年信用社“管理效益年”活动及一系列农村信用社内部改革，各级领导班子和职工队伍建设得到加强，基础建设成效显著。事实证明，只有全面落实经营责任制，全面贯彻按劳分配和奖勤罚懒的原则，在利益分配上兼顾国家、集体和个人三者利益，才能建立起灵活、快速、果断的经营决策机制，才能在市场竞争中立于不败之地。只有切实加强农村信用社内部管理和职工队伍建设，才能解决长期困扰信用社的有效经营问题，提升市场竞争力，不断提升核心竞争力，实现“经营运行流程化、管理制度标准化、言行举止规范化”的要求。只有坚持管理创新，适时地调整和丰富信用社自身的管理思路，才能使信用事业稳步前进。

虽然这一时期南京市农村信用社取得了长足的发展，但是依然存在着不少问题，从外部来说，信用社与农业银行的关系尚待理顺，从内部来说，信用社作为金融企业还有诸多与市场经济不相适应的地方，特别是信用社的市场定位和法人治理方面，有待解决。

第六章
县（区）信用联社法人地位的确立

中共十四届三中全会做出《中共中央关于建立社会主义市场经济体制若干问题的决定》以后，农村金融体制改革的步伐进一步加快。1995 年，随着国家专业银行向商业银行过渡步伐的不断加快，为贯彻国务院和人民银行加快农村信用体制改革的精神，全市各县（区）联社相继完成联社营业部的筹建，全市 10 家农村信用社联合社及 125 家信用社、121 家信用分社和储蓄所实现与农行南京分行所辖处、所分门办公，县（区）联社改由人民银行监管，由人民银行使对信用社的指导和业务管理。1996 年 8 月，国务院颁布《关于农村金融体制改革的决定》，明确提出改革的重点是农村信用社管理体制，核心是农村信用社与农业银行脱离了行政隶属关系，将农村信用社逐步改革为合作性金融组织。当年，南京农村信用社与农行南京分行正式脱离行政隶属关系，成为独立法人。

2000 年 8 月，江苏省开启县（区）信用联社与基层农村信用社统一法人的改革试点工作。在中国人民银行南京分行营业管理部（下称“人行南京分行营管部”）的组织和推动下，当年 10 月，南京各县（区）信用联社与基层信用社即顺利完成法人治理改革任务，统一为一级法人。据统计，2000 年末，全市农村信用社各项存款余额为 62.16 亿元，较上年增加 7.26 亿元；各项贷款 42.17 亿元，较上年增加 4.39 亿元，增长 10.4%。

第一节　农村金融体系改革的深化

一、多种金融机构并存格局在南京初步形成

1995 年是有中国特色的金融体系逐步形成的重要一年，也是农村金融新

格局初步形成的重要一年。3 月 18 日，《中国人民银行法》正式颁布，标志着中国人民银行作为国家中央银行的法律地位得以确立。5 月 10 日，第八届全国人民代表大会常务委员会第十三次会议通过《中华人民共和国商业银行法》。中国人民银行不再对非金融部门发放贷款，国家货币政策走向间接调控。工商银行、农业银行、建设银行、中国银行等专业银行逐步加快了向国有独资股份制商业银行的转变。一个以中央银行为主导、国有商业银行为主体、政策性金融与商业性金融相分离、多种金融机构并存的金融格局在南京初步形成。

为加快农村金融体系建设，适应农村多元化、多层次经济组织和农村经济发展的需要，1995 年 2 月 9 日中国农业发展银行江苏省分行在南京成立。作为重点支持农业生产的政策性农业发展银行，主要经营由国务院确定、中国人民银行安排资金并由财政予以贴息的粮食、棉花、油料、食糖等主要农副产品的国家专项储备贷款，办理粮棉油收购和调拨贷款等。1996 年 2 月 8 日，南京城市合作银行（后更名为南京商业银行、南京银行），在原南京市 39 家城市信用社及信用联社的基础上组建而成，2007 年成为全国第一家登陆上交所的城市商业银行。至 1999 年末，全市设有银行营业网点 960 多个，城乡信用社 260 多个，其他金融机构 200 多个。

为构建富有活力、能够满足农村多层次需要的农村金融体系，1996 年 8 月国务院发布《关于农村金融体制改革的决定》，加快农村信用社管理体制的改革。改革步骤是：农村信用社与中国农业银行脱离行政隶属关系，对其业务管理和金融监管分别由县联社和中国人民银行承担，然后按合作制原则加以规范。在城乡一体化程度较高的地区，已经商业化经营的农村信用社，经整顿后可合并组建农村合作银行。同时，国务院成立了农村金融体制改革部际协调小组和办公室，省、地、县三级成立了农村金融体制改革领导小组和办公室，主要职责是管理、指导、协调农村信用社新旧体制过渡时期的改革与发展。农村信用社改革的重点为五个方面：一是加强农村信用社县联社的建设，二是强化人民银行对农村信用社的监管，三是农业银行不再领导管理农村信用社，四是按合作制原则重新规范农村信用社，五是县级以上不再专设农村信用社的经营机构。

依据《关于农村金融体制改革的决定》，中共南京市委、市政府迅速成立南京农村信用社改革试点工作领导小组，并在人行南京分行设立办公室（与人行南京分行农村合作金融管理处合署），负责对日常工作的推进。在市政府的高度重视和领导下，召开了全市农村信用社干部和有关方面领导参加的农村金融体制改革动员大会，全面部署积极落实改革的具体措施。

二、农村信用社与农业银行关系的调整

按照农村信用社改革的步骤，理顺农村信用社与农业银行的关系是改革的重要一环。依据国务院《关于印发农村信用社与中国农业银行脱离行政隶属关系实施方案的通知》要求，在清产核资、人事调整的基础上，农行南京分行与各信用联社、信用社积极稳妥地办理了相关手续，脱离行政隶属关系。《通知》指出，以 1996 年 6 月 30 日为人员、财产、资金界定划转日，按该日的归属关系划转，“脱钩”以省为单位统一宣布。9 月，根据《我省农村信用社与中国农业银行脱离行政隶属关系实施意见》[①] 文件精神，农行南京分行合作处人员编制划入人行南京市支行，成立南京市农村金融体制改革领导小组办公室，负责过渡时期对农村信用社和县联社的领导及管理、指导、协调、服务等工作。南京农村信用社与农行南京分行完成了人员、财产、资金的界定划转及业务交接工作，并经南京市农村金融体制改革领导小组办公室确认，签订了协议。

到 1996 年底，南京市农村信用社联合社、信用社、信用分社和储蓄所全部与农业银行脱钩。1997 年 1 月 22 日，经国务院农村金融体制改革部际协调小组办公室批复同意，江苏省宣布自当日起，全省农村信用社与农业银行正式脱离行政隶属关系，农村信用社不再由农业银行管理，成为独立法人。自此，农村信用社的人、财、物与农业银行分开，县（区）联社与农业银行脱离行政隶属关系，对农村

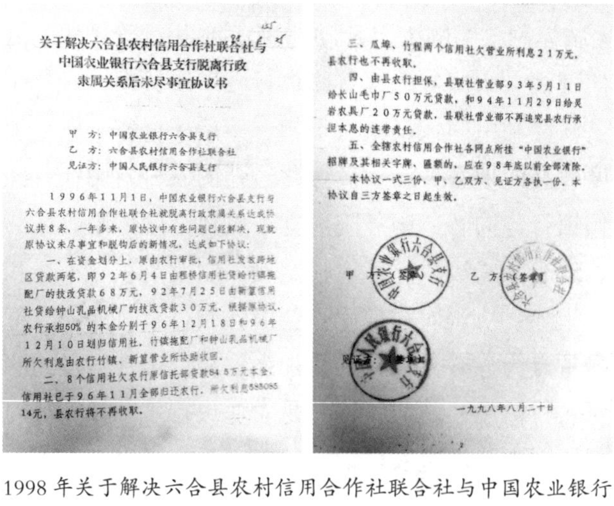
关于解决六合县农村信用合作社联合社与中国农业银行六合县支行脱离行政隶属关系后未尽事宜协议书

甲　方：中国农业银行六合县支行
乙　方：六合县农村信用合作社联合社
见证方：中国人民银行六合县支行

1996年11月1日，中国农业银行六合县支行与六合县农村信用合作社联合社就脱离行政隶属关系达成协议共8条，一年多来，原协议中有些问题已经解决，现就原协议未尽事宜和脱钩后的新情况，达成如下协议：

一、在资金划分上，原由农行审批，信用社发放跨地区贷款两笔，即92年6月4日由程桥信用社贷给竹镇拖配厂的技改贷款68万元，92年7月25日由新篁信用社贷给钟山乳品机械厂的技改贷款30万元，根据原协议，农行承担50%的本金分别于96年12月18日和96年12月10日划归信用社，竹镇拖配厂和钟山乳品机械厂所欠利息由农行竹镇、新篁营业所协助收回。

二、8个信用社欠农行原信托部贷款84.5万元本金，信用社已于96年11月全部归还农行，所欠利息585085.14元，县农行将不再收取。

三、瓜埠、竹程两个信用社欠营业所利息21万元，县农行也不再收取。

四、由县农行担保，县联社营业部93年5月11日给长山毛巾厂50万元贷款，和94年11月29日给灵岩农具厂20万元贷款，县联社营业部不再追究县农行承担本息的连带责任。

五、全辖农村信用合作社各网点所挂“中国农业银行”招牌及其相关字牌、匾额的，应在98年底以前全部清除。

本协议一式三份，甲、乙双方、见证方各执一份。本协议自三方签章之日起生效。

甲　方：（签章）　　乙　方：（签章）

见证方：（签章）

一九九八年八月二十日

1998 年关于解决六合县农村信用合作社联合社与中国农业银行六合县支行脱离行政隶属关系后未尽事宜协议书

① 中国农业银行南京分行档案：宁农金改〔1996〕第 1 号文件转发。

信用社的业务管理改由县（区）联社负责，对农村信用社的金融监督管理由人行南京市支行直接承担。农村信用社与农业银行的顺利脱钩，从根本上划清了农村信用社与农业银行的行政隶属关系，迈出了农村信用社管理体制改革关键性、实质性的一步，实现了农村信用社管理体制改革的历史性突破。[①]

在获得经营自主权的同时，南京农村信用社也背负了很多历史包袱。据江苏人行某中心支行提供的资料即表明了这一情况。在农村信用社和农业银行脱钩的前后，市农行划转给农村信用社存款 2197 万元（绝大部分是当时的保值储蓄），农行少付利息达 700 万元；农行共划转农信社各类贷款 15655.29 万元。后来，这类贷款成为不良贷款的达 9511.77 万元，占 60.8%，其中呆账贷款 4489.84 万元，占 28.7%。[②]

据统计，1996 年末全市农村信用社各项存款达到 38.66 亿元，较年初增长 30%，各项贷款达到 27.94 亿元，较上年末增长 29%。与此同时，多年集聚起来的金融风险也正在逐步暴露，成为当时农村信用社的突出问题，主要表现在：信贷资产质量不高，收息能力减弱，费用开支增大，经营亏损严重等，给农村信用社的发展带来不利影响，影响到农村金融和经济发展的稳定。特别是亚洲金融危机爆发后很快波及国内，农村合作基金内部矛盾表面化，各地普遍出现挤兑风潮，爆发了农村合作基金风波。鉴于亚洲金融危机的教训，国家在强调继续深化金融体制改革的同时，更加重视金融风险控制问题。为切实防范金融风险，着手对农村金融机构实行规范、整顿和清理，农村金融发展由此进入调整时期。

1997 年 2 月，国务院部际协调小组和中国人民银行召开全国农村信用社管理体制改革工作会议。在此基础上，6 月，国务院办公厅转发《中国人民银行关于进一步做好农村信用社管理体制改革工作的意见》，提出了按合作制原则改革农村信用社管理体制，完善和加强县联社建设，加强人民银行对农村信用社的监管，改进金融服务，防范和化解农村信用社风险等改革意见。同时人民银行成立了农村合作金融监管局，省、市（地）、县人民银行成立了农村合作金融监管部门，与同级农村金融体制改革领导小组办公室合署办公，承担对农村信用社金融监管和行业管理双重职能。内部统一由农村合作金融

---

① 刘明康：《中国银行业改革开放 30 年》，中国金融出版社 2009 年版，第 54 页。
② 王海松：《农信社使命》，西南交通大学出版社 2011 年版，第 89 页。

管理处承担，对外保留市农村金融体制改革领导小组及其办公室的牌子。

1998 年召开的中央金融工作会议明确“国有商业银行收缩县（及以下）机构，发展中小金融机构，支持地方经济发展”的基本策略，包括农业银行在内的国有商业银行开始逐步收缩县及县以下机构，业务重点向大城市、大企业、大项目集中。随着国有商业银行逐步撤出县以下区域，以及农村金融体系整顿，农村金融资源日益向农村信用社和邮政储蓄集中。农村信用社在农村金融市场上扮演着越来越重要的角色。

1998 年 11 月 15 日，党中央、国务院做出决定，对中国人民银行管理体制实行改革，撤销省级分行，跨省（自治区、直辖市）设置 9 家分行。中国人民银行南京分行于 12 月 18 日正式挂牌，主要管辖江苏、安徽两省。原人行南京市支行改组为中国人民银行南京分行营业管理部，负责对本市商业银行监管及上级行授权的其他金融管理业务。当月，国务院办公厅转发《中国人民银行关于进一步做好农村信用社改革整顿规范管理工作的意见》，提出了按合作制原则逐步建立与社会主义市场经济相适应、符合农村经济发展需要的农村信用社管理新体制。12 月，国务院办公厅转发了人民银行的通知，要求对农村信用社进行清产核资，按合作制进行规范改造，人民银行加强监督，改善内部经营管理，建立防范和化解金融风险的机制。为有效加强对农村金融体系的监督与管理，1999 年 1 月，国务院正式宣布全国统一撤销农村合作基金会。同时对农村合作基金会进行清产核资，对符合条件的基金会并入农村信用社。到 2000 年，江苏省约有 23% 的农村合作基金会并入农村信用社，其余全部清盘关闭。[①] 南京 4 个合作基金会在此期间并入相关的农村信用社。

2000 年 4 月，朱镕基总理到江苏省调研。朱镕基指出，“要进一步明确农村信用社的经营宗旨，坚持为农业、农村和农民服务的方向；必须进一步改革和完善农村信用社管理体制和经营机制；要充分发挥农村信用社在农村金融中的主力军和联系农民的纽带作用，要特别重视和发挥农村信用社的作用，使它成为新形势下农村金融的主力军”。8 月，经国务院批准，江苏成为全国农村合作金融改革首个试点省，中国人民银行和江苏省政府在江苏全省进行了农村信用社改革试点。试点的主要内容包括：在清产核资的基础上以县

① 吴镕、潘长胜、高峰：《放活农村金融——从江苏农村合作基金会兴亡看合作金融发展》，《江苏农村经济》2008 年第 10 期。

（市）为单位统一法人，明晰产权、转换经营机制，组建江苏省农村信用社联合社，在常熟、张家港、江阴试点组建农村商业银行，目的在于用3~5年的时间使大部分农村信用社成为自主经营、自担风险、自我发展的适应农村经济发展需要的金融组织。此次改革试点为全国农村信用社改革提供试点经验。

三、统一县（区）法人的改革

改革试点从统一法人起步。按照改革的要求，各乡（镇）基层信用社和县（区）联社两级法人合并为一个法人，建立起以县（区）为单位的统一法人机制。2000年9月起，南京市农村信用社各县（区）联社开始清产核资，理清家底。为稳步推进改革工作的开展，南京农村信用社改革试点工作领导小组与办公室人员按工作进度进行分片督促检查和现场指导。通过努力，全市农村信用社顺利完成清产核资和“一呆两难”贷款的自查和复查及认定工作。各信用社相继召开社员代表大会，制定新的联社章程，选举产生新一届理、监事会成员，推选理事长、监事长并聘任了主任、副主任。10月，各信用社完成了股金划转及会计报表合并以及验资，顺利完成了一级法人合并工作。

第二节　按合作制原则规范企业行为

一、新一轮信用社整顿工作的展开

南京农村信用社的整顿和规范工作，与1997年贯彻落实国务院《关于农村金融体制改革方案》同步开展。

1997年8月，省政府召开专门会议，就全面落实国务院《关于农村金融体制改革方案》精神，规范全省农村信用社工作做了具体的部署。会议要求，各地要严格按照国务院农村金融体制改革的决定和国务院办公厅转发的《中国人民银行关于进一步做好农村信用社管理体制改革工作意见》，切实加强对农村信用社改革的领导，加强信用社制度化、规范化建设，建立健全岗位责任制，强化自我约束，不断改进金融服务，努力增储压贷，抓好增收节支和扭亏增盈工作，落实风险防范的各项措施，保障信用社安全经营，切实增强农村信用社的防范和化解风险的能力。[①] 要求各地按照合作制原则改革农村信用社管理体制和规范农村信用社，促进农村信用社健康发展，并提出农村信

---

①《俞兴德副省长在全省规范农村信用社工作会议上的讲话》1997年8月22日。

用社改革的核心是把将信用社逐步改为由农民入股、由社员民主管理、主要为入股社员服务的合作性金融组织，充分发挥农村信用社的支农作用。

按照全省规范农村信用社工作会议的部署和江苏省重新颁布的《农村信用合作社管理规定》和《农村信用合作社示范章程》，自 1998 年 8 月起，南京市全面开展对农村信用合作社的规范整顿工作。规范整顿工作由人行南京分行农村合作金融管理处具体负责，规范和完善主要从股权设置、民主管理、服务方向、利润分配等四个方面展开。在股权设置上，要求入股的农户、农副专业大户应占本社区农户面的 60% 以上，入股个体工商经营者和集体经济组织应占农信社开户的个体工商经营者和集体经济组织的 60% 以上；在民主管理方面，要求恢复、健全社员代表大会、理事会和监事会，每年必须召开一次社员代表大会，重大决策、重大业务工作必须交社员代表大会讨论通过，信用社经营活动和财务管理要由监事会监督，以体现社员的民主参与；在服务方向方面，要求为社员服务，社员贷款做到优先、优惠，社员贷款比例应占信用社全部贷款的 50% 以上；利润分配方面，取消保息分红制，实行股金只分红不保息制度，规范前后的新老股金实现差别政策。①

为保证规范整顿工作的顺利开展，各县（区）联社对基层信用社采取了

1997 年 10 月 31 日浦口区农村信用社规范工作会议现场

① 《推进农村信用社管理体制改革有效支持农村经济发展——白世春同志在全省规范农村信用社工作会议上的讲话》1997 年 8 月 21 日。

以下保障措施：一是抓组织落实，切实加强对规范工作的领导，从县委、县政府、县信用合作联社到各乡（镇）信用社层层成立规范工作领导小组。二是制定方案计划，确保规范工作有序开展。根据实际，联社采取“三先三后”和“分类指导、分步实施”原则，合理制定了工作计划，明确各个时期工作重点，并提出了具体要求，为基层操作提供指导。三是大力宣传，为规范工作创造了良好的外部环境。四是密切协调，确保规范工作顺利完成。各乡（镇）党委、政府、村组干部、广大信用社干部职工都付出了艰辛劳动，在宣传发动、清股扩股、民主选举等工作中都积极协作，主动参与、及时联系，遇到情况共同研究解决，大家工作的能动性和积极性都充分调动起来。

在规范过程中，一是进行清股，清理死亡绝户、外迁户和股权割让落实户，清理存款化股金，转入股金中，减少了资金成本。二是扩股，新股金的增加使得信用社真正体现出组织上的群众性，同时也充实了信用社的资金实力。三是通过规范按照社章要求选举产生新一届有活力、有魄力、有能力的理事会、监事会，以信用社为单位选举理事长和监事长。整顿规范活动使农村信用社进一步完善了民主管理和监督机制，为进一步协调信用社各方面的关系奠定了基础，同时也加大了信用社的管理力度。

至 1997 年末，全市 128 个农村信用社中有 90 个信用社完成了宣传发动、清股扩股、健全民主管理组织和整章建制的大部分工作，第一阶段规范工作基本完成。[①]

南京市规范农村信用社基本情况统计表

（单位：万元）

联社简称	辖信用社数	原股金	清退股金	新增股金	现有股金		入社农户比例（%）	入社单位比例（%）	社员贷款比例（%）	资本充足率≥8% 社数
						团体股				
雨花	10	388.2	67.8	42.6	363	348	70	25.3	5.6	7
栖霞	13	0.5	—	79.3	79.8	33	69.7	6.2	60	9
浦口	5	3.6	3.6	38	38	20.8	60.1	41.7	9.4	3
大厂	2	7.7	—	8.6	16.3	1.2	63.1	15	13.9	2

① 档案资料：中国人民银行南京分行农村合作金融管理处《1997 年工作总结》。

续表

联社简称	辖信用社数	原股金	清退股金	新增股金	现有股金		入社农户比例（%）	入社单位比例（%）	社员贷款比例（%）	资本充足率≥8%社数
						团体股				
江宁	23	64	34	153	183	86	66.8	61.8	62.1	9
江开	2	97.8	97.8	2.4	2.4	0.8	62.6	5.7	1.9	2
江浦	11	15.6	—	19.7	35.3	19.8	69	61.8	71	4
六合	25	19.2	10.5	39.2	47.9	9	42.5	65.7	44.3	19
高淳	20	6.4	3	37.9	41.3	8.9	60.4	59.7	40	9
溧水	16	2.9	1.5	65	66.4	10.1	70.8	14.7	47.6	10
合计	127	605.9	218.2	485.7	873.4	537.6	63.5	19.5	38.7	74

资料来源：中国人民银行南京市分行《南京市农村信用社基本情况统计表》，1997年。

二、开展“防范金融风险年”活动

为防止农村信用社在规范整顿中发生新的经营风险，在人行南京市支行的指导下，农村信用社将1997年确定为“防范金融风险年”，并制定了“调节存贷比例，使其趋向合理；大力组织资金，增强资金实力；充分运用规模，支持地方经济发展；调整贷款投向，提高资产质量；灵活调剂资金，提高资金效益；实现资产多元化，走低风险经营之路”的总体目标，切实狠抓了组织资金、计划管理、信贷管理三大项工作。严格按照比例管理与限额管理相结合的原则，实行存贷比指导下的规模分配方法。对存贷比超过75%的信用社和联社，人行南京分行农金处给予重点指导，同时加大存款考核力度，建立了有效的激励机制，严格控制信贷规模。

各县（区）联社一方面抓好信贷计划的期限管理，对信贷规模实行逐月核定，按期收回，严禁超规模、绕规模发放贷款。同时，联社审批贷款与计划配备同步，贷款按计划收回，不得挪作他用。对超规模贷款或弄虚作假一经发现即扣除当月计划执行考核分。另一方面逐步加强存贷比例管理，对高风险信用社进行跟踪督查，合理下达存贷比下降目标。

1997年11月，中共中央和国务院召开全国金融工作会议，针对金融机构不良贷款比例过高、一些城乡信用社和非银行金融机构遗留的问题较多、各类金融机构的各种违法违规活动比较严重等情况，提出用三年左右时间解决中国金融业的风险问题。由此，我国农村信用社进入新的清理整顿阶段。当年末，全市农村信用社存贷比为68.1%，比年初下降了3个百分点，控制在人行核定的存贷比范围之内。其中，江浦县、江宁开发区联社的存贷比分别由年初的100%以上降为92%和78%。农金处通过对高风险农村信用社逐个建立台账进行跟踪监测，对风险防范情况进行跟踪调查，组织县人行、农村信用社联社开展了以化解高风险为主要内容的清理整顿工作，并组织了检查验收，验收基本合格的4个城市信用社归农村信用联社管理。至11月末，高风险的农村信用社52个，比6月末增加2个，其中存贷比大于90%的20个，“两呆”贷款比例高于30%或不良贷款比例大于50%的40个，资不抵债的18个。①

三、整顿规范工作的基本完成

1998年4月，全市农村信用社第二阶段规范工作全面完成，并通过了人行南京市支行的验收。12月，国务院办公厅转发了《中国人民银行关于进一步做好农村信用社管理体制改革整顿规范管理工作意见的通知》，要求对信用社进行清产核资，按合作制进行规范改造，中国人民银行加强监督，防范化解金融风险。根据国务院和中国人民银行的要求，全市各农村信用联社进一步认真开展清产核资、化解风险及规范整顿工作，至1999年末清产核资工作基本完成。

2000年末，各信用社初步建立健全了民主管理和监督制约机制，改革整顿规范管理工作基本完成。从而，农村信用社的抗风险能力大大增强，经营管理水平得到明显提高，为下一步深化改革奠定了基础。当年，东山城市信用社并入江宁县联社，珠江城市信用社并入江浦县联社。

第三节　实施县（区）联社一级法人核算

一、实施联社一级法人核算的试点

自1996年与农业银行脱钩后，南京农村信用社普遍建立了二级法人体制，即乡镇一级基层社是独立法人，县（区）联社是一级法人。在几年的实

① 档案资料：中国人民银行南京分行农村合作金融管理处《1997年工作总结》。

践中，这种体制的局限性就显现出来，农村信用社缺乏一种纵向的联系，特别是县（区）联社对基层社行使管理服务协调职能受到限制，不同程度上出现了联社与基层社在资金运用上的“大锅饭”思想。

为更好地防范和化解农村信用社金融风险，发挥县（区）联社整体优势，支持农村经济发展，经江苏省人民银行批准，1998 年 9 月江宁县联社开始实施联社一级法人、统一核算试点的各项筹备工作，着手制订统一核算后的各项管理办法、经营目标，建立统一的授权授信制度、奖惩考核办法等。[①]11 月 3 日，经人行南京市支行批准，江宁县联社和江宁开发区联社合并为江宁县联社。经过紧张筹备，1999 年 1 月江宁县联社正式施行联社一级法人统一核算试点，基层信用社不再享有原法人资格，原江宁开发区联社营业部及城镇、岔路两社一并纳入江宁县联社统一核算范围。县联社按照“一级法人、统一核算、授权经营、分级考核”的运行模式，发挥了联社的整体优势，强化了对全县农村信用社人、财、物的管理，使有限的资源得到充分利用，提高了联社整体经营效益。经过改革，实行统一核算后，江宁县基层信用社的整体抗风险能力得到显著增强。经人行南京市支行批准，南京市城郊农村信用合作社联合社成立，栖霞区联社管辖的紫金山信用社和雨花台区联社管辖的江东信用社划至城郊联社管理。

按照《江苏省农村信用社、县（市）联社合并为一个法人的实施意见》，2000 年南京市农村信用社全面开展清产核资、建立统一法人体制的改革运动。人行南京分行营管部制定了《南京市农村信用社合并法人实施方案》，统一布置合并法人的筹备工作。在多方考察的基础上，人行南京分行营管部负责同志分别与全市 27 位联社主要负责人进行任职资格谈话，调整合并法人后的领导班子。

各乡镇信用社先分别召开社员代表大会，形成撤并本乡镇农村信用社法人资格，将资产、负债、所有者权益合并到县（区）联社的决议。各县（区）联社再分别召开社员代表大会，修改和制定新的信用社章程及社员代表大会、理事会和监事会议事规则，修改和完善各项内部管理制度和配套改革方案，通过“联社与所辖农村信用社合并为一个法人”决议，做好资本金的筹集和划转准备，选举产生新的理事会和监事会，推选了理事长、监事长，聘任了

① 档案资料:《关于农村信用社试行联合社一级法人、统一核算试点工作的通知》。

主任和副主任。

二、取消乡镇农村信用社的法人地位

2000 年 10 月，南京市各县（区）联社与所辖农村信用社合并为一个法人，实行县（区）联社一级法人核算，以此为基础，进一步明晰产权关系，转换经营机制。至此，全市农村信用社统一法人工作顺利完成。①

11 月 8 日，经中国人民银行南京分行《关于合并法人后江浦县等九家农村信用合作社联合社开业的批复》核准，南京市江浦县等 9 家农村信用合作社联合社同时开业。

统一法人后的各个联社根据各个基层信用社的规模、效益、人员素质、地方经济发展的潜力等因素，采取严格而有区别的授权经营，并在此基础上实行分级核算。授权一般一年进行一次，基层社发生重大风险时，及时调整或取消授权。与此同时，对一般农户贷款和小额流动资金贷款的发放权依然留在基层社。这样既防止了资金因向县城集中而不能满足农民贷款需要，又防止了新的吃大锅饭的现象。②

2000 年 11 月统一法人的浦口农村信用合作社联合社召开首届社员代表大会

① 档案资料：中国人民银行南京分行营管部《关于南京市农村信用社改革试点工作的总结报告》。
② 王海松：《农信社使命》，西南交通大学出版社 2011 年版，第 85 页。

2000年11月南京市农村信用合作社联合社简表

（单位：万元）

简　称	股　本	理事长	主　任	监事长	地　址
城郊联社	1400	严耀庭	严耀庭	程永才	南京市御道街58-1号
江浦县联社	628.2	刘广生	刘广生	吴传椿	江浦县珠江镇文德东路35号
六合县联社	2200	张民顺	张民顺	丁家美	六合县雄州镇龙津路30号
高淳县联社	2876.6	唐大年	肖　桦	陈贵华	高淳县淳溪镇宝塔路123号
溧水县联社	2755	王仁华	王仁华	张远扬	溧水县永阳镇中大街33号
雨花区联社	5000	朱继林	朱继林	余顺祖	南京市雨花西路110-1号
栖霞区联社	4044.4	冯晓平	冯晓平	崔世凤	南京市和燕路10号
浦口区联社	700	许传山	许传山	钱长云	南京市浦口区大桥北路13号
大厂区联社	1089	陶正国	陶正国	郭雪红	南京市大厂区新华路568号
江宁区联社	—	张建华	张建华	张　俊	南京市江宁区金箔路192号

三、加强联社内部管理和扭亏增盈

各县（区）联社统一法人后，以改革、发展和提高为总体战略目标，以加强联社内部管理和扭亏增盈工作为重点，坚持为“三农”服务的宗旨，因地制宜，积极落实各项改革政策，探索实施自身特色的改革路子。2000年，江宁区联社改革用人制度，推出了《江宁区联社劳动用工制度改革方案》，实行干部竞聘上岗和员工持证上岗制度，根据信用社业务和岗位需要，合理定编定岗，在全区范围内调配人员，初步建立优胜劣汰的用人机制，对20多名不能胜任岗位工作的员工实行内退。同年，高淳县联社紧紧围绕支持当地特色农业以及建筑、水产和水运业的发展这一中心开展资金营运工作，上半年农业贷款占各项贷款的比例达到68%，累放农业贷款占累放贷款总额的比例达到90%。自行社脱钩后，连续五年盈余，累计实现资产增值2600万元，连续四年被评为县级文明单位和市级先进单位。溧水县联社制订了三年扭亏增盈工作计划，通过增加有效资金投放、建立奖励考核制度、加大表外利息清收力度，强化成本管理、控制费用开支等有效手段，顺利实现年度利润目标。浦口区联社为加强统一法人后的内部管理制度建设，排查出各业务岗位的风险点30余个，明确了内部风险点管理责任和领导责任，并逐一制定了防范措施。大厂区联社地处国有大中型企业密集区域，面对强手林立的商业银行的激烈竞争，克服结算和服务功能滞后等困难，全体社员同心协力，积极进取，连续几年成为南京地区联社的盈利大户。2000年南京市各联社着手建立农户信息档案，积极推广“贷款证”和“一证通”，使之成为紧密联系农户与贷款户的纽带和联社资金运营的有效载体，为今后更好地发挥农村金融主力军作用夯实基础。

第四节　内部管理制度建设的进一步加强

一、积极疏通结算渠道，加快电子化建设

各县（区）联社独立行使管理职权后，普遍开始重视和加强内部管理。信用社自主经营、自我约束能力的增强，使广大干部职工的精神面貌发生了很大变化，推进改革、加强管理、发展业务的热情高涨。针对农村信用社与农业银行脱钩后管理工作的迫切需要，监管部门及联社分别制定完善了信贷、财务、稽核、保卫等方面的基本制度；加大了信贷结构的调整，控制增量，盘活不良贷款，疏通结算渠道、加快电子化建设，加强扭亏为盈的力度。

在人行南京市支行的支持下，1996年各联社营业部开始承办辖内往来结算业务，逐步建立起以联社为中心的内部结算中心。南京同城票据交换中心为各县（区）联社营业部和业务量大的信用社等19家单位开通了同城票据交换业务，全市64个信用社参加了区域联行结算业务。12个信用社开办了银行本票业务，6个联社营业部参加了全国联行特约汇兑。[①]1997年，各联社普遍加大硬件的投入，有重点地对一些信用社的门面进行搬迁、改造和装潢，大力推广微机的使用，逐步实现了对公和储蓄业务的微机操作。当年2月，全国农村信用社特约汇兑往来业务正式开通，栖霞区联社营业部、大厂区联社营业部、浦口区联社营业部成为首批开通特约汇兑往来业务的农村信用社。7月23日，雨花台区联社营业部、江宁县联社营业部、江宁开发区联社营业部参加第二批全国特约汇兑往来业务开通单位。1999年5月26日，人行南京分行制定并印发了《中国人民银行南京分行辖区农村信用社联社加入全国银行间同业拆借市场试点方案》，栖霞区联社成为首批试点之一。各信用社组织员工反复学习有关新业务的制度和操作方法，认真做好每一次新业务的试运行工作，积极推进建立了信用社系统的立体结算系统，增强了农村信用社的结

① 档案资料：中国人民银行南京分行营管部《关于农信社改革发展情况的报告》。

1997年六合县联社新办公楼落成典礼现场

算功能。各联社普遍加大了基层营业网点的电算化建设，完成信用社和信用分社的业务微机配备，提高结算效率，进而提升对外形象。

2000年，人行南京分行营管部与南京工行达成全面代理农村信用社“华东三省一市”汇票业务的协议。11月，栖霞联社在全市率先办理“华东三省一市”汇票业务，同时还办通了后宰门信用社的同城票据清算和本票业务。

为确保信用社各项工作正常运转，各联社先后制定了办公会制度、岗位责任制度、计划管理办法、贷款管理办法，财务管理制度、稽核检查制度、人事管理制度等一整套规章制度，并出台奖惩制度实施细则，规范约束和有效激发业务行为，完善考核管理制度。仅1997年就先后组织制定了财务会计管理、安全保卫、审计稽核、信贷计划、机构管理等方面的管理规定及实施细则26项，其中，安全保卫方面就达17项，做到全市统一标准、统一操作规程，使信用社库房管理等安全防范工作向规范化、制度化方向迈了一大步。同时，人民银行加强了对信用社业务的监控，各信用社相继建立健全了财务、存贷款按季监控分析制度，每季度对当季主要业务工作进行考评和分析，总结好的经验，及时找出问题，并对今后的工作提出指导性意见。

二、普遍推行信贷员风险金制度

1997年，人行南京市支行组织相关人员编印下发了20万字的《信贷员工作手册》，内含信贷工作常用的法律、法规、政策、原则等，是信贷工作不可缺少的指南。全市各信用社及联社做到信贷员人手一册，起到了加强分营后信用社的信贷管理的作用。

为强化贷款增量管理，各县（区）联社自行社脱钩后均上收了贷款审批权限，增量贷款规模全部集中到联社管理，除农贷规模外，其他贷款规模不得切块分配。1997 年，人行南京分行农村合作金融管理处（下称“人行南京分行农金处”）成立了全市农村信用社贷款审批委员会办公室，规定新上项目 200 万元以上，技改项目 300 万元以上，流动资金贷款累计 600 万元以上的贷款，必须报南京市农村金融体制改革领导小组办公室审批。①

1997 年 11 月末，全市农村信用社各项贷款余额 30.7 亿元，比年初增加了 3.2 亿元，增长了 11.7%。其中，农业及其他贷款增加了 1.6 亿元，占 48.5%。为保证增量贷款有效配置，江浦县联社开展“三为主”的信贷结构调整，即支持农副业生产为主，支持农户、个体私营企业、个体工商户的生产经营为主，支持有一定规模效益好的企业流动资金为主，实施重点向农业、农户、个体经济户、私营企业倾斜策略。大厂区联社将消费群体进行细分、明确定位，以市场为导向，开办个人消费贷款，简化手续，提高办理效率。选择生产经营活动符合国家产业政策和资源保护政策、符合银行信贷原则和条件的中小企业、个体工商户作为贷款重点支持对象，促进个体经济、私营经济向“小而精、小而优”的方向发展。《南京日报》《新华日报》分别于 6 月 12 日和 6 月 20 日就此作了专题报道。至年末大厂区联社累计发放个人贷款 1418 万元。

为防范风险，各县（区）联社普遍推行责、权、利有机结合的信贷员风险金制度，并建立高风险社监测台账和转改制企业监督台账。自 1999 年开始，各县（区）联社开始对辖内贷款企业进行全面细致的信用等级评估，按照不同的信用等级对贷款户实行不同的管理方法，提高了管理效率。人行南京分行农金处组织农村信用社召开了多种形式的经验交流会和专题研讨会，明确信贷管理工作思路，研讨企业转制过程中信贷资产落实问题。会后要求按统一标准建立、健全信贷档案，先在部分县（区）基层社进行小范围试点，再分片召开现场会向各县（区）和全市推广，促进基层社信贷管理标准化、完整化和统一化。

---

① 档案资料：中国人民银行南京市分行农村合作金融管理处《1997 年工作总结》。

各县（区）联社在掌控好增量贷款的同时，还成立了清收不良贷款办公室，与基层社相互配合，抓住各种机遇，通过法律手段打好清收不良贷款攻坚战，积极努力盘活存量贷款。至1997年11月末，全市农村信用社“两呆”贷款比年初下降了4046万元，降低了3个百分点。为促进规范经营，提高信贷质量，各联社组织力量对部分重点基层社进行贷款全面检查，重点检查贷款的法律时效性、债权真实性、手续合规性、贷款管理规定执行情况。对检查出的问题责成限期整改，促进信贷制度执行力度和信贷质量的提高，加快信贷管理走向规范化、程序化和法制化轨道的步伐。

1999年，根据南京市农村金融体制改革领导小组办公室要求，各县（区）联社对信用社的不良资产进行了一次摸底清查。经过大量细致的工作，实事求是地整理出有关不良资产的真实情况及其成因的报告，该报告较为客观地反映了信用社不良资产的真实现状。基于相关情况的了解，为落实信用社债权，做好不良资产的清理，领导小组办公室对一些漏、逆程序贷款、化整为零贷款、贷款合同填写不实等行为，做了要求限期整改的处理。自1999年，江宁县联社实行集体会办决策签名制度，根据基层社会办呈批表会办后由信贷科转贷款会办清单，交计划科下发。信贷科和计划科相互制约，保证会办制度的严肃性，实行谁调查、谁决策由谁负责的包放包收责任制，明确各自责任，确保增量贷款的安全。2000年，六合县联社一方面推行授权授信制度，另一方面建立三级贷款会办领导小组。根据各个信用社信贷管理水平的高低和地区经济条件的差别，分别规定各个信用社的贷款权限。联社主任与各个信用社主任签订授权授信委托书，信用社主任根据每个信贷人员的信贷管理水平再规定每个信贷员的贷款权限，并签订授权授信委托书。基层信用社建立3~5人的会办小组，信贷科建立7人的小额贷款管理委员会，联社建立11人的大额贷款管理委员会，严格把好贷款投放关。

三、着力提高会计核算质量

1995年10月，中国农业银行重新修订实施《农村信用合作社会计工作达标升级实施办法》，各县（区）联社要求基层信用社对照会计达标升级要求，制订计划，安排辅导，检查督促，确保南京市农村金融体制改革领导小组办公室验收一次成功。

为促进会计工作达标升级的开展，各县（区）联社每季度组织内勤主任和主办会计对所有网点进行财务综合大检查，不定期地对账务进行专项检查，每月对基层各项费用集中审核，严格把关，督促各单位严格执行财务制度。1997年4月，南京市农村金融体制改革领导小组办公室组织全市农村信用社开展账册展评，以相互促进，提高核算质量和账务水平，改进不足。5月，经南京市农村金融体制改革领导小组办公室检查验收，确认1996年度栖霞区联社等50个信用社为会计工作二、三级单位。其中二级社24个，三级社26个。[①] 大厂长芦信用社还被中国人民银行定为一级社。[②] 各信用社以会计达标为突破口，进一步提高会计核算水平。1999年2月22日，南京市农村金融体制改革领导小组办公室对农村信用社会计达标升级工作组织验收，确认1998年度新增45个信用社（含联社营业部）达到三级标准。至此，全市137个信用社全部开展了会计达标升级工作，其中，达标社135个，占总数的98%；达到三级标准的社有71个，占社总数的52%；达到二级标准的社有24个，占社总数的18%；达到一级社标准的有1个信用社，占社总数的0.7%。[③] 通过积极开展会计达标升级活动，农村信用社会计结算功能大大增强。

在开展会计达标升级活动中，各联社还加大收息率考核力度，将收息率考核与利润考核挂钩，对完不成收息率指标及虚收利息的，在利润指标中剔除，与信用社职工的收入直接挂钩；压缩非盈利资金占用，不得擅自将非业务性资金做挂账处理，努力提高资金收益率。严格控制费用开支，各信用社发生的费用，实行按月报联社审批制度。对亏损的信用社明确规定不得购建固定资产，不得新增费用。人行南京市支行通过抓清收贷款利息，抓用好用活富余资金，增加信用社经营收入。1997年，全市信用社系统通过人行南京市支行融资25亿元，增加收入2000多万元，又向中国人民银行申购国债9000万元，申办特种存款2亿元。既提高了资金运用效率，又调整了信用社的资产结构，降低了资产风险程度。另一方面，通过制定财务费用管理办法加强费用管理，对房屋、汽车等大件固定资产购建实行申报审批制度，有效地控制了不合理支出。1997年，全市有6个联社无亏损社，盈余976万元，亏损社的亏损额也比上年减少了286万元。

---

① 档案资料：南京市农村金融体制改革领导小组办公室《关于确认1996年度农村信用社会计工作升级单位的决定》。

② 档案资料：中国人民银行南京市分行农村合作金融管理处《1997年工作总结》。

③ 档案资料：南京市农村金融体制改革领导小组办公室《关于确认南京市农村信用社会计工作三级单位的决定》。

江浦县联社严格执行费用管理，实行费用审批制度，杜绝不合理开支，坚持联社对基层社费用审批严格把关，对费用单据“三签”不全及不符合规定的支出，坚决不予审批，对未经审批或未予批准的支出，坚决不允许使用应付款科目挂支，如有发现挂支由各社主任自付。同时，认真贯彻“勤俭办社”的作风，对医药费、福利费、电话费、交通费、招待费等严格按照核定标准执行。对一些大额维修费、装潢费一律经审计部门审计方可出账。机关人员下基层就餐一律在食堂就餐，明确规定不得饮酒。对物品购置制定规定，并建立联社会计和信贷标准凭证库，实行规范化管理，通过这些措施，强化每位员工节约意识，杜绝铺张浪费行为。大厂区联社根据会计管理一级单位标准，每个季度对基层社进行一次财务、账务、业务的大检查。对检查中发现的问题及时形成书面整改意见，反馈到人，落实整改，并要求整改单位及时将整改的有关情况上报。检查使会计人员及时了解国家方针政策，并掌握有关制度和法律法规，完善业务操作手续，增强法制观念和工作责任心。每个季度要求基层上报的财务检查材料、财务分析、工作总结与各单位承包经营管理责任书挂钩，如会计达标升级材料合订本的装订，直接对责任人考核。

2000 年 3 月，大厂区联社会计科完成了联行柜与营业部的分设工作，将联行柜纳入财务会计科管理，并对照会计结算制度，完善了内控制度和制约措施，对“印、压、证、机”严格执行四分管。重要空白凭证、专用印章、编压机等严格按照规定操作，有效防范结算事故的发生，保障了结算业务流程的通畅。

四、逐步健全信用社内控机制

为确保资金安全，各县（区）联社相继制定了一整套内控岗位责任制，并组织对基层信用社常规稽核、专项稽核和内部稽核。人行南京市支行抽调专人负责全市农村信用社的稽核工作，各县（区）联社也抽调业务骨干充实稽核力量，建立起一支素质较高的稽核队伍。1996~1997 两年间，通过常规稽核、重点稽核和离任稽核，人行南京分行农金处组织的对基层信用社的审计面达到 40%，共发出整改意见 180 条，查出有严重问题的信用社 2 个，处理信用社主任 2 人。通过稽核及时发现问题，纠正偏差，处理违章，有力促进了基层信用社经营管理水平的提高，为信用社业务的健康发展提供了保障。江浦县联社充分发挥稽核的监督作用，对照国家法律、法规和信用社管理制度，结合自身的实际，实施抽查、突击查和单项检查相结合的办法，定期不定期对制度落实情况进行检查，对检查出的问题提出处理和帮助整改意见，保证了各项制度的贯彻和落实，杜绝了各种事故。

各信用社紧紧围绕中心工作，结合实际，积极开展形式多样的稽核活动，在全面执行各项规章、强化内部管理、降低资产风险、健全监督机制、防范经济案件等方面做了大量的工作。1997 年度，人行南京分行农金处会同各联社会计、信贷、保卫部门进行常规稽核 2 次，专项稽核 9 次，保卫检查 20 余次。大厂区联社 1997 年设立专职副科级稽核员一名，负责对信用社财务、信贷管理进行稽核审计，并多次配合财会、信贷部门等专业科室，对所辖信用社进行业务检查和常规稽核。通过稽核检查，大大减少了有章不循、违章操作的现象，有效保证业务经营顺利开展。除按季度对财务、信贷检查、月度综合考核情况审计等常规检查活动外，还有针对性地分别对库存现金、重要空白凭证、有价证券及信用社的往来账务进行专项检查、稽核。在干部调动、离任时，也进行专门稽核，客观公正、实事求是地做好在任职期间的“德、能、勤、绩、廉”的客观评价。为加大监察工作力度，六合县联社 1998 年按照县纪委、县人行提出的金融系统开展党风廉政建设量化考核要求，认真抓好信用社系统的党风廉政建设，定期召开民主生活会，对一些不良现象进行严肃批评教育。慎重做好来信来访的调查解释工作，对单位及个人负责，全年与办公室一道共深入基层调查情况 5 次，答复各类信件 4 封，找有关人员谈话 4 人次。

为提高防范意识，确保安全无事故，各信用社认真落实安全保卫责任制，根据各自特点开展经常性地安全保卫检查，以提高全员安全防范意识和增强预防犯罪能力为重点，强化和落实“三防一保”。每年度人行南京分行农金处与各联社、联社与信用社，信用社与职工之间都签订“三防一保”责任书，落实安全责任，有分工和责任，共同实现安全保卫工作目标。同时，各联社、信用社相继成立了“三防一保”领导小组，由主任挂帅，督导安全防范措施的落实。大厂区联社实行“一把手”负责制，联社主任为安全保卫主要负责人，各单位都将安保工作同其他业务工作同布置、同检查、同考核、同评比，与经济利益相挂钩。年初联社成立治保会，基层单位成立了治保小组，每月进行一次小组活动，发现安保隐患，及时投入人力、资金，督促整改落实。同时，认真抓好防范设施的建设，投入资金对防范设施进行改建，提高物防水平。

1996~1997 年间，在人行南京分行农金处的督促下，各县（区）联社制定了安全保卫工作管理及处罚条例，加强守卫押运、营业安全防范措施、现金库房管理，全市 120 个网点相继进行安全设施的改造，加强了安全防范的力量。江宁县联社在经费困难的情况下，投入近百万元改造了库房、柜台、监控设施等重点部位，做到人防、物防、技防“三防并重”，确保安全运营。在江宁县委、县政府评比中，江宁县联社被评为“1999~2000 年度社会治安综合治理先进单位”。1998 年，江浦县联社为加强部分社的防范硬件建设，抽出部分资金逐一加固木质柜台和金库制式门等安全设置，并购置必要的防卫武器。2001 年，各网点全部完成柜台防弹玻璃的改造、解款实现制式防弹车和武装押运。

1996~1997 年全市农村信用社共组织各种安全检查 300 余次，查出安全隐患 100 多处，督促落实了整改措施，并对有关当事人进行处罚教育。为增强安全防范意识，做到警钟长鸣，在银行系统出现重大典型案例时，各县（区）联社都能及时转发，安全教育常抓不懈，并开展安全防范的培训和演练，以提高员工防范技能。江浦县联社制定了营业期间、押运期间、守库期间的防爆预案，在完善安保制度的基础上，经常组织职工学习安全保卫基本常识和防抢演练，提高处理突发事件和防抢劫、盗窃、诈骗的能力，做到遇事不慌、处理冷静。大厂区联社多次召集职工和押运人员进行培训教育，请来当地公安局内保人员讲解典型案例，学习安全保卫应知应会的基础知识。2000 年以后，雨花台区联社、江宁县联社、六合县联社将保卫监察职能从其他部门划出，专门增设了保卫科，加大检查督促工作力度。

自与农行脱钩至 2000 年，全市农村信用社没有发生一起重大抢劫、盗窃案件，确保了信贷资金和信用社职工生命财产的安全。

加强领导班子建设是保证农村信用社健康发展的关键。各联社以抓好联社班子建设为突破口，加强对党和国家方针政策的学习和贯彻执行，认真开展邓小平理论和“三个代表”重要思想的学习，扎实开展“讲学习、讲政治、讲正气”活动，廉政勤政，严格管理队伍，着力建立一支法制意识强、思想觉悟高和业务素质较高的农村信用社队伍。人行南京市支行人事处每年都对联社正副主任进行年度综合考核。各县（区）联社也逐步建立了干部能上能下的机制，通过考核，将一批年富力强的优秀干部聘用到重要业务岗位。为不断提高信用社干部职工业务理论水平，各县（区）联社积极组织员工参加人民银行、农业银行、农业发展银行共同参与的南京农村金融学会，鼓励员工撰写调研文章，开展各项学术交流。为充实系统管理人员，信用社与农行脱钩后的两年内选拔了联社主任 5 名，提拔信用社主任 46 名，各县（区）联社调配一般管理人员 150 多人。

江浦县联社 2000 年上半年对考核业务不佳、能力不强的干部进行了大幅度调整，免去 4 名主任职务，大胆选拔了一批工作成绩突出、综合素质较高的干部，实行庸者下能者上。聘用的中层干部采用两年一聘的任期制，并签订九项业务指标责任状，且缴纳保证金。在聘期内不能完成各项指标的自行解聘，同时建立联社主任室和科室与基层社联系点制度，帮助基层协调解决实际工作中遇到的困难。以上措施大大增强了联社干部工作责任心，促进了工作效率的提高。

2000 年，各县（区）联社积极完善机制，加大考核力度，特别是对中层干部的考核力度。按中国人民银行核定的固定资产增长率、综合费用率、亏损额、亏损面指标对农村信用社进行考核，并严格执行亏损自挂及责任津贴挂钩的办法。每年由职工、中层干部、联社主任根据中层干部的工作业绩、工作态度、工作能力等实行量化打分，对少数责任心不强的限期整改。按照干部职工承担风险的不同类别，缴纳考核风险金，纳入业务经营综合考核，多劳多得，奖勤罚懒。按照总量控制的原则，核定基层社奖金系数，各信用社根据员工的工作岗位、工作表现、工作能力等定岗位奖金系数，激发职工的工作热情。大厂区联社加强对员工的管理考核力度，制定员工违反制度待岗处罚暂行规定，划定员工行为的约束红线，加强自我约束机制。

据统计，行社脱钩时全市农村信用社在职职工 2037 人，其中大专以上学历占 7%，中级以上职称占 4%，素质相对不高。为加强信用社基础管理，提高信用社整体素质，各县（区）联社从队伍建设抓起，在整章建制、做好宣传、强化考核的同时，多次举办了不同形式不同类型的职工培训，认真抓紧抓好员工的业务培训。采取报销学习费用、发放奖金等措施，积极支持员工参加各类开放式电大、夜校、职工大学等成人学历教育或培训，使一大批职工获得了大中专院校组织的学历教育证书。

为提高信用社职工素质和工作技能，各联社积极组织员工参加人民银行举办的各类培训班、学习班。仅 1997 年，就先后参加人行南京市支行举办的信贷、微机、保卫、人事、检察、文档等专业培训班38期，轮训干部1500多人次。同时，还通过开展政治、法制和职业道德教育，组织全体党员和职工学习政治理论和开展“双思”教育，观看警示电影电视教育片等，培养职工的爱岗敬业精神，提高信用社职工队伍的整体素质。有的联社通过组织机关党员和积极分子，深入各扶贫联系户进行调查研究活动。有的联社针对自身的特点和问题，适时分别组织信贷、会计等专题培训，使大家及时掌握新的业务制度及知识，提高了业务素质。

各县（区）联社还通过以会代训、相互检查、业务比赛、参加市县人民银行举办的知识培训班等形式，努力提高职工的业务技能，要求参训人员必须取得岗位证书。1996年开始，江宁县联社每年组织两次全县信用社业务技术比赛，优胜者可获得精神及物质奖励。该联社还通过聘请的法律顾问举行法律法规知识讲座，聘请高等专科学校老师来社举办信贷员培训班，为全面推行信贷人员持证上岗做好准备。同时，委托县财政局培训中心进行了4期会计电算化培训。截至2000年末，江宁县联社已有300余人持有会计电算化培训合格证书。江浦县联社随着业务发展逐步实现电算化，为提高业务技能加强业务培训和技术练兵，多次组织人员利用业余时间进行微机运用及管理知识的培训。同时还组织出纳、会计人员开展点钞、珠算等技术比赛，培养出高水平的会计尖子和骨干，促进和推动更多会计人员学业务、练技术，从而提高信用社总体业务素质。大厂区联社借助社会办学和系统内力量，鼓励职工参加各类成人教育学习，提高业务骨干的知识水平。1999年上半年选派3名业务骨干参加了人民银行组织的高等专业培训班。同时严格推行员工基本技能达标考核，不达标者一律下岗培训。鼓励职工参加社会专业职称考试，对已经取得各类初、中级职称者，根据职称、聘任条件及时办理聘任手续。

1999年，各县（区）联社开始推行内部待岗制度，对实际工作中不能胜任本职工作的人员执行待岗安排，督促相关同志学习和掌握岗位技能。

各县（区）联社及基层信用社还通过建立每周定时的业务、政治学习制度，组织干部职工学习党的方针政策和时事政治，职工树立“社兴我兴，社衰我耻”的主人翁思想和“存款兴社、效益兴社”的经营观念。在朱镕基总理到江苏考察时发表关于农村信用社工作的重要讲话后，各县（区）联社都能组织职工认真学习领会讲话精神，讨论农村信用社的发展和当前工作的实际问题，增强干部职工对做好信用社工作的责任感和使命感及克服困难的勇气和决心。

2000年末，全市农村信用社共有员工2022人，其中大专以上学历员工达464人，占员工总数的22%，分别较上年增加144人和7.9个百分点，员工队伍的文化素质有了明显提高。

第五节　发挥自身优势，积极调整经营策略

一、开展不同形式的存款竞赛

农村信用社的资金实力和资本的充足，既关系到自身的生存发展和支持地方经济建设贡献大小的需要，又是抵御经营风险能力的一条主要途径。

县（区）联社积极组织基层社参加人民银行组织开展的“存款旺季竞赛”“走百家、储万元”“存款工作上台阶”活动等，推动存款工作的开展。1996年，大厂区联社下辖营业部、长芦信用社、葛塘信用社存款均超亿元。同年，南京市农村金融体制改革领导小组召开会议，表彰全市先进单位和先进个人。获综合考核先进单位称号的有大厂区联社、浦口区联社、雨花台区联社；市级先进单位有栖霞区联社紫金山信用社和玄武湖信用社，雨花台区联社铁心桥信用社和联社营业部，大厂区联社长芦信用社，浦口区联社三河信用社、联社财务会计科，六合县联社四合信用社、六城信用社、联社营业部，江宁县联社其林信用社、禄口信用社、丹阳信用社，江浦县联社汤泉信用社和城东信用社，江宁开发区联社岔路信用社；先进个人42人。当年末，全市农村信用社各项存款386581万元，较年初增长30%；各项贷款279409万元，较年初增长29%；实现收入47785万元，支出48836万元，亏损1051万元。其中盈余社108个计金额589万元，比上年减少22个35万元。①

1997年上半年，人行南京分行农金处组织人员深入郊区和乡村开展市场调查，积极探索组织资金工作的方法，多次召开郊区和五县信用社存款工作座谈会，总结出适用于不同类型、不同层次、具有普遍指导意义的组织资金

---

① 档案资料：南京市农村金融体制改革领导小组办公室文件，《南京市农村信用社1996年度业务经营分析》。

的经验和管理方法，即适合于指导郊区信用社的“迈皋桥精神”和适合于五县信用社的“云鹤经验”。南京市农村金融体制改革领导小组办公室还对成绩突出、存款超10亿元的联社、存款超亿元和2亿元的信用社分别颁发荣誉证书和奖金，建立了有效的激励机制。同时，采取“抓两头、带一般”的办法，选择17个信用社作为联系点，每月对其组织资金工作进行检查督导，明确先进单位和相对落后的信用社为重点联系点，激励先进单位保持增长，促进落后单位摘掉“资金贫困”帽子。[①]1997年底，全市农村信用社存款余额达46.7亿元，比1995年增长了57%。17个联系点信用社净增存款2.8亿元，占全市137个信用社总增量的43%。栖霞区联社各项存款超过10亿元，大厂区联社营业部、栖霞区联社燕子矶信用社超2亿元，超亿元的信用社有7个。农村信用社资金实力大大增强。[②]经南京农村金融体制改革领导小组考核评比，当年综合考核为第一名栖霞区联社，第二名大厂区联社，第三名江宁开发区联社；先进集体有大厂区联社营业部、浦口区联社营业部、江宁开发区联社岔路信用社、雨花台区联社石门坎信用社和江东信用社、栖霞区联社燕子矶信用社和紫金山信用社、六合县联社马集信用社和四合信用社及联社营业部，江宁县联社禄口信用社、丹阳信用社和其林信用社，江浦县联社林山信用社、城东信用社，先进个人27人。

1998年，江浦县联社立足社区，捕捉信息，主动出击，利用社区情况熟悉、接触面广的优势，积极学习云鹤信用社和迈皋桥信用社的先进经验，加强农村闲散资金的跟踪调查，填制储源调查表，在整理和分析信息的基础上，有的放矢地开展吸储工作。根据农业、农村、农民的生产特点，集中人力、物力做好季节性储蓄回笼工作，发扬钉子的“钻劲”和“挤劲”，不辞辛苦，走千家串万户，积沙成堆，积少成多，最终实现存款的大幅增加。汤泉信用社通过上门服务和对苗木销售资金流向的分析，在春秋苗木销售旺季，吸收苗款340万元，占地区苗木销售款的40%。县联社营业部抓住国有商业银行逐步退出农村市场、撤并基层网点的有利时机，主动联系客户，代理其存款业务，既方便了存款客户，又增加了该社存款。

大厂区是南京有名的工业区，大量的资金集中在大企业手中，这也是各

---

① 档案资料：中国人民银行南京市分行农村合作金融管理处《1997年工作总结》。

② 档案资料：中国人民银行南京市分行《关于我市农村信用社改革发展情况的报告》。

家银行竞争的重点。为拓宽服务领域，1999 年大厂联社将争取大户作为一项重要工作来抓，对重点单位的业务服务工作确定专人负责，并根据当地特点和客户的需要先后推出汽车银行、电话预约、上门办理、家庭理财等新的服务项目，形成大小客户全抓住、远近客户都服务的局面。2000 年，该联社进一步强化存款组织，一是对规模大、信誉好的老客户开展重点攻关，挖掘资金潜力；二是发挥外勤人员人头熟、信息灵的优势，运用汽车银行、电话预约等特色服务项目，上门服务；三是发挥信贷杠杆作用，以贷促存，真心诚意地帮助企业摆脱困境，走上快速发展的轨道，使很多曾经得到信用社帮助的企业变成了信用社的存款大户。为拓展汽车银行服务领域，该联社专门添置一辆专用防弹运钞车，为汽车银行更加安全地多拉快跑提供有利条件，坚持做到每天上门收款、拿票、送票，不因款少、路远、破币零币多而放弃上门服务的承诺。自“汽车银行”开办以来，为大厂区联社“拉”来大量的存款，创造了可观的效益，赢得了良好的声誉。当年，该联社在制定的综合考核办法中，仅存款一项就占总分值的 50% 之多，并做到按季度考核，所得分值与职工扣缴的活工资挂钩，多劳多得。通过严格的考核兑现，拉大职工间的收入差距，使全社上下触动很大。

2000 年开始使用的防弹运钞车

为加大组织资金力度，各信用社也借机出台了相应的考核办法，分别将考核指标落实到分社、柜组、个人，为存款工作推波助澜，保证了存款稳中有升。2000 年上半年，江宁县联社汤山信用社、联社营业部存款余额先后过亿元，受到人行南京分行营管部和县人行的嘉奖。2001 年江浦县联社自年初开始，先后组织开展了储蓄“开门红”“双过半”“三收一放”百日竞赛及“苦干六十天业务”竞赛等活动。明确各社的竞赛目标和活动规则，并在活动开展过程中，及时统计公布竞赛进展，营造“比、赶、超”的竞赛氛围，促进各项存款快速增长，有力推动业务发展，各项指标完成均远超上年度同期水平。为调动广大职工组织存款的积极性，六合县联社在2001年“世纪之春、百日吸储”组织资金竞赛活动中，定期公布存款完成进度排行榜，在基层社形成了你争我赶的良性竞争局面。

2000年末，全市农村信用社各项存款余额62.16亿元，较上年增加7.26亿元，增长11.7%；贷款42.17亿元，较上年增加4.39亿元，增长10.41%。2001年5月，全市农村信用社存款较年初增加6.2亿元，贷款增加5.4亿元，其中支农贷款余额比年初净增了3.6亿元，占增量贷款的66%，累放额较上年同期增加2.6亿元，财务状况也明显好转。

二、实施信贷“三农”倾斜政策

县（区）联社成立后，农村信用社依然坚定地坚持服务“三农”方向，将市场定位在农村，信贷定位在“三农”，服务定位在社员，加大支农力度。1997年，各县联社增量贷款的40%以上用于支农，重点支持种养大户、多种经营户、个体工商户；各郊区联社将增量贷款的20%以上用于支持“两高一优”农业、“菜篮子”工程和副食品基地。据统计，当年全市农信社系统增量贷款为4.5亿元，其中，支农贷款2.4亿元，占53%。雨花台区联社扶持了“菜篮子”重点工程——雨润肉食品公司的发展，其生产销售额连年翻番，1997年实现销售3亿元，利润4000万元，成为当时市政府确定的龙头企业和五大重点乡镇企业之一。[①]

为不断提高信贷支农的广度和深度，支持农业结构调整，由传统种植业、养殖业向优质农业、高效农业、出口创汇农业的转型，各县（区）联社逐步加大了对优质农业、高效农业的支持，促进农业综合开发和农田基本建设，促进农业服务组织和农业产前、产中、产后的一条龙发展，带动农村富余劳动力的转化和农民收入的增加。六合县联社抓住区域内的地理环境和水产、家禽养殖、蔬菜种植等多种经营方面技术优势，重点支持一批养殖和种植业专业户，深层次发挥信用社支农的作用。例如：龙袍、玉带乡镇地处圩区，水产养殖经验丰富，联社组织两个基层社，1997年累计发放贷款284万元，支持水产养殖业的发展。龙池乡有“养鸡之乡”的美称，年供应量在110万

① 档案资料：中国人民银行南京分行营管部《关于我市农村信用社改革发展情况的报告》。

只以上，该乡信用社发放了96万元支持养鸡专业户的发展。再如，六合城西乡的个体鞋业、东沟的肉鸽养殖、龙池的大棚蔬菜等，在扩大生产规模时都得到了信用社的信贷支持。1997年，六合县联社累计发放多种经营贷款2676万元，既丰富了市民的“菜篮子”，又增加了农民收入，同时有力地促进了农村经济的发展。

1998年我国遭遇了百年一遇的特大洪涝灾害，农业生产受到了较大威胁。为了帮助农民抗灾夺丰收，各农村信用社干部深入田间地头，了解资金需求情况，及时发放农业贷款，满足农药、化肥、籽种、耕牛、农机具等购置需求，帮助灾区购置电机、水泵以及一些防汛物资。六合县联社为此累计投放贷款550万元。洪水退后，为了恢复生产，弥补损失，该联社又投放了农业及其他贷款260万元，增强农业发展后劲，为大汛之年农业继续增产丰收做出贡献。

2000年，南京市全年累计发放支农服务贷款19.3亿元，较上年增长40%，其中农户生产贷款余额为5.6亿元，比上年末净增1.6亿元，利息回收率超过90%。为优先支持粮、棉、油生产和农户集约化经营，各农村信用社改变贷款方式，灵活采用信用贷款、联保贷款、周转贷款等方式，确保农户粮棉油生产的资金需求。全年得到信贷支持的农户达到7.9万户，占农户总数的15%，比上年增加了近1万户。为支持农村实现产业结构调整，信用社积极扶持农民根据市场需要调整产业结构，大力发展立体农业、外向型农业、绿色农业和高效农业。当年共发放农业结构调整和农业综合开发贷款2亿元，支持稻田养殖、山区畜牧、林果经营、大棚蔬菜、观光农业、花卉苗木等。江浦县农村信用社支持苗木生产10万亩，使之成为当地经济支柱。大厂区支持53户农户饲养奶牛，发放贷款200多万元，有力促进农业产业结构的调整，推动农村经济向市场化、产业化、高层次方向发展。同时，农村信用社积极发放农村个人消费贷款，当年发放消费贷款上亿元，支持农民购车、建房、购买耐用消费品和解决子女上学费用问题，提高了农民的生活质量。大厂区联社发放消费贷款还与商场联合推出“贴息消费”贷款，使得消费贷款业务增长超过1000万元。[①]

① 档案资料：《南京市农村信用社加大信贷支农力度促进农业发展效果明显》，人行南京分行营管部：《金融简报》2001年2月。

为改进支农服务，贴近农民，提高支农工作质量，各县（区）联社开展了以“提高效率、不误农时”为中心内容的优质服务活动。基层农金人员主动走村串户，贴近农民，帮助农民匡算费用资金账，上门办理贷款手续，为了让更多农民得到信贷支持，全市对3000元以下的种植户实行了信用贷款方式。2000年，在市政府和人民银行的支持下，全市郊县（区）开始推广“信用证”贷款方式，对生产经营正常、信用状况良好的农户发放信用证，对其需要的贷款“一次核定、随用随贷、年度调整、周转使用”，使其资金借贷更加灵活方便。全市各乡镇、村组普遍建立了农户档案资料，实行“一户一档”。档案资料详细记载了农民的生产经营情况、家庭经济情况和信用情况，从而缩短了调查、决策时间，使农民贷款更加方便快捷。过去，由于贷款方式比较单一，发放支农贷款多采用抵押、担保方式，因而在发放支农贷款时，经常因贷款人没有合适的抵押物，找不到担保人而发生困难。通过推广农户“信用证”，试行“社员一证通”，使农信社支农贷款面逐步扩大，操作也更为简便，不仅促进了贷款的发放，而且有效防范了信贷支农的风险。

2000年，江宁撤县设区。根据当地居民不断增加的牛奶消费需要，江宁县联社汤山、其林等信用社积极支持农民调整生产结构，发展奶牛养殖。当年5月，该联社投放的贷款为330万元，支持农民购买了1200多头牛。江浦县联社把支持花卉苗木生产作为支持农民调整产业结构的突破口，在当年5月发放支持花卉苗木种植的贷款达到4000万元，使花卉苗木的种植面积扩大到2万多亩。同时对效益好、科技含量高以及改制彻底的企业，在确保手续合法的基础上，尽量减少中间环节，简化贷款手续。2001年内新增贷款60%以上均用于支持全区的个私、民营及股份制企业。

截至2001年5月末，南京农村信用社各项存款余额为68.5亿元，各项贷款余额48.3亿元，存贷比70.5%，其中农户贷款余额8.7亿元，农业经济组织贷款余额5.3亿元，分别占贷款总额的18%和11%；乡镇企业贷款余额24.7亿元，占贷款总额的51%；其他企事业单位贷款余额9.6亿元，占比20%。2001年1~5月份，全市累计发放支农贷款8.6亿元，支农贷款余额较上年净增了3.6亿元，占增量贷款66%。与去年同期相比，支农贷款的累放额和余额分别增多了2.6亿元和2亿元，创历年最好水平。①

---

① 档案资料：中国人民银行南京分行营管部农村合作金融管理处《关于南京市农村信用社信贷支农情况的汇报》，2001年。

三、强化不良贷款的清理

自20世纪90年代开始，农村信用社就背负着沉重的不良资产包袱，特别是90年代中后期，由于市场经济不景气，大量缺乏抗风险能力的乡镇企业陷入经营困境，进一步加大了农村信用社贷款回收的难度。大量呆滞贷款成为制约农村信用社发展壮大的瓶颈。为消化历史包袱，各县（区）联社普遍增强了风险防范意识，加大了"清非盘活"的工作力度，对不良贷款清收实行新老划断，多管齐下，责任到人，部分信用社还成立了不良资产管理部门，对不良资产实行内部剥离，集中管理。

1997年，各县（区）联社分别组织基层信用社对不良贷款开展排队摸底，并督促运用行政、经济、法律等手段对不良贷款进行清理。对有偿债能力而催收无望的贷款户坚决依法清收，对一时无法清收的欠贷大户灵活运用多种手段。大厂区联社积极研究对策，调整工作思路，提前十天做好预结算工作，做到早通知、早准备，深入企业调查了解、掌握第一手资料，采取"一企一策"的方法，对重点户、钉子户实行跟踪清收，运用经济政策、法律手段予以清收。对已形成呆账贷款的企业，在已丧失法律诉讼时效的情况下，促使原企业的主管单位在催款通知单上盖章确认。对已关停、几易其名的贷款企业及拒不履行担保义务主管部门，诉至法院，通过法院调解，以其财产抵偿了9万多元所欠贷款本息。通过对某一欠贷大户跟踪资金的回笼情况，积极配合企业外出催收欠款，终使该企业还清利息，落实了不良贷款的处理，收回欠息232万元，盘活资金2260万元。

针对企业改制过程中的不规范的行为，以及逃债、废债和悬空信用社贷款现象，信用社干部职工深入政府部门和企业，积极捕捉有关信息，及时沟通思想，提高企业偿还贷款本息的意识。同时，积极参与企业改制，对改革到位贷款落实较好的企业，适度注入启动资金，收到了一定的效果，起到了示范作用。对拒不落实信用社债务的改制企业，信用社依照有关法规据理力争，并多方努力和协调，使得企业改制中逃废和悬空债务的现象得到了一定程度的遏制和纠正。为了争取资产保全工作主动性，六合县联社多次召开会议学习和掌握相关政策，全面加强干部职工对保全和落实信用社信贷资产工作紧迫性和重要性的认识，抓住政策优势，划片管理，密切协作。联社还成立落实转制企业贷款债务领导小组，对全县26个乡镇明确了片区负责人，分片研究不同所有制企业的改制情况，商计对策。积极向上级管理部门、县人民银行、地方党政部门汇报，根据存在的问题提出合理化建议。针对情况复杂、问题严重的个别企业及时做出专题汇报，争取领导的支持。在企业转改制过程中，江浦县联社农村信用社坚持“密切关注、积极参与、落实债务、择优扶持”的原则，做好改制企业债务的落实和资金的活化，启发改制企业的竞争意识、市场观念，帮助提高生产管理水平、增强经营效益，通过协调等多种渠道妥善解决好企业转改制债权的落实，并通过调整信贷政策，积极支持改制后管理正规、运行良好的乡镇企业。对改制企业中恶意逃废债权的，通过金融债权管理联席会议给予制裁，达到以点带面，落实了债权债务。

1999 年，江宁县联社在全市率先成立清资办，与基层社相互配合，抓住各种机遇，用法律手段打好清收不良贷款攻坚战。继 1998 年成功接管昆元特种水泥厂后，1999 年又通过各种法律形式起诉，保全各类逃废债企业共 160 件，标的总额 2904 万元，成功收回抵押物资 1693 万元，净收回贷款本息 134 万元。2000 年在收贷收息工作中，江宁县联社做到因地制宜区别对待，对信用好的企业，协商协调收贷收息；对于确有困难的企业，通过推销产品、协助清收往来账等方式，努力多收贷多收息；对有一定偿还能力或有资产处理的“钉子户”，及时依法起诉。江浦县联社从核对内外账务入手，对所有贷款进行了全面对账，对已经形成的不良贷款，分类采取不同措施核对到人，既保证了法律的时效性又摸清了各项贷款情况。为加强对不良贷款的责任管理，4 月上旬，江浦县人民银行和江浦县联社在星甸信用社开展不良贷款责任管理的试点，明确具体清收责任和经济责任，建立每一位责任人的清收台账，实行清收终身制，每位责任人拿出一定数额的责任金与责任贷款挂钩，进一步化解存量不良贷款。试点成功后，在江浦县全面推行。

在强化不良贷款的清理的同时，各县（区）联社强化收益机制，进一步完善应收未收利息清收责任制，狠抓收息率和历年来应收未收息的收回力度，提高收回率。将收息率纳入全年经营目标责任制进行考核，实行收息任务与信贷人员收入挂钩的奖惩办法，调动各社清收的积极性，确保效益计划的实现。努力把握机遇，挖掘潜力，加强同企业客户的沟通和联系，了解掌握企业经营状况，并为其出谋划策当好参谋。江浦县联社在每一个行政村都确定一名信誉好、作风正派、名望较高的农民作为“农业信息员”，为信用社有的放矢开展业务经营提供信息，协助做好存贷款宣传和清收贷款工作。

每年初，各社都制定应收未收息下降比例和收回往年息任务，明确收贷收息岗位责任制，任务分解落实到每一位干部职工，并同个人利益挂钩，严格考核、认真兑现，使得干部职工责任心增强，通过努力细致的工作，欠贷欠息户到账资金加快。江宁县联社城区信用社把握房地产开发、江宁大学城建设机遇，积极和有关单位、部门磋商、落实债务清收和收回本息，依法收贷。干部员工面对收息过程中的种种困难和压力，不退缩、不言败，敢于啃骨头，上下齐心协力，针对不同情况，运用行政、经济、法律多种手段，加强收息力度。例如，方山信用社把握机遇，积极主动出击，争取到东山镇政府 30 万元，用于偿还关停多年的原保温瓶厂呆账贷款本息。

四、走资产多元化之路

为了拓展资本市场，提高资金利用率，增辟生财之道，各县（区）联社多渠道、多方式寻找资金出路，降风险增收益。通过上存调剂、正逆回购、拆入拆出等手段，对辖内资金灵活调剂，提高资金的使用效益。2000 年，江宁县联社通过资金拆借、购买国债、特种存款等方式对全县富余资金进行了统一运作，产生收益 532 万元。大厂区联社 2000 年购买国债 2200 万元，累计投入 33600 万元资金进行债券逆回购业务 13 笔，增加收入 8 万元。

各县（区）联社还通过积极扩大贷款增量增加经济效益。2001 年，六合县联社抢抓机遇，不断寻找新的效益增长点，强化资金合理安全的运用，不断开拓农村信贷市场。营业部、六城信用社积极投放城镇建设开发贷款，投入房屋拆迁、灰色化道路改造及小城镇建设 1800 万元贷款；横梁信用社为美化环境，支持新农村建设，投入 200 万元贷款，建成了横梁商业一条街，受到地方政府和农民的欢迎。为支持农业产业结构的调整，六合县联社抓住县内的特色农业、生态农业、绿色农业等迅猛发展的良机，集中资金重点对龙袍水产养殖、马集水芹基地、新篁花卉基地及活珠子、富硒农产品等市场前景良好的项目集中投放了 207 万元，为当地农村脱贫致富做出努力。同时，为促进消费，解决部分困难子女入学难，还拓宽信贷市场，开展消费信贷、汽车消费、住房贷款及教育助学贷款，计 2931 万元。

五、严格控制费用支出

为节约费用，各县（区）联社通过“量体裁衣”，制定会议费、宣传费、邮电费、公杂费、水电费、差旅费等指标，节约归己，超支相应扣减单位承包奖。自 1999 年开始，江宁县联社严肃财经制度，坚持费用审批制度，对 500 元以上费用要报联社签批，严格控制不合理的费用列支，坚决不允许使用应付款科目挂支，从压缩电话、水电、汽车等费用入手努力消除跑冒滴漏。对装潢基建项目决算实行报审制度，凡是决算5万元以内，一律由会计科、办公室审核决算，5万元以上送审计部门审核。2000年在安保较大投入和工资调升的情况下，联社支出较上年下降200多万元。大厂区联社制定了所有费用支出必须与业务发展和效益增长相适应的制度，禁止人为提高标准和扩大列支范围，对违反规定串户列支，未经许可列支和先购后报等，依据有关考核办法严格处理。出台了车辆管理办法，加强对车辆、电话、办公用品及低值易耗品购置费用的管理。采取专人陪同、定点维修、定点加油的方式，杜绝弄虚作假行为，汽车由驾驶员自己保养，耗材由联社统一购买，登记领用。以上措施不仅减少了开支，而且增强了广大职工的节约意识，勤俭办社的优良传统得到发扬。

江宁区联社为节约开支，对各信用社费用采取了双线管理。按收入比例核定费用额度，对单项费用超500元的办公用品实行报批制度，并对摊派、募捐进行了限制，共计撤销了4家分社14家信用社的小汽车，实行通用、变卖处理，辞退了临时工、代办员14名，年减少费用支出20余万元。大厂区联社将基层费用上划，对招待费用实行报账制，对营业所涉及的个人费用实行报批制；推行大宗物品集中采购制，所有办公用品及低值易耗品由联社统一购买，基层单位按需统一在联社登记领用；对营业网点费用实行包干。实行发生费用与经营利润挂钩考核后，大厂区联社年节约费用36万余元。

在保证业务开展的前提下，各县（区）联社充分做好头寸测算和掌握资金运行规律，合理确定库存限额，灵活调度资金，调剂资金余缺，压缩资金闲置时间，减少非营利性资金的占用，增加效益，及时清理残破币，增加生息资金，发挥资金调剂中心作用。1996年江宁县乡镇财政进行体制改革，在全县各乡镇设立财政金库，江宁县联社通过努力，为23家信用社争取该项代理业务。7月1日，该联社所辖信用社全面代理江宁县金库业务。1997年，六合信用社代理乡镇国库业务为8家，1998年增至9家，占全县乡镇国库业务的三分之一。在六合县政府、县财政局的关心和支持下，2000年该联社又相继开办代收县财政的预算外资金和乡镇财政所的财银联网业务，增辟了收入增长的渠道。

1996年，借中国农村信用社成立45周年之契机，南京农村信用社普遍开展了声势浩大的“合作金融宣传月活动”，大张旗鼓地开展农村信用社宣传工作。在电视台黄金时间点播歌曲，在当地报纸上发表庆祝文章，利用规范信用社等有利时机，向地方党政领导和社会各界进行宣传。通过召开创“名牌”客户座谈会，邀请省市农金办、人民银行、区政府、各大企业负责人等参加，江苏电视台、南京电视台、南京日报社等多家媒体进行了广泛的新闻报道，引起了强烈的反响，增强了信用社的影响力。

1997 年，人行南京分行农金处在《南京市场报》上开辟了“农村合作金融”专栏，每两周刊登一篇宣传农村信用社的历史、性质、宗旨的文章，专题报道反映农村合作金融改革发展的文章有 15 篇。各地统一布置、精心组织，多层次、多形式地开展了行之有效的宣传活动，通过宣传，促进了合作金融理论知识的普及，推动了信用社规范工作的开展，加强了信用社与党政和农民群众的联系，对信用社的业务开展起到了积极的作用。仅 1997 年 6 月份宣传月活动中在市县两级新闻媒介宣传农村信用社 18 次，召开中小型座谈会 12 次，悬挂横幅 180 条，张贴或粉刷墙体标语 850 余条，有效扩大了农村信用社的影响。[①] 各基层信用社在当地的道路、广场、桥梁等人口密集区悬挂横幅 300 多条，张贴标语 960 个；各联社在当地新闻媒体亮相 26 次；在省、市电视台点歌 2 次、做广告 8 次。[②] 六合县联社在县电视台制作电视新闻 12 次，电视点歌 8 次，发放宣传单 10.3 万张，悬挂条幅 56 条，制作广告牌 30 个，张贴标语 500 条，印制广告衫 1300 件，设立服务咨询台 3 次以及创立《六合金融信息》杂志等，用百姓喜闻乐见的方式，广泛宣传，不断增强宣传效果。实践证明，宣传与不宣传大不一样，信用社的声誉因广泛宣传而不断提高。

各县（区）联社还通过加大软硬件投入改变信用社网点陈旧落后的面貌。比如：在营业网点内部增加沙发、饮水机、雨具、残破币兑换窗口等各类便民服务措施。根据市场的发展和客户的需求，针对服务手段、服务功能等方面处于劣势状况，积极探索服务上的创新，寻找生存和发展的出路。通过积极开展创建“青年文明号”等工作，调动基层各社员工尤其是年轻同志的工作热情，激发员工的主人翁意识。通过“四讲一服务”“说普通话、讲文明用语”等优质服务竞赛活动，统一着装，佩戴工号牌，接受群众监督，树立了

① 档案资料：中国人民银行南京分行农村合作金融管理处《1997 年工作总结》。
② 档案资料：中国人民银行南京分行《关于我市农村信用社改革发展情况的报告》。

良好的社会形象。

农村信用社规范整顿工作的开展和统一法人体制的改革，使全市农村信用社整体抗风险的能力明显提高，资源配置得到优化，信用度、知名度和社会地位得到提升，为明显提高进一步发展创造了有利条件。

1. 资源得到合理配置和优化组合

统一法人以后，各联社能够充分发挥资金调剂功能，统一调度使用资金，大大降低了原来以法人形式存在的单个信用社的支付风险，联社总体实力和资金协调能力得到加强。原基层信用社的人、财、物统一划归联社管理和使用，既节约了管理成本，又使有限的资源得到合理配置和优化组合。[①] 通过县（区）范围内合理配置人力和财力资源，调剂资金余缺，使农业贷款优先增长的要求得到更好的落实，困难的基层社及时得到了扶持；通过授权经营，分级核算，调动了基层社的经营积极性，相关业务得到了快速发展。

2. 增强了农村信用社的抗风险能力

以县（区）为单位的统一法人体制，为农村信用社改革发展注入新的活力。首先是通过改革大大增强了农村信用社的抗风险能力。就全省而言，单个法人的平均资本由合并前的 250 万元提高到 5300 万元；平均资产规模较合并前的 6000 万元扩大到 17 亿元；通过广泛吸收农民入股，提高入股金额起点，吸收新股金 4.9 亿元。实行统一法人的另一大优点是健全了民主管理和监督制约机制，大大提高了农民参与农村信用社民主管理的程度；“三会”制度开始发挥作用，“内部人”控制现象有所好转。

3. 金融纽带作用日益显现

随着农村信用社重新焕发活力，支农力度逐渐加大，农村信用社联系农民的金融纽带作用也日益显现。截至 2001 年 5 月末，南京农村信用社各项存款余额为 68.5 亿元，各项贷款余额 48.3 亿元，其中农户贷款余额 8.7 亿元，农业经济组织贷款余额 5.3 亿元，分别占贷款总额的 18% 和 11%。包括南京在内全省普遍推行了农户小额信用贷款，发放农户贷款证 145 万本，建立农户经济档案 446.8 万户，占全省农户总数的三分之一以上；有三分之二的农村信用社开办了农户联保贷款；部分地区还聘请了村干部或诚实守信的人士为

① 档案资料：中国人民银行南京分行营管部《关于南京市农村信用社改革试点工作的总结报告》。

义务信用员，建立了多元化的信贷营销网络。[①]至2000年底，全市各乡镇、村组普遍建立了农户档案资料，实行“一户一档”，使农信社支农贷款面逐步扩大，操作更为简便，不仅促进了贷款的发放，而且有效防范了信贷支农的风险。

4. 农村信用社经营管理水平和效益有所提高

建立统一法人体制后，农村信用社加强了集约化经营，撤并了部分营业网点，撤销了安全隐患较大的信用代办站。通过规范财务管理、实行固定资产统一购置、一般费用核定、专项费用报批和费用按月结报等制度，降低了各项业务费用开支。与统一法人改革相配套，各农村信用社积极转换经营机制，实行了全员劳动合同制、员工持证上岗和中层干部竞聘上岗等制度，进一步优化了职工队伍结构。通过新老划断，多管齐下，责任到人，加大对不良贷款处置的力度，提高了农村信用的管理水平，使资产质量不断提高。

这时期也存在一些矛盾和问题，如支农资金供给充足和短期农业贷款有效需求不足的矛盾；部分农户贷款担保难的问题尚难得到根本解决；贷款责任制的实施，限制了部分有效的信贷需求；历史包袱难消化，侵蚀了信贷资金。2000年末全市10个联社有6个亏损，至2001年5月，全市农村信用社形成的历年亏损额达17388万元。由于亏损，股东权益得不到保障，致使增资扩股工作困难，影响了信用社资本业务的开展。[②]

---

① 谢庆健：《农村信用社改革探索》，中国金融出版社2002年版，第6页。

② 档案资料：中国人民银行南京分行营管部农村合作金融管理处《关于南京市农村信用社信贷支农情况的汇报》2001年。

第七章
农村信用社经营机制转换的深化

在人民银行和省政府的关心下，2001 年 9 月，江苏省农村信用合作社联合社（下称“省联社”）正式成立，开始领导和管理全省各县（市）农村信用社业务经营。农村信用社为“三农”服务的方向进一步强化，经营机制的转换进一步深化，历史包袱得到一定程度上的化解。同年，省内张家港、常熟、江阴三个县（市）联社率先开展了以股份制为导向的多元化产权制度改革，分别改制为县（市）农村商业银行，标志着中国农村信用社产权改革有了重大突破。

2003 年，国务院下发《关于印发深化农村信用社改革试点方案的通知》，通过财税政策、票据置换等多重方式，有步骤地推进农村信用社摆脱历史包袱。4 月，中国银行业监督管理委员会（下称“银监会”）成立，依法行使对农村信用社金融监管的职能。银监会成立不久，连续出台并下发了《农村商业银行管理暂行规定》《农村合作银行管理暂行规定》等一系列文件，使农村信用社管理体制和产权制度改革迈出新的步伐。2007 年，银监会等 16 个部委联合下发《关于加快农村金融改革发展的意见》，明确指出农村合作金融机构要按照市场化原则，坚持股份制方向的改革，理清省级联社与基层法人社之间的权责关系，鼓励和支持符合条件的农村信用社和农村合作银行改制为农村商业银行，建立“形式灵活、结构规范、运行科学、治理有效”的法人治理模式。

2006 年 6 月 29 日，高淳县联社改制为江苏高淳农村合作银行（2011 年 12 月改制为股份制农村商业银行，溧水县联社 2012 年 8 月改制为股份制农村商业银行），紫金农商银行呼之欲出。

第一节　农村信用社发展新局面的形成

一、化解农村信用社历史包袱的步伐加快

江苏省农村信用社的改革试点工作是在朱镕基同志亲自关心下进行的。

2000年4月，国务院总理朱镕基来江苏考察。在淮安市农村金融座谈会上，他认真听取江苏省11个县（市）农村信用社现行统一法人试点情况的汇报，并就下一步农村信用社改革提出了要求。他说："当前特别要重视和发展农村信用社的作用。农村信用社是最好的联系农民的金融纽带，要采取有效措施支持和引导农村信用社发展，使它成为新形势下农村金融的主力军。"4月17日，朱镕基在南京考察时又就地方金融改革和防范金融风险、确保农村稳定和发展等问题做出指示。朱镕基在职期间曾先后两次来到江苏考察，为农村信用社改革指明了方向。

2000年10月，南京农村信用社顺利完成了县（区）信用社统一法人的工作。法人治理工作的完成，为落实党和国家化解农村信用社历史包袱的优惠政策奠定了基础，各项政策逐步得到落实。2001年初，中国人民银行核拨并下达江苏省农村信用社50亿元无息再贷款指标。[①] 其中，南京市农村信用社共获得总计3.2亿元无息再贷款的额度，[②] 全年南京9家农村信用联社共获得3.95亿元的支农再贷款。其中，栖霞区联社3000万元，浦口区联社1500万元，大厂区联社500万元，城郊联社500万元，江浦区联社4000万元，六合县联社8000万元，江宁县联社8000万元，溧水县联社6500万元，高淳县联社7500万元。按照中国人民银行的规定，无息再贷款由各级人民银行分（支）行负责监督使用。各信用联社按人行南京分行营管部核定的限额，在限额内周转使用，一年一定，使用总期限为5年。人行南京分行营管部根据各联社对无息再贷款实际运行情况，进行定期考核和适时调整。与此同时，国家税务总局、江苏省人民政府也出台了多项优惠政策。经国家税务总局核准，江苏省农村信用社历年呆账贷款可分8年直接进入成本核销；省政府除制定下发了进一步促进农村信用社发展若干政策措施以外，还建立了全省农村信用社风险补偿专项基金。这些政策的落实，有效缓解了部分农村信用社资金

---

① 谢庆建：《农村信用社改革探索》，中国金融出版社2002年版，第1~8页。

② 档案资料：《关于印发〈南京市农村信用社无息再贷款使用管理实施细则〉的通知》。

短缺的矛盾，增强了农村信用社信贷支农能力，加快了农村信用社消化历史包袱的步伐[①]。

2001 年 9 月 19 日，江苏省农村信用合作社联合社（下称“省联社”）成立。作为农村信用社的行业管理与服务组织，承担起对全省农村信用社的行业管理和资金调剂、清算、电子化建设、政策协调、员工培训等服务职能。次年 6 月，省、市农村金融体制改革领导小组办公室工作移交省联社，省联社正式开始履行行业管理职能。这项改革，不仅尊重了信用社的自主权，也使中央银行能够集中精力进行金融监管。管理体制多变的农村信用社第一次有了自己的省级行业管理和服务机构，一个以基层农村信用社为基础建立起来的崭新的省级农村信用社管理体制在江苏得以率先实现[②]。

二、分类监管体系的逐步形成

省联社代表省政府管理农村信用社，虽然不经营具体存贷款业务，但具有统一平台、企业法人和行业自律“三位一体”特点，在促进县域农村合作金融机构建成“四自”（自主经营、自担风险、自负盈亏、自我约束）市场主体，在指导各县（市）农村信用社加强经营管理、增强自我约束能力、提高整体经营实力和社会荣誉等方面发挥了积极作用。[③]在新的监督管理体制下，农村信用社的产权制度改革深入推进，逐步建立起分类监管体系，行业管控水平持续提升，经营风险初步化解，案件高发得到遏制，经营机制转换加速，服务功能显著增强，农村金融生态有所好转。

新的监督管理体制，增强了省市政府防范金融风险意识，将化解和盘活信用社不良贷款列为重要工作内容，努力推动农村信用社增资扩股工作，并广泛开展信用村镇的创建。为理顺管理体制，既加强领导又避免地方政府不适当的行政干预，各农村信用联社相继建立党委会，归属所在地党委领导，但人、财、物归省联社管理，农联社主要负责人按照章程的规定和金融机构高级管理人员任职资格审批程序选聘。省联社的成立，摆脱了乡镇基层党政部门对农村信用社经营的不适当干预，地方党委对农村信用联社政治上的领导得到加强，政府对农村信用社贷款投向和服务方向的指导得到有效监督，

① 谢庆建：《农村信用社改革探索》，中国金融出版社 2002 年版，第 1~8 页。
② 王晨曦：《江苏省农村信用社改革的实践与思考》，《河南金融管理干部学院学报》2005 年 5 月。
③ 刘明康：《中国银行业改革开放 30 年》，中国金融出版社 2009 年版，第 174 页。

在促进信用社自主经营和提高管理水平等方面起到积极作用。[①]

2002 年 9 月，全省农村信用联社实现全行业整体盈利，终于甩掉连年亏损的帽子。

十六大以后，中央陆续出台了一系列促进农村金融改革和发展的重大举措，农村金融呈现新的面貌。但是，农村信用社无论在自身建设，还是适应为“三农”服务要求等方面，仍然存在着诸多问题，主要表现是产权不明晰、法人治理结构不完善、经营机制和内控机制不健全、资产质量差、潜在风险大等。尤其是我国加入世界贸易组织后，金融市场全面开放和外资金融机构的大量进入，金融机构融合和产品创新加快，行业间竞争加剧，进一步挤压了中小金融机构的发展空间。与其他金融机构相比，农村信用社在经营管理、服务质量、金融创新和盈利能力等方面的差距越来越大。

面对新形势和发展，省联社陆续出台关于推广农户小额信用贷款、开展信用社村镇建设、支持农业和农村经济结构调整等一系列指导意见。建立信贷季度报告制度，及时掌握贷款结构、投向。为提高基层社经营管理水平，省联社在全省推进经营目标责任制和县（市）联社等级管理，经营者报酬和任期业绩挂钩，建立县（市）联社综合考核、等级管理制度，将各联社按经营情况和管理水平划分为 7 个等级实行动态管理，着力增强基层信用社的经营活力。[②]

2003 年 6 月，国务院下发了《关于印发深化农村信用社改革试点方案的通知》，决定在吉林、山东、江西、浙江、江苏等 8 个省（市）开展农村信用社改革试点工作。这是继 1996 年农村信用社改革后，党和国家做出的又一项重大决策。

这次农村信用社改革试点按照“明晰产权关系、强化约束机制、增强服务功能、国家适当支持、地方政府负责”的总体要求，进一步加快农村信用社管理体制改革和产权制度改革。改革的重点是：第一，以法人为单位改革信用社产权制度。有条件的地区可以进行股份制改造，暂不具备条件的地区可以比照股份制的原则和做法，实行股份合作制；股份制改造有困难而又适合合作制的，也可以进一步完善合作制。第二，信用社的管理交由地方政府

① 王晨曦：《金色的探索——江苏省农村信用社改革思考与实践》，江苏人民出版社 2004 年版，第 375 页。

② 参见王晨曦：《金色的探索——江苏省农村信用社改革思考与实践》，江苏人民出版社 2004 年版。

负责。按照“国家宏观调控，加强监管；省级政府依法管理，落实责任；信用社自我约束，自担风险”的监督管理体制，省政府承担辖内信用社的管理、指导、协调和服务职能，承担对信用社的风险防范和处置责任，要坚持政企分开原则，不能把对信用社的管理权层层下放到地市、县和乡政府。这次制度的改革突破了合作制的束缚，要求探索以股份制为主导、多种产权制度并存的产权模式和组织形式。

为配合此次农村信用社改革，国家给予了包括保值补贴、利息补贴、税收减免、资金支持和灵活的利率政策等方面的优惠措施。2003 年 11 月，财政部印发《农村信用社保值储蓄补贴办法》，明确对亏损信用社 1994~1997 年因执行国家宏观政策，开办保值储蓄而多支付的保值补贴息实行补贴（分三年对保值贴补息给予补贴）。2004 年，财政部和税务总局连续下发文件，规定试点地区所有农村信用社的营业税按 3% 的税率缴纳，在试点开始的前三年，西部地区的农村信用社一律暂免征收企业所得税，其他地区农村信用社减半征收企业所得税。2007 年，又将农村信用社和农村合作银行的所得税减免政策延长了三年。

三、经营机制转换逐步加快步伐

为更好地服务社会、有效激发企业活力，省联社一方面以劳动用工、岗位竞聘和绩效挂钩为抓手，加快经营机制转换；另一方面以市场引领为抓手，提供创新产品和管理，强化组织推动。

经过三年左右的努力，至 2003 年多数法人单位结束了连年亏损的历史，增强了全员改革发展的信心。按照省委、省政府明确的改革方案要求，省联社在坚持深化改革的同时，不断完善和规范各项管理，以改革促发展，从总体上完成实施方案的主要任务，完善了管理体制，明晰了产权关系，转换了经营机制，落实了扶持政策，推动了郊区机构的合并重组，加快了银行机构组建的步伐。

2004 年中央经济工作会议首次做出“我国现在总体上已到了以工促农、以城带乡的发展阶段”的重大判断，标志着农村经济体制改革进入一个全新的阶段。中共十六届五中全会将建设社会主义新农村作为我国现代化进程中的重大历史任务，摆在“十一五”时期主要任务的第一条。此后，由于国家采取提高农产品收购价格、取消农业税、推行粮食直接补贴等政策性措施，农民收入出现了较快的增长。

2006 年 6 月 29 日，经银监会批准，高淳县联社改制组建为江苏高淳农村合作银行，成为南京市首家农村合作银行，实行“一级法人、统一核算、统一管理、授权经营”的管理机制，上级主管部门仍为省联社。高淳农村合作银行下设 1 个营业部、19 个支行、7 个分理处，员工 246 人。[①] 作为服务社区型地方金融机构，该行成立后充分发挥一级法人的体制优势，紧紧抓住地方经济快速发展的良好机遇，高举服务“三农”旗帜，倾力服务地方经济，在业务拓展、经营管理、防范风险、科技建设等方面取得了长足发展。

为进一步加快农村金融改革和发展，2007 年，由银监会和中央 16 个部委组成的农村金融改革发展专题小组向国务院上报了《关于加快农村金融改革发展的意见》。《意见》明确农村合作金融机构要按照市场原则，坚持股份制方向的改革要求，一是在管理体制上，按照政企分开原则，逐步厘清省级政府与省级联社之间的职责安排、省级联社与基层法人社之间的权责关系，实施以股份制为主体、多种形式的省级联社体制改革；二是在产权制度上，按照股份制方向，优化股权结构，鼓励和支持符合条件的农村信用社和农村合作银行改制为农村商业银行；三是在法人治理上，要适应社区性机构特点，建立“形式灵活、结构规范、运行科学、治理有效”的法人治理模式。

根据 2008 年银监会发布的《县（市）农村信用社监管意见》《农村商业银行管理规定》《农村合作银行管理规定》等规范性文件，在省联社指导下，

2009 年江宁谷里信用社召开内勤负责人竞聘演讲大会

① 金承平主编：《南京年鉴（2007）》，南京年鉴编辑部，第 256 页。

全市各县（区）联社和信用社农信社进一步树立为“三农”服务的理念，建立支农服务监督评价体系，制定支农评价与机构、业务等相挂钩的激励相容政策，确保信用社的各项改革措施落到实处，做到“改制不改姓、换牌不换心、离土不离乡”；不断完善法人治理结构，建立并实施了“三会一层”议事制度和决策程序；经营机制进一步转换，建立完善风险管理组织架构，继续强化制度建设，加强风险管控；建立健全信贷激励约束机制。从构建和谐社会的战略要求出发，潜心打造“民生工程”，深耕农村金融市场，面向千家万户开展普惠型服务，努力提高支农服务的水平，坚持以农民增收为核心，扎实做好农户小额信用贷款、农户联保贷款、扶贫小额贷款、生源地助学贷款，使支农贷款投放总量逐年增加，农户贷款覆盖面不断扩大。

四、支持新农村建设战略的展开

伴随中央2004~2009年连续6个一号文件的出台，“三农”工作得到进一步重视，农业生产进一步发展，农民收入稳步增长，为农村金融改革和发展提供了重大机遇。社会主义新农村建设战略部署的展开，国家经济总体上已经进入一个“以工业反哺农业、城市支持农村”的新的历史时期。

为推动农村金融产品和服务创新，引导农村信用社大力支持本地区的“三农”经济的发展，自2007年开始，省联社坚持科学发展观，以分步打造现代农村金融企业为目标，实施基层法人单位由传统企业向现代企业、由管理服务向服务管理的“转型”。抓住国家出台扶持农信社改革发展政策的战略机遇，积极落实财政税收扶持政策，使困难社摆脱经营困境，实现轻装上阵。

1994~1997年间，全省农村信用社获得1.14亿元保值补贴息；2003~2008年间，获减免营业税、所得税20多亿元。政府各项扶持政策的激励效应，加快了困难社历史包袱的化解，增强了发展的信心。

新农村建设的号角吹响后，省联社又根据农村经济发展和结构调整的新要求，积极落实省委、省政府“以工业化带动农村、以产业化提升农业、以城市化致富农民”的战略部署，在全国率先形成了具有江苏特色的普惠型、创新型、结构型、配套型“四型”支农服务品牌，有效满足城乡一体化进程中农村信贷服务需求，为农村经济提速发展注入了活力。

在人民银行、银监局的正确领导和省联社的协调支持下，全市农村信用社业务经营蒸蒸日上，至2009年各项业务指标发展速度均进入全省金融同业的前列，成为南京金融市场的重要组成部分、支持当地经济发展和惠及农村的主力军。2009 年末，各项存款、贷款分别达 412.86 亿元和 283.98 亿元，其中市区联社（2005 年由城郊、栖霞、雨花联社合并）130.62 亿元和 94.98 亿元，较 2001 年的 28.44 亿元、32.23 亿元，分别增长 4.6 倍和 2.95 倍；浦口区联社（2003 年与江浦区联社合并）43.75 亿元和 26.58 亿元，较 2001 年的 7.19 亿元和 4.87 亿元，分别增长 6.1 倍和 5.5 倍；六合区联社（2004 年与大厂区联合并）67.52 亿元和 48.79 亿元，较 2001 年 11.89 亿元和 7.32 亿元，分别增长 5.7 倍和 6.7 倍；江宁区联社 110.16 亿元和 71.14 亿元，较 2001 年 17.28 亿元和 10.82 亿元，分别增长 6.4 倍和 6.6 倍。

第二节 实施票据置换，改善资产质量

一、整合县（区）联社资源，壮大联社实力

2001 年，各县（区）联社紧紧抓住清理不良贷款的契机，进一步加强信贷管理，完善清收清贷责任制。6 月，六合县联社在新篁农村信用社进行经营管理改革试点。打破信贷上区域局限，改革工资分配模式，实施优惠的激励政策和必要的处罚措施，使资金运营质量明显提高，经营效益好转。8 月，六合联社在总结试点单位经验和不足的基础上，在全县基层信用社全面推行经营管理的改革措施。联社机关人员均建立了财务收入联络点，对所分工的点进行定期督促，及时将收贷收息过程中暴露出来的问题反馈给主任室。强化主任任期目标责任制，对照减亏增效的目标，严格对信用社主任进行考评，强化责任。认真分析不良贷款的成因，制定清收不良贷款的专项竞赛活动，调动职工清收不良贷款的积极性。全年共从清收力度不大或持观望态度的职工工资中扣除了 3.17 万元，并对清收实绩在后 5 位的人员给予待岗处理。年末，六合县联社实现减亏 579 万元。

2000 年 12 月南京市进行区划调整，撤江宁县设立江宁区；2002 年 4 月，六合县和大厂区合并为六合区，江浦县与浦口区合并为浦口区。为了适应行政区划调整和区域联社共同协调发展的需要，有效整合区域联社的资源，更好地支持地方经济发展，经江苏银监局批准，在省联社、市区政府的统一领导和部署下，7 家联社圆满完成了整合工作，并开展清产核资，召开社员代表大会，建立了职责分明、相互制衡的法人治理结构运行机制。

2001 年 6 月，江宁县农村信用合作社联合社更名为“南京市江宁区农村

2005 年南京市区农村信用合作联社召开第一届社员代表大会

信用合作联社”[①]；2003 年 12 月，六合县农村信用合作社联合社更名为“南京市六合区农村信用合作联社”[②]。2003 年 11 月 28 日，浦口区农村信用合作社联合社与江浦县农村信用合作社联合社合并重组为“南京市浦口区农村信用合作联社”，合并后注册资本金 380 万元，各项存款 12 亿元，各项贷款 8.5 亿元，营业机构 28 个（含信用分社 15 个），员工 262 人。2004 年 11 月 26 日，大厂区农村信用合作社联合社与六合区农村信用合作联社合并组建为“南京市六合区农村信用合作联社”，注册资本为 5185.364 万元，各项存款 17.3 亿元，贷款 12.5 亿元，营业机构 38 个（含信用分社 13 个），员工 381 人。2005 年 4 月 28 日，雨花台区农村信用合作联社、栖霞区农村信用合作联社、城郊农村信用合作联社合并组建为“南京市区农村信用合作联社”，注册资本为 12576.56 万元，各项存款 45.18 亿元，贷款 34.33 亿元，营业机构 54 个（含信用分社 29 个），员工 515 人。

二、创造条件，争取置换不良贷款

根据国务院《关于印发深化农村信用社改革试点方案的通知》精神，自 2003 年 8 月全市深化农村信用社改革试点工作启动。为帮助农村信用社消化历史包袱，促进改革试点顺利完成，在防范道德风险前提下，人民银行按照 2002 年底实际资不抵债数额的 50% 予以资金支持，各地可自主选择专项再贷

① 档案资料：中国人民银行南京分行营管部《关于江宁县农村信用合作社联合社更名的批复》。
② 档案资料：江苏银监局《关于六合县农村信用合作社联合社更名的批复》。

款或专项中央银行票据，置换信用社的不良贷款和历年亏损，以激励农村信用社按照改革试点方案完善法人治理结构，改善财务状况，增强“三农”金融服务能力。

2003 年 9 月，中国人民银行印发《农村信用社改革试点专项中央银行票据操作办法》和《农村信用社改革试点专项借款管理办法》，明确了中央银行专项票据操作办法。专项中央银行票据期限为两年，年利率 1.89%，发行对象为市县农村信用社（包括农村商业银行、农村合作银行），发行额度按照 2002 年末实际资不抵债数额的 50% 核定。发行条件为：专项票据的发行与试点省人民政府制定的辖区内信用社改革试点实施方案的实施进程挂钩。申请专项票据的县（市）信用社必须完善法人治理结构、增资扩股，上报提高资本充足率和降低不良贷款比例的详细计划。经银监会会同人民银行审核，报国务院批准后，由人民银行即向该市人民政府出具专项票据发行承诺书。

《农村信用社改革试点专项借款管理办法》规定，专项借款以县（市）为单位考核，实行乡镇信用社和县（市）联社两级法人体制的信用社资本充足率应达到零；实行统一法人体制的信用社资本充足率应达到 2%；农村商业银行或农村合作银行资本充足率应达到 8%。专项票据到期后，以县（市）为单位考核，符合以下条件的予以兑付：实行信用社和县（市）联社两级法人体制的信用社资本充足率应达到 2%，实行统一法人体制的信用社资本充足率达到 4%，农村商业银行或农村合作银行资本充足率达到 8%，按“一逾两呆”口径考核，不良贷款比例较 2002 年 12 月末降幅不低于 50%。对于提前、按期或者未达到兑付标准的信用社，人民银行可分别选择提前、按期或者推迟兑付，推迟兑付的最长期限为两年，推迟兑付期满仍未达到兑付标准的，不予兑付，人民银行以其不良贷款和历年亏损挂账置换回专项票据。

按照国务院文件要求，南京市栖霞区联社、雨花台区联社、浦口区联社、六合区联社、江宁区联社、溧水县联社、高淳县联社通过努力，获得了总计 40642 万元专项票据的发行资格。各联社不断完善加强法人治理和民主管理，使得法人治理向高质量的方向发展，实行社员代表大会、理事会、监事会“三会”分设，建立健全“三会”制度、职责制度以及主任室的会议制度。实行理事会领导下的主任责任制，建立了所有权与经营权、管理权与监督权相互分离又相互制衡的管理体制；实行统一核算、统一调度资金、分级管理的财务制度，有一整套覆盖全部业务、岗位和工作环节的内控机制，健全贷款审批、财务收支、风险控制、稽核检查制度办法，注重运用信息技术防范和控制新的经营风险。

三、获得发行国家专项票据许可

为加快经营机制转换，各联社不断加大考核力度，实行权责利相结合，朝着市场化方向运行，业务普遍得到快速发展。其中雨花台区联社 2003 年末各项存款 15.31 亿元，较 2000 年末增幅达到 100.3%；各项贷款 10.20 亿元，增幅达到 65.5%。资本金得到不断充实。统一法人之后，各联社通过大力组织资金、开展增资扩股等多种措施，逐年提高了资本充足率，其中浦口区联社增资扩股 2505 万元，2004 年 6 月末资本充足率达到 5.67%；六合联社增资扩股达 4269 万元，资本充足率达到 4.01%。借助多方力量清降不良贷款，使不良贷款逐年下降。其中，栖霞区联社 2004 年初不良贷款率 16.9%，较 2002 年末下降了 11.4 个百分点；江宁区联社不良贷款率下降了 10 个百分点。此外，各联社还制定了加强经营管理和详细的增资扩股、不良贷款清收计划。

2004 年栖霞、雨花台、浦口、六合、江宁、溧水、高淳七家联社的相关考核均达到了专项票据发行考核要求，分别获得数额不等的专项票据，几乎全部置换了行社分设前的历史遗留问题贷款。

2004 年南京市农村信用社发行央行专项票据统计

（单位：万元）

单位	栖霞	雨花台	浦口	六合	江宁	高淳	溧水	合计
金额	8323	5463	4730	7544	13637	611	5734	40642

2004 年 10 月和 2005 年 4 月，人民银行、银监会分别联合下发《农村信用社改革试点专项中央银行票据兑付考核办法》和《关于进一步加强农村信用社改革试点专项中央银行票据发行兑付考核工作的通知》，此后又多次下发文件，就认真落实专项票据资金支持政策、切实转换农村信用社经营机制、加强专项票据兑付考核工作、坚决查纠各类虚假和违规行为提出要求，确保各项专项票据政策得以全面有效落实。[①]

① 刘明康：《中国银行业改革开放 30 年》，中国金融出版社 2009 年版，第 177 页。

票据置换使南京市农村信用社进一步增强了资金实力，提升了社会形象，增强了经营信心和能力。通过置换，至2004年6月末，6家农村信用联社不良贷款余额9.15亿元，比2003年末减少4.16亿元；不良贷款比例11.55%，比2003年末下降8.73个百分点；实现利润1827万元，同比增加1277万元，盈利水平大幅提升[①]。同时，开展增资扩股工作，农村信用社产权关系进一步得到明晰。改革试点中农村信用社向农户、企业、信用社职工进行增资扩股，并规范了股金结构，设立了普通股和投资股，使农村信用社的产权关系得到梳理。2004年6月末，6家农村信用联社股本金达1.9亿元，比2003年末增加1.13亿元，比2002年末增加1.59亿元，逐步实现了股权结构的多样化和投资主体的多元化。

票据置换促进了信用社法人治理结构和转换经营机制的完善。按照法制和制衡原则，各信用社“三会”制度以及法人治理结构的运行制度进一步完善，加强了内控制度建设，修订了贷款管理办法、财务管理办法、劳动用工管理办法、经营目标考核办法、审监工作管理制度，健全岗位职责，强化约束，朝着“员工队伍优化、岗位竞争规范、劳动分配科学”的现代化企业管理制度方向迈进。

票据置换增强了农村信用社服务“三农”的实力。6月末，6家联社各项存款比年初增加9.8亿元，各项贷款比年初增加13.6亿元，其中农业贷款增加5.34亿元，农户贷款余额占农业贷款余额的69%，较年初增加5.75亿元。[②]

获得专项票据后的各联社普遍增强了大局感和紧迫感，站在全省农村信用社改革的高度，全力以赴地做好票据兑付考核的各项工作。各联社针对票据兑付要求和标准，认真测算相关指标，查找差距，有的放矢，自我加压，力争尽快达标。

经过两年多的努力经营和严格管理，至2006年末，各联社资产负债均发生了较大的变化：浦口区联社资产、负债较2002年考核基期增幅均达到80%以上，资本充足率达到了7.38%，不良贷款比例降幅达到了78.49%。江宁区联社资产、负债较2002年考核基期增幅分别达到94.79%和58.84%，资本充足率达到了9.40%，不良贷款比例降幅达到了59.18%。南京市区联社2006年

① 档案资料：《南京市农村信用社改革试点成效》2004年7月14日。

② 档案资料：《南京市农村信用社改革试点初见成效》，人行南京分行营管部《金融信息》，2004年7月14日。

末各项存款、贷款、实际利润较上年末增幅均达到 15.1%、25.5%、45.3%，资本充足率达到了 8.82%，不良贷款比例降幅达到了 76.26%。六合区联社存贷款按可比口径计算在辖区金融机构中份额分别为 20.04%、23.43%，比 2004 年末分别提高 7.03 和 5.2 个百分点，人均利润达到 16.10 万元，增幅达到 342.31%；资本充足率达到了 13.20%，不良贷款比例降幅达到 70.44%。

四、顺利实现专项票据足额兑付

在省联社、监管部门及各联社理事会的指导下，各联社在认真总结前期相关工作经验的基础上，着力解决兑付工作存在的难点和突出问题。经过努力，各项账面指标基本符合专项票据兑付要求，财务状况明显好转，盈利能力增强，内控管理得到加强，法人治理有效运作，支农水平得到提升，奠定了票据兑付的基本条件。

2007 年，获得专项票据的联社顺利实现了专项票据足额兑付。根据中国人民银行的要求，各联社认真做好央行票据兑付的后续监测工作，分别成立了央行票据后续监测工作领导小组，严格按照要求落实法人治理结构，加强不良贷款和转换资产的管理与考核，全力支持农村经济发展。

第三节　服务“三农”，聚焦农业产业结构调整

一、支持高效农业、观光农业和创汇农业的发展

2001 年，随着我国加入世界贸易组织，国家实施了农村税费及推进粮棉购销市场化改革，全市农业和农村经济形势出现了许多新情况和新变化，农业生产面临新的机遇。同时，机遇和挑战并存，农业增收、劳动力转移和农民增收，带来农业产业结构调整的迫切压力，给农村金融机构的信贷投放和业务经营带来风险。广大农村信用社抓住国家发展“三农”和为信用社减负的机遇，以市场为导向，以农民增收为目标，利用信贷杠杆，优化投向，增加投入，积极支持农业产业结构调整，实现企业经营效益和社会效益的“双赢”。

根据南京市农业产业化结构调整的目标，农村信用社因地制宜地支持优势农产品的发展，支持郊区（县）高效农业、观光农业和创汇农业发展。在种植业方面，重点支持具有竞争优势的优质粮食作物和高效经济作物的发展，如优质水稻、高品质棉花、特色蔬菜、时令花卉等。在养殖方面，重点支持畜牧、水产业，尤其是奶业、草食畜禽和特种淡水养殖的发展。在林业方面，

重点支持速生丰产林、城乡绿化苗木的发展。同时，积极支持农业产业化经营，支持龙头企业发展，以带动千家万户，形成产、加、销“一条龙”的产业化经营。积极支持农副产品深加工的生产，提高农产品的附加值。凡经营平稳、遵纪守法、信誉较好、有还款来源、落实信贷担保的信贷个私、民营企业，都可以成为贷款对象。农贷员逐户深入到个体和私营、民营企业调查，在摸清各经营主体的生产、销售、财务情况后，分别建立客户档案，主动为他们提供信贷服务。在提供开户、结算方便的同时，即时提供财务辅导和信息咨询。根据企业信用等级、信用状况择优扶持乡镇企业发展，区别对待，扶优限劣，促进企业由量的扩张向质的提高转变。支持乡镇企业围绕市场调整产业、产品结构。拓宽贷款领域，增加农村住房、汽车、大件消费品等消费性贷款的投放，开展教育助学、农业基础设施贷款，加大对第二、三产业的支持力度。

为提高服务质量和服务水平，2001 年 5 月，大厂区联社组织人员到泰州姜堰联社实地考察“一证通”业务的运作。该业务能为客户提供多项金融服务，满足客户不同的需求，可以办理入股、存款、结算以及申请贷款等业务，存款还可以按交易量实行利润返还或参与年终分红，贷款实行“一次核定、分次发放、随用随贷、周转使用”。至当年底，该联社共发展“一证通”客户 3000 余户，增加股金 164 万元，吸收存款 1352 万元，发放贷款 1340 万元，取得了经济和社会效益的“双赢”，不仅提高了信用社的知名度，而且树立了良好的社会形象。六合县联社为稳定客户队伍，保持业务稳定增长，为全县营业网点都配备了对讲机和密码器，加快了电子化的进程。同时加大服务质量的考核力度，把服务质量和员工收入紧密挂钩，向全县农民朋友印发了《小额农贷办理指南》《贷款操作流程》等宣传材料 1 万多份，使全县农民更加了解小额农贷的办理程序。2001 年末，县联社共发放贷款证 2.36 万户，小额贷款累计发放 5772 万元，确保用足用好人民银行下拨的 8000 万元支农再贷款，增添了支农工作的后劲。

2001 年 5 月，全市农村信用社存款比年初增加 6.2 亿元，贷款增加 5.4 亿元，其中支农贷款余额比年初净增了 3.6 亿元，占增量贷款的 66%。支农贷款的累放额较去年同期增加 2.6 亿元，财务状况明显好转。①

① 档案资料：中国人民银行南京分行营管部《关于南京市农村信用社改革试点工作的总结报告》。

二、适当扩大农户小额信用贷款额度

2002年，中国人民银行颁发《关于进一步做好农户小额信用贷款发放和改进支农服务工作的通知》，要求重视农户小额信用贷款的作用，适当扩大农户小额信用贷款额度，更好地支持农村经济发展。按照人行南京分行营管部、省联社转发的文件，各信用联社全面部署推广农户小额信用贷款和创建信用村镇的工作。通过建立农户贷款档案，开展农户信用评级，积极推广农户小额信用贷款业务，“一次核定、随用随贷、余额控制、周转使用”，让符合贷款条件的农户不再贷款难。同时，各联社根据各自实际情况，不断改进为农服务的方式，加大信贷支农力度，普遍制定了“客户一证通”业务实施和管理办法以便于基层操作，通过大力推广“客户一证通”业务，切实解决“贷款难、手续繁”问题。信用社职工深入村组，通过发放调查问卷，对农户经济状况进行调查，建立农户经济档案，协助各区、镇政府建设信用村镇，优化当地信用环境。在广泛收集每个农户经济信息资料的基础上，整理建档，并进行信用评级。变等客上门为主动上门服务，了解农民资金需求，贴近农民，加强管理，防范风险，从而进一步密切了信用社和农民的联系，缓解农民贷款难的现状。

2002年，浦口区联社建立农户档案1万户，占所辖农户的76%。在首批创建的5个行政村2495个农户中评出信用户1591个，占全部农户的64%，发放“客户一证通”1267本，发证率达51%，累放农户贷款8760万元，核定农户小额信用贷款279.6万元，并顺利通过创建验收要求。栖霞区联社2003年共建立农户经济档案17438户，创建信用镇1个、信用村3个。对877户农户通过村考评小组评定，占比为85.8%，累计发放农业贷款6.12亿元。江浦县联社专门研究制定了支农资金使用及管理办法，在加强检查监督，确保资金投向和用途符合规定要求的同时，全年发放贷款证1842本，至当年12月末，专项贷款共发放2859笔3916万元，使用率为98%。2003年，江宁联社发放农户贷款证28397本，发证面达26%。六合联社发放贷款证3.86万本，发放小额农贷1.2亿元，小额农贷余额9404万元。特别是3~5个村民组织小组联保贷款的方式，受到村民的欢迎。2004年，该联社努力提高农户贷款发证面和覆盖面，年末农户贷款建档面为72%，累计发放贷款证5.38万本，发证面为37%，发放小额农贷1.28亿元，小额农贷余额1.11亿元。

浦口区联社再接再厉，2004 年，有 6 个村通过人民银行组织的验收，全区信用村总数达到了 25 个。2005 年，24 个行政村通过区信用村镇创建领导小组的验收，使浦口区信用社村数达到 49 个，占全区行政村总数的 50%。2006 年，该联社通过继续开展创建信用村活动，使信用村总数达到 59 个，占全部村镇的 60%。为积极用好支农再贷款，为“三农”服务，体现信贷支农的政策性，联社还结合实际采用适当放宽农户小额信用贷款额度，同时采取联保、互保等方式，努力满足农户临时性资金需求。

江宁区联社在做好农户小额贷款的基础上，积极探索，大胆借鉴，进一步扩大规模，简化贷款手续，努力提升信贷服务的层次和层面。根据农户经济状况的差异和贷款需求的不同，2003 年推出农贷套餐系列，推荐小额信用贷款、抵押贷款、担保贷款、农户联保贷款等贷款新品种，因人而异地推荐相应的贷款品种，供不同情况和需求的农户选用。

三、以农为先，支持农村经济结构的调整

随着城市建设和城乡一体化进程加快，部分地区的粮食生产早已不占主导地位，但是各联社依然坚持以农为先，全力支持农业和农村经济发展。把支持农村经济结构调整、支持农业产业化经营、支持农村乡镇建设和城乡一体化发展作为重点，帮助农民致富。葛塘街道村民陈建强是该区有名的养殖大户，2003 年大厂区联社贷款 8 万元用于该农户扩大生产，当年销售猪苗 1600 头，利润达 30 万余元。长芦板鸭远近闻名，2003 年长芦信用社累计发放贷款近 250 万元，支持 10 家板鸭加工企业收购活鸭，扩大了储藏量，提高加工和销售能力，取得了良好的社会效益和经济效益，促进了当地养鸭行业的发展。据统计，2003 年大厂区联社累计发放“三农”贷款 23159 万元，有力地促进了当地农业和养殖业的发展。其中，长芦镇养鸭专业户 2004 年已发展到 100 多户，存栏家禽达 40 万只。

六合县联社将当地特色农业和多种经营业作为倾力支持的重点。如马集镇的水芹科技园，龙袍镇水产养殖业和龙袍蟹黄汤包，长山、新篁、新集一带的草鸡基地及奶牛基地和花卉基地。2003 年共投放资金 6000 多万元，支持地方特色农业发展，并把资金向有高附加值的农产品深加工企业、带有地方浓厚文化特色的观光农业倾斜，使农村信贷市场得到进一步拓宽。2004 年，该联社抓住国家农业倾斜政策的良机，利用区域内城市建设、化工园、工业园、道路建设、经济开发区快速发展的优势，积极投放信贷资金，支持

农村经济结构调整和个体私营经济发展。一是针对区域经济特征，全力支持“富硒工程”建设，重点在马集、八百、新篁一带，投放贷款521万元，支持富硒作物种植，其中富硒大米、富硒绿茶、富硒西瓜、富硒玉米四大绿色食品，已成为享誉海内外的农产品。二是为特色养殖业基地建设提供资金支持，投放信贷资金789万元，支持了水产养殖户1721户，奶牛、肉鸽、草鸡、活珠子等养殖户1278户，通过支持大户，取得了很好的规模效应和示范效应。南化公司下岗职工沈永英自筹资金15万元到长芦镇从事奶牛养殖，通过长芦信用社的贷款支持，经两年发展奶牛已达60多头，2004年该社又投入20万元支持其扩大规模、添加设备，注册了南京英俊奶牛公司，奶牛增至130多头，年销售额近60万元，年利润30万元。由于规模大、效益显著、示范作用明显，带动了周边的农户致富。通过信用社的支持，龙袍螃蟹养殖业的发展为“蟹黄汤包节”的创建奠定了坚实的基础。每年汤包节都吸引了众多外地人前来品尝。三是倾力支持农业经济园区建设。针对六合半山半圩的地理特征，龙池、四合、马集等社共投放贷款2564万元，运用贷款杠杆引导农户大力发展水芹、意杨、平菇、蔬菜种植。通过几年发展，建成大圣水芹科技园、龙池万亩无公害蔬菜园、新篁花卉园等初具规模的现代化种植园区。金牛湖畔的意杨林，成为“茉莉花艺术节”宾客观赏的一道亮丽风景。四是围绕农村经济发展，支持个体私营经济。当年，全区各信用社共向300多个私营企业发放贷款4500多万元，使其实现销售收入13.2亿元，解决就业人口1.5万多，上缴税收8000多万元。通过深入开展小额农贷和农户联保贷款，利用小额农贷“小、快、灵”的特点，简化手续，程序透明，解决了农民大额资金需求，为发展特色农业和规模农业提供了帮助。

在建立信用村镇的基础上，各联社实施优惠贷款利率制度，实实在在让惠于民。对于建立信用村镇，评定为信用农户的贷款对象，各联社均实施了贷款利率优惠，信用农户贷款优先、利率优惠。农户可选择最高额信用贷款、联保贷款、自然人担保贷款、抵押担保贷款等多种方式，解决不同层面的贷款需求。如六合区联社给信用农户贷款利率优惠10个百分点，对信用村和信用镇再优惠5个百分点。栖霞区联社对信用村、信用镇（街道）实行的优惠政策主要包括：对被评选为信用村镇（街道）的信用农户（法人）贷款证限额，按有效需求增加授信额度；贷款利率以原执行利率为基础下降10%；对信用村、信用镇（街道）产业结构调整和经济发展的有效资金需求，给予优先保证、简便手续、快捷服务的承诺等，真正减轻农民负担。

江宁区联社努力推出新品种，加大信贷支农力度，支持辖区农业产业结构调整，除了传统的农户抵押、担保贷款外，农户小额信用贷款、农户联保贷款是最受欢迎的贷款新品种。多元化的贷款方式，有力地促进了农村产业结构的优化，也圆了农户发家致富的梦。2003 年，全区成立 831 个联保小组，累放农户联保贷款 2871 万元，余额 1757 万元，小额农贷余额 1109 万元，比上年增长 49%。同时，联社实施“三位一体”支农增效工程，即支持传统农业发展，促进农业产业结构调整；支持高、特、优农业发展，推进农业产业化建设；支持创汇农业发展，拉动外向型经济的发展。重点支持横溪西瓜和大棚蔬菜，陆郎的茶叶，铜山和丹阳的花卉、药材及苗木，汤山和淳化的奶业，麒麟的运输业等一大批特色种养运业以及羽绒深加工等涉农项目。其中，投放项目贷款 300 万元，促使山田乳品公司短期内建成 500 亩都市观光农业公园、6 幢计 7000 平方米的奶牛公寓，养殖奶牛 600 头。2005 年起，贷款投向突出区域性农业主导产业，重点支持了高产、特色、生态农业，帮助建成了各类特色生产基地，支持农户运销专业户从事农产品购销，为农民致富提供了对生产、收购、储运、销售的全程贷款。特别是支持了市场前景好、竞争优势强的特色农业、多种经营业、农产品深加工企业及高附加值的农产品项目。信贷支农产品的不断增加，投向趋向多元化，市场不断拓宽，促进了业务快速发展。在区联社贷款的支持下，各乡镇均出现了一批特色产业，如横溪地区的果蔬业、淳化地区的奶牛业等。以农田水利设施建设为重点低产田改造工程，受益农田面积近万亩。此外联社还积极发放住房、助学、大宗消费品等消费贷款，活跃了农村消费品市场。

2004 年，浦口区联社突出一个“早”字，大力支持春耕生产，组织信贷员深入村、组农户和田间地头，对农户的春耕生产资金需求调查，并积极参与了市农林局等部门在浦口区对农户贷款情况的调查研究，研究农户贷款的难点、热点和增长点。在掌握了农户资金需求等基本情况后，及时集中资金支持春耕生产，确保不误农时。另一方面因地制宜，在积极支持春耕生产的同时，促进农村产业结构调整，拓展信贷支农领域。积极支持农户开展多种经营，加大对农户种养殖业的信贷支持。既扶持农民脱贫致富，又促进少部分资信良好的种养殖大户走上规模经济发展的道路，形成产业化经营。如汤泉信用社在对苗木之乡汤泉镇苗木花卉种植的支持过程中，及时发放贷款

1200万元，使苗木种植面积扩大到2500亩，扶持了一大批农民脱贫致富，并形成规模经济、产业化经营。再如，汤泉镇农户桂存义贷款40万元，扩大种、养殖面积达200亩，使其经济效益大幅提高。又如，大渊生物工程有限公司利用发放的贷款300万元，向高科技农业和集约化农业方向发展；大吉园林绿化工程公司利用贷款3195万元，开发丘陵山地1200亩，种植200多种名贵花卉、苗木，当年即取得了较好的效益。

四、实施“多放、少浮、放活”信贷政策

为全面落实科学发展观，统筹兼顾城乡经济社会协调发展，2006年各联社结合当地农村信用社的实际，创新支农机制，实施“多放、少浮、放活”的信贷政策，创造性地支持农村经济发展，促进社会主义新农村的建设。

六合区联社推出“农贷直通车”支农产品，将农户小额信用贷款进一步扩展和延伸。“农贷直通车”是通过为农户普遍建立的经济档案，根据其经济状况和信用程度进行信用评级，确定可贷额度，农户可持核发包括信用、保证、抵押三种方式的最高额授信贷款证，到柜台直接办理贷款的一种金融产品。其特点是手续简便、程序快捷。农户不出家门、不用找人就可知道自己能贷多少款，农户直接持身份证和贷款证在柜台填写借据后，便可取得贷款，不需要经过信贷员重新调查、审批，像取款一样方便。经过15个村的试点工作，农民贷款需求明显增加，提出贷款申请的农户比原来增加了800多户，金额增加了400多万元。随着“农贷直通车”的实施，信用社的知名度迅速扩大，地方金融主力军地位得到巩固，同时受到地方政府、社会各界的赞赏。2007年末，全区共有75个村开展了“农贷直通车”业务，受惠农户6.69万户。有53个村通过了“农贷直通车”验收，已完成建档7.04万户，新发放贷款证4.424万户，农户授信金额达5.34亿元，个人贷款较年初净增1.52亿元，农民贷款难的问题得到一定缓解。

2006年，市区联社加大了信贷支农投入，延伸对农户、农村和农业的金融服务，不断巩固在城郊和农村的金融主力军地位。全年累计发放涉农贷款22.2亿元，顺利完成了对农户的粮食直补工作，以实际行动有力支持了当地新农村建设。同时，市区联社积极拓展以黄金客户为龙头的优质客户群体和个私经济贷款领域。通过市场调查和增强信贷支持个私经济发展的观念，把产品适销对路、市场前景广阔、经营效益好、业主品行道德良好的优质黄金客户和个私客户作为拓展对象。

2008 年，南京遭遇几十年不遇的特大暴雪。各联社和信用社想农民所想，急农民所急，不误时机地投入大量资金抗灾救灾。针对浦口区苗木花卉、蔬菜大棚、禽舍、猪栏、农贸市场等遭到的严重破坏，浦口区联社采取积极应对措施，研究对策、动员布置，有效保证农业生产资金需求，促进灾后尽快恢复重建。区联社及时投入资金，用于灾后恢复农业生产及重建，维修农业生产设施，抓紧抓好农业春耕备耕。全年累计发放各类贷款 20.61 亿元，其中农业贷款 8.39 亿元，农业贷款余额达到 8.24 亿元，较上年增加 2.7 亿元，占新增贷款的 54.2%。江宁区联社倾力支持地方建设，切实履行社会责任，发挥地方金融的主力军作用，加强资金调配，及时满足“三农”开展春耕备耕的生产资金需求，加强对四川灾区救灾款项的支付清算服务，防止汇入黑客篡改后的救灾捐款账号；协同财政、社保等政府部门发放粮食直补、低保、养老等多项涉农资金。立足主营市场，拓展优质客户，坚持把“三农”、中小企业作为最基本的服务对象，扶持绿健米业、弘溢油脂等地方性农业龙头企业，至 2008 年末，投放“三农”贷款 23 亿元。同时支持九竹、鹰皇针织、宁志太阳能、海尔曼斯等成长型知名企业、优质客户，开展船舶动产抵押等新业务，适当放宽贷款期限。

各联社在贷款投向上优先保证农业生产资金需要，明确支农重点，积极安排资金支持农副产品生产与加工、畜禽养殖，满足市场供应，支持特色农业、农庄经济的资金需求。2009 年，六合区联社强力推进“农贷易贷通卡”换取贷款证工作，加强信用村建设。当年末，该联社辖区信用村达 132 户，农户贷款余额 9.16 亿元，比年初净增 1.18 亿元；累计发放圆鼎易贷通卡 2.07 万张，新增授信 5.58 亿元。针对“农贷直通车”部分农户贷款授信额度调整和授信期限到期问题，联社及时做好调查工作并集中进行年审，并进一步简化了农贷直通车贷款手续，提高贷款办理效率。当年，浦口区农户和农业经济组织贷款比年初增加 4.82 亿元，其中，在调查摸底活动的基础上，对 21 个农业合作社贷款 880 万元。江宁区联社巩固和扩大了支农成果，农业贷款余额达 38 亿元，增长 61.7%，占到贷款总额的 53.4%。

在发放农业贷款的同时，各信用社在全国同业率先推出贴息扶贫和生源地信用助学贷款。据统计，2007 年包括南京市在内的江苏省联社系统共为 468 万贫困户累计发放 118.9 亿元扶贫小额贷款，使全省农村人均纯收入 2500 元以下的贫困人口提前一年脱贫，其做法得到国务院领导的肯定。同时，融入城乡一体化发展大势，主动代理发放各类涉农财政补贴，向 3 万户中小微企业授信 1478 亿元，与 18 万家中小企业发生信贷关系，发展金融便民服务到村业务服务点 2.3 万个，惠及全省 1200 多万户农户，实现农户全覆盖。布放各类银行自助设备 13.2 万多台，使 50% 以上的业务通过电子银行渠道办理，让广大农户享受现代金融服务。①

在省联社的领导下，各联社积极开办贴息扶贫和生源地信用助学贷款，发挥信贷支农和社会服务功能。浦口区联社在区政府统一协调下，主动与区扶贫基金会合作，采取信用社贷款、基金会贴息的方式，使有志气、有劳力、有项目、有诚信的贫困户、低收入户能够及时方便地得到信贷支持，通过产业、就业、创业，实现脱贫致富，促进构建和谐社会和全面达小康。2007 年全辖共发放扶贫贴息贷款 1460 户，金额 1454.5 万元，带动贫困户 990 户，解决贫困人口就业 378 人；发放生源地信用助学贷款 102 笔 57 万元，较好地扶持与推进了贫困家庭子女的社会教育。次年，发放扶贫贴息贷款 306 户，金额 2212.2 万元，带动贫困户 1470 户，解决贫困人口就业 543 人，有效帮助贫困农户、低收入户脱贫致富，支持了农村经济的发展。2009 年，发放扶贫贴息贷款 3052.3 万元，其中农户贷款 240.1 万元，专业合作社贷款 2330.2 万元，企业贷款 482 万元，帮助带动贫困户及低收入就业、创业 2964 户，进一步增强和充分发挥了信用社信贷支农的服务功能与联系农民的金融纽带作用。全市农信联社 2001~2009 年历年贷款情况见下表。

2001~2009 年南京市农村信用联社贷款余额统计

（单位：万元）

	2001 年	2002 年	2003 年	2004 年	2005 年	2006 年	2007 年	2008 年	2009 年
合计	499629	601200	817579	899051	964537	1126950	1540518	2139352	2839788
雨花	70310	79350	101972	121451	358663	450061	612510	805233	949825
栖霞	110846	123400	179824	196596					
城郊	14122	19167	34191	25220					
浦口	21755	25536	36027	94137	102769	118526	132391	182209	265768
江浦	26945	34457	47585						

① 王晨曦：《扎根三农强服务 深化改革促发展》，《江苏农村经济》2015 年第 1 期。

续表

<table>
<tr><th></th><th>2001 年</th><th>2002 年</th><th>2003 年</th><th>2004 年</th><th>2005 年</th><th>2006 年</th><th>2007 年</th><th>2008 年</th><th>2009 年</th></tr>
<tr><td>大厂</td><td>40653</td><td>46977</td><td>65937</td><td>52136</td><td rowspan="2">129082</td><td rowspan="2">156560</td><td rowspan="2">274735</td><td rowspan="2">362112</td><td rowspan="2">487877</td></tr>
<tr><td>六合</td><td>32470</td><td>47966</td><td>61206</td><td>59195</td></tr>
<tr><td>江宁</td><td>108208</td><td>129279</td><td>168676</td><td>202231</td><td>200424</td><td>209812</td><td>279898</td><td>479354</td><td>711432</td></tr>
<tr><td>溧水</td><td>40821</td><td>50965</td><td>64092</td><td>70087</td><td>81512</td><td>95785</td><td>119467</td><td>151645</td><td>197126</td></tr>
<tr><td>高淳</td><td>33499</td><td>44103</td><td>58069</td><td>77998</td><td>92087</td><td>96206</td><td>121517</td><td>158799</td><td>227760</td></tr>
</table>

注：本表格源自江苏省联社经营数据统计表。其中，2003 年 11 月 28 日浦口区联社与江浦县联社合并重组为浦口区联社；2004 年 11 月 26 日大厂区联社与六合区联社合并组建为六合区联社；2005 年 4 月 28 日雨花台区联社、栖霞区联社、城郊联社合并组建为南京市区联社。

第四节 加快电子网络建设，疏通结算渠道

一、“借鸡下蛋”，设法打通结算瓶颈

县（区）联社统一法人后，在省联社的领导下，南京农村信用社进一步加强对基层社的领导，将班子建设、盘活不良资产、存款增长、内控制度执行和精神文明建设等指标分解量化，按月度、年度进行考核。从岗位、技能、贡献大小、工作质量等方面对员工进行综合考评，并与收入直接挂钩，下大力气，努力提高经营管理水平和运行效率。

为改变结算工作对农业银行的长期依赖，扭转没有独立的结算渠道、不能签发银行汇票、结算手段落后、客户流失的局面，各县（区）联社各显神通，采取“借鸡下蛋”的办法，设法打通这一瓶颈的制约。2001 年初，栖霞区联社所辖 10 个信用社顺利开办南京工行“华东三省一市”汇票业务。一季度，其他联社也在全辖范围顺利开通工行“华东三省一市”汇票业务。经联社多次研究，多方联系，又与光大银行达成“代理签发银行承兑汇票”的合作协议，仅仅半年，就签发银行承兑汇票 72 笔，金额 4887 万元。当年，大厂区联社陆营分社、新庄分社开通银行本票的签发业务。当年一季度，在人民银行的支持下，栖霞、雨花台、浦口、大厂、城郊 5 个郊区联社全部实现与人行南京分行营管部电子联行“天地对接”。经过努力，江浦、六合等 5 个

县联社不久也开通该电子联行业务。

二、农信系统网络建设项目的启动

农村信用社电子化建设功能不全，差异性大、网络覆盖面及业务涵盖面窄，有近三分之一的营业网点仍单机运行，许多业务难以开展。为彻底改变农村信用社网络建设滞后、电子化服务水平低、资金结算渠道不畅的现状，2002 年省联社将电子化建设列为重中之重的工作，制定了全省农村信用社电子化建设发展规划，明确以综合业务网络系统建设为龙头，努力构建高起点、现代化、多功能的金融电子化服务体系。同时，先后制定 40 余项规章制度、规范工作流程、明确岗位职责，聘请专家商讨单机过渡应用模式，编制过渡版软件，仅用半年时间就解决了辖内联网、统一软件版本等迫切问题，并在省内 34 家联社成功实施，为下一步全省联网做好了前期技术准备。2003 年初，正式开始实施全省数据大集中工程，先后用了两年多的时间，完成了全省 51 家县级联社并网上线工作。数据大集中跨越了产权界限，使各自为政、各自为法人的县级联社在业务层面上实现深层次融合。当年 12 月，江苏省农村信用社计算机中心机房、网络、系统集成三大主体工程全面竣工，南京市雨花台区联社成为首家并网运营单位。①

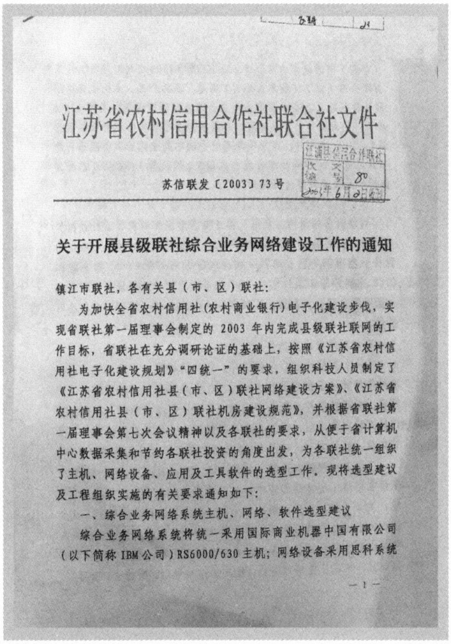

江苏省农村信用合作社联合社文件

苏信联发〔2003〕73 号

关于开展县级联社综合业务网络建设工作的通知

镇江市联社，各有关县（市、区）联社：

为加快全省农村信用社（农村商业银行）电子化建设步伐，实现省联社第一届理事会制定的 2003 年内完成县级联社联网的工作目标，省联社在充分调研论证的基础上，按照《江苏省农村信用社电子化建设规划》“四统一”的要求，组织科技人员制定了《江苏省农村信用社县（市、区）联社网络建设方案》、《江苏省农村信用社县（市、区）联社机房建设规范》，并根据省联社第一届理事会第七次会议精神以及各联社的要求，从便于省计算机中心数据采集和节约各联社投资的角度出发，为各联社统一组织了主机、网络设备、应用及工具软件的选型工作，现将选型建议及工程组织实施的有关要求通知如下：

一、综合业务网络系统主机、网络、软件选型建议

综合业务网络系统将统一采用国际商业机器中国有限公司（以下简称 IBM 公司）RS6000/630 主机；网络设备采用思科系统

— 1 —

省联社关于开展县级联社综合网络业务建议的通知

按照省联社行管组的要求，2003 年南京市农村信用社综合业务计算机系统网络建设工作全面启动。栖霞区、雨花台区、城郊、江宁区四家联社共同建设综合业务网络，中心机房确定在栖霞区联社，江宁区、雨花台区联社分别建立网络分中心，城郊联社所有网点直接连接

① 王国琛：《信息化路上任我飞奔——江苏省农村信用社电子化建设侧记》，《中国农村信用合作》2005 年第 11 期。

到栖霞区联社网络中心。浦口区联社被确定为江北四家联社（浦口、大厂、江浦、六合）的结算网络中心。经过共同制定工作方案、商务谈判、人员培训、专项论证、基础设施建设、安装调试后，完成了新旧系统的数据转换工作，并与省中心顺利切换联网，为实现全辖通存通兑打下良好的基础。[①]11 月中旬，栖霞区联社顺利完成全区 21 个基层网点的上线工作，实现农村信用社市内储蓄业务通存通兑。

与此同时，中国人民银行十分重视银行和农村信用社的支付系统建设，早在 2002 年 9 月就专门召开了全国现代支付系统运行暨推广工作电视会议，并将南京市确定为第二批 11 个推广城市之一。[②]该支付系统 2000 年 10 月启动建设，是集金融支付服务、资金清算业务、经营管理和货币职能于一体的现代化清算系统，并于 2003 年初正式运行。南京 10 家县（区）联社对此项工作高度重视，统一部署，实行“一把手”负责制，切实做好推广实施支付系统的工作。栖霞区联社专门成立技术组，负责支付系统前置系统方案的确定、软硬件设备的采购及通信线路租赁。各家区（县）联社均安排专人成立业务组，负责联网和业务运行方式的确定，配合做好联网的人员培训。各联社均将科学技术和电子化建设作为结算业务的支撑点，把不断加大结算工具、结算方法和手段等方面的投入，作为增强自身竞争能力、服务能力的重要工作认真抓紧抓好。

人民银行现代化清算系统和省联社电子网络系统的建立，使全省农村信用社结算工作上了一个台阶。南京各联社和基层信用社为进一步提高工作效率和经济效益，相继开通和增添多种结算品种。如全国电子汇兑业务、全省农村信用社系统通存通兑业务、大额支付系统业务、同城跨行转账结算、异地汇款和签发银行本票、银行汇票等业务。全省农村信用社系统内可适时汇兑，即单位或个人在系统的任何一个网点，可办理对公、个人结算，实时汇兑。

江宁区联社于 2003 年 4 月 21 日顺利开通“全国现代支付系统”业务，使资金到账速度明显加快，结算难的矛盾得到缓解。在上级有关部门统筹安排下，该联社逐步开通综合网络业务。由于网络上线和账务移植工作技术含

① 综合《南京栖霞区志》（方志出版社 2002 年版）及栖霞联社档案：《2003 年工作总结》。
② 档案资料：江苏省联社《关于组织做好中国现代化支付系统推广实施工作的通知》。

量高，头绪多，前期准备工作量大，时间也较为紧迫，区联社专门成立领导小组，组织业务培训和设备调试等，使综合网络账务移植工作顺利完成。同时，为第二套系统上线及后期全省联网、通存通兑工作奠定了基础。[①]2004年2月6日，江宁区联社克服重重困难，加班加点配置设备、安装网络，做好测试机数据采集、科目调整，顺利完成省网综合业务系统上线工作。上线之后，又针对操作规程中的难点问题，开展专门培训和业务辅导。在联社及基层信用社人员的共同努力下，确保了省网综合业务系统的按期上线和顺利运行。依靠省网综合业务系统平台，当年4月，联社开通了储蓄通存通兑业务，实现了同城存取，方便了客户，增强了信用社的竞争力。[②]

2003年10月，六合县联社在南京市各联社中率先实现综合业务系统联网，实现储蓄及对公业务在全县范围内均可办理通存通兑。10月25日，全县信用社的数据全部移植成功，系统运行平稳，为下步接入省网奠定了坚实基础。2005年，六合区联社进一步提升电子化服务功能：一是有计划地实施了信息管理系统的开发与建设，完成了经营业绩考核管理系统的开发工作。过去，业务经营考核需要四五个工作日，现在对全辖业绩的考核仅需几分钟就可完成。二是改变传统的办公模式，提高了辖内文件传输和执行效率。利用现有的网络和闲置计算机资源，2005年4月建成了联社办公自动化系统，实现了收文、发文、报告、会务会议、档案、大事记、车辆、公共信息、电子邮件等方面的高效管理。不仅节省了大量时间和精力，提高了工作效率，而且节约了费用开支，使联社社务管理和计算机应用水平都上了新台阶。三是改变了过去流水作业、效率较低的状况，节省了客户等待的时间。

借助全省综合业务网络系统的建成，2005年4月18日省联社面向社会公开成功发行“圆鼎”借记卡。圆鼎卡的发行，突破了农村信用社结算地域的限制，解决了长期制约结算发展的又一瓶颈，填补了江苏农村信用社金融产品的一项空白。9月末，省联社在全省13个省辖市建成15个数据信息转发中心，51家联社2300多家营业网点在线运行，上线联社日均交易量达160万笔，峰值业务交易量达240万笔。人民银行南京分行、江苏银监局、省级商业银行科技部门和高校专家组成的验收组在现场考察后，一致认为该项目

---

① 中共南京市江宁区委党史工作办公室、南京市江宁区地方志办公室编：《江宁年鉴（2004）》。

②《江宁区志·金融篇之农信社》，江宁区联社，2008年12月。

符合国家建设验收标准。由于全省集中开发，节约了大量费用，据测算，如果全省 74 家县级联社分别自行开发该系统加入银联网，至少需增加费用 4.48 亿元。[①]

为方便城乡储户，普及推广圆鼎卡，2005 年市区联社在西善桥、玄武湖、来凤乡（镇）等 3 个网点设置的 ATM 自助设备实现联网运行，并开通省级实时汇兑贷记业务，使省农信系统中结算渠道进一步拓宽。2006 年，联社加快自助服务区的建设，先后在城北、迈皋桥、燕子矶、西善桥、马群、沧波门、凤台南路、中央路等网点新增 10 台 ATM，并开设了城北、迈皋桥、西善桥等 3 个自助服务区，开通圆鼎卡 POS 机收单业务，对部分信用社的业务终端、主机等设备进行了淘汰更换，改善了服务环境，提升了网点形象。江宁区联社 2006 年在辖区安装 ATM 数量增加到 23 台，促使圆鼎卡发行量大幅增加，当年末江宁联社发放的圆鼎卡即达 40919 张。

三、健全信用社支付清算体系

为加快电子化建设步伐，改善服务，2006 年，六合区联社开通了六合联社网站。借助互联网与地方党委、企业、客户进行信息交流，宣传推介业务产品、经营特色、支农信息，提高了自身的辐射力和影响力。同时大力发展 POS 业务、方便客户，抓住省联社科技处和江苏银联公司 POS 业务在区联社试点的机会，认真学习和探索 POS 业务的商户调查、设备安装维护、收银培训、差错账调整等业务及受理流程，总结归纳出全面系统、简明扼要的 POS 业务要领，为农村信用社探索出一条切实可靠的流程。

2007 年 1 月 8 日和 2 月 5 日，经中国人民银行批准，省农信银资金清算中心分别开通全国农信系统银行汇票资金清算业务、个人存款账户通存通兑业务。前者结束了农信银机构只能采取代办签发其他银行汇票为客户办理结算业务的历史，后者实现了客户在农信社的个人存款可即时通过在全国的农信系统网点办理异地汇款、取款业务，为广大农信社开拓市场、争取客户创造了更好的条件。而个人存款账户通存通兑业务的开通，可以利用全国农信银系统分布广泛的网点，有效解决农村个人客户异地汇款、取款难的问题。此外，2001~2009 年期间，南京农村信用社逐步开发了六类电子业务：圆鼎

---

① 王国琛：《信息化路上任我飞奔——江苏省农村信用社电子化建设侧记》，《中国农村信用合作》2005 年第 11 期。

借记卡业务（2005年）、POS机刷卡收单业务（2006年）、圆鼎贷记卡业务（2008年）、96008电话银行业务（2008年）、网上银行业务（2009年）、短信通业务。南京农村信用社支付结算手段的日渐丰富，为广大客户提供更加方便、快捷的服务，对改善农村地区结算环境、满足农村地区日益增长的支付需求、促进社会主义新农村建设，具有非常重要的现实意义。

在省联社计算机中心的安排下，2007年江宁区联社进一步健全支付清算体系，加大科技方面的投入，开通农信银系统、支票影像系统和反洗钱系统。2009年完成多套新业务应用系统的上线，身份证核查系统得到更新，自助终端查询设备、自动排队叫号机和电子回单箱投入使用，新增6台ATM，有效缓解柜面压力。至此，辖内ATM总数达26台，且全部完成系统升级。浦口区联社2007年多项新业务完成上线工作，如农信银全国银行汇票的签发、全国支票影像业务系统上线、小额支付系统、通存通兑系统、客户身份识别系统、反洗钱登记系统等。在业务开通前，联社认真做好各项准备工作，加强新业务的培训学习、设备的安装调试、各类凭证的征订，结合人民银行支付结算宣传活动加强对新业务的宣传，保证了各项新业务得以安全、规范和有效运行。2009年，该联社按照省联社的要求，加强业务系统的培训，促进业务发展：一是推广使用联社办公自动化、指纹验证、代收水费、网上银行系统，开展“ATM运行管理突破年”活动，推广客户评价系统。二是积极开展本票系统上线工作，完成了15个信用社的开通银行本票签发业务，进一步提高了结算功能。市区联社于2007年开通了办公自动化系统，2008年实现电子化应用由业务领域向管理领域纵深推进，努力推广指纹识别等安全控制系统，增强风险控制能力，进一步加强人防、物防、技防建设。

2009年，市区联社电子银行业务进一步拓展。全社新增发圆鼎借记卡50674张，卡内存款余额4.26亿元，实现交易额161.8亿元；发行贷记卡177张，授信额度798万元；新开立个人网银63户，对公网银37户，累计交易0.2亿元；发展特约商户120户，累计交易13.67亿元；新增ATM 20台，新设自助服务区9个，全辖ATM交易额为9.46亿元，实现手续费收入108.83万元。2010年，新增发圆鼎借记卡3.67万张，卡内存款余额5.91亿元，交易额253.59亿元，实现手续费收入84.4万元；发行贷记卡615张，刷卡交易1305.5万元，实现收入6.6万元；新开立个人网银1565户，对公网银1182户，累计交易169.11亿元；发展特约商户244户，实现交易金额10.04亿元，

2009年南京市区农村信用合作联社举办第二届业务技能比赛

手续费收入38.1万元；新增自助设备18台，改造在行式自助服务区8个，新建离行式自助服务区1个。全辖自助设备实现交易额14.18亿元，手续费收入150.6万元。

2009年，南京各县（区）联社按照省联社下发的《推进农村地区支付结算“快通工程”、改善农村支付服务环境实施方案》通知，进一步拓宽农村地区支付结算服务领域，创新金融支付工具，实现公共转移支付、涉农补贴资金、农村社会保障资金发放等业务的电子化操作，推动农村支付清算基础设施建设，着手实施推广网上银行和短信通业务。利用互联网技术向农户提供信息查询、转账交易、贷记卡还款、网上缴费、理财服务等金融服务，使农户能便捷地了解自己账户上资金变动、需要还贷的金额及日期、推出新业务新产品等信息，拓宽了农村信用社服务渠道，丰富了产品体系，提升了服务水平。

为提高信息化管理的水平，六合区联社于2009年成立了产品开发部，专门进行管理软件的开发，强力推进绩效考核、贷后管理两大系统的建设。当年完成了系统前期的开发、培训、测试及数据补录，为解决贷后管理工作不扎实、信贷报表数据繁杂且难以准确统计的问题，克服万难，成功开发贷后管理系统，实现了贷后风险点自动提醒整改、自动对贷款设定、自动提示清收、自动生成逾期贷款和信贷统计报表等功能。两大系统的成功研发，使该联社信息化水平有了较大飞跃，将人力资源从烦琐的数据统计中解放出来。同时，该联社投入巨资，上线了视频会议系统，使联社的中层干部例会、中层干部竞聘会等大型会议实现现场直播；上线了指纹识别系统，为内控体系建设又提供了一个技术抓手；内网开辟了超级论坛和目视管理系统，为员工交流和工作督办提供了平台；改造了代收费系统，让中间业务运作得更加流畅；对网络备份线路进行了改造，切实提高系统运行的稳定性，保证业务经营正常开展。

借农村信用社系统电子化建设的进步，各联社积极争取地方政府支持，协调财政税务等相关部门为农户开立“一卡通”“一折通”，加快推进贷记卡在农村地区的推广运用，推动农民工银行卡特色服务业务的发展。利用开通全国支票影像系统的平台，推广农户财政补贴资金集中账户管理，推广银行本票、支票和“三省一市”汇票业务。发挥小额支付系统平台作用，通过小额支付系统办理公共事业缴费、财政各项涉农补贴资金、农民养老金发放等业务，推动集中代收代付，让广大农民享受到现代化支付系统的快捷和方便。为积极扶植和培育农村用卡环境，减少农村现金流通，各联社大力加快县域及乡镇银行卡受理市场建设。利用省政府开展的“万村千乡”“家电下乡”活动之契机，各联社和信用社组织力量在每个有条件的网点都布放 ATM，在中等以上零售商店及全部家电下乡政策签约销售网点布放 POS 机，进一步扩大餐饮、百货、超市、专业市场等场所中小商户受理银行卡的范围。

2009 年，全市信用社在农村地区布放自助设备的数量较 2008 年增长 14% 以上，基本实现所有乡镇 ATM、POS 机、电话银行全覆盖，持卡消费交易额占农村社会消费品零售总额的比重达到 10% 左右。

第五节　积极拓展业务领域，树立新形象

一、积极推广“阳光信贷”，创新贷款方式

创新是发展的动力源泉，唯有不断地创新业务品种、创新经营机制，才能促进信用社可持续发展。为了适应激烈的金融竞争需要，做大做强农村信用社，南京各联社及基层社积极探索，努力开拓信贷业务和中间业务领域，树立新的形象。

栖霞区联社营业部在对钢材储运市场客户走访时发现部分客户普遍反映钢材存货占用流动资金，不能有效参与运营。参考兄弟行社的经验，2001 年初为其“量身定做”出具有自身特点的贷款办法，即以仓储钢材作为抵押物，发放了第一笔仓单质押贷款。[①] 为控制仓单质押贷款的风险，在订立合同

① 档案资料：栖霞联社会议交流材料：《顺应竞争形势　开拓发展之路》2001 年 7 月 17 日。

中吸收了储运市场负责人参与管理，以控制所有抵押物的数量、质量、标准等，并在质押人不能还贷时，负责处置变卖仓单中确定的抵押钢材用于还贷。这一举措，搞活了仓储的资金，受到客户和储运市场的欢迎。2003 年，该联社仓单质押贷款授信达 33 位大户，金额 8000 万元，累计发放贷款 1.3 亿元。

针对部分企业出口退税资金周期延长，企业短期资金周转困难的情况，栖霞区联社尧化门等信用社参照国有银行的做法，于 2001 年试办了“出口退税款项”质押贷款。贷款以经税务部门、海关审核确认的退税单位为依据，税务局、信用社、企业三方签订协议，保证将应退税款汇入信用社指定账户，以退税款作为还款来源和保证。在创新信贷业务的同时，栖霞区联社牢固树立大农业和现代农业的思想，积极支持农村经济支柱型产业的发展，因地制宜支持地方经济发展，在发展特色农业和推进个体、私营经济贷款业务的发展上做文章。2000~2001 年，累计发放各类小额农户贷款 1850 万元，支持农业发展和蔬菜基地建设。营防、摄山信用社发放贷款 926 万元，积极支持当地农户发展奶牛养殖，两镇奶牛存栏数达 841 头。联社还与区多经局、农业局签订支持农业产业结构调整的合作协议，与区财政局、区计经委、区工商联签订支持私营企业、个体工商户的合作协议，为信用社扩大市场打下了良好的基础。对一批发展快、效益好、经营规范的个体、民营企业加以重点支持，在力求手续规范的前提下，适当简化，新推出了集体资产抵押贷款、按揭保险贷款、共同基金担保贷款等贷款方式，积极扶持地方企业和地方经济的发展。

江宁区联社除了运用富余资金购买债券投资外，还开办了票据转贴现、资金拆借等业务。2001 年累计对外融资 8.1 亿元，为基层社调剂资金余缺 225 笔，金额 4.37 亿元。同时，资金多渠道的运用，分散了经营风险，创造了资金使用效益，较上年多创收 180 余万元。为拓展业务领域，联社将消费贷款作为新的增长点。2002 年，辖内 6 家信用社办理住房按揭业务，其中城镇信用社按揭贷款余额达到 2303 万元，居全市信用社之首；助学贷款余额达到 21 万元，新增贷款 14 万元，帮助一批家庭经济困难的学生迈入学校大门；汽车消费贷款势头强劲，达 8211 万元，较上年净增 3588 万元。

2003 年栖霞区联社为开展住房按揭贷款业务，在部分信用社进行商品房、二手房按揭贷款发放的试点的基础上，制定了《房屋按揭贷款实施办法》，确定操作程序和管理方法。同时，代理销售保险 1084 万元，实现代理业务收入 30 多万元。

栖霞区、雨花台区、城郊联社合并重组的市区联社成立后，继续强化服务“三农”的市场定位，深入开展“三公里”营销，积极推广“阳光信贷”及中小企业融资业务产品，强化客户建档、客户管理系统的检查考核力度，拓展产业链、供应链、资金链客户，确保“三农”和小企业贷款增长率高于联社贷款增幅、贷款增量高于去年水平的目标。2005年市区联社累计发放担保基金贷款4915万元，仓单抵押贷款5.3亿元，中介机构担保贷款4000万元，大力开拓票据贴现业务，共办理贴现18.3亿元，实现收益2350万元。市区联社2006年在上年发行圆鼎卡1.2万张的基础上，加大票据业务拓展力度，认真落实风险防范措施，累计办理贴现27.5亿元，实现贴现收入3826万元，有效改善了市区联社的收入结构和收入增长方式。同时逐步发展中间代理业务，加大与中介公司合作，全年实现资产评估收入32万元，办理银行保函业务26笔，金额892万元，开办了代签工行银票业务，开通了代收农电资金业务。2007年与国家开发银行合作开办了生源地助学贷款业务；开通了代理销售长途汽车票业务、代签中行银票业务；此外，资产评估、银行卡、特约商户等业务盈利效应初步显现，进一步拓宽了收入来源渠道。2008年与港华公司合作，开办了代收燃气费业务，并完成圆鼎贷记卡业务申报审批和试运行工作。同时，积极与保险公司商谈小额贷款法人或股东在贷款期间人身意外伤害保险合作业务事宜，利用银行间平台，开展第三方存款托管业务，进一步拓宽收入来源渠道。在信贷投放增加、效益增长强劲的情况下，联社强化自身市场定位，2007年累计投放信贷资金92.42亿元，支持新农村和地方经济的发展。同时，切实开办好特色信贷业务，全年发放仓单质押、联保等贷款13亿元，支持中小企业的发展。为增强资金营运能力，在有效防控风险的基础上，继续推进票据贴现业务发展，累计发放贴现贷款45.38亿元，实现贴现收入10875万元；与本市其他联社共同签订了社团贷款合作协议，发放了社团贷款5400万元，有效解决了集团客户的大额资金需求。

在积极拓展业务的同时，各县（区）联社进一步健全和完善人事管理机制，改革和尝试干部任用办法。2001年6月，大厂区联社在其辖内公开竞聘信用社副主任，27人经过报名、笔试、面试、民主测评和组织考核，最终产生3名人选，经人民银行任职资格审查后走上领导岗位。经过半年实际工作的锻炼，3名竞聘干部成为所在单位的骨干力量、中流砥柱。年末，由职工、中层干部、联社主任按照德、能、勤、绩四方面内容对中层干部实行量化打分，并将打分结果在中层干部会议上公布，作为今后干部续聘与调整的重要依据。干部竞聘与考核制度的实行，使广大干部没有了养尊处优的思想，而且自觉地重视了自身文化素质和管理水平的提高，为基层、为群众服务的意识进一步增强，工作积极性也得到了充分的调动。

二、适合当地特点，适时推出金融服务产品

浦口区联社积极开拓创新业务品种，2006 年根据自身经营特点，针对不同类型的客户，在开办传统业务的同时，相继推出个人小额信用贷款、个人消费贷款、个体经营贷款、个人创业贷款、企业流动资金贷款、项目贷款、票据贴现、仓单质押等，增强了信用社的竞争实力。认真做好圆鼎卡发行和 ATM 运行的管理工作。针对圆鼎卡发行量快速增长以及交易金额和交易量大幅增加的情况，该联社从制卡、发行到差错处理等各环节都制定规章制度，明确责任人员，发现问题及时处理，确保圆鼎卡业务的正常开展。当年，联社安装了 ATM，在商户投放 POS 机，开展综合柜员制等业务，拓宽了信用社的业务功能，提高了信用社的自身形象。2007 年，浦口区联社围绕经营战略，结合本地区特点，在支农的同时及时更新经营理念，大胆开展营销贷款，一方面创新贷款品种，研究制定《个人房地产抵押循环贷款管理办法》《小企业联保贷款管理办法》《助学贷款管理办法》等，并通过浦口有线电视台进行广泛的宣传和咨询服务。其中，个人房产抵押循环贷新业务以借款人自有房产或他人房产做抵押，实行“一次签约、随用随贷、循环使用、灵活还贷”的方式，贷款期限最长不超过 5 年，利率实行同档基准利率，自 2007 年 8 月开办至年底共办理 79 笔，计 1919 万元。另一方面注重加大对个体工商户、私营业主、中小企业贷款营销力度，重点支持区域内利税大户、重点企业以及有发展潜力的各类企业。至年底累计发放贷款 16.82 亿元，有力地支持了地方经济发展。此后该联社又成功试办了个人“易贷通”和下岗失业人员小额贷款、妇女和青年创业贷款等新业务。

江宁区联社通过完善信贷产品，支持发展前景好、有一定规模及特色的支柱产业，改善信贷资金投放结构，结合“一村一品”工程具体要求，根据各街镇经济特点，2007 年推出相关金融服务产品，在试点的基础上全面开展“扫街式”支农服务，了解掌握农户小额贷款需求，缓解农民贷款难。加强与地方政府联系，对社区下岗再就业人员提供下岗创业贷款，采取灵活担保方式，帮助他们自主创业。

六合区联社实施业务创新，在深入推进小额农贷等传统业务的同时，根据实际开办了动产抵押及仓单质押贷款及委托贷款。新庄信用社积极探索，推出了一项新的贷款，即三方协议贷款，在贸易型企业发展中，此项贷款业务既能解决私营企业资金总量不足的问题，也能为生产商带来更多的流动资金。2005 年共办理该项业务 4 笔，金额 2000 多万元；办理委托贷款 3 笔，金额 1430 万元。2007 年，针对中小企业担保难的问题，推出林权抵押等贷款品种。以林权抵押、中小企业联保、商会会员联保、三方协议多种担保方式，满足企业资金需求。截至当年末，联社营业部、马集信用社办理林权抵押授信近 3000 万元，实际发放林权抵押贷款 890 万元。六合区富民街是远近闻名的建材一条街，有 142 家个体私营企业，依靠六合联社的商户联保贷款，广大商户的资金难题得到了缓解；每个联保小组由 5 个商户组成，最多可申请 520 万元的贷款。竹镇、新庄信用社积极利用企业联保贷款，为 60 个企业、12 个联保小组发放了 3000 万元，为中小企业融资建立了一条“绿色通道”。针对中小企业财务制度不规范、资产规模较小、个人资产实力强的现状，推出对企业法人代表授信模式。通过对企业出资者调查了解对其个人给予信贷授信，帮助中小企业解决资金需求。全年共发放此类贷款 8900 万元。成功开发了农民青年创业贷款，支持青年农民创业支持；开发了“展业宝”贷款，拉长了信贷投放期限，借以争取高端优质客户；开发了农民专业合作社贷款，重点支持农民专业合作社的运营。业务的开发和创新，使六合联社在农村市场又有了一个新的切入口，巩固了在农村金融中的主导地位。

三、大力发展中间业务

为做大做强农村信用社，2009 年以后全市各县（区）信用社创新意识更加强烈，纷纷成立业务拓展部，下大力气发展中间业务。浦口区联社克服兑付时间集中、柜面负担重等实际困难，切实代理好全区 11 个项目近 8 万户财政涉农补贴资金的发放工作，既解决了政府兑付难、农户支取难的问题，又取得了良好的社会效益和经济效益。江宁区联社确立资产业务、负债业务与中间业务“三驾马车”共同拉动业务发展的思想，积极稳妥地发展代收代支类、支付结算类中间业务，争取经营业务和收入来源的多元化，当年实现中间业务收入 416 万元，同比增长 113%。为发展理财业务，六合区联社派人赴多家商业银行进行理财产品考察，成立了以业务拓展部为主体的理财产品研发团队，制定了开发理财产品的部门职责，完成理财产品管理办法，完成了理财业务培训 4 期，并外派人员到南京大学参加专业理财培训。全年累计发行 3 期理财产品共 7000 万元，尤其是第 3 期理财产品，因获得了广大市民的热捧，而采取了预约申购的方式。理财产品的成功推出，不仅丰富了联社的产品线，而且实现了客户从高端到低端的全覆盖。为解决农户信息不对称问题和因信贷人员轮岗而造成的工作衔接问题，多次与国土局协调沟通，实现国土局的地籍信息与“农贷直通车”紧密结合。通过开发出的“地籍图信贷管理系统”，可直接查询农户家庭基本情况、资产负债情况、授信、用信情况、不良信用记录情况，随时可查阅农户基本情况和家庭确切位置，大大节约人员成本，提高工作效率。

银行卡是依托现代电子信息化技术的支付系统，是银行中间业务发展的核心载体和重要支柱。国家支农哺农政策的施行、城乡居民的快速增长和消费观念的改变，为农村信用社的银行卡业务的发展提供了广阔空间。因此，各联社均将发展银行卡业务作为重要抓手和强力支撑。通过建立和扩大 ATM、POS 机、电话银行、网上银行、自助银行等电子化受理渠道，积极改善和营造用卡环境，努力提高发卡量、卡存款和卡交易量。截至 2008 年 12 月末，市区联社新增发圆鼎借记卡 31100 张，存款余额 2.6 亿元，实现交易额为 90.8 亿元；年内新发展特约商户 255 户，新增 POS 机 260 台。

六合区联社在积极捕捉市场信息的基础上，自 2005 年开始广泛开展以票据买卖、代理业务、银行卡发行为重点的中间业务，拓展新的效益增长点。其票据业务在与上海、南京等商业银行广泛合作的同时，先后参与了光大、浦发、广发、上海工行票据中心及苏北地区部分联社进行的票据交易，建立畅通的业务交易平台。仅在开办当年就转贴票据 14.28 亿元，实现净收益 528 万元。其中新庄信用社的票据业务更是占据联社的 1/2。全年共为南京钢铁集团签发银行承兑汇票 2.4 亿元，办理银票及商票贴现 7.8 亿元。2009 年初，联社专门成立投资部，在江苏范围内与多家兄弟行、社建立了良好的业务合作关系，在保证资金安全的原则下，共创双赢。年拆入资金 37 亿元，拆出资金 49 亿元，实现净利润 396 万元；买断商票 13.02 亿元，卖断 9.1 亿元，实现票据利润 111.14 万元；购买他行理财产品 4.2 亿元，实现利息收入 1339 万元。同时，争取到境内 20 多个知名企业的代发工资业务。其中营业部争取了全区乡镇教师、贷款企业的代发工资，2005 年共开立 7000 多户，年业务量达到 8 万多笔，发行圆鼎卡 3100 多张，发放金额 1608 万元，使圆鼎卡的对象遍及公务员、教师、工人，许多农民在信用社员工的宣传下，也使用了圆鼎卡这一现代支付工具。在上年开通代收有线电视收费业务后，2006 年又与六合供电局合作，开通了部分乡镇农电站电费代收业务，不但为联社带来了存款业务，也为下一步与供电部门更深层次的业务合作打下了良好基础。在资金结算渠道上，2009 年 9 月六合区联社正式被批准进入全国银行间同业拆借市场，并发展成为中央国债登记结算公司的乙类结算成员，上线了新一代本币交易系统和债券托管结算系统，依托此系统，开展了与全国金融机构的资金业务往来，先后购买了 2 亿元的优质债券，实现账面利润 100 多万元，其自营托管账户债券账面浮盈达 860 万元。

根据新农村建设中“三农”服务多元化、多层次的金融服务需求，各联社充分利用数据集中平台，通过整合行业资源，推广科技运用，加强金融创新，全面开办银行卡、网上银行、手机银行、电话银行等现代金融产品，大力开发结算、汇兑等服务手段，为城乡一体化发展提供配套服务，在提高对农村经济的支撑力和贡献度的同时，在市场竞争中迅速壮大。

2001~2009 年南京市农村信用联社存款余额统计

（单位：万元）

<table>
<tr><th></th><th>2001 年</th><th>2002 年</th><th>2003 年</th><th>2004 年</th><th>2005 年</th><th>2006 年</th><th>2007 年</th><th>2008 年</th><th>2009 年</th></tr>
<tr><td>合计</td><td>755688</td><td>906117</td><td>1192023</td><td>1288733</td><td>1506996</td><td>1786187</td><td>2280643</td><td>2957608</td><td>4128594</td></tr>
<tr><td>雨花</td><td>94633</td><td>118429</td><td>153084</td><td>149841</td><td rowspan="3">514130</td><td rowspan="3">591737</td><td rowspan="3">756540</td><td rowspan="3">1006998</td><td rowspan="3">1306155</td></tr>
<tr><td>栖霞</td><td>157555</td><td>184101</td><td>243584</td><td>260825</td></tr>
<tr><td>城郊</td><td>32256</td><td>42016</td><td>49712</td><td>41210</td></tr>
<tr><td>浦口</td><td>33787</td><td>40009</td><td>52814</td><td rowspan="2">146976</td><td rowspan="2">164947</td><td rowspan="2">199676</td><td rowspan="2">257726</td><td rowspan="2">310342</td><td rowspan="2">437497</td></tr>
<tr><td>江浦</td><td>38072</td><td>48624</td><td>75449</td></tr>
<tr><td>大厂</td><td>67895</td><td>77120</td><td>100125</td><td>94632</td><td rowspan="2">214135</td><td rowspan="2">269628</td><td rowspan="2">363710</td><td rowspan="2">476462</td><td rowspan="2">675216</td></tr>
<tr><td>六合</td><td>50948</td><td>62936</td><td>81184</td><td>82621</td></tr>
<tr><td>江宁</td><td>172762</td><td>210300</td><td>282936</td><td>313085</td><td>374333</td><td>430738</td><td>542727</td><td>726502</td><td>1101575</td></tr>
<tr><td>溧水</td><td>53468</td><td>59839</td><td>76253</td><td>91221</td><td>112307</td><td>146101</td><td>179274</td><td>214390</td><td>293715</td></tr>
<tr><td>高淳</td><td>54312</td><td>62743</td><td>76882</td><td>108322</td><td>127144</td><td>148307</td><td>180666</td><td>222914</td><td>314436</td></tr>
</table>

注：表格数据来源于江苏省联社经营数据统计表。其中，2003 年 11 月 28 日浦口区联社与江浦县联社合并重组为浦口区联社；2004 年 11 月 26 日大厂区联社与六合区联社合并组建为六合区联社；2005 年 4 月 28 日雨花台区联社、栖霞区联社、城郊联社合并组建为南京市区联社；2006 年高淳县联社改组为农村合作银行。

2001~2009 年，是南京市农村信用社历史上变化最大、发展速度最快的时期，此前的体制多变、人心不稳、连年亏损、资不抵债、活力不足等主要问题得到有效解决。在国务院深化农村信用社改革试点精神的指导下，南京农村信用社取得了前所未有的发展，其主要特点有：

1. 全行业各项经营指标持续向好

这一阶段，随着国家一系列哺农政策的落地，南京地区的农村经济进入新的发展阶段。农村信用社全行业各项经营指标持续向好，处置完毕了 4 亿多元的财务包袱和大部分的不良资产，大范围开展增资扩股工作，风险抵补能力明显增强。各联社和基层社相继完善了经营管理的激励约束机制，存、贷款风险防范机制，社员代表大会、理事会、监事会民主监督机制等一系列管理制度，通过推进法人治理结构运作模式，提高自我约束和可持续发展能力。

2. 存、贷款业务发展迅速，资产质量明显改善，机构盈利能力大幅提升

通过产权制度的变革和管理体制的改革，各县（区）联社树立“大农业”的理念，着力在支农服务的深化和细化、推进的广度和力度上下功夫，围绕农业产业化、农村工业化、城乡一体化发展进程，积极支持涉农、惠农、利农的行业和产业的发展，着力支持规模农业、设施农业、观光农业、特色农业及科技农业项目，扶持了一大批特色鲜明、类型多样、竞争力强的专业村镇基地、现代农业园区、农产品加工集中区，做大了高效农业规模、拉长了产业化经营链条。通过不断探索努力，构建农村信用社现代企业模式，增强了经营能力，使贷款与存款增幅保持稳定增长，盈利能力不断增强，成为名副其实的农村金融主力军。

3. 各信用联社及基层信用社经营管理水平得到了明显提高

通过积极转换经营机制，提高了经营管理水平和运行效率，基层信用社存款增长、内控制度和精神文明建设等制度的建立和综合考评，做好“三定”（定机构、定岗位、定编制）工作，拉开信用社之间、岗位之间、人与人之间收入的差距，调动了大多数员工的积极性，激活用人机制，积极引进人才，优化职工队伍，增强了职工的责任感和危机感，提高了干部队伍的管理水平、广大员工的服务技能和服务质量，各项工作步入良性轨道。

4. 省联社在全市县、社发展中发挥了重要作用

这一时期，省联社具体承担对全省农村信用社的行业管理和资金调剂、

清算、电子化建设、政策协调、员工培训等服务职能。在省联社的领导下，全市农村信用社的产权制度改革深入推进，建成分类监管体系，行业管控水平持续提升，特别是全省农村信用社系统电子网络的开通以及对农村金融业务的指导，使服务功能和竞争力显著增强，金融生态显著好转，支农服务有效改善。同时，使农村信用社经营管理、自我约束、整体经营实力等方面发生巨大变化。

第八章
紫金农商银行应运而生

2008年，为深入贯彻省委、省政府建设“金融强省”的战略目标，南京市政府制定并发布了《加快推进金融产业发展的意见》。2011年4月，又出台《关于进一步加快全市金融业改革创新发展的若干意见》。《意见》指出，要加快推进农村金融体制改革，支持“三农”和地方经济发展，做大做强地方合作金融，促进城乡统筹发展，增强各类金融机构服务“三农”的合力，扩大郊县的金融机构覆盖面，“到2015年，基本实现农村合作金融机构、农业银行和邮政储蓄银行对各涉农街道乡镇的覆盖”“大力发展新型农村金融组织。鼓励和发展适应农村特点和需要的各种微型金融服务组织，重点推进农村小额贷款公司、农民资金互助合作组织和村镇银行组建工作”。

2008年7月30日，由南京市委常委、常务副市长靳道强，省联社副理事长、主任王明津任组长的南京市农村信用合作联社改革重组推进工作领导小组成立。全市农村信用合作社按照现代企业制度要求，以组建农村商业银行为抓手，进一步深化改革，转换经营机制，优化金融资源配置，增强服务“三农”力度，推进企业素质的全面提升。2009年10月29日，南京市政府印发《关于成立江苏金陵农村商业银行股份有限公司（暂定名）筹建工作小组的通知》，并决定成立筹建工作小组，组长由市委常委、常务副市长沈健，省联社副理事长、主任王明津担任。农村商业银行筹组和建设进一步提速。2010年7月12日，江苏紫金农村商业银行股份有限公司（下称“紫金农商银行”）筹建工作得到中国银监会批复同意。12月26日，紫金农商银行创立大会暨第一次股东大会顺利召开。2011年3月28日，紫金农商银行正式开业。

第一节　信用联社重组获得银监会批准

一、得天独厚的区域优势

南京是泛长三角地区的中心城市，具有承东启西、连南接北的区位优势。

改革开放以来，南京综合经济实力不断提升，国民经济运行一直保持快速、稳健的良好态势，2008 年总体全面达小康目标已经顺利实现。2009 年，全市社会经济依然保持强劲增长态势，实现地区生产总值 4230.26 亿元，三次产业比例为 3.1：45.6：51.3。全市财政收入 901.15 亿元，比上年增长 21.4%，其中地方一般预算收入 434.51 亿元，比上年增长 12.4%；全社会固定资产投资 2399.48 亿元，比上年增长 24.3%；实现社会消费品零售总额 1961.58 亿元，较上年增长 18.8%；城镇居民人均可支配收入达 25504 元，比上年增长 10.3%；农民人均纯收入达 9850 元以上，比上年增长 10%。在城市功能定位和空间格局上，初步形成主城区、浦口和六合、江宁三个区域板块。市区板块是具有现代化国际性城市繁荣繁华程度和城市综合服务功能的重点地区；浦口、六合板块是在新一轮沿江开发上实施跨江发展的主战场，辐射带动着苏北、皖东等周边地区的发展；江宁板块作为新城区，是以电子信息、汽车制造为主导的先进制造业集聚区，服务功能配套较为完善的新市区，环境宜人的旅游休闲居住区。

2009 年，城郊农业循环经济稳步推进，都市农业快速发展，初步形成了花卉苗木、草食畜禽、特种水产、特色蔬菜和旅游农业等五大优势农业产业。全市农林牧渔业，年实现总产值 223.66 亿元，比上年增长 6.7%；惠农强农政策有效落实，农业产业化经营稳步推进，农业结构战略性调整，特色蔬菜都市型现代农业、乡村旅游等产业迅速发展。自启动“绿色南京”工程以来，生态建设成效突出，初步形成圈层式、放射状，城林一体、路连林隔的城市生态格局。江宁、浦口等 4 个国家生态示范区、15 个环境优美乡镇及一批生态村，以领略绿色南京、体验旅游农业为主题的生态旅游业得到迅猛发展。

在市委、市政府提出“金融强市”战略、打造区域金融中心城市目标的指引下，金融产业快速发展，金融市场规模不断扩大，基本形成了以货币信贷市场为主导，资本市场、保险市场等协调发展的格局，金融总量占全省四分之一，形成区域范围内的资金聚集和扩散效应。同时，政府出台了一系列金融资源的引导和激励机制，促进金融资源的优化配置，有效提升了金融业服务社会经济发展的能力。至 2009 年，全市拥有政策性银行、国有商业银行、股份制商业银行、城市商业银行、外资银行、农村合作金融机构数十家，金融体系较为完整。年末，全市金融机构各项存款余额 11088.39 亿元，比年初增加 2500.93 亿元；各项贷款余额 9444.48 亿元，比年初增加 1946.06 亿元。其中，南京市区、江宁、浦口、六合 4 家联社占全市存款市场的份额为 3.2%，贷款市场份额占比 3%。

经济社会的快速发展，给南京金融产业发展提供了广阔空间，也为农村合作金融提供了更好的发展机遇。随着国家关于深化农村信用合作社改革的逐步深入，为更好地支持“三农”经济发展，参与市场竞争，成立统一、独立法人的农商银行被提上议事日程。

早在 2006 年全国合作金融会议上就提出，要用 5~10 年时间将农村信用社分批逐步过渡为现代金融企业，使农村信用社成为真正的市场主体。国务院在深化农村信用社改革方案中也指出“要按照因地制宜、分类指导原则，积极探索各种产权制度，建立与各地经济发展、管理水平相适应的组织形式和运行机制”。江苏省多家农村商业银行和农村合作银行的成功改制运营，南京地区高淳县农村信用合作联社率先改制为江苏高淳农村合作银行，使南京地区农村信用社感到改革机制刻不容缓。

虽然自 2006 年以后，南京市区、江宁区、浦口区、六合区 4 家联社业务快速发展，资产质量不断提高，业务竞争力持续增强，社会形象显著提升。但作为省会城市农信社，受规模影响、地域限制、体制局限，发展速度较为缓慢，发展质量不高，制约了自身服务“三农”和支持地方经济发展的能力。4 家联社虽各自实行了独立法人体制管理，设立了社员代表大会、理事会、监事会，但与真正意义上的现代企业制度相比，在产权制度、组织模式、管理机制等方面都存在差距。从股权结构来看，社员人均持股金额较小，股权分散、产权关系仍然模糊，未能解决“由谁出资、由谁管理、出了问题由谁负责”问题。从金融服务体系现状来看，政策性银行业务狭窄，国有商业银行调整经营战略，大量撤并农村机构网点。南京农村信用社已成为农村区域主要的金融机构，市场份额、服务对象等均占有重要位置，承担着辖内 90% 以上支持“三农”经济发展重任。虽然在经营中依照《公司法》《商业银行法》规定运作，同时接受银监部门监管，但由于没有银行的牌子，许多经营活动受到政策性歧视和人为的偏见。

加之，2004、2005 年中共中央、国务院一号文件及中央《关于建设社会主义新农村若干意见》的发布，使农村生产力得到进一步解放，农村经济快速发展，农村产业结构的调整、农业产业化进程的加快以及社会主义新农村的建设对农村信用社提出了更新、更高的服务要求。经过前期合并重组，四家联社发展步伐明显加快，但由于受自身发展过程中诸多因素的影响，在管理机制、服务理念、服务功能、金融品种、人员素质、内控制度等方面与商业银行仍有较大差距，资金实力和“三农”服务水平已难以满足。同时，由于南京地区金融机构众多、竞争激烈，农信社在支农压力和业务竞争能力上呈现出明显的不对称。因而，整合合作金融资源、组建农商行迫在眉睫。

二、改革重组得到南京市政府支持

2007 年 7 月，市区联社正式向南京市政府上报《关于南京农信社改革情况的报告》。市政府有关领导对《报告》高度重视，迅速与江苏银监局、省联社沟通，在安排专人进行调研、分析后，表示全力支持南京市区四家联社改革重组工作。8 月 13 日，南京市政府召开座谈会，南京市委副书记、市长蒋宏坤，市委副书记、常务副市长陈家宝，市政府秘书长黄澜，副秘书长储永红，市金融办副主任胡昇荣，市财政局相关领导及四家联社理事长参加了会议。会议主要讨论了南京信用社的发展调整、深化改革以及打响品牌等问题。蒋宏坤指出：当前南京农村信用社的发展与形势不适应，合并调整是大势所趋，整合有利于提升企业形象，做大做强业务，提升发展水平和能力，目前四家联社已经具备合并组建的基本条件。各方要因势利导推动深化改革，积极研究体制、机制，按经济规律组建“南京金陵农村商业银行”。新银行要定位为区域性银行，为“三农”和地方经济服务，要成立领导小组，推进此项工作。

根据 8 月 13 日市政府座谈会精神，11 月上旬市发改委副主任杨中南主持召开座谈会，研究南京农村信用社改制推动等问题，并约请江宁区发改局相关领导前往江宁区联社调研。

2008 年 1 月 6 日，杨中南在六合主持召开南京农信社改革座谈会，明确 6 月份完成筹建工作小组的组建，形成筹建方案，春节前启动清产核资。2 月 3 日，杨中南再次主持召开南京联社改革座谈会，“定时间、定人、定职责、定计划”，搭建工作班子，明确具体任务及筹建工作小组秘书组、清产核资组、综合推进组的成员分工和工作职责。2月10日和2月17日，两次召开了农村金融改革筹备组会议，市发改委副主任杨中南，发改委财经处吕若郁、李慧，市金融办顾宝国及4家联社理事长参加了会议，会议就改制计划、房地产“两证”问题、清产核资安排等进行了商议。2月23日和3月12日，南京改革推进工作会议召开，仍由杨中南主持，吕若郁、李慧及4家联社理事长参加会议，通报了清产核资准备工作及与江苏银监局沟通情况，商定合作会计师事务所、社员代表大会召开，及商讨“两证”办理事宜。

3月13日，市政府专门召开农村信用社改革重组会议，沈健主持，重点研究资产处置和信用社使用的房地产“两证”办理等问题。市发改委、公安局、规划局等相关部门领导参加会议。会上，沈健要求各市政府委办局、各区政府尽最大努力帮助和推进筹建工作，重点做好土地、规划和房产协调工作，争取次年上半年挂牌。3月17日，江宁区政府召开会议，落实3月13日市政府会议要求，帮助江宁区联社协调规划、土地及房产等问题。此后，南京相关部门和各区政府也陆续召开落实推进会议。

8月15日，南京市农村信用合作联社改革重组推进工作领导小组正式组建并召开了第一次会议。中共南京市委常委、常务副市长靳道强，省联社副理事长、主任王明津亲任组长，市政府副秘书长翁国玖，市发改委主任黄澜任副组长。小组成员有市发改委副主任杨中南，市工商局副局长卓兆彭，市政府国资委副主任张洪彩，市财政局副局长钱建宁，市国土局副局长于广思，市国税局总经济师林岗，市地税局局长助理陈奇，市房产局助理巡视员赵正明，江宁区委常委、副区长戴华杰，浦口区委常委、常务副区长胡洪，六合区委常委、常务副区长向军，南京市区联社理事长陶正国，江宁区联社理事长黄维平，浦口区联社理事长刘广生，六合区联社理事长汤宇等。领导小组下设办公室，办公室设在市发改委，杨中南兼任办公室主任，陶正国兼任办公室副主任。会议重点讨论了四家联社合并重组工作方案，拟采取吸收合并的方式进行重组，重组后拟定名“江苏金陵农村商业银行股份有限公司”。

重组后的农商银行管理体制是一项重大议题，不仅涉及经营方向，而且关系到能否健康发展。农村信用合作联社改革重组推进工作领导小组曾多次专门召开会议进行研讨。根据新组建的农商银行为“三农”和地方经济服务的定位和原则，在9月11日，农信社重组推进领导小组办公室主任杨中南主持召开的会议上，重点研究农商银行的体制模式、筹建阶段干部抽调等问题。会议明确，筹建组下设五个小组，其中，综合组陶正国负责，制度建设组黄维平负责，清查核资组刘广生负责，科技支撑组和后勤保障组汤宇负责，并开始集中办公。

三、产权确认工作的基本完成

厘清家底、核查资产是筹组农商银行整个工作的重要一环。由于过去乡镇农信社根植农村，不少房产、地产权属不清，许多信用社没有办理房产、土地使用证，带来重组的诸多问题。2009 年 3 月 13 日，市政府组织召开南京市农村信用社改制资产处置工作会，研究、部署农村信用社办理房产“两证”工作。会议由翁国玖秘书长主持，沈健副市长、相关区政府、市发改委、市建委、市规划局、市国土局、市房产局、市建工局、市工商局、市公安局分管领导及市区、六合区、浦口区、江宁区联社理事长出席会议。会议要求，各区政府和各部门加强沟通、全力配合、相互协作，在符合法律法规和行业政策的前提下，简化办理手续，尽快厘清各农信社所有房地产的权属，明晰产权关系，办理“两证”。各信用联社要指派专人积极与相关政府、部门联系，主动配合做好“两证”办理工作。六合区、浦口区和江宁区联社由所在区政府牵头做好办理“两证”工作，市区联社由市属相关部门牵头做好此项工作。市发改委、区发改局为协调部门，确保 4 月底前完成信用社房地产权属确认，权属清晰符合条件的房地产要完成“两证”办理。

6 月 3 日，在相关部门的支持配合下，全市 123 家信用社房地产权属确认工作基本完成。9 月 16 日，南京农村商业银行筹建工作领导小组办公室主任会议召开。会议由杨中南主持，陶正国、黄维平、刘广生、汤宇出席会议，会议主题是讨论制定筹建期的工作内容及计划安排，召开了筹备工作动员会，从 4 家联社抽调的 25 名业务骨干参加动员会议。

9 月 22 日，南京农村商业银行筹建工作领导小组第一次会议召开，听取筹建工作领导小组办公室关于筹建前期工作的进展、存在的问题的汇报，并就下一阶段的工作做了布置。市委常委、常务副市长、筹建组组长沈健出席并讲话；省联社副理事长、主任、筹建组组长王明津重点就南京农商行组织架构的选择做了具体分析和评价。

9 月 27 日、10 月 9 日和 10 月 14 日，筹建工作领导小组办公室分别召开第二、三、四次办公会议，对筹建期间会议制度、印章管理办法、考勤制度暂行办法、财务费用制度等内部管理制度进行审议讨论；确定清产核资阶段性工作时间安排；部署召开社员代表大会、清产核资、“两证”扫尾工作等。10月15日，筹建工作领导小组办公室组织4家联社相关人员进行清产核资前期培训，为即将开展的清产核资做好准备。

10月底，中天银会计师事务所有限责任公司江苏分所入场，对各联社及所属信用社、分社全部资产逐一核实。至12月中旬，分别出具《清产核资报告》。

与此同时，4家联社分别召开了社员代表大会临时会议，审议筹建工作领导小组关于合并重组的提案。10月24日，六合区联社召开第二届社员代表大会临时会议；10月26日，浦口区联社召开第二届社会代表大会第五次（临时）会议；10月27日，市区联社召开第二届社会代表大会第三次（临时）会议；10月28日，江宁区联社召开第四届社员代表大会第三次（临时）会议。各联社社员代表大会均表决通过新设合并发起设立江苏金陵农村商业银行股份有限公司（暂定名）的提案，并就筹建工作方案、成立筹建工作小组、资产评估和净资产处置等方案提出若干建议。

四、农商银行筹建小组建立

2009年10月29日，南京市政府印发《关于成立江苏金陵农村商业银行股份有限公司（暂定名）筹建工作小组的通知》。筹建工作小组组长由市委常委、常务副市长沈健，省联社副理事长、主任王明津担任，副组长由市政府副秘书长翁国玖、市发改委主任黄澜担任，成员有市委组织部副部长郑跃奇，市发改委副主任杨中南，市工商局副局长卓兆彭，市政府国资委副主任张洪彩，市财政局副局长钱建宁，市国土局副局长于广思，市国税局副局长林岗，市地税局党组成员，局长助理陈奇，市房产局助理巡视员赵正明，江宁区委常委，副区长戴华杰，浦口区委常委，常务副区长胡洪，六合区委常委，常务副区长赵云翔，南京市区联社理事长陶正国，江宁区联社理事长黄维平，浦口区联社理事长刘广生，六合区联社理事长汤宇。筹建工作小组下设办公室，杨中南兼任办公室主任，陶正国、黄维平、刘广生、汤宇兼任办公室副主任。筹建工作小组办公室内设综合组、制度建设组、科技建设组、清产核资组和股权工作组，负责组建的具体工作以及组建期间的管理工作。

11月2~30日，筹建工作领导小组办公室主任办公会连续召开了第六至九次会议，启动清产核资及处置工作，筛选备选行名，考察银行选址，研究联社过渡期间考核方案，完善机构设置组织架构，推进清产核资工作。在 11 月 30 日召开的第九次筹建会议上，确定了“江苏紫金农村商业银行股份有限公司”的行名。

11 月底，各联社清产核资和资产评估工作顺利结束。中天银会计师事务所有限责任公司江苏分所和南京银东资产评估事务所有限公司分别出具了四家机构和汇总的《清产核资报告》《整体资产评估报告》和《财务审核报告》，并经筹建工作小组、中天银会计师事务所有限责任公司江苏分所、南京银东资产评估事务所和四家机构四方确认，出具了《净资产确认书》。至清产核资基准日，四家机构资产总额为 4020615.24 万元，负债总额为 3831166.23 万元，净资产为 189449.02 万元，其中：股本金 120710.73 万元，一般准备金 36981.83 万元，未分配利润 20560.46 万元。

12 月 1 日，江苏省工商行政管理局核准“江苏紫金农村商业银行股份有限公司”名称备案。

12 月 7 日和 21 日，筹建工作领导小组办公室主任办公会召开第十次、十一次会议，按照省联社批示确定四家联社 2009 年股金分红方案，部署年终结算日工作，成立股权工作组。

12 月 16 日，筹建工作小组向江苏银监局提出验收申请。12 月 23~30 日，江苏银监局谭震祥副局长率验收组一行 40 余人，对四家联社组建农商行清产核资暨筹建工作进行验收。清查、核实了四家机构资产、负债、所有者权益，审核了中介机构出具的《清产核资报告》《整体资产评估报告》《财务审核报告》《净资产确认书》。验收小组肯定了筹建前期的准备工作，认为程序合法合规，清产核资结果基本上真实地反映了四家机构资产、负债、所有者权益和风险状况，净资产分配意见符合有关规定，出具了《验收意见书》，对验收工作中发现的有关问题提出了整改意见。各联社根据验收小组提出的整改意见，认真进行了整改。12 月 30 日，顺利通过江苏银监局检查验收。

在监管部门指导下，筹建工作小组根据设定的紫金农商银行注册资本 20 亿元，对老股东转入及需要新增总股份的差额，按照依法、公正、透明原则，制定了征集股金方案，拟定了征集发起人说明书，与 390 个企业法人和 6425 个自然人达成了 20 亿元股金募集意向，并签订了发起人协议书。2010 年 1 月 5 日，江苏银监局会同筹建组成员，以及 4 家联社相关人员召开清产核资对接会，通报了 4 家联社清产核资情况以及信贷五级分类调整情况。会后，4 家联社根据银监局整改工作要求，抓紧落实并完成整改工作。

2010年初，4家联社分别召开年度社员代表大会，通过了2009年度股金分红方案，按股本总额的12%进行2009年度分红并转增股本。四家联社股金1207107292.03元，其中无法确认身份的社员股金2144473.03元在分红后转入其他应付款，剩余股金1204962819元按12%分红转增股本，金额为144595538.28元，对不足一元的421.28元进行现金分红，转增股本金额144595117元。根据清产核资和资产评估结果，筹建工作小组出具了净资产分配意见，4家机构及时根据分配意见形成净资产分配方案：市区联社老股东股金按照1∶1.452，江宁区联社按照1∶1，浦口区联社按照1∶1，六合区联社按照1∶1.3919比例在自愿原则上全部转为紫金农商银行股份，4家机构合计转入紫金农商银行总股份为1662258468股。

2010年1月11日，第十二次紫金农商银行筹建工作领导小组办公室主任办公会议召开。议定总行选址、名称，净资产分配，股金分配，签订发起人协议书，筹建过渡时期信贷、财务、人事方面的管理等事项。

2010年1月26日，经市政府批复，银监会审批，拟新设合并发起设立的“江苏金陵农村商业银行股份有限公司”名称正式变更为“江苏紫金农村商业银行股份有限公司”。根据《中国银监会关于农村中小金融机构行政许可事项实施办法》和《关于农村合作银行、农村商业银行市场准入监管有关问题的通知》等文件要求，筹建工作小组在完成了筹建的各项前期准备工作后，及时形成筹建申请材料，报经江苏银监局审核通过后，于3月30日向银监会提出《关于筹建江苏紫金农村商业银行股份有限公司的请示》。7月12日，银监会下发《关于筹建江苏紫金农村商业银行股份有限公司的批复》，正式批准同意筹建江苏紫金农村商业银行股份有限公司，并同意紫金农商银行筹建工作方案和筹建工作小组人

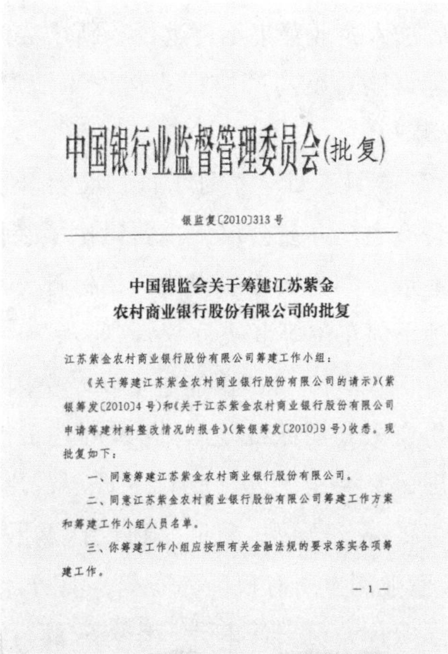

中国银行业监督管理委员会(批复)

银监复〔2010〕313号

中国银监会关于筹建江苏紫金农村商业银行股份有限公司的批复

江苏紫金农村商业银行股份有限公司筹建工作小组：

《关于筹建江苏紫金农村商业银行股份有限公司的请示》(紫银筹发〔2010〕4号)和《关于江苏紫金农村商业银行股份有限公司申请筹建材料整改情况的报告》(紫银筹发〔2010〕9号)收悉。现批复如下：

一、同意筹建江苏紫金农村商业银行股份有限公司。

二、同意江苏紫金农村商业银行股份有限公司筹建工作方案和筹建工作小组人员名单。

三、你筹建工作小组应按照有关金融法规的要求落实各项筹建工作。

— 1 —

中国银监会关于筹建紫金农商银行的批复

员名单，要求筹建工作完成后，按有关规定和程序申请开业。按照银监会的规定和要求，筹建工作小组起草了《江苏紫金农村商业银行股份有限公司章程》，制定出主要管理制度、内部职能部门设置方案、经营方针及规划和办理营业场所相关权证和合格证、推荐董事和监事候选人、落实创立大会等各项准备工作、披露筹建期间经费使用审计报告等。

1月29日，召开第十三次筹建工作领导小组办公室主任办公会议。议定总行网点价格商谈事宜，研究净资产分配、4家联社2009年四季度股金分红及征集发起人事宜，讨论筹建期间4家联社退休、内退人员管理事宜，明确清产核资组人员调整事宜。2月21日，召开第十四次筹建工作领导小组办公室主任办公会议，议定总行网点购置、装潢事宜，布置年度社员代表大会召开及新增入股股金定价事宜，研究对4家联社人事、财务、风险管控等问题。

3月3日至4月26日，筹建工作领导小组办公室主任办公会先后召开了第十五至十九次工作会议，讨论清产核资组及股权工作组有关发起人协议书、征集发起人说明书、增资扩股预案、征集股金方案等材料；审议制度建设组初步拟定的相关管理办法、审议筹建期间的4家联社财务、信贷管理规定；布置原自然人股、法人股和新增员工股、法人股相关材料收集工作；明确法人企业募集不再进行，新增法人企业股应保证市政府平台10%比例；议定订购总行房产协议；讨论了清产核资组、股权工作组人员调整、分工等事项。

5月5日至7月1日，又召开了第二十至二十四次筹建工作领导小组办公室主任办公会议，主要讨论了装修工程招标工作进度安排、变更中心机房地址、办公大楼项目代理招标评分细则、办公大楼装潢设计、购置办公大楼地下停车位等事项。

7月12日，银监会下发《中国银监会关于筹建江苏紫金农村商业银行股份有限公司的批复》，同意筹建工作小组正式开展具体工作。为加快筹建进展，7月26日至11月25日，召开第二十五至二十八次筹建领导小组办公室主任办公会议，研究、讨论认购股份和验资前相关准备工作，布置“三证”（营业网点所有权证和安全、消防合格证）自查工作，研究4家联社高管、中层管理人员离任审计工作，农商行管理模式和部门职能设置，审议紫金农商银行组织架构及相关经营模式的相关设置，讨论四家联社2011年度员工招聘工作，审议六合联社《关于从“大学生村官”中定向招聘人才的请示》等。

12 月 1~15 日，在短短半个月内，筹建工作领导小组办公室又相继召开第二十九至三十三次 5 次主任办公会。集中审议了《关于召开江苏紫金农村商业银行股份有限公司创立大会暨第一次股东大会的请示》文件，讨论开业、创立大会时间，明确发起人股金款项到位时间，推进 CIS 设计工作，开展总行队伍建设工作；讨论筹建工作小组办公室内部机构调整、筹建期间财务信贷管理、选举首届监事会职工监事材料，拟定四家一级支行和相关部门岗位意向调查表、验资前相关准备工作、总行临时办公大楼选址、总行新办公大楼装修等事项，对总行和一级支行内设职能部门设置、总行临时办公网点租赁等事项进行研究。

12 月 13 日，紫金农商银行筹建办职工会议召开。会议通过了《紫金农商银行筹建办推选紫金农商银行职工代表大会职工代表办法》，并票选出黄维平、解自来、张意如、陶正国、汤宇、刘广生、金松、林盛、段向宁、谢波等十位同志为紫金农商银行职工代表大会职工代表。

五、创立大会暨第一次股东大会召开

2010 年 12 月 6 日，省联社下发《关于召开江苏紫金农村商业银行股份有限公司创立大会暨第一次股东大会的批复》，并提名相关高级管理人员候选人名单。12 月 16 日，召开紫金农商银行（筹）职工代表大会。会议通过了《紫金农商银行人力资源管理暂行办法》《紫金农商银行首届监事会职工监事选举方案》，并通过投票方式选举出陶正国、林正洋、吴亚萍三位同志为紫金农商银行首届监事会职工监事。

12 月 13 日，20 亿元注册资本金由发起人全部认缴到位，并由筹建工作小组委托中天银会计师事务所有限责任公司江苏分所进行验资。验资机构确认股东入股资格、出资金额、出资比例等符合有关监管规定，并出具了《验资报告》；召开筹建办职工会议，审议筹建办推选职工代表大会职工代表办法（草案），选举职工代表大会职工代表。

12 月 26 日，紫金农商银行创立大会暨第一次股东大会顺利召开，出席会议的发起人（股东）及股东代理人共 222 人，代表有表决权的股份总数为 1224246183 股，占股份总数的 61.21%。审议通过《江苏紫金农村商业银行股份有限公司筹建工作报告》《章程（草案）》《股东大会议事规则（草案）》《董事会议事规则（草案）》《监事会议事规则（草案）》《2011~2013 年经营

发展规划（草案）》《关于支持“三农”发展和明确2011~2013年涉农贷款比例的规划（草案）》《股东大会对董事会授权、重要公司治理及管理制度（信息披露暂行办法）》《独立董事管理办法》《关联交易管理办法》《授权管理办法》《董事、监事薪酬制度》《首届董事会董事选举办法（草案）》《首届监事会非职工监事选举办法（草案）》《提名首届董事会董事候选人的提案》《关于提名首届监事会非职工监事候选人的提案》等。根据股东大会通过的选举办法，产生了第一届董事会和监事会组成人员。

2011年1月10日和1月24日，筹建工作领导小组办公室召开了第三十四次、三十五次和最后一次主任办公会议，研究2011年上半年员工工资预发、总行人力资源部负责人人选等事项及一级支行大额费用列支、春节福利费发放、总行中层干部竞聘等事项。

1月11日，筹建工作小组向江苏银监局提交《关于江苏紫金农村商业银行股份有限公司开业的请示》《关于江苏紫金农村商业银行股份有限公司拟任董事、监事长及高级管理人员任职资格进行审核的请示》《关于江苏紫金农村商业银行股份有限公司分支机构开业的请示》和《关于李昌盛等90名高级管理人员任职资格审核的请示》，分别获得江苏银监局批复同意。

3月17日，紫金农商银行筹建工作汇报会如期召开。市发改委、市经信委、市住建委、市科技委、市财政局等相关部门和区单位参加了会议。会上，紫金农商银行与南京市民营经济协会、南京市农业龙头企业协会签订战略合作协议。

2011年3月17日紫金农商银行筹建工作汇报会现场

第二节　构建符合时代发展的商业银行机制

一、建立职责清晰的内控架构

"春拂金陵，紫金生辉。"

2011年3月28日，紫金农商银行开业庆典隆重举行，江苏省委省政府及相关部门、南京市委市政府及相关部门、人行南京分行、银监局、省金融办、省联社等领导，省内金融同业单位领导，紫金农商银行董事会、监事会全体成员，各支行行长，省市电台、电视台、网络媒体、《金融时报》《南京日报》《金陵晚报》等新闻媒体参加了开业庆典。

经监管部门和工商部门批复，江苏紫金农村商业银行股份有限公司（简称"紫金农商银行"）为机构法定名称，英文名"Jiangsu Zijin Rural Commercial Bank CO.，LTD."（简称"Zijin Rural Commercial Bank"）。性质为股份制农村商业银行，设立方式为发起设立。原4家联社部分社员及新吸收的企业法人股东作为发起人认购紫金农商银行全部股份，注册资本金为人民币20亿元。注册地为南京市中山南路368号（2011年12月28日，乔迁至河西中央商务区总部新大楼）。

股东大会是紫金农商银行的权力机构，设董事会，对股东大会负责。董事会是股东大会的执行机构和紫金农商银行的经营决策机构。董事会的职责是：确保建立并实施充分有效的内部控制体系，并定期检查、评价执行情况；确保紫金农商银行在法律和政策的框架内审慎经营，明确设定可接受的风险程度，确保高级管理层采取必要措施识别、计量、监测并控制风险；审查批准紫金农商银行整体经营战略、内设组织架构的设置，任命高级管理层；负责保证高级管理层对内部控制体系的充分性与有效性进行监测和评估。紫金农商银行章程规定，董事会例会每季度至少召开1次，经规定程序可召开董事会临时会议，设董事15人，其中独立董事5人，股权董事6人，执行董事4人，每届任期3年，由股东大会选举和更换。董事会设董事长1人，由董事会选举与罢免。董事长为紫金农商银行法定代表人。

经2010年12月26日创立大会暨股东大会第一次会议提名选举，张亚波、李金亮、季昌群、陆加芳、孙小明、陈宝龙、陈永富、白世春、徐大胜、李心丹、黄维平、解自来、张意如、胡晓宁等14人为紫金农商银行首届董事会董事，其中陈永富、白世春、徐大胜、李心丹为拟任独立董事，1名暂缺。

选举薛炳海、花伟、沙庆林、高波4人为非职工监事，其中沙庆林、高波2人为拟任外部监事。

董事会下设发展战略委员会、关联交易控制委员会、风险管理委员会、薪酬与提名委员会、审计委员会等5个委员会。董事会及董事会风险管理委员会、高级管理层及相关风险管理委员会、风险管理部门和内部审计部门等构成紫金农商银行风险管理的基本架构。首届发展战略委员会由黄维平任主任委员，张亚波、解自来、陈宝龙为委员；关联交易控制委员会由白世春任主任委员，季昌群、陈宝龙、张意如为委员；风险管理委员会由陈永富任主任委员，孙小明、黄维平、李心丹为委员；薪酬与提名委员会由李心丹任主任委员，李金亮、胡晓宁、孙小明为委员；审计委员会由徐大胜任主任委员，陆加芳、胡晓宁、李金亮为委员。

紫金农商银行首届董事会第一次会议选举黄维平为紫金农商银行董事长；经董事长提名，监管部门核准，会议聘任张意如为紫金农商银行行长；经行长提名，聘任汤宇、孔小祥和刘广生为紫金农商银行副行长、胡建为计划财会部副总经理（主持工作）、林正洋为合规管理部总经理、徐进为审计稽核部副总经理（主持工作）。经营管理层下设资产负债管理委员会、授信审核管理委员会、贷款审查委员会、考核管理委员会、财务审批委员会、资产处置管

2010年12月26日紫金农商银行召开首届董事会第一次会议

2010年12月26日紫金农商银行召开首届监事会第一次会议

理委员会、反洗钱领导小组、价格管理委员会、科技开发委员会、业务创新委员会等。

高级管理层负责组织实施股东大会、董事会决议事项，主持全行经营管理内部控制工作：负责执行董事会决策；负责对内部控制体系的充分性与有效性进行监测和评估；建立和完善授权与责任明确、报告关系清晰的组织结构，保证内部控制的各项职责得到有效履行；建立识别、计量、监测与控制风险的程序与措施，确保能够及时有效地纠正内部控制存在的问题；建立内部控制责任追究机制，保证内部控制各项职责得到有效履行，并承担处理不力的责任。

监事会对股东大会负责，履行内部控制监督职责：监督董事会及董事、高级管理层完善内部控制体系；监督董事会及董事、高级管理层及高级管理人员履行内部控制职责；有权要求董事会、高级管理层纠正损害行利益的行为并监督执行。监事会例会每年至少召开4次，必要时按程序可随时召开。监事会建立并实施监事选举办法、监事会会议制度和议事规则等制度，明确职责。监事会设成员7人，其中职工监事3人，非职工监事4人（其中外部监事2人）。职工监事由职工代表大会选举产生，非职工监事由股东大会选举产生。监事会每届任期3年，可连选连任。监事会设监事长1名，由监事会选举产生与罢免。监事会下设财务监督委员会、履职尽职考核评价委员会、提名委员会。

12月26日，首届监事会第一次会议召开，选举陶正国为监事长，并成立了履职尽职考核评价委员会、财务监督委员会、提名委员会等3个监事会专门委员会，经投票选举，高波、花伟、吴亚萍为履职尽职考核评价委员会委员，高波任主任委员；沙庆林、薛炳海、林正洋为财务监督委员会委员，沙庆林任主任。

二、实行总行—一级支行—二级支行—分理处模式

紫金农商银行组织架构实行总行——级支行—二级支行—分理处模式，总行设在南京市建邺区梦都大街136号。一级支行的划分以原联社为片区的经营管理单位，实行差别授权、集中考核。按照高效、精简、安全、适用的原则设计，每一片组有若干支行，其中原区联社作为一级支行，原信用社为二级支行，原信用分社为分理处。一级支行内设办公室、业务发展部、业务管理部、风险管理部、财务会计部。经营范围包括：吸收公众存款，发放短期、中期和长期贷款，办理国内结算，办理票据承兑与贴现，代理发行、代理兑付、承销政府债券，买卖政府债券、金融债券，从事同业拆借，从事银行卡业务，代理收付款项及代理保险业务，提供保管箱服务及经中国银行业监督管理委员会批准的其他业务。2011年末，全行122家营业网点（一级支行4家、二级支行91家、分理处27家）、16个总行内设职能部门和9大业务中心。

为建立起产权明晰、股权结构符合监管要求的金融企业，紫金农商银行组建后努力建立健全决策、执行、监督相制衡的法人治理结构，建立内部控制、激励约束有效的组织机构、经营管理机制。立足三农、城乡市民和中小企业，提升金融服务水平，完善服务功能，拓宽服务领域，增强发展后劲，确立市场化、集约化经营思想，提高综合实力和竞争能力，促进自身稳健、可持续发展。根据深化农村信用社改革试点方案，按照股权结构多样化、投资主体多元化原则，对原有合作制股权进行股份制改造，扩大入股范围、调整股权结构、提高入股额度，广泛吸收辖内农民、个体工商户和其他各类经济组织入股。

三、实行同股同权同利

紫金农商银行注册资本20亿元，根据资本金来源和归属，设置自然人股和法人股，股份划分为等额股份，每股面额为人民币1元，实行同股同权同利的原则。在社员股金的处置方面，根据有关政策规定和评估机构对四家联社分别出具的资产、负债、所有者权益评估（以2009年9月末为基准日）认定报告，对四家联社清产核资基准日的原股金在清产核资、资产评估并量化

的基础上按照自愿原则转为紫金农商银行股份；对清产核资基准日后转增股本部分按 1∶1 的比例，根据自愿原则转为紫金农商银行股份；对暂时无法确认身份的股金，经法定公告程序后仍无法确认的，转入其他应付款科目待后处理；对不愿意入股紫金农商银行的四家联社的原社员股金，或不符合本次征集发起人条件的，予以退股。

联社原社员股金在清产核资基础上量化为紫金农商银行的股份，上述社员以及新增投资者作为发起人。重组时募集的资金全部作为紫金农商银行资本金，以提高资本充足率，增强抗风险能力。新发起人为境内自然人、具有法人资格的金融机构和非金融企业，新增单个法人认购紫金农商银行股份起点为 1000 万股，单个法人及其关联方合计投资入股比例不得超过紫金农商银行股份总额的 10%。股金出资方式，以货币资金认缴并一次性缴足，不得以债权、实物资产、有价证券等折价入股。

根据对四家联社清产核资、资产评估数据和经营效益的综合分析评估以及对今后业务发展和风险防范形势的预测，遵循《中国银行业监督管理委员会农村中小金融机构行政许可事项实施办法》中“注册资本不低于 1 亿元人民币”“资本充足率不低于 8%”的规定，制定《江苏紫金农村商业银行股份有限公司征集股金方案》《江苏紫金农村商业银行股份有限公司征集发起人说明书》。筹建工作小组拟订《紫金农商银行发起人协议》文本，组织签订《发起人协议》，由发起人承诺股份认购数额，法人企业同时提交其权力机构同意投资入股紫金农商银行的决议。由发起人认购全部股份。股东的资格应符合《中国银行业监督管理委员会农村中小金融机构行政许可事项实施办法》。银监会批准筹建后，在筹建工作小组确定的期限内，原四家联社社员股金按折股结果自愿转为紫金农商银行股份，新发起人将所认购的股份资金一次性划交至指定账户内，由筹建工作小组聘请中介机构进行验资。紫金农商银行依法成立后，向股东签发紫金农商银行的记名股权证书。

关于未来股利分配政策，紫金农商银行董事会结合有关监管要求，根据盈利状况提出利润分配方案，并经股东大会审议通过后执行。紫金农商银行缴纳所得税后的利润按下列顺序分配为：弥补本行以前年度亏损；提取法定盈余公积金，按税后利润不低于 10% 的比例提取；提取一般准备；提取任意盈余公积金；按股份向股东支付红利。

根据监管规定，紫金农商银行章程明确，法人股总额不低于股份总额的

60%（单个法人及其关联企业持股总和不得超过股份总额的10%），持股比例超过5%的须报经银行业监督管理机构审批确认方可；自然人股不超过股份总额的40%（单个自然人股东持股比例不得高于总股份的2%，员工股总额不得超过股份总额的10%）。

经中介机构验资确认，紫金农商银行共有企业法人股东390户，认缴股份1247500231元，占股份总额的62.38%；自然人股东6415人，认缴股份752499769元，占股份总额的37.62%。遵照监管部门要求，将原来放入外部自然人的退休职工、职工家属等人员全部纳入内部员工股后，股东户数及结构具体变化情况为：外部自然人股东户数由原来的4716户调整为4056户，减少660户，金额由567116119元调整为528384993元，占总股份比例由28.36%调整为26.42%，其中跨社入股合并计73户，金额为35554667元；员工股东户数由原来的1720户调整为2369户，增加649户，金额由185383650元调整为224114776元，占总股份比例由9.27%调整为11.20%，其中跨社入股合并计23户，金额为9110060元。[①]

最大单户自然人发起人为朱定郎，认缴股份2267850元，占股份总额的0.11%；最大单户企业法人股东为南京紫金投资控股有限责任公司，认缴股份123400292元，占股份总额的6.17%；最大单户企业法人与其关联企业合计认缴股份199964000元，占股份总额的9.998%。

遵照《公司法》《商业银行法》《国务院关于印发深化农村信用社改革试点方案的通知》《股份制商业银行公司治理指引》《股份制商业银行独立董事和外部监事制度指引》《农村商业银行管理暂行规定》《中国银行业监督管理委员会农村中小金融机构行政许可事项实施办法》等法律、法规和政策的要求，紫金农商银行按照现代企业制度要求，建立以股东大会、董事会、监事会、经营管理层等为主体的公司治理运行架构，构建权力机构、决策机构、监督机构和经营管理层之间的制衡机制，并形成规范的法人治理结构运作制度体系，实现产权的有效约束和决策的民主化、管理的科学化。

四、健全内控机制，防范金融风险

为完善公司治理，健全内控机制，防范金融风险，保障紫金农商银行持续、稳健、快速发展，陆续制定了26项公司治理和内部管理制度，主要包

---

① 中天银会计师事务所：《关于紫金农商银行验资的报告》2011年12月。

括：《股东大会议事规则》《董事会议事规则》《监事会议事规则》《独立董事制度》《董事会发展战略委员会工作细则》《董事会关联交易控制委员会工作细则》《董事会风险管理委员会工作细则》《董事会薪酬与提名委员会工作细则》《董事会审计监督委员会工作细则》《监事会履职尽职考核评价委员会工作细则》《监事会财务监督委员会工作细则》《授权管理办法》《信息披露暂行办法》等。

在制定章程和公司治理制度基础上，进一步强化和规范内部管理，防范经营风险，将统一内部管理制度、迅速搭建内部管理制度框架作为首要任务。根据南京市区域经济发展的现状及趋势，结合紫金农商银行“服务三农、服务中小、服务城乡”的市场定位，为全面提升公司核心竞争力和可持续发展能力，努力实现中国农村商业银行品牌的目标，制定了《紫金农商银行2011~2013年经营发展规划》。

2011年末，全行初步形成了包括人力资源管理办法、信贷管理办法、财务管理办法、会计基本制度、稽核工作办法、安全保卫工作管理办法、信贷客户统一授信管理办法、个人授信管理办法、小企业授信管理办法、信贷资产风险分类管理办法、业务经营目标奖惩办法、劳动工资分配实施方案、大宗物品采购管理办法、重大事件报告制度、资金管理办法、利率定价管理办法、票据贴现业务管理办法、计算机网络安全管理办法、营业网点安全管理规范、干部离任稽核制度、强制性休假和离岗审计制度等在内的涵盖人力资源、风险控制、安全保卫、业务管理与操作等多方面的规章制度，构建起对风险的事前防范、事中控制、事后纠正与化解的动态过程控制机制。

第三节　加强新机制和企业文化的融合

一、加强班子建设，打造坚强领导核心

为加强党的领导，推动现代化股份制商业银行机制和企业文化的融合，紫金农商银行在建立后不久就在上级党委和中共南京市委组织部的帮助下，建立了中共紫金农商银行委员会。各级党组织的建立，使全行各项工作的开展有了坚强有力的核心。通过深入学习贯彻邓小平理论、“三个代表”重要思想和科学发展观，学习贯彻党的十八大和十八届三中全会精神，深入开展党的群众路线教育实践活动，加强对党员干部思想的引领，统一认识，统一思

想，坚定党员干部中国特色社会主义的信念，指导实践，推动各项工作的进步。按照现代公司治理结构要求，完善公司治理机制，健全股东大会、董事会、监事会制度，采取有效措施加快经营管理制度的建设，科学规范议事制度和决策程序，适应专业化转型，以尽快形成竞争优势。

2011 年 3 月，紫金农商银行党委和纪委同时成立，辖有城中、江宁、浦口、六合 4 家一级支行党委及总行机关党总支（71 家党支部）。总行党委建立后，以加强班子建设、打造坚强领导核心为重点，通过组织领导干部参加研修班、党校学习班，全面提升党组织和党员干部的素质。围绕“三个代表”重要思想和科学发展观，深入开展社会主义核心价值观的学习和培训，动员全体党员干部锐意改革，勤奋工作，廉洁自律，形成发展合力，在磨合中适应，在融合中提升，实现“改革有序，发展稳健，过渡平稳”。

总行党委严格落实中心组学习制度，推进“四好”班子建设。自学与集中学习相结合，在各支部推行党课活动，开展了总行到一级支行、一级支行到二级支行的两级班子成员下基层上党课活动，实现党员上党课“全覆盖”。将学习教育与创建“四好”班子、“五好”团队活动相结合。认真扎实开展创建“四好”班子、“五好”团队活动回头看工作，找准全行党建工作与业务发展的结合点，加强分析研究、综合判断。咬定目标，严格按照时间节点要求，序时推进，确保全年各项目标任务如期完成，全行党建和提高思想工作科学化水平相结合，大力加强思想建设、干部队伍建设、党风廉政建设，着力提高党员领导干部的素质。

在完善党委自身建设制度的基础上，通过民主生活会、党建工作季度例会等形式召开座谈会，规范了两级班子的党支部建设、工作职责及党员自身目标管理，提升了党委自身建设水平和党委服务的增加值。结合“四好”领导班子创建，提升班子领导力。将党建工作与“四好”领导班子建设工作紧密结合。积极探索创建活动规律和方法，在分析班子现状、查找存在问题、落实整改措施中推动创建工作深入开展，打造出政治素质好、经营业绩好、团结协作好、作风形象好、团结和谐、有凝聚力和战斗力的坚强领导集体。通过执行领导干部挂钩联系点和接待日制度，提升领导班子服务意识，推行领导班子成员与基层联系常态化，切实改进领导班子工作作风，创“四化”管理团队，建“五带头”党员队伍。按照“干事有激情、做事高标准、遇事敢负责、处事能坚韧”要求，打造出了“革命化、年轻化、知识化、专业化”

的管理团队。按照“五带头”要求，加强党员的教育、培训、管理、监督和服务，保持党员的先进性、纯洁性，充分发挥党员的先锋模范作用。

深化学习型组织建设，开展创先进基层党组织、优秀党务工作者活动，加强对基层党务工作指导。利用重大纪念活动之机，表彰先进基层党组织、优秀党务工作者、最美共产党员、优秀共产党员。以先进模范做引领，把好党员发展关。在主流媒体开展“营销之星”和“服务之星”巡礼活动，通过员工评，大家学，广宣传，树立员工身边的先进典型，激发正能量，促进新发展。

总行党委高度重视和支持工会组织在维护职工合法权益、保障队伍稳定、丰富员工业务生活等方面开展工作。按照党群共建的要求，工会、共青团、妇女联合会与党组织建设工作齐头并进，开展了富有成效的特色活动。建立和完善共青团工作制度，组织才艺表演大赛和知识竞赛，展示员工精神风貌，在提升人员素质、加强团队协作、丰富业余生活等方面发挥积极作用。弘扬奉献精神，倡导爱岗敬业。

二、开展有特色的企业文化活动

紫金农商银行建立在原四家联社的基础之上，初创之时无论是人员构成、办事程序还是行为习惯、思想意识都存在较大的差异。为彰显现代商业银行品牌风范，按照“高标准、高层次、高品位”的要求，总行在筹建时就广泛动员广大员工参与行徽、行服新标识和企业形象的设计。最后，采纳行内外专家和多数员工的意见，定紫、金二色作为全行标识的基本色。紫色，以红色融合农村信用社的绿色；金色，意味着前程光辉灿烂。新行徽、新标识、新行服的启用，增加员工对新机制、新行员对未来的憧憬。

在开业庆典前后，紫金农商银行编撰 VI、SI 等标准化手册并正式出台，原信用社按统一品牌形象，换上了紫金农商银行的新色调；同时，为抢占传媒资源，于 2011 年上半年利用《新华日报》《金融时报》《南京日报》、第三届中国（南京）金融博览会以及省、市电台（电视台）等多种媒体、载体进行形象和业务宣传，形成户外、报纸、广电等立体化宣传体系；加大对网点改造力度，开展网点门头更换及旧网点出新，全行 122 个营业网点、54 个自助服务区面貌焕然一新。

由于合并重组前四家联社制度设计、经营模式、文化沉淀、管理方法等都不尽相同，加快融合、倡导和谐，尽快渡过“磨合期”是当务之急，更是未来之需。“制度是砖瓦，再好的设计也会有缝隙；文化是泥浆，见缝插针，无处不在”。为推进农信文化向商业银行文化转变，紫金农商银行成立伊始，便在企业文化建设方面提出了崇尚分享、倡导创新、追求和谐的理念。以时代和行业发展趋势为依托，以“同分享、共成长”为指导理念的企业文化，让分享在员工中传播，在企业中渗透，融入社会。通过深入开展形式多样、丰富多彩的企业文化建设活动，引导广大员工更新观念、提高认识、树立形象，牢固树立效益、风控、和谐观念，在全行营造“同分享，共成长”的企业文化氛围，全力打造“生产快乐、创造幸福”的企业组织，积极推动紫金农商银行转型发展，朝着现代商业银行之路迈进。

崇尚分享，指的是员工和股东分享企业理念，加速员工对制度的适应以及对经营模式和管理方法的认可；让员工在工作中发挥聪明才智，分享品德和智慧，分享企业发展带来的财富增加，为股东增收益、为客户创价值、为员工谋未来；分享爱心与责任，助力地方发展，履行社会责任，分享成功后的喜悦，实现幸福美满、同富共赢的目标愿景。通过推行崇尚分享，倡导创新，追求和谐的核心价值观，使每一个员工在“同分享、共成长”的企业文化氛围的熏陶下，提升自身素质，以过硬的技术、优质的服务、良好的操守，为紫金农商银行的转型发展提供了强有力的保障，赢得了广大客户和社会公众的认可。

企业文化建设的开展，使员工亲身感受到作为紫金人的光荣感、归属感和自豪感，凝聚正能量，激发了高涨的工作热情，业务发展得到了强有力的推动。大力开展健康有益、积极向上、生动活泼、喜闻乐见的群众性文体活动，吸引员工广泛参与，积极营造良好的“同分享、共成长”企业文化氛围。深度挖掘才艺突出的人才，组建紫金艺术团，积极参加各类演出。定期组织员工外出疗养，开展龙舟比赛、羽毛球比赛、乒乓球比赛、扑克比赛、知识竞赛暨才艺展示大赛等活动，为员工搭建展示自我的平台。

在强调紫金农商银行 VI 视觉识别的同时，全行开始稳步推进机构扁平化改革，缩小各一级支行管理半径，不断提升管理效率。执行“一板二会三落实”，落实好限时办结制、首问负责制、效率督办制三项制度。践行“机关为基层服务，中后台为前台服务，全行为客户服务”服务文化理念，持续改进服务质量，树立了良好的社会形象。

三、实行人才兴行战略

员工是紫金农商银行的第一资源，是推动企业改革发展的决定性因素。

建行伊始，总行党委和董事会在人才使用上形成共识：不拘一格，量才适用，把合适的人放到合适的岗位，让想干事的人有机会，能干事的人有舞台，干成事的人有地位，推进成长文化与人才理念紧密结合。为落实“全面人才、全是人才”观念，总行人力资源部优化人才选拔、职业晋升、人才培训三项机制。通过合理配置人力资源，开展岗位公开竞聘，打通人才晋升通道，做到“人适其岗、人尽其才、才尽其用”。实施“首位晋升、末位淘汰”，干部能上能下，收入能高能低，岗位能进能出，促进人才全面发展。完善职业生涯发展规划，营造和谐的工作氛围，努力实现与员工“同分享、共成长”。

为完善用人机制，畅通引人、用人、培养、晋升等渠道，2011 年 6 月，紫金农商银行出台《江苏紫金农村商业银行股份有限公司员工教育培训管理暂行办法》，规定了员工培训的基本方法和基本培训体系，明确集中培训和自主学习相结合的形式，鼓励员工通过各种形式进行自学，引导员工自学成才。当年引进各类人才 171 名，其中 57% 以上具有研究生学历。全员知识结构、年龄结构得到优化。年末，员工数 1883 人，其中在岗员工 1725 人，其中，博士、硕士研究生学历 146 人，占全行员工人数的 7.76% ；大学本、专科学历 1287 人，占全行员工人数的 68.35% ；中专及以下学历 450 人，占全行员工人数的 23.90% 。

四、建立与企业发展相适应的薪酬管理制度

2011 年，干部人事管理的制度化和规范化工作同时推进。2011 年 6 月总行分别拟定《江苏紫金农村商业银行股份有限公司干部竞聘上岗暂行办法》《江苏紫金农村商业银行股份有限公司引进人才试用期考核暂行办法》《江苏紫金农村商业银行股份有限公司引进人才实施暂行办法》等办法，认真组织干部竞聘，建立人才培养联动机制，启动管理培训生计划，积极储备后备人才，强化员工交流轮岗，不断加强学习培训。按照现代化商业银行运作要求，制定《江苏紫金农村商业银行股份有限公司员工劳动合同制管理办法》，拟定、设计了新的劳动合同文本和履历表，当年全体员工均签订劳动合同。

为建立与企业发展相适应的薪酬管理制度，2011 年总行统筹原四家信用社联社的具体情况，制定《江苏紫金农村商业银行股份有限公司员工薪酬管理暂行办法》，开始实行统一的工资福利标准，重新梳理了基本工资发放、社会保险汇缴、公积金支取等流程，明确员工以岗定薪，按绩取酬，薪酬总量

与业绩相挂钩。在尊重历史、立足实际的前提下，完成全员定岗定级，建立薪酬等级体系，完善360考评体系，贯彻“首位晋升，末位淘汰”，落实“干部能上能下，岗位能进能出，收入能高能低”，激励约束机制基本适应过渡期改革发展要求。

第四节　夯实改革、创新、发展的基础

一、建立合规风险管理体系

本着“以客户为中心”经营理念，紫金农商银行以完善公司治理结构，建立分工明确、相互制衡、职责清晰、精简高效的内部管理机构为思路，实施全面制衡的风险控制，实行“一级管理、三级经营”，着力打造市场营销、风险控制、财务及监督和运营支持四大板块，充分发挥区域性银行的地域优势、网点优势和效率优势。

2011年，全行初步建立了以信用风险、操作风险和流动性风险管理为主的风险管理体系。通过制定和颁发《风险管理机制建设实施方案》，明确风险管理机制建设的阶段性目标、组织推动、部门职责和实施路径，厘清了风险管理水平思路。

根据银监会有关商业银行风险管理的要求，在2011年“合规文化建设年”中，总行通过成立制度建设工作领导小组，组织专门人员开展制度的修订和完善工作，共形成规章制度文件202个。所建制度基本覆盖公司治理、会计出纳、信贷管理、人事教育、安全保卫、风险防控、合规管理、办公文秘等经营管理各方面。按照“制度先行于业务，程序先行于操作”的内控管理要求，初步建立了符合业务发展的案件风险防控体系。同时，为方便全行员工及时“知规、学规”，总行还建立了制度查询系统和电子制度库。

为扩大风险管理的覆盖面，提高有效性，紫金农商银行在全行建立风险管理员和合规管理员队伍，实行全行风险信息的及时收集、汇总、分析和报告制度，确保风险信息在上下层级、部门之间有效传递。一级支行和二级支行定期向总行报送风险报告，总行通过对各部门、各支行风险报告的内容、报送频率的收集和分析，及时识别存在的风险状况，督促相关部门采取措施防范风险。

2011年，全行在风险管理条线有计划地开展了多项风险检查，包括信贷

风险分类偏离度检查、票据业务专项检查、统计数据录入质量检查、对公账户深度排查、“九种人”[①]的排查、“三项整治”[②]排查及信贷大检查等，有效提高了全行上下执行风险管理制度的自觉性，使风险管理工作落在实处。与此同时，采取外部培训和内部培训相结合的方式，有针对性地开展了业务培训活动。培训活动做到工作有计划、时间有保障，在培训方式上不断求新求变，并通过培训加考试的模式，强化各条线人员的管理意识，提高其业务技能。围绕流程银行建设的重点，通过外聘专家、邀请银监局、人民银行等有关专家来行进行重点辅导和授课，提升和强化员工管理水平。

二、确定电子化建设发展战略

21世纪是银行业务的电子化时代、网络化时代。为规划未来电子化发展道路，2011年3月紫金农商银行成立了科技管理委员会，下设科技信息部，负责全行信息化规划、业务需求分析与测试、外包管理、数据处理、信息系统运行维护。科技管理委员会作为全行金融电子化工作的技术顾问机构，对全行电子化建设及重大工程项目进行评议和审查，提供技术咨询，辅助总行领导决策。科技信息部负责全行网络系统的安全、运行、管理和研发。

科技信息部建立后，主要负责的事项：一是根据全行业务发展战略，制定全行信息化建设规划；拟定全行信息技术开发应用的年度计划，提出年度信息化建设目标并推动实施。二是对行内系统架构进行设计，制定清晰、高效、合理的系统架构；牵头组织对项目可行性、项目架构、技术方案、实施方案等进行分析及评审。三是扎口管理项目报批工作；制订项目研发计划，对项目调研、需求分析、系统设计、系统编码、系统测试、系统上线、项目验收进行全流程化管理和监督。四是扎口管理全行业务需求，按照需求管理流程进行需求调研、分解与开发，监督开发人员及时响应相关业务部门需求；跟踪反馈需求情况，做好与业务部门沟通工作。五是扎口管理全行项目和需求开发的测试工作，按照测试管理流程协调相关部门和人员做好项目和需求

---

① “九种人”指：（1）有“黄、赌、毒”行为的；（2）个人或家庭经商办企业的；（3）大额资金炒股、购买基金或彩票的（50万元）；（4）个人、家庭负债较大或在本行有贷款的（正常消费贷款、按揭贷款除外）（100万元）；（5）无故不能正常上班或经常旷工的；（6）交友混乱，经常出入高档消费场所的；（7）在职工作超过强制休假、轮岗规定时限的；（8）有不良记录或犯罪前科的；（9）授意、指使、强令下属违规办理业务的。

② “三项整治”指专项治理公务人员收送“红包”、礼金，超标准使用公务车，领导干部违规经商办企业等行为。

投产前的测试工作。

三、积极开拓市场，支持地方经济发展

2009年，以筹建紫金农商银行为契机，一手抓清产核资、重组改造，一手抓业务拓展，一着不让地做好各项业务工作。充分发挥服务“三农”的主力军作用，积极盘活资产存量，改进服务，促进“三农”和地方中小企业的发展。2010年，各联社进一步完善联社支付结算体系，相继开展电子银行“双过半”和“网上银行开户有礼”、POS机收单商户竞赛、圆鼎银行卡特惠商户等活动。市区联社争取并开通了南京供电局电费业务代收系统、代收南京电信通讯业务系统、雨花财政非税收代理等系统。在人行南京分行营管部等机构联合主办的第四届南京市民喜爱的银行卡评选活动中，市区联社圆鼎卡荣获了“农民工银行卡特色服务奖”，彰显了联社在支农惠农方面的成效。利用联社电子网络建设的进步，积极拓展同业资金业务合作范围，开展同业拆借、转贴现和再贴现、国债发行投标等业务。年内完成辖内144台POS机具、存取款一体机、自助设备ATMP系统、绩效考核系统、代收代付业务系统的升级，营运的同业资金发生额达345亿元，同业资金收入达1.49亿元，占收入总额的19.4%。当年，全行各项存款达508.74亿元，各项贷款329.69亿元，分别较上年增长23.2%和16%。其中，市区联社累计投放贷款95.5亿元，其中，涉农贷款余额为22.7亿元，中小企业贷款（1000万元以下）累计投放27.6亿元；担保贷款累计投放8.28亿元，办理商票贴现6.51亿元，实现收入1691万元；累计投放社团贷款1.15亿元，进一步巩固了农信社农村金融主力军的地位。

紫金农商银行开业后，全行一如既往地以支持地方经济发展为己任，积极参与社会主义新农村建设，拓展与第三方机构的合作，在进一步强化支农力度的同时，将农业贷款作为工作的重点，增加小微客户贷款投放，支持农业和地方企业的发展。

紫金农商银行内设机构按照相互协调和平衡制约要求，构建科学制衡的决策体系、富有活力的营销体系和有效的风险控制体系，打造市场营销、风险控制、财务及监督和运营支持四大板块。2011年，在组织专业市场营销、加大组织资金工作力度的同时，制定了专职营销人员管理办法，引进专职营销人员。公司业务部通过抓时机、抓考核、抓竞赛，不断加大宣传攻势，不断强化攻关力度，从而吸引了大量优质客户存款。为加强与政府有关部门协

2011 年 8 月紫金农商银行与南京市农业龙头企业“银企合作”对接会现场

调，6 月紫金农商银行与南京市民营经济协会联合举行融资推介会。8 月，为改善农村地区金融环境，启动“紫金快付通”工程。当月，在南京市农委举行的座谈会上，与 5 家市级以上农业龙头企业签订合作意向书，与无锡农商行、江南农商行、恒丰银行等 23 家金融机构建立合作关系，签订资金合作协议。月末，紫金农商银行第一期理财产品发行。9 月成功加入了全国银行间同业拆借中心、中央国债登记结算中心、全国银行间票据交易市场，本币交易系统与债券托管结算系统正式上线运行。12 月，成立国际业务部、投资入股高淳农商行（筹）、购置南京金融城意向房产、投资入股溧水农商行（筹）等。

个人存款是农商行客户存款的重要组成部分。紫金农商银行一方面紧紧抓住农村企业年终分配资金回笼较多的有利时机，开展了以抓好储蓄为重点的专项组织竞赛活动，挖掘储源，促进储蓄存款的增长；另一方面根据农村金融工作季度特点，将全年存款目标分解落实到各行，强化存款目标考核，稳固市场份额。广泛宣传“储蓄存款利率上浮到顶”“开门红进门有礼活动”“个人网银跨行转账免费”，吸引村镇客户存款。不断丰富银行卡的业务功能以及完善银行卡的自助服务，为居民储蓄存款提供优质服务。

“阳光信贷”是一项以强农富农惠农作为出发点的民心工程，旨在开辟一条“公开透明、规范高效、互惠互利”的信贷绿色通道。为不断推动“阳光信贷”标准化、流程化建设，提升“阳光信贷”质量和水平，2011 年紫金农

2012年12月13日南京市阳光信贷工作启动会在紫金农商银行召开

商银行将"阳光信贷"延伸到所有小微企业、个体工商户、专业大市场领域，为符合条件的小微企业主、公务员、教师提供一站式、普惠型金融服务。立足城乡存贷汇传统业务，大力拓展新兴中间业务；实施差异化经营，做大做强支农品牌，做好特色服务；加快产品开发和科技创新，不断满足客户需求，提升核心竞争力。

当年，紫金农商银行打造出全行首个个人高端信用贷款产品——精英时贷，将价格优势、效率优势变为竞争优势。推出的紫金财富理财产品品牌效应凸显，全年共发行个人理财产品 15 期、机构理财产品 14 期，发行规模 27 亿元。成功上线实物贵金属代销业务，丰富零售业务产品线，满足客户投资需求。

在全行员工的共同努力下，2011 年末，紫金农商银行各项存款余额 530.47 亿元，比年初增加 99.93 亿元，增幅 23.21%；各项贷款余额 321.30 亿元，比年初增加 46.62 亿元，增幅 16.97%。新增银行卡（含易贷通卡）18.5 万张，卡内存款余额 32.3 亿元；发展特约商户 886 户。资产质量优化：至 2011 年末，资本充足率 13.43%，同比增加 4.68 个百分点；核心资本充足率 11.76%，同比增加 3.59 个百分点。五级分类不良贷款余额 5.9 亿元，占比 1.84%，较年初下降 0.39 个百分点。盈利能力提升：截至 2011 年末，营业收入 27.7 亿元，同比增加 6.68 亿元，增幅 31.78%；营业支出 21.09 亿元，同比增加6.01亿元，增幅39.8%；全年实现账面利润6.64亿元，增长11.96%。

紫金农商银行2011与2010年主要业务数据统计对比

（单位：亿元、%）

指标名称	2011年末	2010年末
资产总额	592.84	546.46
各项贷款	321.30	274.67
负债总额	555.82	523.76
各项存款	530.47	430.54
所有者权益	37.21	22.69
资本充足率	13.43	8.75
核心资本充足率	11.76	8.17
资产负债比率	93.72	95.20
存贷款比例	60.57	63.81
不良贷款率	1.84	2.23
资本利润率	15.48	19.47
营业支出	11.88	9.71
利润总额	6.64	5.93
净利润	4.09	4.09
每股净资产（元）	1.86	1.68

四、构建完善的财务管理框架

为加强经营管理，充分发挥紫金农商银行一级法人的优势，总行在计划财务部设财务管理中心、资产负债管理中心、预算及绩效考核中心、统计分析中心四大中心，负责全行综合经营计划、财务管理、资产负债管理、经济资本管理、价格管理、统计管理、资本管理、绩效考核管理职能。财务管理中心负责全行财务核算、费用报销、财务报表、税收汇算清缴、股金管理、薪酬审核发放、资金业务账务处理及全行财务管理方面的培训、检查等工作；资产负债中心负责资产负债管理工作，资金业务、金融产品定价及利率管理；预算及绩效考核中心负责年度预算的汇编及预算任务的分解和落实；统计分析中心负责对省联社、银监会、人民银行等监管部门统计数据报送的整理、上报。为精细化财务管理工作，先后多次修订《财务管理费用管理实施细则》，构建完善的符合现代商业银行要求的财务管理框架。

2009~2011 年是紫金农商银行初创时期，在这三年里，全行上下把握时机，积极应对复杂多变的经济金融形势，大力深化改革，加快机制、体制、文化意识的融合，努力推进业务经营，强化风险防控，顺利实现了重组、转轨和变型，较好地完成了各项经营目标和任务。

1. 基本完成了现代化股份制商业银行机制的建设

通过三年的艰苦努力，初步建立了公司治理机制，按照现代公司治理结构要求，在建立和完善股东大会、董事会、监事会制度的同时，采取有效措施加快经营管理制度建设，规范公司议事制度和决策程序，实现现代股份制商业银行机制建设和企业传统文化的融合。在统一认识、统一思想的基础上，建立起现代商业银行的运营管理机制和内涵式精细化管理理念，顺利完成“一级管理、三级经营”模式的构建，即“总行——一级支行—二级支行（分理处）”，理顺了总行与各级支行的关系，设置了职能边界明晰的各个部门，业务管理流程精简，效能强化，为下一步的发展奠定了基础。

2. 建立了一套适合紫金农商银行的现代商业银行风险管理体系

根据银监会《商业银行合规风险管理指引》监管要求，2011 年 3 月设立了合规管理部，负责全行合规风险管理工作，结合实际，建立起合规风险管理框架体系。在 2011 年“合规文化建设年”中，起草并经董事会审议通过了《合规管理暂行办法》，制定了《规章制度管理办法》《规章制度审查办法》《授权管理办法》《合规工作考核暂行办法》《合规管理员管理暂行办法》《员工行为守则》等合规工作相关基本制度。在四家一级支行业务检查部设立专职合规管理员岗位，在总行、一级支行其他部门及二级支行设立兼职合规管理员岗位。

3.“三农”、中小企业的支持度和贡献度保持全市领先

坚持“服务三农、服务中小、服务城乡”的市场定位，重点支持有发展潜力、科技创新型、资源节约型等中小企业和个体工商户，深耕农村市场，开展“走千家、访万户、送服务、助三农”劳动竞赛和专业市场综合营销，加大对“三农”和中小企业信贷投放力度。截至 2011 年末，全行涉农贷款余额 128.8 亿元，81% 以上的贷款投向中小企业，对“三农”、中小企业的支持度和贡献度均保持全市领先。至年末，各项存款余额和增量双双位列系统内全

省第 2 位；各项贷款余额和增量双双位列系统内全省第 4 位；账面利润位居系统内全省前 8 位。

4. 实现新兴业务和传统业务比肩发展

坚持创新驱动，建立创新机制，鼓励全员创新，搭建创新平台，全行创新工作迈出坚实的一步。各项存、贷款创历史新高，网上银行、手机银行蓬勃发展。打造了首个信用贷款“紫金·精英时贷”，正式推出圆鼎紫金借记卡，并取得南京住房公积金贷款业务开办资格和南京市住房与城乡建设委员会商品房预售款监管资格；上线公积金贷款业务系统；成功开展了“紫金快付通”（助农取款）试点工作；筹建国际业务部，加快票据中心建设，正式进入全国银行间本币交易市场；正式成为全国银行间票据交易会员，加快推进票据及资金业务发展；第一期理财产品“紫金财富”成功发行，并取得销售“开门红”。

第九章
新常态下的创新与发展（上）

2011 年，欧债危机开始持续发酵，我国经济进入增长速度换档期、结构调整阵痛期、前期刺激政策消化期“三期叠加”的新常态。习近平总书记指出：“我国发展仍处于重要战略机遇期，我们要增强信心，从当前我国经济发展的阶段性特征出发，适应新常态，保持战略上的平常心态。”为适应新常态，紫金农商银行找准并坚持自己的定位，坚定为农民、农业、农村经济服务的方向，以服务地方经济、服务中小企业为宗旨，增强支农服务能力，逐年加大对“三农”贷款投入，使农户贷款覆盖面逐步扩大。调整组织架构，创新经营机制，强化风险管理，加快流程再造，推进商务转型，拓展经营新领域，在众多金融机构不愿涉足农业领域、农村资金供求失衡加剧的情况下，促进并带动了地方金融机构对南京新农村建设的支持力度，自身保持了快速、健康、稳定发展。

2013 年 8 月，紫金农商银行获南京市委授予的“2010~2012 年度南京市文明单位”荣誉称号；11 月 15 日，再获“2010~2012 年度江苏省文明单位”荣誉称号。2014 年 7 月，在全国地方金融十九次论坛（2015）年会上，因在支持地方经济发展和“三农”方面的突出表现，被评为“中国地方金融（2014）十佳竞争力银行”。2014 年 8 月，顺利完成董事会、监事会、高管层换届工作。2015 年末，全行总资产 1017.88 亿元，其中各项贷款余额 524.35 亿元，涉农贷款 34.65 亿元；总负债 957.85 亿元，其中各项存款余额 739.08 亿元，净利润 8.19 亿元。存、贷款余额分别较成立之初的 2011 年增长 39.33%、63.2%。年末总资产、存款、贷款余额均位居全省农商行第 4 位，增幅均高于全省农商行的平均增长水平。

第一节　以“三农”为核心，在强化服务中求发展

一、进一步推行“紫金快付通”和“阳光信贷”工程

南京农村城市化水平高，乡镇社会保障体系、农村社保、医保业务发展较快，农村富余资金投向多元，以传统存贷款为主要业务的农商行，远远不能适应地区经济发展需求；各股份制商业银行纷纷在南京设点，区域金融市场一分再分；政府取消对农商行的税收、补贴等优惠政策；受全球性经济增长放缓影响，进出口商品下滑，有效需求和供给不足，地方中小企业普遍陷入困境。面对激烈的市场竞争和严峻的国际国内形势，紫金农商银行董事会集中高管和行内外的智慧，充分发挥体制优势和经营活力，聚焦“三农”经济发展，因地制宜，创新服务方式，以灵活高效的工作方法支持“三农”和区域经济发展。

2011 年，为响应人民银行改善农村地区金融环境的号召，紫金农商银行实施“助农取款”工程，通过增加投入、置设备、放机具，扩大“紫金快付通”的覆盖面，使更多的农村居民受益。同时，制定总行及各支行发展目标，通过召开现场会议、开展专题培训等方式，进一步提高全行员工的认识，促进“快付通”业务的稳步增长。2012 年 11 月底，全行“快付通”累计交易笔数 3.99 万笔，金额 1476.01 万元。在第六届南京市民最喜爱银行卡评选活动中，“紫金快付通”获“助农取款奖”和“最佳组织奖”。至 2015 年 12 月，五年累计安装快付通机具 293 台，实现全市 289 个行政村全覆盖；2015 年全年累计交易笔数 16.19 万笔，交易金额 1.31 亿元。

为切实加大对“三农”经济及个体工商户、小微企业等薄弱领域的金融支持，2012 年初紫金农商银行出台“阳光信贷”办法，进一步推行“阳光信贷”工程。通过建立“公开透明、规范高效、互惠互利”的信贷绿色通道，对农业和中小企业的信贷产品、业务流程、定价、额度等一律在“阳光下”公开操作，并推行承诺服务。“阳光信贷”一经推出，受到各村镇和农户的普遍欢迎。至 11 月末，受益农户达 11.85 万户，城镇居民和个体工商户 4447 户，专业市场（商会）12 个；聘请“三员”[①]1525 人；建立客户经济档案 118230 户；评议小组 323 个，小组成员 1544 人；授信 10.58 万户，授信金额

①“三员”指行风监督员、贷款评议员、客户联络员。

达 514509 万元；用信 1346 户，用信金额 24430.8 万元。

2013 年，为进一步扩大“阳光信贷”的影响，总结推广“阳光信贷”的经验，修订并下发了《阳光信贷操作规程》《阳光信贷评议小组议事规则》《阳光信贷实施细则》，同时开展“阳光信贷”标杆网点建设。龙袍支行和永宁支行通过建立“阳光信贷”服务中心，对产品、业务流程、定价等进行“八公开”，推行服务承诺制，被总行树为“阳光信贷”建设的标杆。2013 年末，“阳光信贷”逐步延伸到小微企业、个体工商户、专业市场、机关学校等领域。全行共建立农户档案 13400 多户，授信总金额达 56.05 亿元，实际用信达 11900 户，用信金额 37 亿元，有力推动了地方经济的发展。

2012 年，通过相关部门验收，紫金农商银行成为全市第 5 家公积金归集行、第 7 家市民卡发卡行、城乡业务互联互通银行。全行进一步加强与市政府、区政府、乡镇街道及辖内专业市场的对接，搭建起银村、银社、银政、银市、银企等互联平台，全面打通了“阳光信贷”客户渠道，进一步扩大“阳光信贷”的覆盖面。2014 年 8 月，成功引入人民银行“支小再贷款”5000 万元专项资金，通过“阳光信贷”为中小企业、家庭农场、个体工商户和农户提供多元化的融资方案，不断加大实体经济扶持力度。

2014 年以“阳光信贷进万家”为主题，将“阳关信贷”逐步推广到南京城区。根据商圈、机关、学校和医院的特点，有针对性地开展“阳光信贷”营销。针对个体工商户推出个人经营性“阳光信贷”，针对专业市场经营户推出了联保“阳光信贷”，针对有稳定收入的人群推出“紫金·精英时贷”、个人信用贷款“紫金财富”系列个人理财等多种产品，有效满足各类人群的消费信贷需求。

二、建立有特色的支农银行

为贯彻落实中共中央“调整优化农业结构，加快建设优势农产品产业带，积极发展特色农业、绿色食品和生态农业，培植壮大主导产业”指示精神，推进新农村建设，紫金农商银行把培育、发展特色产业经济，增强地区经济实力，实现可持续发展作为信贷投放政策，以区域特色为依托，综合分析资源、市场、人力等方面优势，合理确定和培育特色经济产业发展方向，努力打造有较强市场竞争力的知名品牌；提升特色主导产业技术层次，延长产业链条，带动周边发展，形成区域经济中心；重点扶持已具雏形和发展潜力的特色主导产业，整合资源，深度开发，逐步形成具有竞争力的产业集群。

2013 年 7 月 26 日紫金农商银行"绿化贷"发布会在南京金陵会议中心召开

南京市园林企业众多，上规模的就超过百家。在市政府提出建设生态文明城市后，该行业发展更加迅速，2013 年年产值高达 500 余亿元。但是，由于园林行业可以量化资产较少，企业融资十分困难。利用与农林企业长期保持联系的优势，紫金农商银行积极探索，创新推出适合园林企业需要的"绿化贷"产品，并于当年将城中支行营业部和汤泉支行打造为"绿化贷"专营特色支行。"绿化贷"专营特色支行成立后，积极探讨为园林企业提供贷款服务的新举措，先后推出应收账款质押贷款、互助基金担保贷款等。当年，共为 49 家园林企业提供 3.3 亿元贷款，有效解决了这些融资弱势企业的发展资金问题。南京某园林景观建设工程有限公司作为首批与紫金农商银行合作的园林绿化企业，在青奥会绿化工程上，完成了近 2 亿元的绿化工程项目。截至 2015 年 8 月末，"绿化贷"产品累计投放额达 16.67 亿元，惠及 260 余户园林行业客户，投放金额较产品推广前增长了 9.26 亿元，增幅达 125%。"绿化贷"产品得到相关管理部门、公众和媒体的普遍认可，并初步形成了一定的品牌效应。2015 年，"绿化贷"项目荣获南京市"首届金融创新奖"。

围绕城区、郊区、农区三个市场需求，紫金农商银行坚持以客户为中心，创新和完善金融产品和服务，因地制宜、因需而变地开发具有特色的金融产品，不断满足不同客户的需求，全力打造高效便捷的零售银行。如针对农村金融需求，推出了"家庭农场贷款"；针对消费市场需求的"爱车快贷""美家易贷”“消贷通”等产品。在管理模式上，不断探索集约化管理，将9家一级支行划分为城中、郊区、农区三类，细分市场，实行差别化的营销策略。城区支行重点做好商圈、集团客户的金融服务，郊区、农区支行做好工业园区、专业种养殖集群客户为主的“三农”服务、农业观光旅游等“大三农”服务。在二级支行层面，设立“绿化贷”专业支行、“小微贷款”专业支行、“汽车贷款”专业支行、“家庭农场贷款”专业支行和“水产养殖贷”专业支行，以点带面，打造出当地农商行的区域专业品牌。

在支持“三农”发展中，紫金农商银行合理利用地方政府搭建的“银企政合作平台”，抓住机遇不断加强与政府、企业的沟通合作。2013年，由紫金农商银行牵头，六合区金融服务农业企业恳谈会顺利召开，辖区近30家金融机构、小额贷款和担保公司负责人以及50多家农业龙头企业应邀出席会议。恳谈会上，达成了多项合作协议，并受到地方政府的欢迎和支持。当年，在市农委组织农业龙头企业召开的银企洽谈会上，根据了解到的企业金融服务需求，累计为20多家企业提供6亿元资金和其他理财金融服务。通过银企“零距离”接触，在银、企、政间搭起增进了解和密切联系的平台，推动沟通合作，促进农业和金融繁荣。

作为以“农”字打头的南京地区性银行，紫金农商银行还抓住网点覆盖面大、地方政府支持多的优势，积极开发村级财政收付、资金监管科技系统。成功开发的村政资金统管系统，实现了对村政资金状况的查询分析、统一收付、实时监管，对农村资金监管的全方位、控制全程化、运作全透明、监管一体化。不仅扩大了支农领域，增加了存款，而且得到主管部门市农工委的积极评价。

紫金农商银行争取村级资金监管资格的工作成果丰硕。2013年，所辖六合、浦口、江北园区支行分别与六合区、浦口区的农工委签订合作协议，其中六合支行成为南京首家村级集体资金托管金融机构。城东、城南支行获得了所在栖霞区和雨花区80%以上村级资金的监管资格。2015年，成功中标江宁区村级财政集中支付项目及江宁区级国库资金定期存款5亿元。

三、开展农村金融综合服务站建设

为提升金融服务“三农”的质量和水平，满足农民对农村金融服务多样化的需求，在人行南京分行营管部及省联社的指导下，2014年紫金农商银行在郊区农村开展了金融综合服务站（下称“农村服务站”）建设。农村服务站紧贴农村、农户，为客户提供借记卡（包括 IC 卡和他行卡）或存折，灵活办理小额现金支取、转账、刷卡消费、余额查询等助农取款项目，缴纳水费、电费、燃气费、电话费等公用事业费，办理人民币真伪识别、金融知识宣传等业务。当年，在“紫金快付通”商户筛选和功能升级的基础上，建立农村服务站 29 户。

农村服务站的建设，不仅改善了南京农村地区的支付服务环境，而且提升了农村金融服务水平。禄口支行辖内的皮草小镇，是禄口街道重点扶持的商圈，入驻且正常经营的商户约 400 户。依托农村服务站，禄口支行当年发放贷款 10 多户，贷款金额 500 余万元，并为 70 个商户开办对公结算账户，开立网上银行服务，为 12 个商户办理了 POS 机。至 2015 年 12 月，全市郊区农村服务站发展到 105 户。

2012 年，全行涉农贷款余额 135.64 亿元，较年初增长 6.88 亿元，涉农贷款增速 5.34%，高于各项贷款平均增速 2.78 个百分点，涉农贷款增量和增速实现“两个不低于”。小微贷款中心累计营销客户数达到 39699 户，接收客户贷款申请 163 笔，累计放款 72 笔，累计发放贷款金额 1123 万元。

为方便城乡居民，2012 年紫金农商银行投入使用全国首台硬币存款兑换一体机，为客户提供便捷的兑换服务。

根据省联社商务转型和转型发展、提质增效的要求，2014 年以后，紫金农商银行将小微企业与零售业务作为战略转型的方向，根据市场需求，积极调整组织架构、优化资源配置、创新融资模式，简化贷款手续，为小微企业、城乡居民提供更加专业、特色的金融服务。坚持“同分享、共成长”的理念，对于合作优质、信用记录良好的贷款客户，给予利率优惠政策，帮助客户节约融资成本，构建起普惠金融网络。

利用网点连接城乡两个市场独特优势，抓住成为全市第 5 家公积金归集行、第 7 家市民卡发行行等契机，紫金农商银行将市民卡、理财产品、公积金按揭等业务从城区引入农区，让农区居民能够享受到和城市居民同等便利的金融服务。至 2015 年末，全行 126 个营业网点服务覆盖辖区城乡，其中 102 个位于农区和城郊，284 台自动存取款机实现所有街道（乡镇）全覆盖，293 台“紫金快付通”实现全市 289 个行政村全覆盖，全市 474 个村级财政实现集中支付归集。网点服务延伸至行政村，做到村村有点、有“机”、有联络员，助农取款不出村，成为南京地区“网点金融服务最广的银行”。

四、创设小微企业发展中心，助推小微企业发展

城乡中小企业在国民经济中扮演重要作用，不仅丰富和繁荣了市场，而且是解决城乡富余劳动力的主要力量。但由于其经营规模小、抵御市场风险能力比较弱、发展前景的不确定性突出等原因，很难具备较高的抵押信用能力和经营信用能力，而大银行因审批成本高、交易成本高和“信息不对称”等原因也不愿意涉足。紫金农商银行利用从业人员本土化、与客户地域联系密切、熟悉客户资信与经营状况的优势，以“服务中小”作为自己的市场定位，将中小企业，特别是乡镇企业作为扶持重点。根据市场形势的变化，紫金农商银行每年召开专门会议，讨论制定公司业务的市场发展策略，调整信贷投向政策和行业组合策略。

2012 年 7 月，为更好地服务于中小企业客户，紫金农商银行响应银监会关于加强对小微企业贷款支持的“银十条”及补充通知精神，创新建立小微企业信贷模式，成立了小微贷款中心。并与苏州德仕金融咨询有限公司开展合作，引进并应用成熟的国际小微贷款分析技术，推出一项全新的小微贷款业务，为过去无法获得贷款支持的私营业主创造融资机会。同时，完善客户经理制度，不断完善客户经理的考核与激励机制。通过客户经理竞岗、市场化引进等形式，不断充实营销力量。建立客户经理培训体系，通过系统化、专业化训练，对客户经理实行绩效挂钩，量化业绩考核指标，激励客户经理不断提高专业技能和服务水平。

小微企业贷款中心按照“一个中心、一支队伍、一套办法”，以准事业部模式运行，根据小微企业特点，建立了贷款市场营销、贷款申请、贷前调查、贷审会审批、贷款发放、逾期追讨管理办法，运用毛利率、营业额、权益的逻辑检验和软信息分析方法，由微贷客户经理自制财务报表，解决了小微业主财务资料不齐全的难题。员工考核和管理均在小微贷款中心独立进行。小微贷款中心成立后，通过“扫街”营销，为急需贷款的微小企业主和个体工商户提供贷款金额为 5000 元到 50 万元的小微贷款。

小微企业服务中心的建立和提供的服务获得社会各界的广泛好评，在 2012 年度评议中获“推动中小企业金融服务奖”，并获人民银行南京分行、大众证券报社、南京金融学会授予的“2012 年度小微企业金融产品创新奖”。

为加强管理，控制风险，提高对小微企业的支持力度，2013 年总行信贷部开始对小微企业客户实施“名单制管理”的贴题，推进机构扁平化改革。

当年6月，开发出“小微企业管理”报表模块，实现系统对小微企业贷款客户名单的自动采集、生成管理报表，便于及时跟踪了解、掌握各支行小微贷款业务的进展情况。2015年，为了拓展与第三方机构的合作，增加小微客户贷款投放，增加盈利创收的途径，2015年总行与紫金普惠和紫金科贷开展“个贷助贷合作系统”研制合作。该系统于4月启动，5月底正式上线运营，方便了客户，受到小微企业的欢迎。

为加快推进服务转型，转变服务方式，促进“支小、支农”金融服务市场的回归，紫金农商银行制定并下发了《2015年零售业务支农服务方案》，着手“公司业务上收、零售业务下沉”总体战略。明确要求在建立“总行零售业务部、一级支行分管行长、市场部、二级支行、客户经理”业务架构基础上，建立分层营销机制。2015年，总行与浦口区政府签署产业发展专项资金风险补偿业务合作协议，开展“微保贷”业务。此后，小微贷款中心不断推进新的产品创新，陆续出台小额度版“随薪易贷”“随房易贷”和“紫金好贷”等个人消费信贷产品。只要客户的资料齐全，当天即可放款，因而，社会各界的接受度比较高。至11月末，小微贷款余额突破20084.8万元，贷款户数达2010户。

2015年末，紫金农商银行涉农贷款34.7亿元，同比增长35.9%，高于全省系统平均增幅28.1个百分点；小微贷款259.7亿元，同比增长22.4%，高于全省系统平均增幅11.6个百分点。市场定位得到进一步强化。

第二节　应对市场竞争，创新银行业务

一、搭建金融创新的技术支撑

在现代社会，科学技术的发展正在改变着银行业的服务方式、管理模式和竞争格局，使传统的银行业发生着一场革命性的变革。为建立符合现代银行发展模式的经营理念，适应市场竞争，紫金农商银行董事会和经营管理层多次召开不同层次、不同对象的会议，集思广益，商讨对策，逐步明确了要提高综合服务能力和水平，提高核心竞争力，必须改变传统的发展理念、运营模式和经营规则，形成了“创新是引领全行业务发展的第一驱动力”的共识。2011年成立科技管理委员会及科技信息部，2014年成立由总行行长担任组长的金融创新领导小组，制定并出台了《紫金农商银行金融创新管理暂

2013 年 3 月 31 日
紫金农商银行召开
金融创新工作会议

行办法》《紫金农商银行金融创新考核暂行办法》，形成了全行上下关心创新、奋发创新的良好氛围，全行创新能力得到极大提升，带动了各项业务的发展。

为充分发挥科学技术在银行业务中的支撑作用，建立起精细化管理框架，及时把握市场需求变化，撬动细分市场和深度营销的杠杆，丰富产品服务功能，满足不同客户多元化、综合化的金融需求，2012 年总行集中投入人力物力，成功研发并上线了内部资金转移价格（FTP）测试系统，并进行了绩效考核管理系统研发及 EPOS 项目的开发测试等。开发的绩效考核管理系统，能够即时公正、客观地对支行业务和个人业绩测算给出评价，为建立科学有效的激励机制奠定了基础，提升了全行员工的营销积极性。

为提升管理水平，把管理人员从繁杂的统计报表中解放出来，2013 年上线理财产品销售系统、报表生成系统、员工违规违章记分系统等 27 个科技创新项目。票据管理系统，支持各类票据业务处理模式，可对各类票据业务实现买卖、数据分析、账票核对等功能；ODS 数据平台，通过对统一业务数据的整合，满足运营管理和决策。初步构建了全面绩效考核体系、全面预算管理体系、全面风险管理体系、全面成本管理、全面风险管理、运营管理体系，这六大中心体系相继建立和有序运行，标志着紫金农商银行现代运营管理体系初步确立。

2014 年，金融创新领导小组成立，总行行长担任组长，副行长任副组长，总行各部室负责人及一级支行行长为小组成员；领导小组下设办公室，科技信息部负责人兼任办公室主任，负责领导小组的日常工作；设立金融创新基金，设立项目开发奖，每年评定一次。金融创新领导小组的成立，进一步提升了全员科技创新的积极性。为强化风险管理，依托合规风险数据仓库，开发出合规风险地图、审计模型，并上线客户关系管理系统（CRM）、手机银行等38个系统。利用交易大数据，排查和评估出系统内控风险。上线的资产负债系统，实现了流动性风险、利率风险、汇率风险量化分析，自动对流动性风险、利率风险识别、计量、分析，并在客户细分、风险管理、资金定价等方面得到广泛运用。开发财政集中支付业务系统，实现核心业务系统与人民银行、财政系统的实时清算与对账功能，更好地服务财政，拓宽负债业务资金来源。当年底，完成客户关系管理系统的建设和上线，整合各业务系统中的客户基本信息、业务信息等，为客户管理及营销活动提供有效手段，使全行进入了大数据分析时代。

2015年，紫金农商银行经营数据指标库、有紫金农商银行特色的综合管理系统建成，全年上线客户关系管理系统二期等61个系统，有力支撑了全行业务数据精细化管理和中间业务的发展。自主研发微信银行，实现燃气费、电费、水费等项目的代缴，加快全行移动终端多样化发展的步伐，成为全市代缴费项目最全的银行，有力提升紫金农商银行的品牌形象，并形成全流程管理控制。当年上线的科技风险管理系统，使风险防控能力及全行科技整体信息化水平大大提升。

二、产品创新：实现竞争能力提升

商品房预售款是各家商业银行竞相争取的"大蛋糕"，而只有建立完整计算机网络监管操作系统，才能取得政府商品房预售款监管资格。在全行的共同努力下，2011年紫金农商银行商品房预售款监管操作系统通过验收，8月末获得南京市住房公积金贷款业务经办资格，成为南京市住房公积金归集扩面建制试点行。2012年，上线实物贵金属代销业务，丰富了零售业务产品线。新增债券资产（短期融资券）在上海清算所的托管。当年，发行紫金财富12008期（机构）理财产品，使紫金农商银行成为省内农商行系统继常熟农商行后第二家实现与券商合作发行理财产品的机构。2013年3月，紫金农商银行首次参加由南京银行牵头的南京金融城建设发展股份有限公司银团贷款，向河西金融城项目一期建设提供了3亿元贷款。

2013 年 3 月 21 日金融城一期银团贷款签约现场

“阳光信贷”“精英时贷”“绿化贷”等信贷服务新模式的推出，不仅丰富了紫金农商银行服务产品，而且使核心客户的基础更加牢固。

2014 年，为全面构建公司业务产品体系，打造更多的“紫金·融”系列产品，零售业务开始向“消费金融”转型，相继创新了满足不同消费群体需要的“爱车快贷”“美家易贷”“益农存”等多款产品；公司业务向“综合金融服务”转型，相继创新了“法人账户透支”“知识产权质押贷款”等新业务，启动了股东合作战略，加大供应链上下游企业金融支持力度。

2015 年全行乘势而为，围绕商务转型，开展了“创新主题月”活动，全行创新转型进入“新常态”，产品创新异彩纷呈。一是在监管部门的支持下，发行多期“分层结构化理财”；开展 10 期信托产品代销业务，创造中间业务收入近 1000 万元，为开展私人银行业务打下良好的客户基础；成立南京市第一支农业产业基金，启动信贷资产证券化项目，成功发行 15 亿元二级资本债，成功发行首期同业存单。二是创新贷记卡产品，与“精英时贷”等个贷产品相结合推出易贷卡。至年末，易贷卡发卡 761 张，授信 2.1 亿元，消费金额 8768.9 万元。三是创新“益农存”“聚福存”“鸿运存”等储蓄产品和“随房易贷”“随薪易贷”等信贷产品，有效提高了有贷户、基本户代发率。四是拓展投行业务，业务序列不断丰富。顺利发行同业存单 15 亿元、非标业务 22.6 亿元，开办同业借款业务，显著提高紫金农商银行在银行间市场的资金融通能力，持续拓展同业资源。至年末，完成同业授信 104 户，新增 51 户，总额度达1600亿元；与紫金信托、南京证券等多家非银行金融机构建立战略合作关系，与20家省内农商行业务合作产品达2项以上。2015年，紫金农商银行获“年度竞争力优势银行”“全国银行业理财登记工作优秀单位”，“绿化贷”项目获南京市首届金融创新奖。

与此同时，为适应市场竞争，满足客户需求，积极引入适销的贵金属、保险、第三方存管等产品，不断充实财富管理产品库。2012年9月末上线开展实物贵金属代销业务，迈出了在贵金属代销业务领域的第一步。上线初期全行共设立20家销售网点，当年共销售投资金67盎司，销售金额73.97万元，实现手续费收入5209.85元。2014年引入新的贵金属代销合作商，持续增加代销产品种类，代销的实物贵金属品种达到50余种。2013年8月，与中国人寿保险股份有限公司江苏省分公司初步签订全面战略合作协议，以“家庭财富管理”为框架，以销售端、客户端、产品端“端到端融合”为切入点，在满足客户财富管理需求的同时，延展双方销售触角，实现资源共享和优势互补。2014年4月，分别与平安银行、交通银行签订银银合作协议书，借助他行系统，为行内客户开通第三方存管业务通道。2015年成功获得基金代销资质，上线基金代销系统，持续丰富保险代销品种，推出“福运金”及“福禄寿喜财”金钞等新产品。10月，正式推出“金陵惠农贷”业务，不断丰富财富管理模式。

2015年11月25日紫金农商银行成功发行首期同业存单

2015 年 10 月 27 日紫金农商银行正式推出"金陵惠农贷"业务

三、加快电子银行体系建设

在互联网金融崛起、金融脱媒加速、国民理财意识高涨等外在环境因素影响下，电子银行作为一种全新的银行理念和服务方式，在不断改变着银行业的服务方式、管理模式和竞争格局。

建行伊始，总行及各支行使用省联社电子银行产品平台，为个人客户、企业客户提供网上查询、转账等服务。2011 年 3 月，紫金农商银行电子银行部成立后，陆续推出了网上银行、手机银行、微信银行等业务品种，丰富了电子银行相关产品。

2014 年 11 月，紫金农商银行正式启用省联社新一代网上银行系统，在全面覆盖原有网银功能、解决原有网银存在不足及问题的前提下，新增客户信息维护、客户冻结解冻、区分操作员权限等功能，实现个人网银、企业网银、网银管理等功能的全面整合及升级，使网银功能模块化、操作简易化、数据标准化，具备良好的可扩展性和易维护性，基本满足业务发展需要。12 月，理财业务首次纳入网上银行，进一步完善了网银的金融服务功能。

2012 年全行网银用户 7.36 万户，其中个人网银用户 6.38 万户，企业网银用户 0.98 万户；交易量 59.92 万笔，其中，个人网银交易量 6.84 万笔，企业网银交易量 53.08 万笔；交易总金额为 2272.36 亿元，其中，个人交易金额 16.06 亿元，企业交易金额 2256.3 亿元。至 2015 年，网银用户 9.77

万户，其中个人网银用户 8.07 万户，企业网银用户 1.7 万户；网银交易量 118.87 万笔，其中，个人交易 28.07 万笔，企业交易 90.8 万笔；网银交易总金额为 2613.32 亿元，其中个人网银交易总金额 120.22 亿元，企业网银交易总金额 2493.10 亿元。至年底，全行发行个人银行卡（包括借记卡、贷记卡、易贷通卡）164.34 万张，电子银行客户数达到 16.62 万，当年完成交易量 190.99 万笔。

手机银行是网上银行的重要组成部分，发展潜力巨大。建行之初紫金农商银行采用“方付通”贴膜卡的方式，基于短信通道和手机 SIM 卡贴膜卡植入程序，通过硬件保护账户安全的同时，实现远程手机支付。但因多方面因素制约，业务发展缓慢。2012 年，全行手机银行用户发展至 196 户，交易量 596 笔，交易总额仅 148.76 万元。2013 年，江苏省农村信用社联合社手机银行客户端版上线。该系统上线后，可以为个人客户提供查询、转账、汇款等一系列服务，操作简便易行，从而使全行网银用户数量及交易量均有较大的飞跃。当年用户数增至 1840 户，交易量 5846 笔，交易金额 1.36 亿元。

为满足业务经营发展的需要，紫金农商银行于 2014 年 4 月立项手机银行项目开发。9 月，总行手机银行一期项目通过验收。系统具备开发理念、系统构架、功能等方面的前瞻性，能够满足业务未来 5 年的发展。上线的手机银行可为客户提供银行业务手机终端服务，实现部分柜台业务电子化，提供 7×24 小时的账户查询、转账、理财、个性化增值服务等功能的金融服务平台，实现客户的注册、维护、查询、报表统计等配套服务，系统功能模块化，操作简易化，数据标准化。

2015 年 3 月，紫金农商银行在全面分析手机银行市场潜力的基础上，又成功开发了紫金农商银行手机银行客户端 1.0.0 版（下称“APP”）。该版手机银行界面更加清晰易懂，操作更加便捷，大幅提升了客户体验。7 月，对 APP 进行升级 1.1.0 版，取消无卡注册功能、更新自助注册协议、增加 Beacon 功能、优化客户体验。8 月，手机银行再次升级，增加网点、特约商户及农家乐商户导航功能，并新增理财产品查询购买功能，推动紫金农商银行向建设功能最全的手机银行方向发展。当年，手机银行进入迅猛发展阶段，用户数激增至 6.8 万，交易量 72 万笔，交易金额 6.5 亿元。

2015 年 10 月 8 日，紫金农商银行微信银行 1.0.0 版正式上线，具有预约

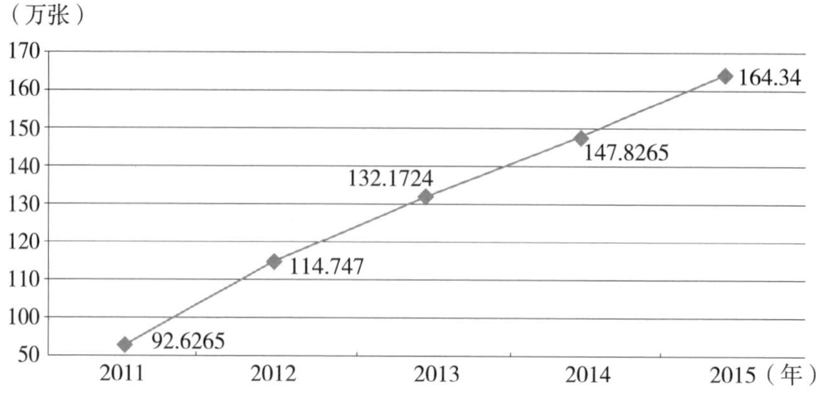

2011~ 2015 年紫金农商银行银行卡客户数增长情况图

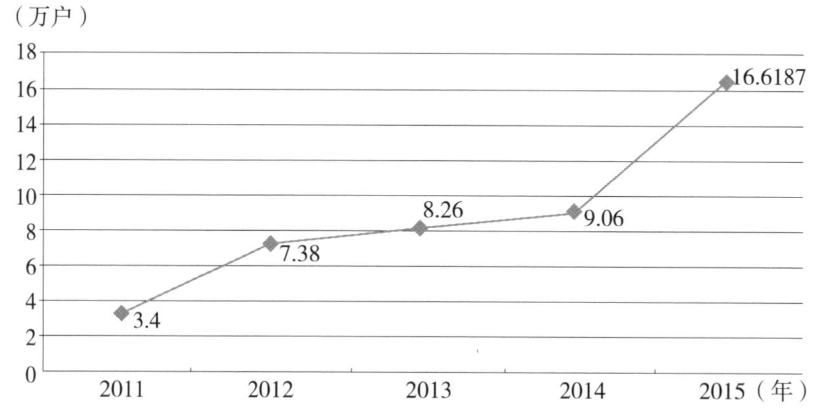

2011~2015 年紫金农商银行电子银行客户数（除银行卡外）增长情况图

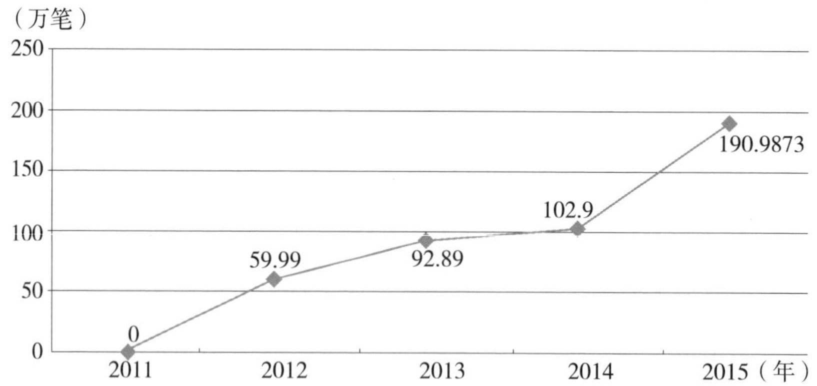

2011~2015 年紫金农商银行电子银行交易量增长情况图

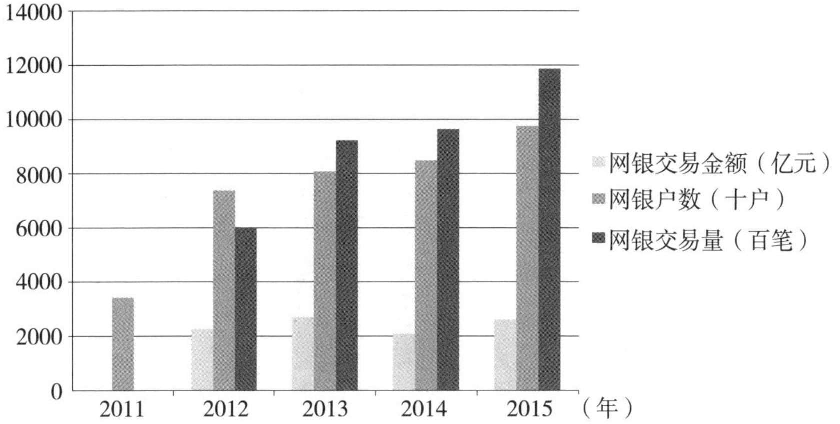

2011~ 2015 年紫金农商银行网上银行业务增长图

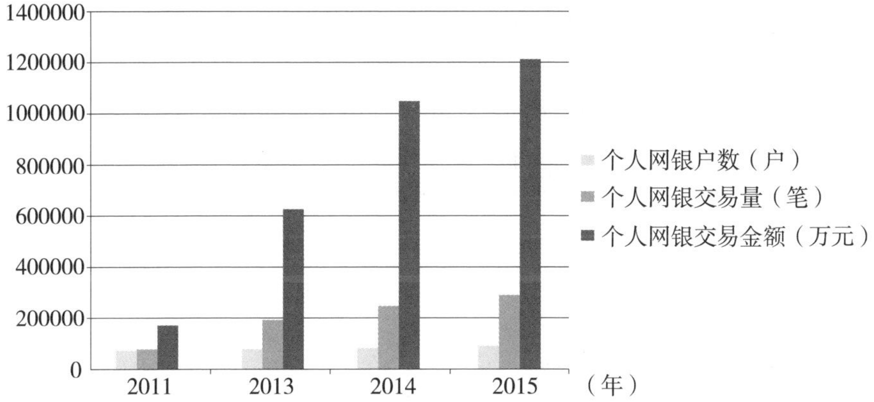

2011~2015 年紫金农商银行网上银行个人客户业务增长图

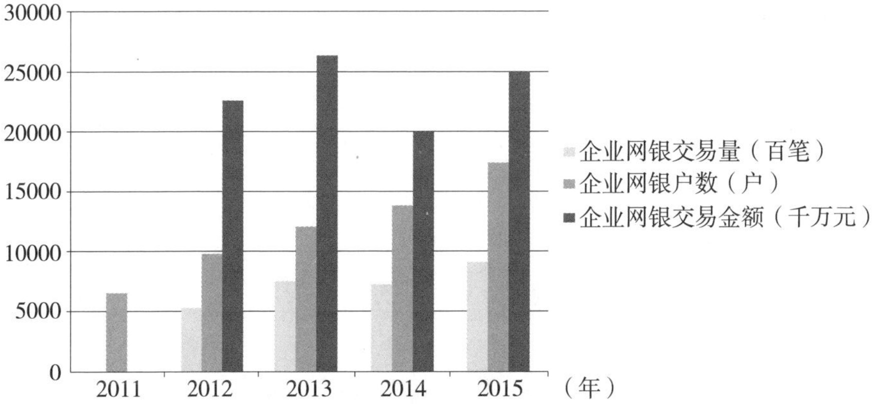

2011~2015 年紫金农商银行网上银行企业客户业务增长图

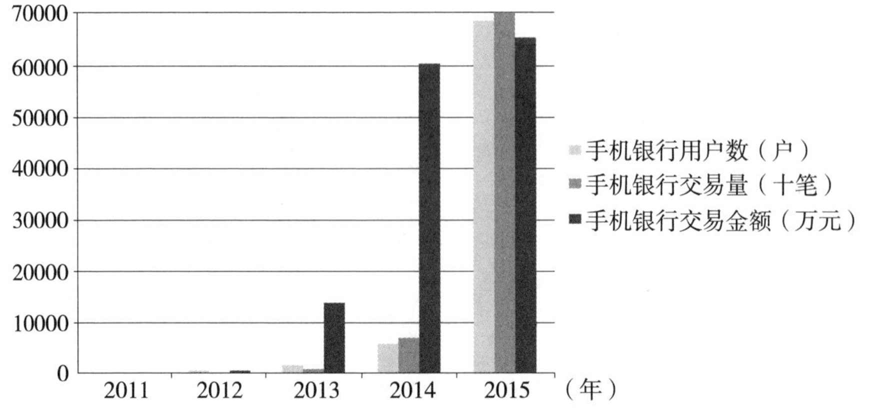

2011~2015 年紫金农商银行手机银行业务增长图

挂号、打车代驾、电影院线、理财购买、代缴费、农家乐预订等特色功能，为客户提供了更多的业务办理渠道及生活类增值服务，引起社会广泛关注，成为紫金农商银行新的客户增长点，初步完成了紫金农商银行关于“医食住行乐”的互联网金融布局，推进全省互联网生态圈的发展。年末，新增代缴费客户 4.3 万户，个人 VIP 客户数、个人电子银行开户数分别增长 1.13 万、7.51 万；实现中间业务收入 1.32 亿元，同比增加 0.44 亿元，增幅 50%，电子银行柜面替代率提升至 68.9%。

四、努力发展银行卡业务

在紫金农商银行成立之前，借助省联社电子网络平台试行贷记卡业务，2011 年初全行共发行贷记卡 804 张。2011 年 6 月紫金农商银行推出圆鼎贷记卡业务管理办法和贷记卡章程，正式推广发行圆鼎贷记卡，当年共发 1988 张。2012 年初，电子银行部与个人业务部合并成为零售业务部，暂停了贷记卡业务的推广营销活动。2014 年 11 月电子银行部再次成为独立部门。2012~2014 年，圆鼎贷记卡共新发 570 张。2015 年，电子银行部陆续出台《爱行用卡》等办法，集全行之力推行贷记卡，截至 12 月，全年共发行 4966 张，突破了贷记卡业务发展的瓶颈。

随着《紫金农商银行易贷卡业务管理办法》的出台，2015 年 3 月，紫金易贷卡业务开始正式推广。易贷卡业务是以贷记卡作为载体发放用于个人消费类贷款的业务，增强了贷款额度使用的便利性，是紫金农商银行将贷款品种与贷记卡相结合并各取其优的成功尝试。截至 2015 年底，全行共发行易贷卡 713 张，实现中间业务收入 163 万元。

五、服务创新：增强客户满意度

服务是银行业竞争的灵魂。按照视野更宽、起点更高、步伐更快的要求，紫金农商银行成立以来一直重视服务方式和内容的创新与优化，加强基层行规范化管理，抓好“一板二会三落实”，充分发挥好晨会与月度工作例会作用，建立健全信息资源共享平台，使全面营销做到月月有计划、周周抓落实、天天有总结、时时有提升，不断延伸服务和产品线，推进各项工作。通过网点建设、限时服务，不断提升品牌形象。

2013 年初紫金农商银行启动标杆网点建设工作。为打造标准化、规范化的基层网点，强化“文明标准服务”和“营销技能提升”，推动传统的等客上门的柜台结算向服务营销窗口转型，总行专门成立了标杆网点建设领导小组，主要领导兼任领导小组组长。3 月 26 日，总行召开标杆网点建设动员大会，在总结试点经验基础上，创建百家湖支行等 12 个标杆网点，并与一级支行负责人分别签订了标杆网点建设责任状，下发了标杆网点建设实施手册，全行员工人手一本，对照学习，实践于行。

在硬件上，标杆网点设置示范体验区和产品展示区，以增强客户体验，让客户在愉悦的氛围里，了解新产品和新服务项目，获得良好服务。在软件上，网点的服务能力、客户关系管理能力和全面营销能力全面提升。为推动标杆网点建设，巩固成果，在着力强化网点文明礼仪服务，优化限时办贷、柜面限时服务的同时，引入外部监督评价机制——总行专门聘请“神秘人”赴标杆网点暗访，做到定期检查，以量化得分形式反馈到相关标杆网点支行，积极构建标杆网点建设的长效机制。通过公布监督举报电话和客户服务热线，设置客户意见簿，在全行发起“寻找微笑天使”、优秀大堂经理评选、招募形象大使、星级柜员评选等活动，促进和有效调动全行员工投身标杆网点建设的积极性。以标准化建设为抓手，加快评议机制建设，完善客户服务体系。标杆网点建设是紫金农商银行网点服务转型升级迈出的第一步，也是推动零售业务战略、落实“赢在柜面、赢在一线”经营策略的关键一步。通过标杆网点建设的逐步深入，实现人员结构从业务操作型向营销拓展型转变，为全行的战略转型奠定基础。

经过三年的推广实施，全辖营业网点基本完成了标杆网点建设导入式培训，进一步提升了紫金农商银行的服务标准和形象。

第三节　推进商务转型，改善经营管理

一、进一步优化组织架构

2012年，随着利率市场化进程加快、农村金融改革深入和农村金融市场开放，农商行享有的政策红利逐步消失。在经济减速、要素制约、市场竞争的情况下，为彻底改变过去数量规模的粗放型发展模式，打造与社会转型相匹配的金融管理与服务要素，紫金农商银行开始加快内部管理机制的转换。

经董事会决策，按照“机构扁平化、业务垂直化、风控集中化”原则，紫金农商银行自2012年开始优化组织架构，推进机构扁平化改革，以适应城乡市场由单纯的生产性需求向生产性需求与流通性需求、由单一产业需求向产业需求与城乡一体化融合性及多元化需求的转变，适应社区银行广覆盖、多层级的基本特征，扩大支行的金融要素承载量，扩展企业的服务层级和范围。改革中，将原有的4家一级支行拆分为9家一级支行，即原城中支行拆分为城东、河西、城南、城中4家一级支行；原六合、浦口支行拆分为六合、浦口、江北园区3家一级支行；原江宁支行拆分为江宁、江宁开发区2家一级支行。改革后的一级支行内设市场部、管理部、营业部、综合部，缩小管理半径，实施差异化授权，实现了一级支行由管理经营型向经营管理型的转变。

当年11月底，9家一级支行的改造工作全部完成。同时，调整总行职能部门，增设董事会办公室、监事会办公室、运营管理部、行政服务部，将电子银行部并入零售业务部，推进条线垂直化管理，推进总行机关由管理服务型向服务管理型转变。

2014年6月，省联社发出以商务转型为统领，全面改造和提升企业经营管理与社区服务能力，在服务社会中重塑商务模式的号召后，紫金农商银行进一步加快现代商务型商业银行改造，逐步健全各项内部管理制度。为强化分层经营，构建贴近市场与客户的组织架构与业务管理体系，按照“前台细分、中台优化、后台集中”总体原则，实现机构设置扁平化、业务管理垂直化、风险控制集中化，调动网点员工的积极性，2014年对现行组织架构进行优化，完成31家分理处升格为二级支行的工作。同时，在一级支行营业部配备独立负责人，创造一级支行营业部与二级支行开展同平台竞争的条件，再造和扩大经营活力。在优化机构管理中，强化总行统筹发展、一级支行协同发展、二级支行专注发展的全面发展格局。设立机构管理中心，统筹全行机

构建设与管理；新设电子银行部，强化电子银行引领和推动作用，主动适应互联网金融挑战；整合信贷部门职责，提升授信、用信效率；推进各级营业部去行政化经营，总行营业部视同支行管理，释放营业部经营潜力。

2015年，根据省联社《公司治理指导意见》和《组织架构指导意见》，紫金农商银行进一步优化组织架构设置，强化总行统筹营销与精细管理职能，加强全行业务条线风险管控力度，落实“分层营销、分类管理”，强化“以客户为中心、以市场为导向”经营理念，加快战略转型。当年10月29日，《紫金农商银行2016年内设机构及工作职责调整方案》获得第二届董事会第九次会议审议通过。总行职能部门层面围绕“前台分层经营、中台集中运营、后台支撑保障”总体目标，进一步细化经营单元，拓展利润中心，强化集约运营，做实风险管控，切实激发经营活力，提升管控效率。零售业务部新设个人存款管理中心、产品创新中心，公司业务部新设产品创新中心，金融市场部撤销原同业业务中心，新设投资交易中心，新设金融同业部，下设产品研发中心（上海）、业务营销中心、综合管理中心，纪检监察部下设纪检监察中心；网点营销渠道层面新设分行，一级支行撤销原市场部，新设公司部、零售部，撤销原信贷部、运营部，新设管理部，取消原一级支行及总行营业部授信、用信审批职责。将二级支行划分为综合型、零售型、社区型、自助型四类网点，实施差异化分类管理。调整后，内设机构为21个一级职能部门，新设分行、1家营业部、9家一级支行、116家二级支行。建立前、中、后台相配合的“三道防线”风险管理体制，第一道防线：前台部门6个（零售业务部、电子银行部、公司业务部、国际业务部、金融市场部、金融同业部），中台部门3个（信贷管理部、资产监控部、计划财务部），后台部门7个（运营管理部、科技信息部、行长办公室、行政服务部、人力资源部、党群工作部、安全保卫部）；第二道防线：风险管理部、合规管理部；第三道防线：审计稽核部。公司治理条线为董事会办公室和监事会办公室。构建起“机构设置扁平化、业务管理垂直化、风险控制集中化”的矩阵式现代化商业银行组织架构。（详见紫金农商银行2015组织架构图）

二、积极推广揽存营销

为改善和提高服务质量，以优秀的服务质量、精湛的业务手段、高效的社交能力来巩固老客户、发展新客户，紫金农商银行先后制定一系列文件规范临柜服务，采取多项积极有效的措施，密切银企关系，扩充市场份额。结

紫金农商银行组织架构图

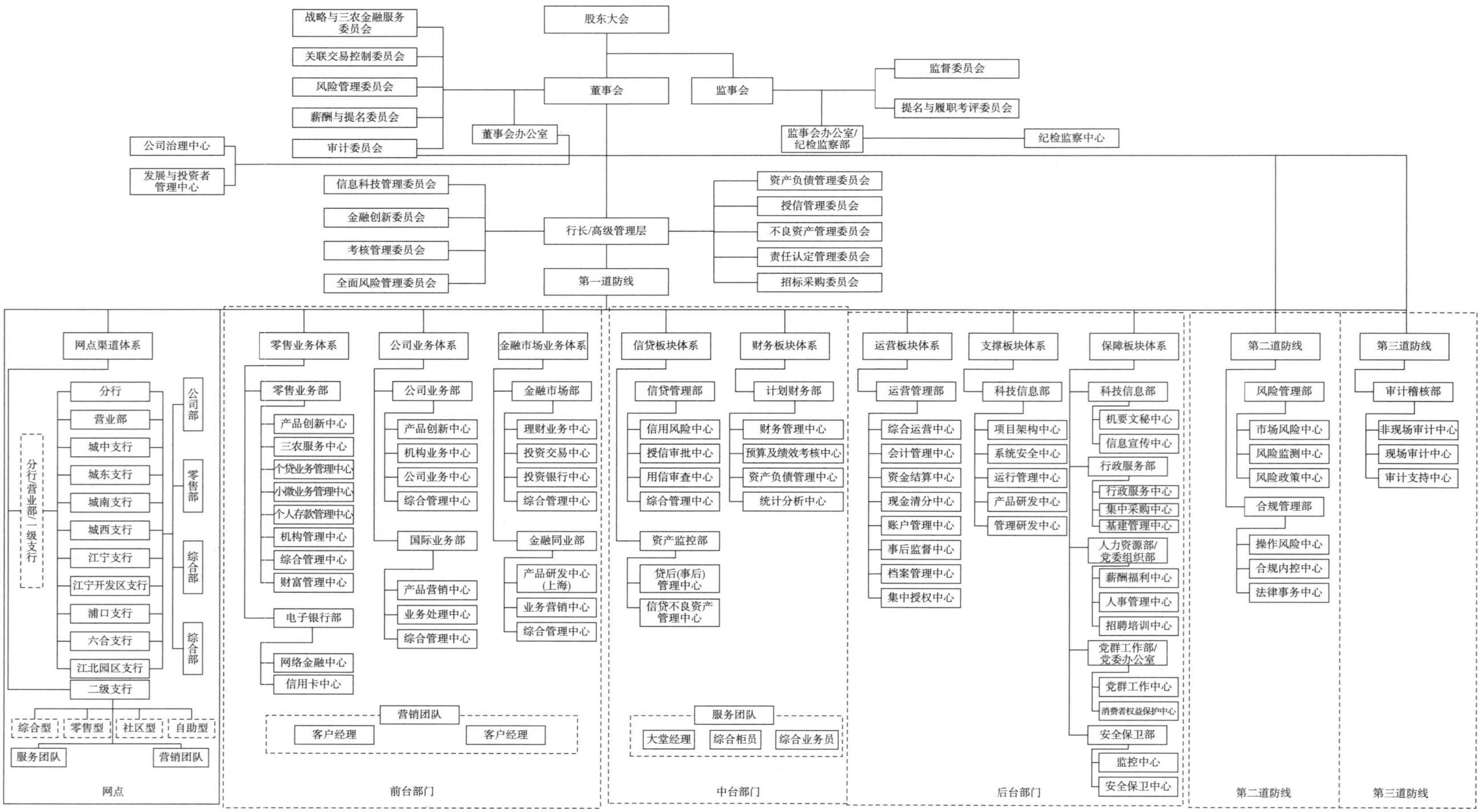

合实际，紧紧抓住农村企业年终分配，资金回笼较多的有利时机，认真组织部署，开展了以抓好储蓄为重点的专项组织竞赛活动，不断加大营业网点调整力度，丰富银行卡的业务功能以及完善银行卡的自助服务，广泛挖掘储源，促进储蓄存款的增长；同时，根据农村金融工作季度特点，制定全年存款目标，分解落实到各支行、网点、柜面和每一位员工。

为适应转型发展的需要，增加存款，扩大市场占有率，增强全辖现代市场营销策略意识，2012 年 4 月 14 日，专门召开营销暨内部管理会议，确定以“团队营销、全面营销、交叉营销”为总基调，转变观念，转变策略，实现各部门、各柜面由业务处理型向营销拓展型转变。为推动零售业务和公司业务的发展，当年在百家湖支行开展以“文明服务、综合管理”为核心的“创标杆网点”试点。通过“标杆＋复制”的模式，“标杆引路，以点带面，全面提升”，实现全辖网点环境布局合理化、服务礼仪规范化、服务流程标准化、网点服务与业务营销一体化的“四化”目标。在优化网点布局、增强物理网点与电子渠道发展的协同性、提升服务能力的同时，不断增强电子渠道分流能力。当年，全行柜面替代率为 51.02%，较年初提高 11 个百分点，初步建立

2013 年 6 月 8 日紫金农商银行召开“四抓四促”劳动竞赛暨案件防控推进会

总行、支行、柜面三级营销体系。启动与南京重点项目、农业龙头企业对接工作，主动参与市农委农业新型经营体融资推介会，通过银企会谈，与100余户农业新型企业达成意向，融资金额达5.9亿元。

按照“做小、做散、做优”思路，明确小微、零售业务转型方向和目标。2013年，零售业务重点开展了客户、产品、渠道、数据挖掘、交叉营销的“五大战略”。将城市、城镇稳定收入人群、新三农客户、城区商贸类小微企业及城郊建材、农贸类专业市场客户定位为目标客户，在营销模式上着力推进“零售业务下沉”“以市场为中心”向“以客户为中心”转变，将传统的物理网点作为零售业务营销的主战场，配套电子渠道服务，铺设“大零售”格局。深化对基层的服务指导，做好公司业务考核及费用核算，开展阶段考核竞赛，激励支行实行对公客户精细化管理，落实对公客户分层营销管理；推进客户经理等级管理，定期开展新产品、新业务及营销技能培训。对项目储备客户，指导各一级支行积极开展营销推动工作；加强商品房预售款监管账户管理，修改融资性担保公司管理办法，组织召开评估机构座谈会，对评估机构业务量进行统计监测；配合各一级支行开展针对性营销，建立财政性存款分层对接体系。

为建立新增营销客户项目储备管理机制并实现动态调整，积极扩大项目储备库。2014年，出台《公司业务营销工作实施意见》，指导各支行积极开展营销推动工作，开展重点客户信贷营销。同时印发了《客户分层营销管理办法》《财政性存款营销指引》，根据对行业的分析、市场的细分和对客户的研究，不断完善客户分层营销体系，实现总行与各级支行联动营销，协调、统筹、整合市场资源。贯彻落实全行战略转型总体要求，推出股东合作考核实施方案，实施股东合作战略，培育新的业务增长点，推进公司业务由传统服务模式向综合金融解决方案服务模式转型。按照《2014年零售业务实施方案》，零售业务通过公私联动、业务联动，不断提高客户粘度，着力拓展代发工资业务，“一户一策”抢抓城镇化建设机遇，强化拆迁补偿、土地补偿等批量资金争揽工作。

在稳步推进渠道建设的同时，积极做好同业营销。2014年，先后与高淳农商行、南京银行、泉州银行、廊坊银行等同业机构建立了资金、票据和理财业务合作，丰富了同业存款资源。为争取存款，主动走访各级政府、园区、开发区等，参加政协、商会、协会各类活动，建立高层互访渠道。年末，50

多家二级支行行长在各商会、协会担任职务，成功对接空港、高铁枢纽经济区及政府相关部委，签订战略合作协议。

为确保银企双方账务记载的及时性、正确性和完整性，提高资金营运效益，促进银企双方内控制度建设，于 2014 年启动银企对账系统建设，并于同年正式上线。2015 年 6 月，持续对银企对账系统和验印功能进行优化升级，通过对异动类账户、关注类账户账单的发放，满足上级监管部门的要求，实现印鉴卡和相关资料的电子化改造。修订对公考核办法，推动全行存量客户分户维护，建立对公客户经理基本信息管理台账，在拓展新客户的同时，强化老客户的维护和潜力挖掘。坚持以客户为中心，积极寻求与重点单位搭建合作平台，与市农工委、市农委、市水利局、市供销总社、新农发展集团签订战略合作协议，提供一揽子金融服务方案。成功中标南京市级国库资金定期存款 2.3 亿元，中标江宁区村级财政集中支付项目及江宁区级国库资金定期存款 5 亿元。梳理公布省、市国资下属单位等名单，制订客户对接计划，了解客户需求，开展持续营销。

各项存款一年一个台阶。2015 年末，全行各项存款余额达 739.08 亿元，较 2011 年末增长 39.35%，其中对公存款达 377.77 亿元，个人存款 360.10 亿元，分别较 2011 年末增加 32% 和 65%。

三、国际业务的开拓

办理国际业务，是商业银行走向成熟的标志之一，也是紫金农商银行在市场竞争中不断壮大的重要渠道。改革开放以后，南京外向型经济发展迅猛，外资、中外合资企业众多，中小企业和新崛起的乡镇企业成为外资外贸的主力军。建行伊始，总行即成立国际业务部，全面开展了开办外汇业务的各项筹备及开办外汇业务许可、即期结售汇业务许可的申报工作。同时，从制度建设、业务管理、风险控制、渠道系统建设、外汇营运资金准备等方面着手开办外汇业务的准备。先后拟定了国际业务管理办法及操作规程、制度、办法等共 40 份，其内容涵盖风险控制、对公存款、对私存款、国际结算、贸易融资、外汇会计、外汇资金等 7 个大类，拟定了办理国际业务 18 项管理和经营类各部门职责，确定了国际业务部 17 个岗位及相关职责。

2011 年 10 月 18 日，紫金农商银行外汇业务获得南京外汇管理局的批准。12 月 27 日，南京外汇管理局正式下发《关于江苏紫金农村商业银行股份有限公司开办即期结售汇业务的批复》。经授权，紫金农商银行确定美元、日元、欧元、港币、澳元、加元等6个币种为开办的外汇业务币种；同时开办外汇存款、外汇贷款、国际结算、贸易融资、外汇资金、其他等六大类25项业务，结算涵盖汇款、托收、信用证等。

为加强风险控制，取得经办外汇业务的资格后，及时安装和调试开办业务所需的国际结算系统、核心业务系统外汇业务模块、SWFIT系统、外汇金宏收支系统等，拟定了《外汇业务审核审批管理办法》。按照国际业务建设的“一书一图两表”要求，建立对企业本外币进行统一授信模式，从源头上控制企业信用风险，并对29项重点业务进行了业务节点的梳理。及时梳理查找出各项业务风险点230个，对照“一书一图两表”分别加以相应控制，预防操作风险的发生。2012年，与4家国外账户行、2家国内银行建立了账户行关系；12月4日上线外汇金宏收支系统。开办外汇业务的核心系统、国际结算系统顺利通过了外汇管理局验收。12月19日，以较低的价格购买500万美元外汇营运资金，为下一步开展外汇业务提供了资金保证。

外汇业务顺利开办后，国际业务部以市场营销为重点，通过海关数据分析、客户分类、实地走访调查等多项措施，扎实稳步发展业务。2013年，共办理汇出汇款、汇入汇款、出口托收、进口代收、出口信用证交单、进口开证6类国际结算业务共314笔，结算额8728.65万美元；办理6笔出口商业发票融资业务，融资额1455万美元；1笔进口代付融资业务，融资额617万美元；2笔福费廷融资业务，融资额53万美元；贸易融资余额1138万美元，总额2125万美元；开立32个外汇账户，逐步建立了以省级外贸企业为核心、中小生产型企业为辅的外汇业务客户群。客户群体既包括隶属于汇鸿集团、苏美达集团、海外集团及国信集团的省级外贸企业，也包括外资企业和民营企业，其中以生产型企业居多，客户结构整体较为合理。

为提高外汇营运资金的使用效益，积极与同业联系，多方咨询外汇资金价格。在保证正常支付和贸易融资的情况下，先后与9家对手行开展了外汇资金的拆入、拆出业务，共计办理了25笔金额9025万美元。建立外汇业务同业授信关系7家，同业授信额度6.5亿元人民币。为建立账户行及代理行关系，国际业务部不仅通过《银行家》年鉴发布信息，也积极与境内外银行广泛联系。截止到2013年12月26日，与70家境内外银行建立了代理行关系，并建立了8家账户行，其中境内4家，境外4家。

为保证偏远地区客户的服务时效性，从客户角度出发，积极创新手段，着力提高服务时效。经过理论认证与实地考察，积极利用网点的区位优势，细化操作流程，逐步推广远程外汇业务服务模式。采用远程服务模式这一创新手段，是打破制约国际业务为客户提供快捷服务这一瓶颈的重要一步。对于省级外贸等大型企业，指定专人负责上门服务，保持与企业的沟通顺畅，及时了解客户动态，全力满足客户需求。通过耐心细致的服务，树立了紫金农商银行外汇业务的专业形象，提升了客户满意度和认可度，从而更好地维护了客户关系。

2014 年，世界青年奥运会在南京举办。借助青奥会契机，紫金农商银行在国际业务的渠道建设上实现了又一个突破，新增 5 家办理个人结售汇业务的分支行网点。同时积极推进市场营销，建立健全内部管理制度，努力探索企业客户服务的差异化模式。通过分析，选取了进出口类 105 户有贷企业，了解所面临客户经营的产品、企业性质、进出口量、贸易融资需求、国际结算特点等各方面信息，分别建立客户管理台账，细分客户。对国企、三资、民营不同类型企业区分营销重点，本着国企必做、民企能做的工作理念，通过上门服务、远程服务、延伸服务等方式，最大化地以现有能力满足客户需求，提供有竞争力的汇率、费用，为中小企业提供灵活便捷的融资、结售汇服务。

2015 年，通过积极营销，新增 25 户国际结算客户。为寻求国际业务差异化发展路径，利用地处省会城市的优势，探索省内农商行外汇资金代理清算的业务发展模式，代理高淳、溧水农商行的国际结算业务；代理连云港东方农商行的日元清算业务，总计代理了 38 笔日元清算，汇出汇款 16818 万日元。为突破结售汇的业务瓶颈，与鄞州银行合作，为客户创新设计了当天购汇、当天转账到账、当天付汇的国内美元结算模式。借助企业的配合，通过此种新方式给紫金农商银行带来了总计 9162 万美元的售汇额，占全年结售汇额 38% 的比例。

四、积极开发和参与金融市场业务

紫金农商银行十分重视金融市场业务在全行战略转型中的重要地位。2011 年 6 月 7 日，加入全国银行业同业拆借市场，核定同业拆借最高拆入、拆出资金限额均为 37 亿元。7 月 20 日，开立中央国债登记结算有限公司债券账户。

2012 年 2 月 28 日，在全国银行间市场清算所股份有限公司开立账户。3 月 2 日，紫金农商银行上海清算所托管结算系统正式上线，发行紫金财富 12008 期（机构）理财产品。紫金农商银行成为省内农商行系统继常熟农商行后，第二家与券商合作发行理财的机构。8 月 7 日，加入中国银行间市场交易商协会。9 月 9 日，成功加入全国银行间同业拆借中心，同时对合并之前四家联社委托南京银行托管的 12.895 亿元债券过户至紫金农商银行名下，实施统一管理，填补了紫金农商银行在银行间债券市场这一领域的空白，为扩大资金交易、优化资产配置提供了渠道。

2013 年 3 月 28 日，在中央国债登记结算有限责任公司开立债券结算资金专户。6 月 8 日，成立票据中心。9 月，总行金融市场部从公司金融部分离出来成为独立机构，内设同业业务中心、理财业务中心、投行业务中心、综合业务中心 4 个中心。在宏观审慎的政策框架和稳健的货币政策指引下，修改并发布《江苏紫金农村商业银行股份有限公司债券投资管理办法》《江苏紫金农村商业银行股份有限公司资金业务管理办法》《江苏紫金农村商业银行股份有限公司商业汇票转贴现及再贴现业务管理办法》等，为金融市场业务提供制度保障。根据制度规定，同业业务中心统一管理全行的同业资金往来；理财业务中心具有独立的经营决策权，全面负责全行理财业务，包括产品设计、投资运作、产品发行、风险管理、数据系统、信息报送等职责；投行业务中心负责自主对外融资业务及客户结构化融资、财务顾问服务等方面的业务。

2013 年 6 月，国际金融市场持续发酵的流动性危机，使得券款对付（DVP，Delivery Versus Payment）结算的紧迫性再次显现。为满足债券和资金同步交割，紫金农商银行于 7 月初实现券款对付结算，提高了结算效率，降低了操作风险，增强了市场融资能力。经过一年努力，全行资金市场工作取得长足的进步，累计资金交易量 3000 亿元，全国银行间债券市场系统内排名从 45 位上升至 32 位；债券投资 30 亿元；发行公司理财 44 亿元；实现利息收入 8.4 亿元，利息收入占全行营业收入的 20% 以上。

为推进票据业务和同业业务快速发展，总行通过对外竞标，确定江苏银科为票据系统研发单位，经过五个月努力，于 2013 年 12 月试运行。该系统的试运行，标志着统筹计划管理全行票据业务、监测票据结构成为可能，同时为根据存贷比以及流动比要求及时制定票据业务方案提供了帮助，节约了票据统计时间，提高条线办事效率，为加强票据风险防控管理提供了屏障。同业重点客户及对行的授信工作的顺利开展，有效解决了开出的银票在他行贴现难的问题，加强了与同业的合作。

2014 年，紫金农商银行积极拓展合作渠道，加快产品研发，初步搭建了核心同业客户群，形成稳定的合作关系。重点加强了与各城市商业银行、农商行、农信社的业务联系，积极主动拓展同业客户，先后与高淳农商行、南京银行、泉州银行、廊坊银行等同业机构建立了资金、票据和理财业务合作，丰富了同业业务资源，为理财业务发展提供了保证。通过科学合理的资产配置，紫金农商银行将业务重心向高附加值业务倾斜，积极优化全行资产结构，有效防范了流动性风险和信用风险。发力三种市场模式，围绕“大农业特色”“城镇化机遇”和“稳定收入群”区域差异化客户定位，布局农区、城郊和城市三个市场。根据银监局与中债公司的要求，按时完成了理财信息登记系统理财数据的补录工作，做好新产品的系统报备。成功上线资金业务管理系统和理财业务管理系统，顺利开通上海清算所专线，建设了票据影像管理模式，提高了工作效率。延伸同业代销理财业务，拓宽同业营销新路径，建立了和高淳农商行理财业务代销合作关系，同时设计了理财业务分级理财产品，创设五类子系列品牌，丰富了紫金农商银行理财产品体系。

根据监管部门的意见及债券市场实际情况，2015 年金融市场部积极对存量配置的县级以下平台债进行了处置，在不新增的前提下逐步降低县级平台债持仓金额，同时，加大对短期融资券、中票的配置比例，尽量缩短资产久期，有效防范流动性风险及信用风险。顺利完成同业存单发行工作，实时、快捷、经济的开办各项票据和同业借款业务，显著提高了紫金农商银行在银行间市场的资金融通能力。开展信托代销业务，与民生银行签署战略合作协议，与紫金信托、南京证券签署了战略合作协议，形成优势互补、资源共享的合作模式。先后发行的行庆版、五一特别版、VIP 客户专享版、教师专享版等多款理财产品，受到市场追捧和肯定。

2015 年，紫金农商银行获得“全国银行业理财登记工作优秀单位”称号。在普益财富发布的 2015 年江苏省区域商业银行综合理财能力排名榜上，紫金农商银行排名第 4 位。

2011~2015 年紫金农商银行主要业务数据统计

（单位：亿元，%）

指标名称	2011 年	2012 年	2013 年	2014 年	2015 年
资产总额	592.84	511.9	604.31	706.91	1017.88
负债总额	555.62	469.22	558.46	654.17	957.85
不良贷款率	1.84	2.75	2.48	2.49	2.26

续表

指标名称	2011 年	2012 年	2013 年	2014 年	2015 年
所有者权益	37.21	42.68	45.85	52.75	60.03
资本充足率	13.43	14.10	12.55	12.52	12.58
核心资本充足率	11.76	12.99	11.42	11.42	9.16
营业收入	27.70	32.43	34.76	40.26	47.58
营业支出	21.09	25.64	27.27	31.67	37.85
营业利润	6.61	6.79	7.48	8.59	9.73
利润总额	6.64	6.75	7.63	8.61	10.90
净利润	4.63	5.00	5.75	6.81	8.19

第四节　激发全员工作热情，助推转型发展

一、实行全行统一的工资福利标准

2011 年，《江苏紫金农村商业银行股份有限公司员工薪酬管理暂行办法》出台，明确员工以岗定薪，按绩取酬，薪酬总量与业绩相挂钩，开始实行全行统一的工资福利标准。按照国家有关政策，结合历史情况，逐步建立起包括基本养老保险、基本医疗保险、失业保险、工伤保险以及补充医疗保险的企业福利政策。

为完善激励约束机制，建立与企业发展相适应的薪酬管理制度和客观、公正、科学的绩效考评体系，2013 年起经过实践调研与讨论，于 2014 年 12 月修订原办法并出台了《紫金农商银行员工薪酬管理暂行办法》，重新确定结构薪酬制度，包括固定薪酬、绩效薪酬和福利性收入三部分，提高绩效薪酬的比例。员工薪酬管理暂行办法，一方面根据职务、学历、职称以及工作年限等方面情况，确定员工岗位薪酬等级和薪点；另一方面按照绩效导向、兼顾公平的原则，确定员工工资总额的组成及比例，即固定薪酬、绩效薪酬和福利性收入。固定薪酬保障员工生活，福利性收入防止员工收入差距过大，绩效薪酬鼓励全行员工投入生产，以提高运营效率。

二、改革薪酬分配体制

随着紫金农商银行五年战略规划的制定与实施，为构建企业内部公平、

竞争的文化，不断增大绩效考核力度。通过对员工的分配制度的较大改革改善工资分配的公平性；通过结构薪酬的调整，从政策上引导员工努力工作，不断完善激励约束机制。

改革中，首次设计出紫金农商银行的管理、营销和操作序列，打通员工的职业生涯通道。员工等级由 18 级调整为 12 级，不再简单设计员工等级。这次改革，体现了鼓励各种类型的员工展示自身的潜力与特质，体现了个人在本岗位的努力，得到不同序列的认可，为员工提供较为宽广的职业平台。2014 年 12 月，《紫金农商银行企业年金实施方案》正式出台，第一次行文明确企业年金的组织管理、实施范围、资金筹集、缴费方式、账户管理以及基金管理等内容。

三、努力提升员工的业务管理能力

为打造“员工能进能出，干部能上能下”的用人机制，2013 年，在行长室的领导下，在全行范围内精心组织了二级支行行长和分理处主任的公开竞聘。共选拔 14 名能力强、素质高、有干劲的业务能手充实到二级支行行长队伍中，6 名业务骨干充实到分理处负责人队伍中，为转型发展提供人力保障。与此同时，为强化总行部室建设，更好地实现总行部室服务管理职能，组织开展总行部室非领导职务人员选拔，经过部室推荐、公开民主测评等形式组织选拔出 5 名主任科员和 14 名副主任科员。为解决总行部室工作量大、人手少的问题，按照行领导部署，选拔了 29 名优秀员工，进入总行部室工作，同时根据工作需要将相关部室的业务骨干交流安排到一级支行工作，实现人员双向交流，打造一批业务精通、管理专业的高素质全方位人才。

为努力提升优秀员工的实务操作和管理能力，2013 年 6 月 29 日，紫金农商银行与南京农业大学经济管理学院联合开办了 MBA 高级研修培训班。首期研修班学员共 52 人，大大提高了中高级职员的业务管理能力。同时，为提升网点大堂经理的业务能力，2014 年 8 月人力资源部隆重地举办了“拜师”仪式。2013 年入职

2015 年 3 月 26 日紫金农商银行举行总行部室员工拜师仪式

的大堂人员，与师傅们进行了一对一的签约，明确师徒关系和权利、义务，通过“师傅”的指导，着力提升大堂人员的业务技能。2014 年，在岗客户经理 420 人，“导师制”普及率（晋升人员、转岗人员以及新员工）达 90%。2015 年全行共举办各类培训班 20 个班次，培训人次约 1300 人次；举办“紫金课堂”19 期，培训约 3000 人次；各部室组织外派培训共计 76 人次；举办 3 次拜师仪式，为全行约 800 名不同层级的员工选配了“导师”。

四、强化中层干部队伍建设

为突出以业绩为导向，强化各级中层干部的责任意识，充分调动中层干部表率作用，2011~2014 年间，紫金农商银行不断探索对中层干部的考核方法。2012 年，紫金农商银行对各部门负责人按照季度进行测评，按照年度进行总测评，通过中层干部的上级、同级以及下级评价其工作。一级支行行长的考评则根据 360 度考评和支行业绩完成目标进行年度考评。2014 年，按照年度规划，统筹规划，拟订战略考核指标和财务管理目标考核，促进管理工作的细致化，保障全年工作目标的实现，推进战略转型和工作的执行力。

2014 年初，依据中共中央《党政领导干部选拔任用工作条例》等文件精神，首次出台《紫金农商银行中层干部管理暂行办法》，明确中层管理人员为二级支行行长至总行部室总经理、一级支行行长的群体，对中层干部的职位设置、任职条件和资格、选拔任用、培养、考核、监督以及退出都进行了详细的规定，为中层干部的规范化管理奠定了基础。在中层干部管理经验基础上，加强人才梯队建设，建立完善人才储备机制，不断优化中层干部竞聘方式。中层干部选拔方式采用多种途径、全面考察方式，先后采用面试方式、演讲竞聘、述职述廉以及小组讨论竞聘等多种形式。在干部选拔的过程中，通过座谈方式，围绕德、能、勤、俭、廉等方面，与选拔干部的上级、同级以及下级进行交流考察。对进入中层干部和选拔对象，有无经商办企业、名下房产、债券股票情况、出国境证件管理情况的背景进行认真调查。

第十章
新常态下的创新与发展（下）

为适应新常态，应对持续发酵的欧债危机，紫金农商银行不断健全和完善法人治理模式，加强党的领导和思想、文化建设，坚定不移地把全面风险管理放在各项业务工作的首位，努力创新经营机制，大力推进商务转型，不断改进管理模式，以实现各项业务稳定增长，运行质量和效率不断提高。

第一节　健全和完善法人治理模式

一、完善“三会一层”机制

紫金农商银行成立之初就建立起与现代商业银行接轨的公司治理架构和管理模式，即由股东大会、董事会、监事会、高级管理层组成的“三会一层”制度，各司其职，协调运作，相互制衡。立足“服务三农，服务中小，服务城乡”的市场定位，董事会集思广益，制定和实施了“三会一层”《议事规则》《江苏紫金农村商业银行股份有限公司高级管理人员考评暂行办法》《江苏紫金农村商业银行股份有限公司董事、监事薪酬制度实施细则》等重要规章制度。为加强和改善决策部门建设，适时调整董事会发展战略、关联交易控制、风险管理、薪酬与提名和审计 5 个委员会。

为有效引导全行上下秉承“同分享，共成长”核心价值理念，立足战略定位，改革创新促转型，凝心聚力抓发展，董事会以提升公司治理水平为中心，努力加强董事会建设，不断优化议事规则，建立董事履职评价实施细则，建立高管层向董事会报告制度，畅通信息沟通渠道，提高董事会决策的科学性和监督的有效性。2012 年，为保障董事会日常工作有效运转，完善董事会

2015年5月20日，紫金农商银行召开2014年度股东大会

各专门委员会运作，专门设置董事会秘书，3月14日，经首届董事会第8次会议确定，对各专门委员会组成人员进行了调整。根据章程规定及管理要求，制定了董事会办公室工作职责、内设岗位工作职责，明确了人员分工并提出工作目标与要求，确保各项工作规范有序开展。

尊重股东权益，充分发挥股东大会的最高决策权是董事会的一项重要工作。2011~2015年，每个会计年度结束后，董事会都按照章程规定按时召开股东年会，向股东报告当年的经营状况，审议通过涉及全行发展的重大事项。遇有特殊情况，召开临时股东大会，议决有关事项。其中，2011年第一次临时股东大会，审议通过《江苏紫金农村商业银行股份有限公司住所迁址并修改章程的提案》《增补江苏紫金农村商业银行股份有限公司首届董事会独立董事的提案》等5项重大提案。2012年度股东大会通过《江苏紫金农村商业银行股份有限公司更换本行董事的提案》《江苏紫金农村商业银行股份有限公司2012年度利润分配方案的提案》等12项重大提案。2013年度股东大会，审议通过《2014~2018五年战略规划报告》《关于变更注册资本的提案》等17项重大提案。2014年度股东大会，审议通过《江苏紫金农村商业银行股份有限公司股权托管的提案》《增补江苏紫金农村商业银行股份有限公司第二届董事会独立董事的提案》等13项重大提案。2015年第一及第二次临时股东大会，分别审议通过《江苏紫金农村商业银行股份有限公司关于公开发行2015年二级资本债券的提案》和《修改江苏紫金农村商业银行股份有限公司章程的提案》。

股东大会后，按照通过的各项决议，董事会采取有力措施，严格执行，保证各项议案的实施。2013年，董事会充分发挥决策职能，深化改革促转型，积极推进全行工作由规模粗放型向质量效益型转变，形成了《紫金农商银行2014~2018五年发展战略规划》，修订了《江苏紫金农村商业银行股份有限公司关联交易管理办法》《江苏紫金农村商业银行股份有限公司股权管理办法及实施细则》等重要文件，不断提升公司治理水平。

实现全省农信系统的商务转型是省联社一项重大的战略部署，也是紫金农商银行策应形势、适应竞争的内在要求。2014年8月全行正式启动商务转型工作。以五年发展战略规划为基础，结合商务转型工作要求，进一步强化区域定位、明确目标客户、切实简政放权、明确转型目标，努力打造现代化股份制商业银行，同时配套制定了十三大模块、六大条线及支行转型实施方案。

二、充分发挥监事会内控监督职能

为保证和督促股东大会通过的各项决议和战略规划顺利实施，保持战略发展定力，充实战略发展内涵，公司监事会不断加强自身建设，按照章程规定依法履职。2012年先后组织召开了4次监事会会议，审议通过《紫金农商银行监事会对董事、监事和高级管理层2011年度履职评价报告》《紫金农商银行监事会关于对本行“合规文化建设年”活动开展情况的评价报告》等多项提案；对一级支行运行情况、行长室非常设职能机构运行情况等开展了专题调研工作，形成专题报告提交经营层审阅；密切关注公司日常经营管理，及时向高级管理层提交监事会管理提示，从信贷和运营管理、机关作风和效能建设、财务审批等方面做了全面的分析警示，并对整改情况进行持续监督。2014年，审议通过《紫金农商银行2013年度监事会工作报告》《紫金农商银行监事会管理提示》等多项提案；出席、列席股东大会、董事会；对一级支

紫金农商银行第二届董事会第一次会议

紫金农商银行第二届监事会第一次会议

行员工岗位工资考核情况开展调研，提出统一考核指导意见、完善绩效考核系统、同一岗位工资扣减标准、充分及时保障员工权益等有效建议。2015 年，监事会组织召开了 4 次监事会会议，审议通过《紫金农商银行 2014 年度监事会工作报告》等多项提案；出席、列席股东大会、董事会；根据战略落地和商务转型工作要求，监事会开展了公司业务上收情况和小微中心经营管理情况开展专题调研，以调研报告的形式对小微中心的价值体现和存在问题进行了详细分析，提出完善小微中心业务发展的建议。

三、平稳推进董、监事会换届改选

2014 年是紫金农商银行董、监事会换届改选之年。为确保公司决策的连续性，推进各项工作顺利平稳开展，形成合理的“三会一层”制衡机制，董事会严格按照监管要求和公司章程确定的提名和选举程序，经充分酝酿，精心筹备，2014 年 8 月 30 日上午，紫金农商银行 2013 年度股东大会召开，会议提名选举张小军、黄维平、汤宇、陈敬民、乐宜仁、王怀明、张亚波、李金亮、王宏兵、唐宁为紫金农商银行第二届董事会董事，其中乐宜仁、王怀明为独立董事（2015 年增补两名独立董事：蒋志芬、毛玮红）；选举薛炳海、花伟、侯军、刘瑾、高波、许莉 6 位为非职工监事，其中高波、许莉 2 位同志为外部监事。当天中午，紫金农商银行第二届董事会第一次会议召开，会议选举张小军为紫金农商银行董事长、黄维平为紫金农商银行副董事长；经董事长提名，聘任汤宇为紫金农商银行行长；经行长提名，聘任陈敬民、周石华、孔小祥、李昌盛为紫金农商银行副行长，吴飞为紫金农商银行董事会秘书，冯虎、芮红、韩华溢、王勇4位分别为计划财务部、合规管理部、审计稽核部及营业部负责人。紫金农商银行第二届监事会第一次会议也于当天下午召开，会议选举陶正国为监事长，职工代表大会选举林正洋、高旭东为职工监事。顺利完成紫金农商银行董事会和经营层的平稳换届。根据新形势新任务，股东大会顺利通过了修订的《紫金农商银行章程》《股东大会议事规则》《董事会议事规则》《独立董事制度》《监事会议事规则》等公司治理文件。董事会及专门委员会成员结构平衡、优势互补，决策核心作用不断增强，把方向、谋布局、抓大事的水平不断提升。

在新一届党委和董事会的领导下，全行高管层紧扣“重发展、调结构、控风险、铸文化”工作主线，以“晋级争位”为动力，以商务转型为抓手，开拓创新，真抓实干，不断提升服务水平，创新完善金融创新管理架构，做实创新举措，做到月月有活动，季季在推动，年度有成果。

2015年11月27日，紫金农商银行股份登记托管仪式在南京股权托管中心隆重举行，将全部股份托管南京股权托管中心，通过专业化交易平台，进一步优化股权结构，提高股权管理效率，提升股份的流动性和价值，提升社会形象。市委常委、常务副市长刘以安，市政府副秘书长钱建宁，市财政局，市国资委，市金融办，雨花台区政府，市金促会相关负责同志出席了签约仪式。

第二节　实行全面风险管理

一、建立风险防范的三道防线

实施全面风险管理是现代商业银行的基本要求，公司董事会成立之时就建立了风险管理委员会、高级管理层、相关风险管理委员会、风险管理部门、内部审计部门等构成的风险管理架构。风险管理委员会根据董事会授权履行风险管理职责，高级管理层则下设全面风险管理委员会，监事会则对董事会和高级管理层的履职情况进行监督检查。公司业务部、零售业务部、电子银行部、金融市场部、国际业务部等前台部门，负有风险管理的直接责任，为风险管理第一道防线；风险管理部、合规管理部、信贷管理部、资产管理部等部门为风险防范的第二道防线，对第一道防线进行监督；审核稽核部为风险防范的第三道防线，对风险管理实行再监督。

2013年11月，紫金农商银行通过《关于进一步明确各类风险管控职责的通知》，确定了信用风险、操作风险、流动性风险、声誉风险、合规风险、市场风险、科技信息风险的专业归口管理部门和协办部门。2014年，风险管理部按照商务转型和五年战略规划的要求，建立全面风险管理体系。2015年，总行通过制定和颁布《2015~2017年全面风险管理战略规划》，从风险战略、风险治理架构、管理流程、责任机制、人才队伍、风险文化等方面，推进全面风险管理体系建设，构建起信用风险、市场风险集中化管理，操作风险、合规风险分层管理的管控模式。同时，强化前、中、后台相配合的“三道防线”风险管理体制，完善各类风险预警应急处置预案及模型。

二、强化以信用风险为重点的六大风险管理

1. 信用风险管理

贷款风险管理和重点行业贷款风险是风险管控的重点。为防范信用风险，提高风险管理集中化、集约化水平，2012年在总行信贷管理部和一级支行管理部分别成立了总行放款中心和一级支行放款分中心，进一步提高用信业务的审批效率。为加强信贷管理，先后出台了一系列信贷业务制度，规范合同填写，并实现信贷业务操作流程与信贷管理电子流程的并轨运行，逐步实现以电子审批取代纸质审批；组建小微贷款中心，推进资金结算、对账、现金清分、后督、集中授权、档案六大中心建设，搭建现代化运营管理体系，实现信贷业务操作流程与信贷管理电子流程并轨运行；做到作业集中、监督集中、授权集中，前台前移，后台提升，强化风险闸口作用。

2013年，紫金农商银行开始对房地产开发企业和平台贷款实行“名单制”管理，加强对互保、联保授信客户的风险管控，明确集团客户授信业务管辖行，监控集团客户的运行情况和授信后管理的执行情况。根据风险状况及时提出授信调整建议，并开展了政府平台贷款、房地产开发贷款、建筑企业贷款、钢贸企业贷款等限控行业贷款及1000万元（含）以上大额贷款专项检查工作，持续做好加强对异地信贷业务排查。同时，加强不良贷款清收管理，加大不良清收考核力度，完善不良贷款清收奖惩机制，建立诉讼时效台账，综合运用依法收贷、协议清收、资产抵贷、债务落实、贷款重组等方法清收不良贷款，控制不良贷款反弹。

随着我国外部宏观经济下行，实体经济发展困难、同业竞争激烈、金融脱媒进程加速，信用风险管控压力空前增大，中小微企业贷款难贷和银行贷款难放的矛盾依然突出。2015年底，紫金农商银行启动了“新常态下信贷综

2015 年 11 月 14 日，紫金农商银行新常态下信贷综合服务转型工作推进会现场

合服务转型”工程，探索既能满足客户需求又能量化风险标准的信贷服务新模式。围绕“一心一线一点”核心理念，以客户为中心、找准风险底线、把握还款节点，全面梳理了涵盖主要业务 20 个子行业的经营特性和业务需求特点，分别制定出具有行业个性化的信贷综合服务转型方案，带动信贷管理精细化转型。通过制定《新常态下信贷综合服务转型方案》，明确最高融资限额和风险底线指标，搭建“按资信授信、按需求用信”的授用信管理模式框架。对批发零售业、建筑业、制造业、房地产业、交通运输业、住宿餐饮业、市场租赁业及综合类型等“7+1”个行业，建立了三查要点和模板，有效指导全行信贷人员三查工作。完善客户信用评级系统，构建符合行内客户的评分卡模式，提高评级结果在信贷决策环节的参考作用。同时，建成并上线个人住房按揭贷款自动审批模型，提高标准化业务审批效率，启用电子合同，提高合同使用的准确率和效率。优化无纸化审批系统中补充资料功能，成立信贷集中审批中心，实现全行授用信集中作业，简化审查审批环节的流程。

针对 2015 年新增的预警贷款，紫金农商银行实行新增逾期贷款暂扣办法，进行风险分析，提出管理建议；绘制不良信贷资产监控处置工作导图，梳理不良贷款处置流程及处置方式，开展不良贷款“大会战”“攻坚战”等一系列活动，加快处置逾期贷款及到期风险贷款。经过不断努力，全行不良贷

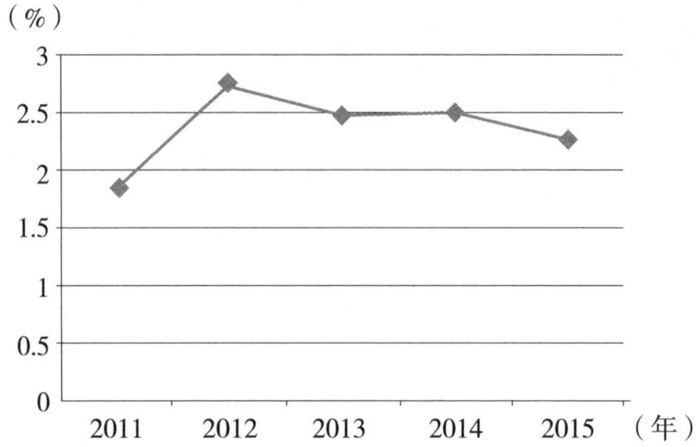

2011~2015 年紫金农商银行不良贷款占比示意图

款率逐年下降。

2. 操作风险管理

持续推进"六大中心"建设，不断完善相关系统和业务流程，推动运营管理规范化、精细化管理。2013 年，在加大风险防范的检查力度基础上，先后制定及修订了 20 项运营条线管理制度办法、9 项科技条线管理制度办法。同时，及时制定相关业务会计核算规程，不断提高业务管理规范性；完善条线考核培训机制，规范内勤考核制度，增强内勤人员风险防范意识；强化委派会计的管理和考核。全面启动制度流程梳理优化工作，建立外规映射清单和外规库，上线"流程图系统"；全行远程授权系统实现机构全覆盖，有效减轻了营业网点内勤主管授权业务量，释放了柜面服务潜能。上线财税库银横向联网系统（TIPS），拓展支付渠道建设。

紫金农商银行运营管理与计划财务工作原为一体，2012 年 1 月为强化条线管理，厘清部门职责，运营管理部从原计划财会部分设，单独设为总行一级部门，围绕"六大中心建设"核心工作，在运营管理部建立了对账中心、后督中心、档案中心三大中心。

2012 年，根据人民银行开展电子同城清算系统建设的要求，总行联合高淳农商行、溧水农商行共同制定项目建设方案，确保当年 5 月份电子同城清算系统顺利上线运行。5 月 26 日，完成对六合、浦口支行现金库的整合，实现全行所有一级支行现金库的集中；7 月初对账中心上线试运行，开启了首次集中对账工作；8 月 11 日事后监督中心正式运行，陆续完成了对全行九家一级支行和总行营业部共124个机构事后监督集中工作，初步实现“人员集中、监督集中、档案集中”管理，统一规范了会计核算规程、重要空白凭证、单位结算账户、登记簿、会计印章及档案等的管理。

2013年，总行运营管理主体框架搭建完成。根据《江苏省农村信用社长期不动账户管理办法》要求，组织开展单位结算账户正常转久悬工作；完善全行运营类登记簿，根据实际使用情况对在用的各项会计业务登记簿进行修订、增减，于2013年3月1日起在全行正式启用“2013版运营类登记簿”。

为提高网点形象、服务水平，优化服务流程，紫金农商银行运营管理部选取部分网点开展试点后，制定下发了《紫金农商银行柜面限时服务承诺工作推进方案》，并派专人对柜面限时服务承诺工作开展情况进行督导，在全行范围内向社会公众做出优质服务承诺，并设置沙漏计时，强化全行网点限时服务、文明礼仪服务，通过监督机制，对标杆网点建设、文明规范服务进行后评价，提升服务效率和服务水平。推进柜面限时服务承诺制度，释放柜面劳动力，提高柜面服务效率与质量，提升网点营销能力与产能。2013年11月，选择了7家二级支行试点推行综合柜员制，在此基础上，根据运行情况，结合网点实际，因地制宜，制定下发《关于差异化推广综合柜员制的实施方案（试行）》，逐步在全行范围内差异化推广综合柜员制。

2014年7月底，全行完成综合柜员制推广目标，有效提升了柜面服务效率，激发柜员钻研业务的积极性，为定岗定编工作提供有力支撑。在广泛研究讨论和充分征集意见的基础上，制定修订《等级柜员管理办法》，从11月29日开始组织全行柜员业务技能考试。青奥会在南京开幕期间，全行233台ATM均开通外卡受理功能，与9家POS商户签订受理外卡消费合作协议，新增5家个人结售汇业务网点，实现了零业务差错、零安全事故、零责任投诉，顺利通过青奥大考。

2015年，总行对账管理系统、电子验印系统、操作风险管理系统完成改造升级，上线会计档案管理系统。实现会计业务传票电子化录入操作，部分会计业务报表电子化存储，新增了柜员业务量、网银对账ODS（Operational Data Store）报表，方便查询业务量及网银对账情况。制定并颁发《等级柜员评定方案》及流程，完成全行2015年柜员等级评定，实现柜员等级化管理。星级营业网点创建活动，顺利通过江苏省银行业协会验收，其中城中支行营业部入围五星级营业网点，总行营业部入围四星级营业网点，方山支行入围三星级营业网点。

3. 市场风险管理

设置市场风险管理中心，建立市场风险管理团队，逐步推进市场风险管理。一是出台《2015 年债券投资、同业非信贷业务投向意见》，制定债券投资交易相关限额，明确同业非信贷业务交易对象的准入门槛；二是对金融市场部进行中台嵌入式管理，主要对投资资产进行风险审查；三是完善系统监控，将限额监控指标录入系统中，初步实现机控与人控相结合；四是制定了《紫金农商银行市场风险管理暂行办法》，对市场风险管理的组织架构、职责分工、管理过程、信息报告等内容进行明确和规范；五是制定《风险偏好及容忍度实施意见》，明确在风险容忍度管理框架下，根据不同业务风险特征，探索风险限额管理体系；六是针对现有的业务开展情况和市场风险现状，对金融市场部债券投资、同业非信贷业务拟定投向指引，规定同业合作的准入门槛、债券投资业务管理限额。

4. 流动性风险管理

2013 年，紫金农商银行通过制定《流动性风险管理暂行办法》建立了流动性风险管理运行机制，对流动性风险设定风险触发值及管理目标值，实时监测指标变化情况，对异动指标及时进行预警，确保流动性充足；加强头寸管理，严格落实大额资金流动报备制度；建立流动性风险日报、月报及季度报告制度，确保管理人员能够及时了解各项流动性指标，为科学决策提供依据。

2014 年紫金农商银行在人民银行开立常备借贷便利，并与江苏省联社达成流动性借贷便利互助协议，增强了流动性应急管理能力。同时，制定了流动性风险限额管理方案，对流动性资产负债的规模、资金头寸、流动性敞口设定了风险限额，定期对风险限额进行评估调整。2015 年紫金农商银行又签订了《江苏省农村商业银行系统流动性互助协议》，建立全行业流动性互助机制；与人民银行南京分行开展一次一天期限的常备借贷便利业务，提升流动性应急处置能力。同时，推进同业存单发行，有效增强主动负债管理能力，提高融资来源的多样性和稳定性；加强流动性限额管理，提升流动性备付水平；定期开展流动性压力测试，通过压力测试，发现存在问题，为流动性限额管理提供参考决策。

5. 声誉风险管理

为完善声誉风险制度建设和责任落实，紫金农商银行多措并举畅通沟通内外渠道，建立并执行领导接待日制度，鼓励全行员工为转型发展献计献策，反映问题、提出合理化建议。同时，不断完善内网员工论坛，开设官方微博，做好行内外监督投诉电话的接听、办理和反馈工作，第一时间解释、化解各类问题和矛盾；完善声誉风险评估、预警和应急处置机制。

2014 年重新明确声誉风险报告、新闻采访审批、新闻稿件报送、重大事项报告流程，制定清晰的流程图，实现声誉风险管理“规范化、流程化、无纸化”目标。通过购买舆情监测系统账号，加强舆情监测的技防手段，有效提高舆情监测的效果和能力。举办二级支行行长舆情培训班，邀请市委宣传部、南京大学的专家学者授课，全面讲解应对媒体采访的规范流程，并当堂组织考试，增强培训效果。主动邀请媒体记者，在不事先通知支行的前提下，突然出现就某些问题采访基层支行，检验支行对管理要求、处理流程的熟悉程度和实战应对能力。2015 年，重点推进“五个一”工作。围绕“一本手册”内容编印《声誉风险管理知识手册》，下发全辖学习并组织关键人员考试；围绕“一门课”，邀请市委宣传部领导进行专题培训；开展网络舆论引导与危机事件应对、舆情管理培训工作，提高全员风险管理能力；完善风险防控手段，上线新版门户网站，畅通自我发声的网络渠道；加大媒体宣传力度。

6. 信息科技风险管理

2014 年紫金农商银行成立了科技信息管理委员会，制定信息科技风险管理办法；按照省联社科技达标中级要求，对行内系统的登陆访问、用户和密码、文件传输管理、数据备份管理等做了优化；通过省联社部署的赛门铁克防病毒平台，加强全行防病毒管理；成功上线数据集中备份管理系统，对行内重要系统做到了每日备份和异地备份，加强了数据安全性；制作应急预案模板，确保所有系统都有应急预案且应急预案规范、简单、明了，提高应急预案可行性和可操作性；开展中间业务系统、南京同城系统、网络系统、电力系统及数据平台系统的应急演练。

为推动信息科技风险重点工作的开展，2015 年成立了信息科技风险管理工作小组；出台《信息系统安全管理策略》等 8 项制度，进一步完善制度体系；组织开展 ISO27001 标准体系对标工作，针对存在的不足之处明确整改和完善的部门责任；加强网络安全建设，完成外网网络安全加固项目的招标和实施环境搭建，对系统硬件资源进行整合、调整与更新，上线日志管理系统和补丁管理系统；加强数据安全建设，在总行部室推广安全 U 盘使用，完成数据脱敏系统建设，制定介质管理流程，通过硬盘消磁机加强介质销毁管理；强化信息科技风险管理。

三、案件防控常抓不懈

案件防控一直是紫金农商银行常抓不懈的重点工作。2013 年 5 月，案件防控工作职责从审计稽核部变更到合规管理部。紫金农商银行以强化内部治理和内控执行力为保障，进一步转变案件防控治理工作思路，变被动应对为主动防控，将工作重心从事后处置向事前预防转移，多措并举，实现案防关口前移，防范和化解案件风险，提高经营管理水平，促进全行各项业务稳健、可持续发展。根据行领导的要求和指示，制定全行案件防控三年规划及实施细则。规划主要从人防、技防、机制防及文化防四方面确定案件防控工作内容和目标；争取经过三年的努力，全面建起人防、技防、机制防及文化防相结合的案件防控工作机制，遏制新发案件、大案要案发生。2013 年 5 月，紫金农商银行召开全行案件防控治理工作第一次会议，明确在案件防控上采取人防、技防、机制防和文化防相结合的防控手段，必须坚持做到“一案四问责、上追两级”，坚持“一票否决制”。同时会议要求要适度加大一级支行内控管理力度，指导一级支行做好案件防控治理工作。当年，根据江苏省联社下发的《全省农村信用社案件风险排查活动方案》要求，紫金农商银行制定并实施《江苏紫金农村商业银行股份有限公司案件风险排查方案》，从基层网点负责人、员工违规行为、员工轮岗、对账工作、内审履职、信贷业务、财务业务、资金业务、融资性担保公司、票据业务、公章使用、廉洁风险、安防风险等方面开展风险排查，督促相关部门在规定的时间内对风险排查所发现的问题整改完毕。

为规范员工行为，强化案件防控，明确各层级案防职责，2014 年，紫金农商银行按照纵向到底、横向到边的原则，与各基层支行采取层层签订案件防控责任状、承诺书的方式，明确案件防控工作责任，形成一级抓一级，一级带一级的全员案件防控责任制，把规范员工行为作为案防工作重点，从银监局 EAST 疑点数据、员工行为、重要岗位及关系人账户入手，认真排查重点防范外部风险传染，下发《员工“十禁”行为规范》；开展案防工作评估，健全完善案防工作体系，正确处理好业务发展与风险防控的关系，做到责任落实到位、风险揭示到位、防控部署到位、漏洞堵塞到位，扎实推进案件防控长效机制建设。

2015 年，紫金农商银行完成《案件防控工作责任压力逐级传导树形图》，明确各管理层级在信用风险、操作风险、声誉风险、科技风险、市场风险、流动性风险及员工行为管理方面的职责；制定《“案件防控提升年”活动实施方案》《知识竞赛暨演讲比赛活动细则》《案防工作检查竞赛活动细则》；通过召开全体员工 2015 年度案防提升年专题会议，明确年度案防工作内容，观看警示片，强化教育作用。制定《案防工作评估方案》并开展自评。按月督办总行各部室、各支行规定动作落实情况，编制《落实情况一览表》，并不定期督查支行案防工作的实际落实情况及重点岗位重点环节的案防执行检查；开展员工重要关系人账户排查工作。当年排查关键岗位员工的重要社会关系人共 3146 人，根据《案防工作手册》，明确各单位案防第一责任人的案防规定动作。为加强警示教育，发放《致全体员工家属的一封信》，在总行 OA（办公自动化，Office Automation）系统中开辟《案件防控提升年》专栏，拟定内外部有奖举报制度，通过开展知识竞赛暨演讲比赛、全员案防合规考试等多种形式强化案防教育。

第三节　加强财务管理，努力增收节支

一、建立全行统一的财务管理体系

紫金农商银行初建时，采用的财务管理系统是省联社两级核算模式，总行财务管理系统与四家一级支行是平行架构，五个核算单位独立核算，不利于财务管理的规范。2012 年，计划财务部上收各一级支行财管系统，成立审批中心，由总行统一进行财务核算，构建了更为科学、规范的财务核算体系。

紫金农商银行一直致力于精细化财务管理工作，不断规范并简化财务费用审批、报销流程，成立以来先后多次修订《财务管理费用管理实施细则》，明确财务工作要求，构建了符合现代商业银行要求的财务管理框架。在严把费用支出审批关的同时，坚持收益最大化原则。2011 年，紫金农商银行由农信社组建为商业银行后，营业税金及附加税率上调为 5%。总行积极进行税务资源的有效整合，通过同税务部门的协商和沟通，最终达成协议，使得非城区网点的营业税金及附加税率仍然享受农信社 3% 的优惠税率，降低了 2 个百分点，仅 2012 全年就节约税收 5500 万元。2014 年，紫金农商银行提出费用归口管理理念，杜绝不合理费用超支现象，督促总行归口管理部门及基层支行做好预算执行工作，进一步加强分类费用的使用和控制。通过有效管理，2014 年末紫金农商银行实际费用较年初预算下降 1.64 亿元，净收入费用比年

初预算下降7.6个百分点。

紫金农商银行从业务预算、资本预算和财务预算三个方面构建全面预算管理体系，并对预算目标层层分解，对执行过程和结果进行计量、控制、调整、分析，以促进全行年度经营目标的顺利实现。一是强化预算管理，建立“条块结合，以块为主”的预算模式，跟踪预算执行情况，监督预算执行落实结果，促进年度预算目标完成。二是细化成本分摊，拓宽成本管理空间，创新成本管理方法，形成战略成本管理意识，以尽可能少的成本支出获得尽可能多的使用价值。通过预算管控，对各项成本支出与预算目标适时对比，优化和调整成本费用支出结构，不断优化成本资源配置。

二、不断完善资产负债管理办法

2012年，银监会公布《商业银行资本管理办法》，并于2013年1月1日起施行，按照要求，紫金农商银行资本充足率不得低于10.5%。紫金农商银行积极做好《商业银行资本管理办法》实施准备工作，并于2012年起草制定了《资产负债管理暂行办法》，初步搭建了资产负债管理的框架。2013年上半年，总行相关领导及计划财务部资产负债系统成员对佛山顺德农商行等几家银行进行调研考察，进一步深入了解资产负债管理系统在银行业务发展和资金结构优化中的重要作用。年底，资产负债系统正式上线运行。此系统的建成，进一步提高了紫金农商银行流动性管理的信息化程度，提升了资产负债管理能力，在优化资产、负债业务规模及期限结构，促进资产负债期限错配管理方面发挥了重要作用。2014年，资产负债管理主要从调整结构、调整期限、调整价格入手，通过每月召开资产负债管理委员会会议，通报资产负债结构调整情况并根据流动性缺口情况及时调整方案以加强资产负债比例管理，在综合考虑资本状况、流动性风险、资金杠杆等的基础上，进一步优化紫金农商银行的资源配置，支持重点业务发展。

紫金农商银行主要从两个方面加强价格管理，以更好地发挥价格在考核和经营导向中的作用：一是加深市场行情研究。建立市场价格调查机制，加强对他行利率调整信息的跟踪和交流，实时监测市场行情，及时分析同业存贷款利率变化趋势，按时公布各项业务指导价格。二是制定具有竞争力的价格策略，结合市场实际情况及业务部门建议，实行差异化定价，采取内部资金转移定价政策倾斜、外部定价政策优惠等有效措施，支持小微、按揭贷款等重点业务的开展，实现量价平衡。

三、完善考核和统计管理体系

为了完善紫金农商银行的绩效考核体系，2012 年 9 月，资金转移定价（FTP）系统试运行，为衡量紫金农商银行利润贡献、指导业务发展提供了客观、科学的依据。为配合 FTP 系统上线工作，行内组织了总行、一级支行相关工作人员，二级支行行长及客户经理 300 余人开展 3 期 FTP 实务培训，为 2013 年 FTP 系统的正式上线奠定了良好基础，有力地推动了绩效考核体系的转型。2013 年，紫金农商银行持续完善以 FTP、绩效考核系统为支撑，以模拟利润为导向的绩效考核机制，科学设定考核标准，注重当前经营业绩和长远发展的协调平衡，按季及时汇总经营目标考核结果，按季计算机构及客户经理的模拟利润，充分调动每位员工的积极性。2014 年，紫金农商银行按季公布省联社重要指标排名、等级行、一级支行经营考核排名等结果，督促一级支行按时按质完成对二级支行的经营考核，形成以业绩论贡献、以指标评奖罚的激励机制，确保考核机制能够准确评价经营机构的业绩，及时兑现费用和绩效，实现考核的正向激励作用。

2013 年，根据部室职责调整需要，计划财务部开始承担全行统计扎口部门职责。2 月，计划财务部牵头建设信息统计系统，截至 2014 年末，信息统计系统能够实现报表取数率 94.65%，极大地减轻了支行的统计工作压力，提升了全行统计管理水平。同时，计划财务部积极履行统计协调管理职责，充分运用数据信息平台，做好统计制度解释和数据填报指导工作，建立健全数据报送、复核和差错查纠制度，确保各项金融统计制度落实到位。紫金农商银行一直致力于规范统计数据采集方式，根据监管部门下发的统计制度，结合自身的情况，完善操作细则，统一明确数据采集方式，细化操作流程，指导相关部室和基层支行进行数据信息的采集和加工处理，确保统计数据的准确、可靠。紫金农商银行不断完善统计工作激励机制，明确统计职责，制定岗位责任制，定期进行检查、评比，将统计工作质量纳入全行风险管理目标考核。

第四节　加强思想、文化建设，创建文明单位

在上级党委和紫金农商银行党委的领导下，全行坚持以科学发展观为统领，认真贯彻落实中共十八大和省市委党代会精神，以推进“三争一创”实践活动为载体，深入开展党的群众路线教育实践活动，践行“三严三实”，扎

实推进专题教育，强化警示教育和正面教育，坚持政治思想教育和法纪约束教育相结合、正面典型示范和反面典型警示相结合、廉政教育和勤政教育相结合，努力提高党建工作水平，培育良好现代企业形象，有效提高党员干部和广大员工的思想素质，促进和保障各项工作顺利开展。

一、抓紧廉政、勤政教育，强化班子建设

2012 年，总行党委在强化自身建设的基础上，以“三争一创”实践活动为基调，创建学习型领导班子，认真抓好总行到一级支行、一级支行到二级支行的党支部“两级班子”组织建设，落实组织生活制度。通过规范民主生活会、党建工作季度例会等形式，促进“两级班子”的支部建设。为推进“四好”班子建设，在学习方式上，坚持自学与集中学习相结合，党课教育与个别交心相结合。加强理想信念和廉洁教育，从源头预防犯罪和遏制腐败的发生，筑牢思想防线。班子成员定期下基层上党课，实现总行到一级支行、一级支行到二级支行党课教育“全覆盖”。在中共十八次会议召开期间，认真组织党员干部收听收看十八大开幕盛况，并邀请南京新百公司党委书记、十八大党代表朱爱华同志作专题报告。以十八大精神为动力，推动全行各项工作部署的落实。为坚持正面教育，2012 年 6 月组织支部书记参观学习革命根据地延安，接受党的光荣传统再教育。总行党委把廉洁自律教育作为日常教育的主题，逢会必讲，遇事就说，切实提高干部职工的思想免疫力。

2013 年，在省联社开展“四好”班子创建中，严格落实党委中心组学习制度，指导基层支行建设“五好团队”。当年下半年，在省市委的统一部署下，全行开展了党的群众路线教育实践活动。总行成立党的群众路线教育实践活动领导小组及办公室，并成立督导组，落实行领导联系点。按照教育实践活动实施方案，在行领导的带领下，全行党员领导干部 110 余人依次参观雨花台革命烈士纪念馆。参观结束后，全体党员干部又听取了南京市委党校副校长刘喜发教授讲授的精彩党课，使参会同志受到一次生动而深刻的党性教育，审视自身存在的问题，进一步增强自身党性修养。在对照检查阶段，领导干部深入基层，听取意见，查找问题，坚持批评与自我批评相结合，做好对照检查。召开专题民主生活会和通报会，确保教育实践活动落到实处。教育实践活动中，全行领导班子成员开展谈心交流 28 次，提出问题 102 个，班子成员与分管部门负责人谈心交流 68 次。2014 年，圆满完成党的群众路线教育实践活动。

2015 年，根据省联社党委统一部署，全行开展了践行“三严三实”专题教育。党委办公室、党委组织部共同制定了专题教育实施方案，确定了“严以修身、严以律己、严以用权”3 个阶段专题研讨方案，并成立协调小组。6 月初，总行党委召开“三严三实”专题党课暨专题教育部署视频会议，由党委书记为全行二级支行行长及以上中层干部上党课。在专题教育活动中，做到“规定动作不走样，自选动作有创新”。总行党委每月初坚持一次党委中心组织集中学习，开展认真讨论学习。7 月 16~19 日，党委（党支部）书记暨支行行长培训班在南京市委党校开班，总行党委委员、基层党委书记、党支部书记及二级支行行长共 188 人参加了集中培训。为保证活动取得实效，总行党委委员分别带领相关职能部门负责人，深入挂钩联系点，开展随机性调研，广泛听取基层意见。先后征集各类意见和建议共九大类 47 条。调研结束，总行党委将省联社“四好”班子创建要求与专题教育相结合，制定出新的“四好”班子创建方案，并明确部门职责分工，完善创建工作台账。当年，经过省联社考评，紫金农商银行成功创建“四好”领导班子，并以此为契机，进一步强化班子建设。

二、加强基层党组织建设

为充分发挥党支部的战斗堡垒和党员在各项工作中的先锋表率作用，总行党委以创建学习型党组织为抓手，认真抓好党员的人生观、价值观教育，努力提升党员干部的政治素质、执行能力。通过组织广大党员干部观看电影《吴仁宝》、参观革命纪念馆等多种形式，以模范人物的感人事迹、革命先辈的光辉形象和崇高精神，引领大家做时代先锋。自 2012 年开始，总行党委持续不断地在总行机关和各级党组织广泛开展“创先争优”活动，大力宣扬“创先争优”中的先进事迹，形成“学先进、赶先进、当先进”的浓厚氛围。2012 年，全行 2 个基层党组织荣获省联社及市国资委“先进基层党组织”称号，2 名党员获“优秀共产党员”称号，1 名党员被评为南京市劳动模范，20 名员工入了党。

为提高基层党支部书记的思想素质，转变作风，推动发展，总行党委十分重视对基层党支部书记的培训和教育。2012 年，先后分 2 批组织全辖 65 名党支部书记参加不同形式的学习班，倡导领导干部“走进基层，走进农村，走进员工”，增强党务干部的组织领导能力、协调创新能力和工作落实能力。明确规定，各级领导班子成员每月不少于 2 天前往联系点指导和协调工作，切实转变机关作风，促进工作效率的提高。

2015年，印发《党建工作手册》，指导基层党支部开展党建基础工作，全年培训入党积极分子36人，发展预备党员15人，预备党员转正7人。“七一”前，根据国资委及总行党委统一部署，组织实施“七一”表彰活动，引导党员时刻不忘党的根本宗旨，实践入党誓词，坚定理想信念。经自下而上民主推荐，自上而下审核，表彰了优秀基层党组织10家，优秀党务工作者10名，优秀共产党员25名。表彰活动后，又组织优秀共产党员、优秀党务工作者赴江西南昌、井冈山参加红色主题教育活动。

三、创建“文明单位”“青年文明号”“工人先锋号”

加强精神文明建设，以文明单位创建促进和推动企业和谐发展，是紫金农商银行总行党委坚定不移的指导思想。2012年，本着立足实际、量力而行、尽力而为、稳步推进的原则，紫金农商银行将文明单位创建工作放在重要位置，以文明创建助推全行业务发展，深入开展创建“南京市文明单位”和“江苏省文明单位”的活动。

在创建文明单位过程中，紧紧将创建活动与全行工作目标相结合，与业务发展、经营管理相结合，同时推进，一并考核。做到业务发展、经营管理和创建工作同步。经南京市委、市政府考核验收，2013年8月，紫金农商银行获得“南京市文明单位”荣誉称号，10月，再获江苏省授予的“江苏省文明单位”荣誉称号。

为保持“文明单位”称号，促进各项工作发展，2014年总行党委加强各服务现场检查与指导，共检查一级支行9家及总行营业部，抽查营业网点18家，抽查监控视频10家。通过调阅监控及现场查看的方式，掌握和了解二级支行晨会、上下班时间、服务规范的执行情况和网点环境。同时，积极参与青奥会期间支付环境建设，督促各支行对标找差，有序推进环境综合整治。指导各支行统一配备便民服务设施，保障青奥会期间提供优质金融服务。

2015年，总行党委适时组织召开全辖文明优质服务上台阶工作会议。各基层支行内勤主管及总行相关部室负责人参加会议，有效提升员工对创优服务重要性的认识。为认真学习贯彻省联社文明规范服务现场会精神，专门召开文明规范服务座谈会，总行各相关部室负责人集中学习研讨文明规范服务工作。根据省联社文明规范服务现场会要求，制定紫金农商银行的文明规范服务综合方案，明确职责分工，拟定文明规范服务3年提升规划。

按照党群共建和“三争一创”活动要求，总行将工建、团建、妇建与党组织建设同部署、同推进，富有成效地开展了一系列基础建设和特色活动。

按照上级工会和总行党委的统一部署，2012 年，总行工会认真学习贯彻省、市及总行重要文件精神，加强工会组织建设，努力营造学习工作化、工作学习化的氛围，积极打造学习型企业，动员广大会员围绕中心工作开展创建“工人先锋号”的活动。按照上级工会和总行党委的统一部署，2013 年，总行工会在加强自身建设的同时，指导基层分工会和各支行积极开展创建活动。经过努力，当年总行“职工之家”荣获省“模范职工之家”和“江苏省用户满意服务”称号；总行营业部、百家湖岔路支行被授予南京市级“工人先锋号”称号；总行营业部成功创建为江苏省级“工人先锋号”；城中支行营业部刘舒琴获“全国明星大堂经理”称号。

紫金农商银行员工刘舒琴荣获 2013 年度中国银行业文明规范服务“全国明星大堂经理”称号

为大力培育先进典型，以典型示范促文明创建，在总行党委工作部、工会和团委的共同努力下，“三创”工作在全行蓬勃开展。2014 年，全行 6 家窗口单位荣获南京市“青年文明号”称号，成功创建了 10 家市级“青年文明号”，产生“五好团队”12 家，2 家支行（板桥、迈皋桥）成功创建江苏省级“工人先锋号”。

2015 年，经团市委“青年文明号”复评，全行又有 6 家支行成功创建市级“青年文明号”，全行市级“青年文明号”达 16 家，覆盖率达 13%。同时，城南铁心桥支行成功创建省级“工人先锋号”，江宁开发区支行成功创建省级“职工书屋”，六合支行营业部、江北园区盘城支行成功创建市级“职工书屋”，江宁支行成功创建“南京市职工阅读组织”。

四、凝心聚力，彰显企业阳光活力

为弘扬企业文化，彰显企业阳光活力。2012 年在总行党委的支持下，行工会、团委共同举办了“紫色梦想，金彩共创——紫金农商银行首届知识竞赛暨才艺展示大赛”，筹备和组建了紫金艺术团。在南京市首届职工舞蹈大赛中，紫金农商银行荣获三等奖，充分展示出员工多才多艺的一面。通过举办和参加系列羽毛球、掼蛋、保龄球、龙舟、乒乓球比赛，凸显员工的“精气神”。

团委、工会把文化体育活动作为增强员工向心力、凝聚力的抓手，不断开展员工喜闻乐见的业余文体活动。先后多次举办玄武湖环湖行、职工羽毛球、乒乓球等文体竞赛活动，组织珍珠泉烧烤、自驾游、城市“乐跑”等趣味活动，搭建员工交流平台。龙舟赛是紫金农商银行的一项传统特色项目，已成为品牌文化建设的一个重要载体。自 2011 年以来，龙舟活动活跃，成绩斐然，在每年连续举办职工龙舟大赛的同时，积极参加各类群众性龙舟赛事活动，成为展示紫金职工风采及良好精神面貌的一面旗帜。2015 年，依托乒乓球、羽毛球、篮球、掼蛋、龙舟、书画摄影六大协会，有序开展了系列文体活动，成立紫金“乐跑—紫金爱跑 E 族”、紫金“乒乓球”俱乐部。邀请专业教练指导，组织参加各类比赛，宣传紫金形象。

为发挥优秀员工榜样作用、搭建青年员工交流平台，工会、团委还常年不断地结合业务工作，组织员工进行技艺交流和理论研讨。2012 年，组织员工参加南京市第六届职工技能大赛、银行系统“紫金银行”杯会计技能竞赛和市“人民币流通满意工程”实施成果文艺汇演，展现了员工精湛的业务素质及技能。组团参加南京金融学会、共青团南京市委联合举办的南京金融青年理论征文竞赛，激发了团员、青年探索研究精神和进行理论创新的勇气。

2012 年 3 月 28 日，紫金农商银行在开业一周年庆典上举行“留守儿童之家”揭牌仪式

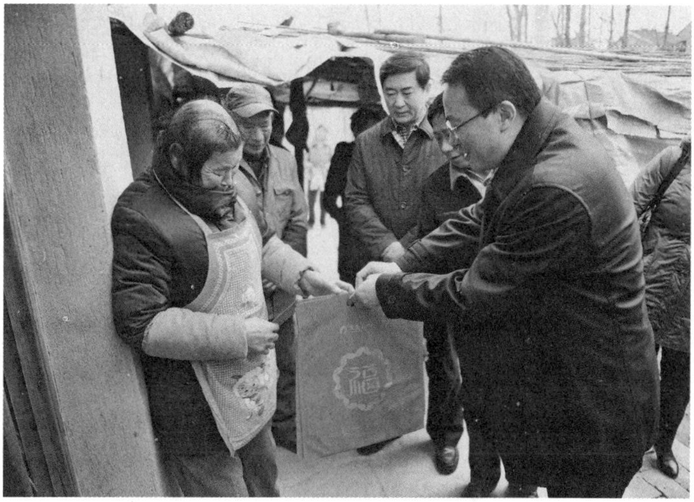

2014年1月27日，紫金农商银行董事长黄维平在六合区龙袍街道开展党员帮扶活动

竞赛中，紫金农商银行1个课题组获得一等奖，2个课题组获得第三名，1名征文竞赛选手被评为“南京市青年岗位能手”。

2015年，结合人民银行组织开展的“普及金融知识宣传月”“金融知识进万家”“送金融知识下乡”“阳光助残五个一”等宣传教育活动，紫金农商银行工会、团委走进辖区的社区、学校、工厂，认真开展系列宣传活动，累计组织宣传活动186场次，参与员工3650人次，覆盖宣传对象近20万人。

全行立足“服务三农、服务中小、服务城乡”的发展理念，时刻把爱心公益作为践行的社会责任，不断开展助贫、帮扶和“送温暖”活动，铸造“爱心紫金”品牌。2012年，在开展“爱心帮扶送温暖”捐赠活动中，紫金农商银行党委联合工会、团委，组织各种物资、现金约合20万元；在浦口区星甸镇和江浦街道创建了两个留守儿童之家，关爱农村留守学生教育。2013年，组织青年团员定期赴浦口区星甸镇和江浦街道看望留守儿童，关爱农村留守学生教育，并与六合区龙袍街道赵坝村结成帮扶对子，落实帮扶措施，扶植低收入农户增收致富。2014年，在开展“万名党员干部帮万家”活动中，组织党员赴六合龙袍街道赵坝村结对帮扶，捐赠帮扶资金20万元。2015年，再赴六合龙袍街道赵坝村开展结对帮扶活动，帮助困难农户开辟了副业生产渠道，并捐赠帮扶资金15万元，使121户困难农户改善了生活。

2012年，以“3·12”植树节为契机，在百里风光带龟山公园举行“绿动紫金·成长无限”公益植树活动，种下“紫金林”。同时，积极参加《金陵晚报》“虎凤蝶”环保行动，为绿色南京贡献自己的一份力。2014 年，组织青年员工参加“学习雷锋好榜样，践行核心价值观”百万志愿者集中行动。组织团员青年前往雨花台烈士陵园廉政教育基地，开展主题为“分享青春 共树新风”的廉洁文化教育活动。组织青年志愿者赴“紫金林”举行迎青奥护林主题活动和“阳光紫金·绿意无限”行庆三周年公益植树活动。

关心群众疾苦，不断提高员工生活质量，体现大家庭的关爱，是紫金农商银行的光荣传统。总行党委和工会每逢春节等重大节日，都对退休和困难员工进行慰问。2012 年，浦口支行员工因心脏搭桥手术医疗费用较高，总行领导不仅通过各种方式帮助其战胜困难，还组织全行职工捐款 308526 元。全年下拨员工关爱基金 199 万元，支出困难员工帮扶资金 64.42 万元，组织员工“慈善一日捐”活动，共筹集善款 17.377 万元。

2012~2015 年，是紫金农商银行从起步到走上稳健经营的关键时期，也是紫金农商银行各项业务全面大发展的时期。这几年，紫金农商银行在支持地方经济，特别是“三农”发展的同时，对地方性商业银行的发展进行了有益探索，走在金融体制改革队伍的前列。在创办规范化现代商业银行的探索中，呈现出的基本特点和积累的经验主要有：

1. 应对“新常态”，坚持市场定位不动摇，不断深化为“三农、中小、城乡”的服务方向

在调整结构、提高质量和增加效益的前提下，深化各项基础管理，把支持发展的重点放在全市中、小型企业和高效农业上，注重安全性、流动性、盈利性的统一。把安全性放在首位，规范发展，保证了全行各项存、贷款的稳定增长，资产质量得到优化，不良贷款率连续保持在 2.5% 以内，资本充足率保持在 12.5% 以上。

2. 发挥统一法人体制的优势，不断创新机制，提高了全行整体的市场竞争力

为实现适应市场竞争，实现资产经营多元化，经营风险分散，几年来不断增强加快创新力度，以创新带动发展：科技创新，使信息技术支撑能力得到强化；产品创新，使竞争能力不断实现新提升；渠道创新，使网点渠道和电子银行渠道实现转型。探索中，找到并初步构建起一条符合现代商业银行业务发展的途径。

3. 强化考核激励机制，拓展市场营销，从紧从快，主动出击，新业务得到积极开拓

相继成功地开办电子银行、国际业务、金融市场业务，完善现代商业银行经营领域和业务内容的某些空白，使传统业务和新型业务相互融通，集约经营，提高服务能力，推动业务发展，在国民经济进入增长速度换挡期、结构调整阵痛期、前期刺激政策消化期“三期叠加”的新常态下，取得了令人满意的经营成果。

4. 注重企业文化建设，建立勤政廉洁、富有效率的领导班子

通过认真学习贯彻党的十八大和省市委党代会精神，推进“三争一创”实践活动，开展党的群众路线教育实践活动，践行“三严三实”教育，形成了团结向上、充满活力的两级领导班子和员工队伍，树立了良好现代企业形象，提高了党员干部和广大员工的思想素质，促进和保障了各项工作的顺利开展。

第十一章
迈入转型发展的新阶段

2016 年 1 月 11 日，中国银监会召开全国银行业监督管理工作会议，总结回顾全国银行业改革发展和监管工作，分析研判当前经济金融形势，研究部署 2016 年重点任务。会议提出，各金融机构要全面贯彻党的十八大和十八届三中、四中、五中全会以及中央经济工作会议精神，深入落实习近平总书记系列重要讲话精神，坚持稳中求进总基调，按照经济建设、政治建设、文化建设、社会建设、生态文明建设五位一体的总体布局和全面建成小康社会、全面深化改革、全面依法治国、全面从严治党“四个全面”战略布局的要求，认真遵循创新、协调、绿色、开放、共享五大发展理念，坚持认真执行宏观政策要稳、产业政策要准、微观政策要活、改革政策要实、社会政策要托底五大政策导向，着力整合银行资金支持供给侧结构性改革，着力降低社会融资成本优化金融服务，着力防范重点风险守住风险底线，着力加强党的建设提高队伍素质，为促进经济平稳增长、社会健康发展贡献金融新动力。

根据江苏银监局、省联社工作具体工作部署，为落实省市政府有关会议精神，紫金农商银行未雨绸缪，在认真厘清 2016 年工作思路的基础上，进一步明确未来一段时期的总体构想。

第一节　新目标：谱写宏伟壮丽的蓝图

早在 2014 年 3 月，紫金农商银行首届董事会第 20 次会议就审议通过了《紫金农商银行五年总体发展战略》(下称《五年总体发展战略》)，从战略愿景、发展目标、全行整体战略、业务发展战略、支行区域发展模式、支撑体系战略、战略实施推进纲要等方面，清晰勾画了紫金农商银行 2014~2018 年的发展战略和目标。2014 年 8 月，紫金农商银行第二届公司董事会成立后，在认真总结、研讨前两年经验的基础上，根据省联社、江苏银监局要求和自身发展经营实际，进一步丰富和完善了未来几年公司的发展战略。

按照《五年总体发展战略》，全行在业务方面，将实现资产规模、收益率、经营效率、资产质量的稳步提升，优化结构；在组织建设方面，将全面提升领导力，并营造齐心协力、讲求效率、注重员工、充满关爱的企业文化。具体业务发展目标为：（1）资产规模。2018 年末，总资产达到 1900 亿元，总存款达到 1590 亿元，总贷款达到 1150 亿元。营业收入将从 2013 年的 21.2 亿元增长到 2018 年的 55.9 亿元，净利润从 2013 年的 5.8 亿元提高到 2018 年的 17.1 亿元，平均净资产收益率从 2013 年的 13.2% 提高到 2018 年的 18.4%。（2）经营效率。规划期内，经营效率将大幅度提高，网均存款从 2013 年的 4.1 亿元提高到 2018 年的 8 亿元；人均营业收入从 2013 年的 104 万元提高到 2018 年的 155.2 万元；成本收入比将从 2013 年的 41.1% 降低至 2018 年的 39.1%。（3）资产质量。规划期内，贷款资产质量持续提高，不良率从 2013 年的 2.48% 降低到 2018 年的 2%。（4）结构优化。规划期内，业务结构得到优化，中间业务收入占比从 2013 年的 1% 提高到 2018 年的 8.8%，对利息收入的依赖程度大幅降低；零售贷款占比大幅度提升，从 2013 年占总贷款比例的 27% 提升至 2018 年的 35%；中小企业客户占比进一步提高，至 2018 年提升至 97%；价值个人客户数量占比大幅提升，从 18% 升至 35%。

为实现发展愿景及目标，紫金农商银行将以区域、客户及产品服务三方面聚焦。在区域发展上做深江苏，特别是南京市场，探索城郊、农区、城区三种业务发展模式；在客户选择上聚焦中小微（特色行业、商圈和专业市场）和零售（新“三农”和城市稳定收入家庭），大力发展轻资本业务；在产品服务上重点发展针对目标客户的行业解决方案和综合金融产品，为价值客户提供差异化服务。在找准目标市场的基础上，紫金农商银行将打造内生式、股东合作和兼并收购三轮驱动的增长模式，分三步走全面落实以下八大整体发展战略：（1）以客户为中心战略。公司和零售业务聚焦目标客户群，在找准目标客户的基础上，针对目标客户提供匹配的产品和服务，并不断创新。（2）数据挖掘战略。将数据挖掘作为价值客户定位、获客、经营客户、产品开发设计、风险管理等的重要决策工具，打造核心竞争力。（3）多渠道战略。

在三元市场下，合理布局和规划物理网点、电子渠道、新兴渠道等多元渠道，在城区、城镇、农区针对区域和客户的特点，选取差异化渠道战略，最大限度地满足客户多方位需求。（4）最佳客户体验战略。深入研究高价值客户的价值主张，提供客制化服务组合。同时注重效率制胜，全面提升前中后台服务效率。（5）品牌战略。通过品牌整体架构、品牌差异化定位、有效的品牌沟通和传播以及持续调研跟踪实现全行整体品牌价值提升，通过品牌传递最理解客户和最值得信赖的核心价值理念。（6）交叉销售战略。全面建设交叉销售能力，重点提高业务条线内部和推进业务条线之间的交叉销售，满足客户多种融资、交易、结算等需求，拉动整体业务增长。（7）股东合作战略。通过特色化方案挖掘股东全产业链合作及公私联动机会。在公司条线推动全产业链、超越传统存贷业务的深入合作，并通过专业化、定制化合作方案挖掘股东零售和资金业务合作机会。（8）并购战略。抓住利率市场化机遇下出现的机会实现快速扩张，建立有效并购管理体系及能力培养专业化团队有效统筹并购规划、目标选择及并购后管理。

公司银行的发展愿景是：服务辖区内的重点行业，成为中小企业的成长伙伴。该愿景包含以下三方面的内涵，一是明确客户定位、聚焦中小企业，二是推进行业专业化，三是提供特色化产品与服务。为实现公司银行的战略愿景，需重点推进客户战略、产品战略、数据挖掘战略、股东战略等四大战略，并从组织绩效、团队建设、风险管理、信息系统等方面加快关键支撑能力的建设。

零售银行的发展愿景是：打造灵活创新、市民信赖的社区银行。该愿景包含以下三方面的内涵，一是灵活便捷，二是创新差异化产品和服务，三是打造值得信赖的企业品牌。为实现零售银行的战略愿景，需重点推进客户战略、产品战略、多渠道战略、数据挖掘战略、交叉销售战略等五大战略，并从组织架构、绩效考核、用人机制、风险管理、信息系统等方面加快关键支撑能力的建设。

金融市场业务的发展愿景是：做强对全行客户的支持服务平台，成为全行重要的利润贡献单位。该愿景具有以下两方面的内涵，一是成为全行重要的产品服务中心，二是优化全行的业务结构，提升可持续盈利能力。为实现金融市场业务的战略愿景，需重点推进客户战略、产品战略、多渠道战略、品牌战略等四大战略，并从组织架构、绩效考核、用人机制、风险管理、信息系统等方面加快关键支撑能力的建设。

未来五年紫金农商银行将明确区域发展定位，巩固农区根基，主攻城郊优势，发掘城区潜力，建立可复制的农区、城郊、城区三大支行业务模式。

农区支行客户定位聚焦“大农业特色”，发展整体农业产业链，并延伸至相关第二产业及第三产业。农村区域价值主张突出品牌和便利，通过产品、渠道、销售团队三大抓手实施竞争策略。

城郊支行客户定位上抓住南京城郊区域城镇化进程中给公司和零售业务带来的机会。在延续农区支行品牌和便利两大特征的同时，还应当突出差异化、客制化产品的特征，利用地缘和人缘优势发展区域差异化产品和服务。

城区支行在巩固现有公司业务的基础上发展零售业务，零售业务聚焦有稳定收入的人群和家庭，公司业务重点关注商贸区企业、楼宇经济。在价值主张上突出产品、体验和价格。

实现整体战略和业务战略、支行战略，结合整体战略要求以及诊断短板的需求，紫金农商银行制定了组织架构、绩效考核、用人机制、风险管理、信息技术、企业文化与领导力、创新机制、精细化财务管理以及集约化运营等九大支撑体系战略。

按照《五年总体发展战略》，紫金农商银行将通过“三步走”实现战略目标：第一步，2013~2014 年，以弥补短板、展开战略布局为战略主题，实现平稳过渡、健康发展；第二步，2015~2016 年，以初步建立核心竞争力，建立农区、城郊、城区三大差异化支行模式为战略主题，争取实现重拾增长发展；第三步，2017~2018 年，以成为区域最佳农商行为战略主题，争取实现既定战略目标。

在“同分享、共成长”价值理念指引下，2015 年，紫金农商银行顺利实现了第一步目标。

这一年，紫金农商银行逆势而上，“晋级争位”迈上新的台阶。在省联社 16 个专项考核中 15 项名列前茅，经营管理目标综合考核位居全省第 1 位。在银行业盈利能力整体呈现下降趋势的形势下，全年实现净利润 8.2 亿元，同比增加 20.2%，高于全省平均增幅 23.2 个百分点，账面利润排名由全省第 6 位提升至第 3 位；实现金融增加值 25.1 亿元，增幅 16.5%，高于全省平均增幅 10.9 个百分点，增幅排名由全省第 23 位提升至第 7 位，金融增加值保持全省第 3 位，主营业务在全省 62 家农商行中实现进位。

这一年，紫金农商银行乘势而为，“创新驱动”实现关键突破。积极推进精细化管理，股权实现机构托管，成功发行15亿元二级资本债，资产证券化迈出关键一步；首期同业存单成功发行，获得基金代销资格、（合作）远期结售汇业务资格，科技支行顺利获批，圆鼎卡荣获“金融IC卡快捷闪付奖”，“绿化贷”项目荣获南京市首届金融创新奖；科技创新支撑能力得到新提升，上线手机银行、微信银行，筹划直销银行，初步完成“医食住行乐”互联网金融布局。全年上线61个系统，强化科技风险管理，省联社科技达标评级由B级提高为B+级；获得“年度竞争力优势银行”“全国十佳创新服务小微企业银行”“最佳中小企业融资银行”等称号。

这一年，紫金农商银行借势而起，“转型发展”取得新的进展。通过向管理、风控、服务要效益方式，积极构建转型发展新格局。细化经营单元，新设金融同业部，新设7个内设中心，并对相关中心实施事业部制管理考核。优化一级支行职责，对二级支行实施分类管理；强化前中后台相配合的“三道防线”风险管理体制，完善各类风险预警应急处置预案及模型；强力推动不良贷款“攻坚战”“大会战”“收官战”，逐笔落实清降计划并采取措施缓释风险；深入开展“案防提升年”活动，加强员工行为管理，保持案防工作高压态势，形成良好的合规文化。

在总结前几年成功经验的基础上，新一届董事会根据江苏银监局、省联社工作部署，结合新常态下金融工作的特点和全行工作实际，确定了未来一段时间的总体思路：深入贯彻落实党的十八大和十八届三中、四中全会的精神，坚持现代商业银行发展方向，坚持“重发展、调结构、控风险、铸文化”工作主线，坚持深化创新转型、争创系统标杆，全力打造最理解客户、最值得信赖的高效便民银行，并响亮地提出：争取“三年再造一个紫金”，争取在境内公开发行紫金农商银行人民币普通股（A股）股票并上市的宏伟目标。

一、重发展，增强发展原动力

强化问题导向，抓住发展中的薄弱点，在不断解决发展难题中实现发展新速度。要始终坚持现代商业银行的战略方向，加大创新型、专家型人才引进力度，瞄准“轻银行、大资管、多牌照”创新方向，打造转型发展的新引擎，培育可持续发展新的增长点；要重视科技支持创新，由保障支撑向局部引领转型，提前谋划对新业务、新产品的系统支持，充分发挥科技信息对精细化管理的支撑作用；要加大创新奖励力度，重点围绕客户定位做好产品研发和渠道优化工作，凡是有利于加快发展的思路和做法，都要大胆想、大胆试，在理论高度、实践深度、工作力度上，进一步解放生产力，提升全行整体竞争实力。

要统筹兼顾规模、质量和效益三者之间的关系，以落实信贷、运营精细化管理方案为契机，逐步提升财务管理、网点管理、人力资源管理等集约化水平；要突出效益导向，围绕金融增加值为核心，突出网均、人均指标考核，持续优化以绩效考核系统为支撑，以模拟利润为导向的绩效考核机制；要突出资本约束，逐步导入资本消耗与 FTP、产品定价等相挂钩的绩效考核，引导开展低资本消耗业务，扩大非信贷资金运作渠道；完善资本规划，坚持内生资本和外源资本补充相结合，拓宽资本补充渠道，启动 IPO，探索发行永续债，将资本充足率维持在稳健的水平上；要突出风险控制，采取有效措施提升资产质量，降低不良贷款占比，避免不良贷款剧增侵蚀利润的现象；要突出基础客户，客户群是行持续稳健发展的基石，要借助 CRM 等工具，通过精准化营销、批量化获客，打造并夯实以个人客户为“塔基”、以中小微型客户为“塔干”、以大中型集团客户和龙头企业为“塔尖”的“金字塔”形客户群体，形成良好的客户结构。

要立足“服务三农、服务中小、服务城乡”市场定位不动摇，进一步下沉服务重心，更好地发挥支农支小主力军的作用，确保涉农贷款“两个不低于”、小微贷款“三个不低于”目标的实现。要学习借鉴先进银行在体制机制、经营管理、服务创新、风险防范等方面的先进做法和成熟模式，从模仿到创新逐步形成自有特色，培育核心竞争力；要围绕打造银监“标杆银行”目标，力争每年 1~2 个专项工作创特色、出经验、成典型；要锁定年初确定的晋级争位目标，加大奖励力度，细化工作举措，充分调动各级经营管理层积极性，巩固省联社等级行地位，推进辖内等级行评定实现“晋级”，省联社、行内专项考核实现“争位”，加速提升市场地位。

二、调结构，增强发展驱动力

开展“创新转型成果展示年”活动，突出“轻银行、大资管、多牌照”创新要求，进一步优化公司、零售、金融市场等“三大业务”板块，“三箭”齐发，提升各板块利润贡献度。零售业务板块的重点在服务千家万户的小微金融、消费金融、财富管理等三大领域有较大突破，着手谋划私人银行筹建工作，开展基金代销，丰富贵金属产品，努力成为普惠金融“样板田”，提升个人 VIP 客户数；坚持零售业务互联网化方向，融入“互联网＋”时代，融入客户的日常生活，借鉴互联网平台思维，加强与电商、物流、第三方支付平台等新业态的跨界合作，主动融入医、食、住、行等生活领域，打造“商务＋金融＋社交＋生活”的生态圈，进一步增强零售业务的创利能力。

公司业务加强综合化转型的方向，加强与金融市场、国际业务和零售业务“板块联动”，加快实施公司业务和投行业务“双轮驱动”，加大与信托、证券、基金、保险、政策性银行等金融机构“双向合作”，推动客户和渠道资源共享，逐步搭建优势互补、业务联动、协同发展的良好机制；加快多元化经营布局，通过发起设立、并购持股等方式，积极争取金融租赁等金融牌照。要加快产品服务创新，推进本外币一体化，为客户提供全方位的融资、咨询、理财、结算等一揽子解决方案，扩大中间业务收入来源的重要渠道，努力实现收益多元化。放大金融市场业务格局，充分发挥新设金融同业部作用，适度放大同业负债依存度，做优做强基础业务，提升与全省系统内 61 家法人同业合作，金融市场及同业收入占总收入比不低于苏南农商行平均数，力争三年内领先全省。

进一步厘清农区、郊区、城区“三区”特点，围绕“普惠金融”总思路，对接地方政府，制定“启动探索、复制推广、巩固提升”的“三步走”策略，坚持战略定位，固化经营模式，打造差异化、特色化的“紫金模式”。

三、控风险，增强发展保障力

围绕监管要求，以国内先进银行为标杆，转理念、谋统筹、可控制，持续强化全面风险管理建设。在管理重点上，突出信用、市场、操作、流动性、信息科技、声誉、廉政等各类风险类型的全面管理；在管理方式上，突出事前、事中、事后全过程的风险防控；在管理覆盖面上，突出全员、全区域、全岗位、全产品的广覆盖；在管理手段上，突出人防、物防、技防相协调，尤其要充分发挥科技系统支撑防范作用。

以“案件防控深化年”为契机，以制度为抓手，夯实案防基础，以活动为载体，以法治为准绳，深化案防意识，坚定案防决心。认真落实案防工作“一把手负责制”和一票否决制，在提升执行力、创新防控方法、严肃责任追究等方面勇于出招、敢于动真，惩防结合、严格责任，切实提升安防震慑作用，为创新转型发展保驾护航。根据风险战略规划，明确各类风险偏好，按季监测；要落实“横向到边、纵向到底”矩阵式管理责任要求，管理过程逐步扁平化、条块管理责任清晰化、责任追究无缝化。完善风险管理执行层面的工作报告制度，按季向董事会报告执行情况；完善全面风险管理“三道防线”，防线以内各负其责，不推卸，不错乱，不留真空地带，防止“灯下黑”。充分发挥数据平台、信用评级、信用风险预警、CRM等系统对风控支撑作用，加大系统运用与考核力度，不断提高风险防控的科学性和精确性，最终达到控制或缓释风险的目标。

四、铸文化，增强发展软实力

以“企业文化建设年”活动为载体，突出文化建设导向功能、提升功能、凝聚功能和辐射功能，以喜闻乐见的形式，立足精神文化、物质文化和行为文化“三个层面”，层层抓推进，围绕丰富企业文化＋，打造文化＋家、文化＋道德、文化＋服务、文化＋营销、文化＋合规等“五大要素”，将企业文化核心价值理念融入经营管理，营造一种文化，形成一种氛围，促进经营管理与企业文化相融合，做出趣、活起来、可操作、能落地，初步形成具有紫金特色的文化体系。坚持“快乐工作、幸福生活”理念，实施聚心工程，打造家园文化。凡事想着员工、工作依靠员工、发展惠及员工，凝心聚力推进全行转型发展。“同分享”，倡导共享，以“收入提增”为动力，制订收入增长计划，研究员工消费信贷管理办法，让改革发展的成果惠及每位员工，不断提升员工的归属感、安全感、责任感；“共成长”，倡导同行，完善“职业晋升、人才培训、薪酬激励”三项机制，指导做好人才职业生涯规划，成立紫金商学院，注重推进各类人才统筹培养，突出抓好管理序列、专业序列等核心人才队伍建设，提升全体员工精气神和执行力，创造和谐环境。

第二节　新征程：持续发展新格局扬帆

2016年是国家实施“十三五”规划的开局之年，也是紫金农商银行新一届董事会组建的第三年，实施第一个五年发展战略规划的关键之年。

开局之初，捷报频传：

2016年1月，在第九届新华高峰论坛上，紫金农商银行荣获由新华报业传媒集团、省金融业联合会主办的第四届“银联杯”江苏地区银行业文明服务满意度大型公益调查活动“年度竞争力优势银行”奖项。

2016年1月，紫金农商银行正式上线基金销售业务。当月共上线5支低风险货币基金产品，其他基金产品将视情况陆续推出。基金销售业务的开办丰富了银行的业务内容，满足了新老客户的多元化理财需求。

2016年1月，经江苏省总工会评议验收，紫金农商银行工会被授予江苏省“模范职工之家”荣誉称号。据悉，此次江苏省“模范职工之家”评比，由南京市总工会从全市近万家基层工会组织中择优推选，仅26家企事业单位获此殊荣。

2016年2月，紫金农商银行成功办理首笔国际进口信用证业务。办理行为燕子矶支行，开证人为江苏东亿先程新材料贸易有限公司。虽然该笔业务为紫金农商银行的首单，但高效、专业的工作赢得了客户的认可，为国际业务的拓展提供了有益的借鉴，为全行提供综合服务功能、注入发展新动力的转型方向。

2016年2月，紫金农商银行新街口支行首笔“助拍贷”（即网上司法拍卖房屋按揭贷款业务）业务审批成功；

获批信贷资产证券化资格；

成功办理首笔国际进口信用证业务；

科技支行正式开业；

监管评级由3级提升至2级；

省联社等级管理考核由AAAA级行跃升至AAAAA级行；

获省联社经营管理目标综合考核一等奖、支农资金组织及运用考核优胜奖、业务拓展考核优胜奖、综合收益考核优胜奖、电子银行考核优胜奖、产品研发与应用推广考核优胜奖、公司治理考核优胜奖、合规与风险管理考核优胜奖、财务管理考核优胜奖、审计监督考核优胜奖、科技管理考核优胜奖、安全保卫考核优胜奖、人力资源管理考核优胜奖、数据质量管理考核优胜奖、信息与网站宣传考核优胜奖等15个奖项，获奖数位居全省系统第1位。

2016年4月，紫金农商银行IPO工作启动；

紫金农商银行直销银行上线；

完成首笔国内信用证产品组合业务，实现收入超80万元。

2016年5月，紫金农商银行普惠金融乡镇网点星级创建工作顺利通过初评验收；

顺利通过平安金融创建检查验收；

直销银行客户数突破 10 万；

成功创建省联社“四好”领导班子；

成功加入中国证券投资基金业协会；

荣获 2015 年度金融业服务小微企业有功单位第二名；

“紫金·小微贷”产品荣获 2015 年度金融业服务小微企业优秀金融产品奖。

2016 年 6 月，紫金农商银行江北新区分行成立揭牌；

产品研发中心（上海）正式成立；

荣获“农信银杯”第六届中国农村金融品牌三项殊荣；

与南京扶贫办、市扶贫基金会举行精准扶贫捐赠签约仪式。

2016 年，公司董事长张小军在总结上半年工作时指出：

我们要充分认识和把握当前“发展稳中求进”的新机遇，银行业面临新的挑战，深入贯彻落实党的十八届五中全会精神，坚持现代商业银行发展方向，坚持“重发展、调结构、控风险、铸文化”工作主线，坚持深化创新转型、争创系统标杆，全力打造最理解客户、最值得信赖的高效便民银行。经过近五年的整合、磨合和融合，我们已经初步建立起现代商业银行经营管理架构，当前发展迈入“快车道”，队伍汇聚“正能量”，资源上有优势、政策上有支持、空间上有提升。围绕“三年再造一个紫金”目标，要唱响加快发展主旋律，形成“晋级争位”新热潮，争创系统新标杆，实现全行发展新地位。

新的目标催人奋进，新的任务艰巨光荣。

在市委市政府、省联社和董事会的正确领导下，在监管部门的有效监管下，全行上下将坚定信心和方向，放大优势，整合优势，不断开创现代商业银行可持续发展新局面。

大事记（1924~2015年）

19世纪

■ 早期　欧文与傅立叶提出“合作经济”学说。1849年，雷发巽在富裕民众的赞助下，在德国设立了第一个农村救助合作社，并附设贮金合作社。“合作经济”学说由此演变为现实的经济模式。

20世纪

■ 早期　盛行于西方的合作思想随着形形色色的社会主义思潮传入中国，中国知识界开始以文字或口头等方式鼓吹合作主义，宣传合作思想。

1921年

■ 11月　参与河北、山东、山西、陕西、河南五省赈灾的各省赈济组织为总结赈灾经验，推选代表在上海举行会议，议定成立全国性的救济团体——华洋义赈救灾总会，并开始仿照西方信用合作制度，在河北农村试办农村信用合作事业。

1924年

■ 10月　受西方合作思想和国内合作运动的启发，金陵大学教务委员徐澄在南京丰润门（今玄武门）率先创设了南京第一家农村信用社。至1937年，该校在南京近郊农村共筹办了20家合作社。

1926年

■ 1月　国民党二大在广州召开，会议提出：“从速设立农民银行，提倡农民合作事业”。

1927年

■ 3月　毛泽东在《湖南农民运动考察报告》中提出：“合作社，特别是消费、贩卖、信用三种合作社，确是农民所需要的。他们买进货物要受商人的剥削，卖出农产要受商人的勒索，钱米借贷要受重利盘剥者的剥削，他们很迫切地要解决这三个问题。”抗日根据地延安于1938年开始兼办农村信用社，1943

年正式成立信用社。

1928 年

■ 2月　国民党二届四次全体会议通过《组织合作运动委员会建议案》，指出：“解决民生问题的方法虽不止一种，但合作运动却是最稳妥的，最切实的，最合于民生主义的一个重要方法”。

■ 7月16日　江苏省农民银行总行在户部街开业。

■ 11月15日　中央银行南京分行正式成立。

1929 年

■ 1月3日　国民政府财政部布告，取缔各地钱庄商号私发纸币，令各省县地方钱庄商号，不得再私自发行兑换银元、铜元、制钱之纸币或类似票券。

■ 5月7日　江苏省当局修正公布省典当营业规则25条，依资本多少将典当业划分为四等：一等15万元以上，二等10万元以上，三等5万元以上，不足5万元者为四等，时限最长不得超过18个月；所取利息除特殊珍品外，最高不得超过年息2分。

■ 6月　南京市社会局呈准市政府设立合作事业指导委员会，延聘合作事业专家担任委员。8月5日召开第一次委员会议，推进农村合作事业的发展。

1933 年

■ 3月3日　立法院通过《银本位币条例》，8日正式公布。

■ 4月5日　财政部定本月6日起全国实行废两改元，规定一切公私款项，契约票据及一切交易，一律改用银币，不得再用银两。

1934 年

■ 5月21日　第二次全国财政会议在南京开幕。27日会议通过《取缔各省市擅设地方银行案》《救济农村金融案》及《改善地方财政案》等。

1935 年

■ 2月28日　豫、鄂、皖、赣四省农民银行南京分行成立。4月1日改称中国农民银行南京分行。

1936 年

■ 4月1日　江苏农民银行建立分支行22处，办事处19处，本月开始青苗贷款，息普通一分，最高一分二，总额600万元。

1937 年

■ 6月7日　苏、浙、赣、闽、皖省银行合组农产联合运输处，以便合作推销五省农产品，规定资本 10 万元，各行平均分认，总办事处设上海。

■ 6 月　在南京市合作事业指导委员会指导下，全市合作社发展到 86 个，其中信用社 69 个，消费社 7 个，生产社 4 个，公用社 3 个，供销社 2 个，运销社 1 个；农村信用社 51 家，入社社员 2178 人。

■ 7 月 3 日　江苏农民银行为辅助蚕丝业决定贷款 1000 万元。

■ 7 月 7 日　全面抗战爆发。

■ 9 月 23 日　南京同济、公济等五家典当宣告停业。

■ 11 月 17 日　国民政府五院迁重庆，财政、外交两部迁汉口，军事机关仍设南京，各家银行也相继迁移内地。

1939 年

■ 5 月 15 日　日伪合办的伪华兴银行在上海正式开业，南京分行继后开业。

■ 7 月 21 日　伪中国合作社南京支社在朱雀路 77 号成立，由伪行政院合作事业管理委员会南京地区事务所管辖。

1941 年

■ 1 月 6 日　汪伪中央储备银行成立，同时发行伪中央储备银行券。

■ 1 月　汪伪江苏地方银行南京分行开业。

■ 10 月　汪伪中国合作社南京支社在下关、燕子矶、孝陵卫、安德门、上新河设立 5 个分社，22 个出张所（即收付组）和 4 处仓库。

1945 年

■ 8 月 15 日　抗日战争胜利，中央银行南京分行复业，其管辖行处亦先后复业。

■ 10 月 1 日　交通银行南京分行在白下路复业。8 日，中国银行南京分行复业。25 日，中国农民银行南京分行复业。

1946 年

■ 2 月　中央合作金库成立，财政部拨给合作专款 100 亿元。

■ 7 月 5 日　南京市成立合作社联合社，市联社设生产、信用、消费、保险、公用、仓运等部。

■ 年末　南京先后成立 35 个信用合作社，社员 36772 人，共收缴股金 102 亿多元。

1949 年

■ 4 月 23 日　南京解放。

■ 5 月　中共和人民政府领导郊区郊县人民进行减租减息，废除保甲制，开展生产自救，成立农民协会，组织农村调查，为土地改革创造条件。

- 4 月 28 日　南京市军管会发布《关于人民币为流通币之布告》，规定人民币为全解放区统一流通的合法货币。5 月 8 日前暂准金圆券在市面流通，人民币 1 元折金圆券 2500 元。
- 5 月 1 日　市军管会接管清理交通银行南京分行、中国银行南京分行、中国农民银行南京分行、中央信托局南京分行、中央合作金库、邮政储金汇业局南京分局及官商合办银行、各省市地方银行。
- 5 月 2 日　中国人民银行南京分行在鼓楼金城大楼对外营业，经理孙更舵，副经理顾公泰。
- 9 月 7 日　人行南京分行合作储蓄部成立。
- 9 月 15 日　人行南京分行开办合作贷款。
- 9 月 29 日　中国人民政治协商会议第一届全体会议通过的《中国人民政治协商会议共同纲领》提出：鼓励和扶助广大劳动人民根据自愿原则，发展合作事业。在城镇中和乡村中组织供销合作社、消费合作社、信用合作社、生产合作社和运输合作社，在工厂、机关和学校中应尽先组织消费合作社。

1950 年

- 12 月 31 日　人行南京分行合作储蓄部改为储蓄部，专办储蓄业务。原办理的合作、农贷两项业务，移交营业部业务室，并将原合作储蓄部所辖郊区 4 个分处移交分行直接领导。

1951 年

- 2 月 11 日　中国人民银行召开第二届全国金融会议。会议提出，要迅速将银行机构下推一层，在区一级建立营业所，同时发展信用合作事业，“大力发展农村信用社”。
- 5 月　中国人民银行召开第一次全国农村金融工作会议，明确规定省、县银行工作应以主要力量开展农村金融，贯彻“深入农村，帮助农民，解决困难，发展生产”的方针，大力发展贸易部门和供销合作社的购销工作，组织农村信用社，提倡自由借贷，活跃农村金融。
- 8 月　经政务院批准，正式成立农业合作银行，1952 年“三反”运动后撤销。

1952 年

- 1 月　全市开展“五反”运动，人行南京分行紧缩银根。
- 2 月　经过发动群众、整顿组织、划阶级成分、没收和征收分配土地财产、检查纠偏、颁发土地使用证等阶段，全市土改运动胜利完成。

- 7月　南京市召开城乡物资交流大会，人行南京分行以押汇形式，给予资金支持。
- 8月　人行南京分行于雨花台区西善桥镇建立全市第一个信用互助组，参加农户108家。年底，郊区信用互助组发展到18个，参加农户1401户。次年，各区又新建一批信用组，浦口区小柳洲信用组扩建成信用社。
- 12月16日　人行南京分行和苏南、苏北分行同时撤并，成立中国人民银行江苏省分行，下设直属营业部，接办原南京分行业务，下属基层业务机构归直属营业部管辖。营业部主任由顾忱遥兼，第一副主任张光，副主任冷绍国、丁永桢、柏向晨。

1953年

- 年初　中国人民银行江苏省分行在江宁县陶吴乡南山坎生产互助组的基础上试办信用互助组，下半年组建了江宁县第一个信用合作社—秦淮乡信用社合作社，至年底，全县陆续组建信用社共13个，入社农户845户，股金1.4万元。
- 夏　江浦县人民银行在浦城区龙坝乡创办了江浦县第一个农村信用社合作社，信用社有200股，每股100元，设理事会、监事会，至1954年，全县信用社发展到22个，16740股，股金5万多元。

1954年

- 1月1日　中国人民银行南京市支行挂牌，行长顾定祥，副行长张光。
- 2月20日　中国人民银行召开了全国第一次农村信用合作会议，对农村信用合作工作提出“积极领导，稳步前进”的方针，1957年基本实现信用合作化，达到“一乡一社”。
- 年底　郊区共建立34个信用社，1个信用部和9个信用组，参加农户占总农户的62.6%。社员股数有15059股，参加农户达1478万户，占全郊区农户总数的62.6%，共认股金21174万元，实收股金18122万元。原有的34个信用社中，由组并社有31个，直接建社3个。
- 同年　人行南京市支行及郊办建立信用合作科、股，配备专业人员，采取“训练一批，发展一批，巩固一批”的方法，推动信用合作事业发展。

1955年

- 1月　中共中央发出《整顿和巩固农业生产合作社的通知》，农业生产合作社转入“控制发展、着重整顿的阶段”。

- 3 月 1 日　1955 年版人民币发行，新币与旧币制的兑换比例为 1∶10000。
- 3 月　中国人民银行召开全国农村金融会议，制定整顿信用社的具体措施。主要是：提高信用社干部政策和业务水平，建立健全财务会计制度，逐步健全信用社民主管理制度。同月，中国农业银行成立。
- 7 月　毛泽东在省、市、自治区党委书记会议上作《关于农业合作化问题》报告，批评农业合作化运动中的“右倾错误”。
- 10 月　中共七届六中全会通过《关于农业合作化问题的决议》，提出“农村中合作化的社会改革高潮，即将在全国到来”。
- 冬　市郊农村掀起农业合作化高潮，人行南京市支行开始发放贫农合作基金贷款。
- 年底　人行南京市支行抽出资金，与当时尚在营业的 5 家私营当铺组成南京市公私合营小额质押贷款处。

1956 年

- 1 月 16 日　全市完成对农业、手工业和资本主义工商业的社会主义改造。
- 10 月　中国人民银行发布“存款自愿，取款自由，为储户保密”的储蓄业务原则。
- 年底　随着行政区划调整，全市郊信用社合并为 46 个，入社农户 42582 户，占总农户数的 99%。由于贷款回收率较低，有 29 个社亏损 5941 元，人行南京市支行给予补贴 2171 元。

1957 年

- 4 月　经国务院批准，中国农业银行与中国人民银行合并。
- 同月　在合作化运动中，市郊实现乡乡有信用社。全市计信用社 33 个，信用部 1 个，有 84.3%的农户入社。
- 结合区乡调整，郊区原有信用社干部 110 人，根据每千户配备 1 人的原则，精简下放 49 人，每人发给 1~3 个月工资的生活补贴费。经过整顿，盈余社由上年占总社数的 40% 上升到 71%。

1958 年

- 9 月　南京市将长江以南 4 个郊区合并，人行南京市支行相应将小市、栖霞、陵园、雨花台 4 个处所合并为人行南京市支行郊区办事处。同月，人行南京市支行各区办与街道办事处开办 51 个城市街道信用合作社。后于 1962 年撤销。郊区原有的46个乡信用社与人行南京市支行基层营业所合并，改按公社设立8个信用社，一块牌子两本账。次年，按生产大队设立79个信用分部。

■ 12月　根据中共中央《关于加强农村人民公社信贷管理工作的决定》，下放给人民公社的国家银行营业所收回人民银行管理，原信用合作社从人民公社信用部分离，改按生产大队建立信用分部，盈亏归生产大队统一核算，业务经营由生产大队和银行双重领导。

1959年

■ 4月　张光任人民银行南京市支行行长。

■ 9月　人行南京市支行张光行长在江宁县陶吴营业所召开县、郊营业所主任现场会议，推广该所李炳森主任结合售粮组织信用回笼的经验。

■ 11月　李炳森参加全国金融系统群英大会，并被推为主席团成员。

1960年

■ 3月　人行南京市支行在“反右倾”的形势下，为促进以菜、猪为纲的“继续跃进”，郊办开展信贷业务“大送、大带”的群众运动，共送贷款39万元，郊县共送贷款143万元。

1961年

■ 7月　人行南京市支行执行总行取消全额信贷和废止“存贷合一”的决定。

■ 10月　省人民银行按照总行《关于农村信用社若干问题的规定（草案）》明确，撤销生产大队信用分部，恢复原按人民公社为单位建立农村信用社的体制。

■ 同年　人行南京市支行贯彻中共中央“调整、巩固、充实、提高”的八字方针，减少贷款，压缩集团开支。

1962年

■ 3月10日　中共中央、国务院发布《关于银行工作“六条”》，人行南京市支行发出通知，要求各单位在银行开立工资基金、集团购买力专户，加强信贷监督管理，对贷款违反“五不准”的单位，分期分批地进行了检查，合理压缩。

■ 6月　郊区撤销大队信用分部，按公社调整情况，恢复建立30个信用社。

1963年

■ 3月19日　根据国务院文件，全市农村信用合作社脱产干部的口粮全都改出国家供应；副食品和日用品按照公社同级干部待遇标准，由商业部门供应。

■ 11 月 9 日　全国人民代表大会常务委员会通过决议，成立中国农业银行。

■ 同月　市郊区、公社划小，大队一级取消。全市改按区设立 6 个信用社，按公社设 56 个信用站。

1964 年

■ 4 月 1 日　中国农业银行南京市支行成立，张光兼任行长。

■ 4 月 14 日　中国人民银行通知，限期收回苏联代印三种版本的人民币。

1965 年

■ 5 月 24 日　人行南京市支行将中央省市所属国营工交企业和物资供销系统企业的信贷业务全部集中支行信贷科管理，账户仍在原开户行。

■ 8 月 24 日　人行南京市支行将国营、合营批发商业、商办工业、供销社、粮食、外贸企业的借贷业务及结算账户集中至营业部管理。

■ 11 月　中国农业银行和中国人民银行合并。

■ 同年　区、公社合并，恢复生产大队，全市各家信用社按区并成 3 个，下设的信用站又按公社调整为 27 个信用分社。

1966 年

■ 1 月 28 日　中国农业银行南京市支行并入中国人民银行南京市支行，人行南京市支行内部设立农村金融部。

■ 下半年　部分储蓄所一度办理无息存款。

■ 同年　郊区按大队建立信用站 75 个，方便社员存、贷款。

1967 年

■ 年初　人行南京市支行领导机构陷于瘫痪，为应付日常业务，成立临时工作班子。

■ 同年　南京市小额质押贷款处全部结束营业。

1968 年

■ 11 月　市军事管制委员会派军代表到人行南京市支行主持工作，并成立人行南京市支行革命委员会，杜忙喜任主任，冯志邦、李祝岚为副主任。

■ 同月　市建设银行再度撤销并入财政局。

■ 同年　人行南京市支行执行市革委会通知，对所谓地、富、反、坏、右等“十类人”在银行的储蓄存款实行冻结。

1969 年

■ 11 月　市革命委员会决定，人行南京市支行并入财政局。人行南京市支行大批干部下放到淮阴等地农村扎根落户。

■ 12月　各家农村信用社（站）改为独立核算的信用社。

■ 同年　“文化大革命”初期被冻结的被审查人员的储蓄存款陆续解冻。

1973 年

■ 1月　建设银行南京市支行正式对外营业。

■ 4月1日　市革命委员会决定，恢复中国人民银行南京市支行，司传保任人行南京市支行民银行行长。

■ 10月　针对“文化大革命”中郊区信用社制度松弛、贷款沉淀等问题，人行南京市支行组织力量，分期分批进行整顿。

1975 年

■ 10月　中共中央、国务院决定，金融工作由中国人民银行总行和地方双重领导，以总行领导为主。

■ 11月　章鸣舞任中国人民银行南京市支行行长。

1976 年

■ 5月　省人民银行下达文件，从当年起，以现有农贷指标作为贷款包干基数，多收多放。

■ 同年　人行南京市支行在郊区生产队开展民主理财，并结合秋季分配，进行财务大检查，加强钱、粮、物的管理。

■ 同年　郊区信用社调整为26个，并进行了账务改革。根据业务发展和“四双”（双人临柜、管库、守库、押运）制度的需要，1976和1978年，两次在农村知识青年和退伍军人中吸收脱产人员83人。

1977 年

■ 夏秋之交　南京连降暴雨，市郊圩区水涝成灾，人行南京市支行发放灾区口粮无息贷款。此后，也曾因灾发放此类贷款。

1978 年

■ 1月1日　人行南京市支行根据国务院和人民银行总行的决定，自即日起取消凭提货收据办理托收。

■ 10月15日　城乡限额结算自即日起扩大到省内通用。1980年扩大到三省一市，后在全国推开。

■ 年底　郊区信用社共有脱产人员185人，平均每社7.1人；是年，盈余303796元，较1965年增长3.6倍。

1979 年

■ 郊区信用社人员 187 名转为集体所有制正式职工。从此，信用社人员编制列入区（县）劳动计划，人员不足，在城镇知识青年中公开招收，经过考试和体检，择优录用；工资福利待遇，参照农业银行标准，实行合同制。

1980 年

■ 3 月 5 日　中国农业银行南京市支行恢复建制，市郊按区设栖霞、雨花台和浦口 3 个办事处，按公社设置的 25 个信用社与银行营业所合署办公，隶属市农业银行领导。

■ 上半年　江宁、江浦、六合三县农业银行恢复建制，属市农业银行管辖。

■ 同年　根据上级有关规定，市农业银行将市郊信用社的资金纳入国家信贷计划，人员编制纳入区（县）集体劳动工资计划，职工待遇与农业银行一致。

■ 同年　信贷计划管理体制改为“统一计划，分级管理，存贷挂钩，差额控制”，“农村信贷包干”改为“农工商信贷资金大包干”。

■ 11 月 4 日　经耀为人民银行南京市支行行长，免去章鸣舞行长职务。

1981 年

■ 1 月 1 日　人行南京市支行开办有奖有息储蓄。2 月，首次有奖有息定活两便储蓄开奖大会在南京人民大会堂举行。

■ 同年　王鑫任农业银行南京市支行行长。

■ 同年　人行南京市支行营业部对公业务会计核算使用电子计算机，南京银行业务操作现代化开始起步。

1982 年

■ 3 月 18 日　省人民银行批准人行南京市支行实施调整信贷体制方案，人行南京市支行将计划、信贷分设为两科；对外成立信贷办事处，对内为行政职能，对外办理信贷业务。地方工业、集体企业下放各办事处办理。

■ 4 月　郊区信用社与农业银行营业所联合经营，统一核算，利润分成。

■ 6 月　市农行大厂（区）办事处成立。

■ 10 月　中国农业银行布置自当年开始，以恢复信用社“三性”为主要内容的体制改革，“把信用社办成真正集体的金融组织”。

1983 年

■ 3 月 8 日　根据区划调整，高淳、溧水两县人民银行支行划归人行南京市支行管理。

■ 3月17日　江苏省人民政府发布《关于贯彻执行〈企业职工奖惩条例〉的实施办法》。

■ 4月1日　溧水、高淳两县农业银行县支行划归市农业银行管辖，全市五县四郊按乡（镇）设立的信用社计124个，其中所社联营120个。

1984年

■ 4月2日　省农业银行印发《信用合作发展基金筹集使用管理暂行办法》,《办法》规定从当年起按上年末的纯利中提取15%作为信用合作发展基金，主要用于信用社职工的培训教育、集体福利、模范人物的奖励等。

■ 7月21日　省农业银行印发《关于建立县信用合作联社的意见》《县信用合作联社示范章程（试行草案）》《农村信用合作社示范章程（试行草案）》，要求建立各县联社、信用社参照草案制定、修改自己的章程。

■ 9月　栖霞区信用合作联社成立，至当年底，雨花台区、江宁县、江浦县、六合县、浦口区、大厂区等县（区）信用合作联社相继成立。

■ 11月17日　市人、工两行正式分设。人行南京市支行行长经耀，中国工商银行南京分行行长裘愉升。

■ 11月　中国农业银行南京市支行升格为南京市分行，行长谢连厚。

■ 12月　市农业银行各营业所与信用社恢复各自经营。

■ 同年　市郊各信用社全面召开社员代表大会，选举产生新的理、监事会，分发股息37.2万元，增扩股金26.2万元。

1985年

■ 1月3日下午5时许　歹徒持枪抢劫市农行雨花台信用社储蓄所，为保护国家财产，储蓄员王四海当场牺牲，夏良慧受重伤。2月14日，市政府和省、市农行在南京人民大会堂召开大会，追认王四海为烈士，授予夏良慧“治安模范”、全国农行系统“先进工作者”称号，并晋升二级工资。

■ 2月8日　中国农业银行印发《关于信用社管理体制改革的情况和今后意见》的通知，要求1985年基本完成信用社管理体制改革的任务。

■ 3月4日　省农业银行印发《信用合作社经营责任制试行办法》的通知，要求各地在上半年试点的基础上，再积极稳妥地推开。

■ 4月1日　南京市银行系统实行新的联行制度，办法是：“自成联行系统，跨行直接通汇，相互发报移卡，及时清算资金”。

■ 5月21日　省农业银行发布《关于目前信用社改革中的几个问题的意见》，要求妥善解决所社分营后的遗留问题，可按所社原利润分成的比例，合理计算分摊所社分营前的应付定期储蓄存款和贷款利息，通过协商，共同发展农村储蓄业务。同时，要求各信用社积极增扩股金，充分发挥县联社的作用，完善信用社经营责任制。

■ 7月5日　省农业银行下发《关于信用社进一步做好扶贫工作的通知》。

■ 12月31日　南京市第一家城市信用合作组织——建邺城市信用社开业。

1986年

■ 7月3日　南京市票据交换中心成立，执行全市银行票据清算和资金清算职能。第一批参加交换单位有51个，每天办理一次交换，至9月1日起增加为每天二次，均实行当场清算。

■ 7月29日　苏、皖、赣三省十六地市农业银行在宁召开南京区域经济农行系统协作商讨会议，并签署金融协作意向书。

■ 8月29日　南京市金融体制改革领导小组成立，办公室设在人行南京市支行。

■ 9月11日　国家体改委、中国人民银行批准南京市作为金融体改试点城市。

■ 9月21日　美国花旗银行信贷分行总裁基斯·尼科为团长的美国国际人民交流协会信贷访华代表团一行32人到达南京，同江苏暨农行南京分行进行工作会谈，并参观江宁镇营业所、信用社和乡镇企业及联户办养鱼场。

1987年

■ 1月1日　对农村信用合作社恢复征收集体企业所得税。

■ 10月5日　人行南京市支行制定《南京市银行业务交叉管理办法》，通知各行即日起实行。

■ 10月24日　在市政府、省人民银行支持下，人行南京市支行在南京召开第二次长江沿岸26个中心城市金融联系网络会议。

■ 同年　金融体制改革试点取得重大进展，初步形成既有业务交叉又有专业分工，既有统一领导又在业务上各自独立经营的金融体系。

■ 同年　南京市五县四郊区相继建立健全区（县）信用合作联社内部管理机制，行使对农村基层信用社的劳动人事、业务经营、资金调剂、财务核算和内部管理等职能。

■ 同年　原江宁县的长江、营防、花园3个乡划归栖霞区，郊区信用社增至29个。

1988年

■ 8月25日　南京市首家乡办金融机构——栖霞区玄武湖金融服务社正式开业。

■ 10月17日　人行南京市支行转发国务院《现金管理暂行条例》及中国人民银行《现金管理条例实施细则》，令各行、社认真贯彻执行。

■ 同年　南京成立8家城市信用合作社。

1989年

■ 1月7日　人行南京市支行对本市城市信用社开展全面清查工作。

■ 4月1日　国务院批转颁布的银行结算新办法正式实施。

■ 7月18日　省人民银行任命白世春为人行南京市支行副行长，主持工作。

■ 8月13日　南京发生特大暴风雨灾害，农行南京分行和各信用社积极组织开展生产自救和抗洪救灾。

■ 10月10日　匈牙利国家银行副行长拉泽洛·西波斯率团来宁，与相关部门会谈后，参观考察江宁镇农行营业所。

1990年

■ 1月　经中国农业银行批准，农行南京分行实施计划单列。

■ 10月24日　南京市证券公司成立。

■ 11月1日　根据中国人民银行通知，1991年4月1日起恢复异地托收承付结算。该结算方式前于1989年8月1日起取消使用。

■ 11月10日　农行南京分行机关“三定”工作报告（职能、机构、人员）规定分行机关设处室18个，其中信用合作处职能为在行长领导下，管理全市的信用社社务、业务、财务工作，推动信用合作工作规范化、制度化建设，编制信用社存贷计划，及时分析信用社经营状况，改善经营管理。

■ 12月13日　中国人民银行下发《关于解决农村信用社政策性亏损问题的通知》，要求尽快解决信用社的政策性亏损问题。

■ 年末　全市共建有区（县）联社9家，乡镇信用社124个，信用分社89个，信用站34个，储蓄所15个，自有资金6803万元，平均五县每社为44.7万元，四郊区为88.2万元。各项存款余额79088万元，其中储蓄存款60220万元，贷款余额48968万元。正式职工1981人，其中高中文化以上的占69.1%，有专业技术职称的占48.7%。

■ 同年　栖霞区联社农村储蓄突破亿元大关，达到1.04亿元。

■ 同年　全市有组织、有步骤地开展清理企业间拖欠贷款活动。银行共注入资金2.27亿元，清理欠款近9亿元。

■ 同年　人行南京市支行继续对18家金融性和非金融性公司进行清理整顿，其中 9 家经中国人民银行批准予以撤销。

1991 年

- 4 月 12 日　中国人民银行下发《关于农村信用社固定资产贷款利率浮动等问题的通知》，规定农村信用社发放的固定资产贷款利率可以上浮，其上浮幅度按银发〔1991〕68 号文执行。
- 7 月 29 日　中国农业银行发布《农村信用合作社管理暂行规定实施细则》。
- 8 月 3 日　斯里兰卡哈通银行维克莱马辛格·托马斯来南京考察农村信用事业，农行南京分行有关领导向客人们介绍了南京农村信用社发展概况，重点介绍了信用社支持乡镇企业和特色农户的经验。

1992 年

- 2 月 24 日　中国农业银行下发《关于印发 1992 年农村信用合作工作意见》的通知，要求各地行认清形势，转变观念，进一步明确信用改革的指导原则，深化内部经营机制改变，改善外部环境，落实有关方针、政策。
- 4 月 9 日　中国农业银行下达《1993 年农村信用社信贷计划》。南京农村信用社各项存款计划增加 2.5 亿元，各项贷款 2.5 亿元，二季度末各项贷款增加额控制在 1.6 亿元。
- 7 月 12 日　中国人民银行发布《关于农村信用社实行资产负债比例管理试点的通知》，江苏省农村信用社开始资产负债比例管理的试点。
- 年末　全市共有信用社网点 126 个，人员 2029 人，资产总额 193426 万元，各项存款余额 119117 万元，贷款余额 80977 万元，营业收入 11932 万元（数据不含高淳、溧水两县）。

1993 年

- 5 月 12 日　中国人民银行决定对现行存、贷款利率进行调整，各项存款利率在原有基础上平均上调 1.19 个百分点，一年期流动资金贷款年利率由现行的 8.64%上调为 9.36%；六个月期流动资金贷款年利率由现行的 8.10%上调为 8.82%。
- 12 月 11 日　中国农业银行下发《关于印发农村信用社信贷资产监测考核暂行规定的通知》。
- 12 月　国务院颁发《关于金融体制改革的决定》，提出“先将县联社从中国农业银行中独立出来，办成基层信用社的联合组织；在县联社的基础上有步骤地组建农村合作银行”。

■ 同月　人民银行和农业银行联合下发了明传电报，强调农村金融体制改革要在党中央、国务院的领导下，由中国人民银行和中国农业银行统一部署，稳步进行。农村信用社由中国农业银行代表中国人民银行进行领导和管理。

1994 年

■ 6 月 15 日　中国人民银行印发《城市信用合作社资产负债比例管理暂行办法》，规定信用社资产负债比例管理的主要指标资本总额占经过调整后的资产总额的比例不得低于 8%，其中核心资本不得低于资本总额的 50%。

■ 年末　全市共有区（县）联社网点 134 个，员工 2086 人，资产总额 350792 万元，各项存款余额 189516 万元，各项贷款 166743 万元，营业收入 29045 万元（数据不含高淳、溧水两县）。

■ 同年　中国人民银行下发《关于加强对农村信用社领导和管理的通知》，要求在农村信用社具体改革方案下发之前，信用社的隶属关系不得变动，要切实加强县联社建设、做好信贷资金计划管理及稽核工作等。

1995 年

■ 2 月 9 日　中国农业发展银行江苏省分行成立，注册资本 41780 万元，主要办理由国务院确定、中国人民银行安排资金并由财政予以贴息的粮食、棉花、油料、食糖等主要农副产品的国家专项储备贷款。以及粮棉油收购和调拨贷款等。

■ 3 月 18 日　《中国人民银行法》颁布，确定中国人民银行为国家的中央银行，对国家货币政策走向间接调控，不再对非金融部门发放贷款。

■ 5 月 10 日　第八届全国人民代表大会常务委员会第十三次会议通过《中华人民共和国商业银行法》（2003 年 12 月 27 日第十届全国人民代表大会常务委员会第六次会议通过修改决定）。

■ 4 月　人行南京市支行在江宁县淳化信用社进行行社分门办公试点，为农村信用社全面改革积累经验。次月，全市农村信用社改革推广实施，至年底信用社分门办公改革初步完成。各县（区）联社从县农行的一个职能科室编制中正式剥离，单独行使对辖内信用社的管理职能。12 月 21 日，各县（区）联社由人行南京市支行直接监管。

■ 9 月　全市各县（区）联社开通以营业部为中心的系统内县（区）辖往来结算。

■ 10 月 29 日　中国农业银行印发《农村信用合作社职工养老保险统筹基金管理暂行办法》。

■ 年末　南京市共有10家农村信用社联合社、125家信用社、121家信用分社和储蓄所，从业人员2121人，总资产达42亿元，存款余额为29.8亿元，贷款22亿元，存、贷款均占全市金融机构的5%。

■ 同年　10家县（区）联社相继筹建了联社营业部，并建立健全了内设县（区）联社的机构，设置了资金营运科、财务会计科、监保科、办公室等“三科一室”，专职管理人员12~15名。至年末，有5个联社营业部开通了省辖农行联行业务，至1996年一季度另5个联社营业部也相继开通此项业务。

1996年

■ 1月1日　《中华人民共和国票据法》正式实施，为规范票据行为、促进票据的正常使用和流通提供了法律保证。

■ 2月8日　南京城市信用合作社重组为南京城市合作银行（后更名为“南京商业银行”“南京银行”），2007年成为全国第一家登陆上交所的城市商行。

■ 4月16日　中国人民银行下发《关于当前稳定和加强农村信用合作工作的通知》，规定农村信用社管理体制改革要在国务院统一领导部署下进行，在农村信用社脱钩前，农业银行要继续加强对农村信用社的领导和管理，要保持信用社机构、人员、资金、财产的稳定。

■ 7月1日　江宁县23家农村信用社代理乡镇财政金库业务。

■ 8月22日　国务院颁发《关于农村金融体制改革的决定》，《决定》提出农村信用社管理体制改革的步骤是：农村信用社与中国农业银行脱离行政隶属关系，对其业务管理和金融监管分别由县联社和中国人民银行承担，然后按合作制原则加以规范。农村信用社经整顿后可合并组建农村合作银行。

■ 8~9月　国务院农村金融体制改革部际协调小组先后发布《关于尽快成立农村金融体制改革领导小组及其办公室的通知》《关于印发农村信用社与中国农业银行脱离行政隶属关系实施方案的通知》《关于做好当前农村信用社改革和管理工作的通知》，要求各地结合本地情况贯彻落实，遇到重大问题和采取重大措施，均要请示汇报。

■ 9~10月　根据《我省农村信用社与中国农业银行脱离行政隶属关系实施意见》文件精神，农行南京分行合作处人员编制划入人行南京市支行，成立南京市农村金融体制改革领导小组办公室，负责过渡时期对农村信用社和县联社的领导及管理、指导、协调、服务等工作。南京农村信用社与农行南京分行完成人员、财产、资金的界定划转及业务交接工作，并经南京市农村金融体制改革领导小组办公室确认。

■ 年末　全市农村信用社各项存款 38.66 亿元，较年初增长 30%；各项贷款 27.94 亿元，较年初增长 29%；实现收入 47785 万元，支出 48836 万元，亏损 1051 万元，其中盈余社 108 个，金额 589 万元，比上年减少 22 个。

■ 同年　大厂区联社下辖营业部、长芦信用社、葛唐信用社存款均超亿元。

1997 年

■ 1 月 22 日　经国务院农村金融体制改革部际协调小组办公室批复同意，江苏省农村信用社与农业银行正式脱离行政隶属关系，农村信用社成为独立法人。

■ 2 月 1 日　全国农村信用社特约汇兑往来业务正式开通，栖霞区联社营业部、大厂区联社营业部、浦口区联社营业部成为首批开通特约汇兑往来业务的农村信用社。7 月 23 日雨花台区联社营业部、江宁县联社营业部、江宁开发区联社营业部开通第二批全国特约汇兑往来业务。

■ 5 月　经南京市农村金融体制改革领导小组办公室检查验收，确认 1996 年度栖霞区联社等 50 多个信用社为会计工作二、三级单位。其中二级社 24 个，三级社 26 个。大厂区长芦信用社被中国人民银行定为一级社。各信用社以会计达标为突破口，进一步提高会计核算水平。

■ 6 月 5 日　国务院办公厅转发《中国人民银行关于进一步做好农村信用社管理体制改革工作的意见》，提出了按合作制原则改革农村信用社管理体制，完善和加强县联社建设，加强人民银行对农村信用社的监管，改进金融服务，防范和化解农村信用社风险等改革意见。根据文件精神，人行南京分行成立了农村合作金融监管处，与南京市农村金融体制改革领导小组办公室合署办公，承担对农村信用社金融监管和行业管理的双重职能。

■ 7 月　国务院农村金融体制改革部际协调小组和中国人民银行在北京召开全国农村信用社管理体制改革工作会议，就农村信用社按合作制规范改革、人民银行加强监管等工作进行全面部署。

■ 9 月　南京市各县（区）人民政府成立了规范农村信用社工作领导小组。

■ 10 月 19 日　江宁县联社对干部任免制度进行了改革和尝试，首次对营业部主任岗位实行公开竞聘。

■ 年末　全市农村信用社各项存款达 46.7 亿元，比年初增加 8.1 亿元，增长 21%。全市涌现出 1 个 10 亿元联社和 2 个超 2 亿元信用社。各项贷款余额达 32 亿元，比年初增加 4.5 亿元，其中农业及其他贷款增加 2.4 亿元，占总增量的 53%。

■ 同年　依据省、市规范农村信用社的文件精神，人行南京市支行按照合作制原则全面开展对农村信用社的规范整顿工作，主要从股权设置、民主管理、服务方向、利润分配四个方面开展。至次年 4 月，规范工作基本完成。

1998 年

■ 11 月 3 日　经人行南京市支行批准，江宁县联社、江宁经济开发区联社合并为江宁县联社。原江宁经济开发区联社营业部变更为开发区信用社，与城镇、岔路信用社纳入江宁县联社管理。

■ 11 月 15 日　党中央、国务院做出决定，中国人民银行撤销省级分行，设置 9 家跨省（自治区、直辖市）分行。中国人民银行南京分行于 12 月 18 日正式挂牌，主要管辖江苏、安徽两省。同年，原人行南京市支行改组为中国人民银行南京分行营业管理部，负责对本市商业银行监管及上级行授权的其他金融管理业务。

■ 12 月 2 日　国务院办公厅转发《中国人民银行关于进一步做好农村信用社改革整顿规范管理工作的意见》，提出了按合作制原则逐步建立与社会主义市场经济相适应、符合农村经济发展需要的农村信用社管理新体制。

■ 同年　经人行南京分行营管部批准，南京市城郊农村信用合作社联合社成立。栖霞区联社管辖的紫金山信用社和雨花台区联社管辖的江东信用社划至城郊联社管理。

■ 同年　根据人行南京分行营管部要求，南京市五县（江宁、江浦、六合、高淳、溧水）实施贷款证制度。全市新增农业和乡镇企业贷款 7.5 亿元，其中农业贷款新增 2.5 亿元。累计发放粮棉油收购贷款 6.19 亿元。

■ 同年　人行南京分行营管部结合年检对全市 137 家农村信用社开展了全面规范整顿，并对高风险信用社建立台账，逐社落实风险化解措施。

1999 年

■ 1 月　国务院发布 3 号文件，统一取缔农村合作基金会。

■ 同月　经人民银行江苏省分行批准，江宁县联社正式施行联社一级法人统一核算试点，为农村信用社下一步改革提供了经验。

■ 2 月 22 日　南京市农村金融体制改革领导小组办公室对农村信用社会计达标升级工作组织验收，确认 1998 年度共有 71 个信用社达到会计工作三级标准，占比 52%，135 个社达标，占比 98%。

■ 2月26日　人民银行南京分行就合作金融机构监管工作有关事项发出通知，明确农村信用社和联社机构设置、变更事项、机构退出的审批权限和程序及其主要负责人任职资格的管理。

■ 5月26日　人民银行南京分行印发了《中国人民银行南京分行辖区农村信用社联社加入全国银行间同业拆借市场试点方案》，栖霞区联社成为首批试点之一。

■ 同年　全市共有信用合作联社9家。各县（区）联社引入竞争机制，推行竞聘上岗，产生信用社主任。

2000年

■ 3月　大厂区联社会计科完成了联行柜与营业部的分设工作，联行柜纳入财务会计科管理。

■ 4月　国务院总理朱镕基到江苏省调研。朱镕基指出，农村信用社是最好的联系农民的金融纽带，要特别重视和发挥农村信用社的作用，使它成为新形势下农村金融的主力军。

■ 上半年　江宁县联社汤山信用社、联社营业部存款余额先后过亿元，受到人行南京分行营管部和县人行的嘉奖。

■ 8月　经国务院批准，江苏成为首个全国农村合作金融改革试点省，中国人民银行和江苏省政府在江苏全省进行了农村信用社改革试点。试点的主要内容包括：在清产核资的基础上以县（市）为单位统一法人，明晰产权、转换经营机制，组建江苏省农村信用社联合社，在常熟、张家港、江阴试点组建农村商业银行，争取用3~5年的时间使大部分农村信用社成为自主经营、自担风险、自我发展的适应农村经济发展需要的金融组织。

■ 10月　江宁县东山城市信用社翻牌为农信社，并入江宁县联社。同年，江浦县珠江城市信用社翻牌为农信社，并入江浦县联社。

■ 11月　根据人行南京分行营管部《南京市农村信用社合并法人实施方案》，各基层农村信用社召开社员代表大会，同意取消信用社法人资格，实行联社一级法人核算。各县（区）联社分别召开了社员代表大会、选举产生新的理事会、监事会，聘任了联社主任、副主任，通过了联社章程。

■ 12月　经国务院、省政府批复，撤销江宁县，设立江宁区。

■ 年末　全市农村信用社存款余额62.16亿元，较上年增加7.26亿元，增长11.7%，贷款余额41.76亿元，较上年增加4.3亿元，增长10.41%，其中农业贷款增加 1.91 亿元，占增量贷款的 44%。

- 同年　人行南京分行营管部与市工行达成了全面代理农村信用社“华东三省一市”汇票业务的协议。11 月，栖霞联社在全市率先办理了此业务。2001 年一季度其他联社也在全辖范围顺利开通。同时，5 个郊区联社与人行的电子联行“天地对接”全部实现，5 个县联社开通电子联行业务。农村信用社的结算功能得到了增强。

2001 年

- 6 月 28 日　经人行南京分行营管部批准，江宁县农村信用合作社联合社更名为“江宁区农村信用合作社联合社”。
- 9 月 19 日　江苏省农村信用社联合社正式成立，行使对全省农村商业银行、农村信用合作联社的行业管理、指导、协调和服务职能。王晨曦任省联社理事长，王明津任副理事长兼主任，周荣才任监事长。
- 下半年　江宁区联社城区部分社开办住房按揭贷款、教师工资代发业务，江浦县联社落实好代发全县教职工工资业务。
- 年末　江苏省张家港、常熟、江阴三个县（市）联社分别重组为县（市）农村商业银行，成为全国第一批农村商业银行。
- 年末　南京市有 237 个农村信用社机构（含高淳、溧水两县），其中联社 10 家，信用社 127 个，分社和储蓄所 100 个。各项存款余额 75.57 亿元，各项贷款 49.96 亿元。
- 同年　南京市各县（区）联社开始推行农户贷款证“一次核定、随用随贷、余额控制、周转使用”，并在全市各乡镇、村组普遍建立农户档案资料，实行“一户一档”，使农信社支农贷款面逐步扩大。

2002 年

- 4 月　大厂区和六合县合并设立新的六合区，浦口区和江浦县合并设立新的浦口区。各区（县）信用联社随后相应调整。
- 6 月　江苏省及地、县农村金融体制改革领导小组和办公室工作移交省联社，省联社正式开始履行行业管理职能。
- 11 月　浦口区永丰乡和盘城镇合并，成立新的盘城镇，乡建制自此在南京市消失。
- 年末　全市农村信用社员工总人数达 2042 人，总资产达 113.43 亿元，存款余额 90.61 亿元，贷款 60.12 亿元。

■ 同年　栖霞区联社针对钢材市场这一特殊的客户群体开展了仓单质押授信业务；六合县联社开发了汽车消费履约贷款和农户联保贷款。

2003 年

■ 4 月 21 日　江宁区联社顺利开通全国现代支付系统，资金到账速度明显加快，结算难的矛盾得到缓解，随后，大厂区联社、栖霞区联社等联社陆续开办。

■ 4 月 25 日　中国银行业监督管理委员会成立，根据国务院授权统一监管银行、金融资产管理公司、信托投资公司及其他存款类金融机构，维护银行业的合法、稳健运行。10 月 16 日，中国银行业监督管理委员会江苏银监局挂牌成立（简称“江苏银监局”），负责对辖内银行业金融机构及其业务活动实施监督管理。

■ 6 月 27 日　国务院印发《深化农村信用社改革试点方案的通知》，确立了新的改革方向：农村信用社定位为农民、农业和农村经济发展服务的社区性地方金融机构；积极探索和分类实施股份制、股份合作制、合作制等各种产权制度，使信用社真正成为“自主经营、自我约束、自我发展、自担风险”的市场主体；信用社的管理交给省政府负责，通过省级联社，对信用社实施管理、指导、协调、服务。试点省扩大至吉林、山东、江苏、江西等。

■ 上半年　省联社全面启动综合业务计算机系统网络建设工程。至年底，主体工程全部竣工，雨花台区联社成为首家并网运营单位。2004 年，各信用联社陆续完成了新旧系统的数据转换工作，实现储蓄及对公业务在全辖范围内通存通兑。

■ 11 月 28 日　江浦县联社与浦口区联社顺利完成合并重组，新的浦口区联社理事长为许传山，主任为刘广生，监事长为林毓和。合并后浦口区联社注册资本金 380 万元，营业机构 28 个（含信用分社 15 个），人员 262 人，各项存款 12 亿元，各项贷款 8.5 亿元。

■ 12 月　经江苏银监局批准，六合县农村信用合作社联合社更名为“南京市六合区农村信用合作联社”。

■ 年末　全市农村信用社各项存款首次突破 100 亿元，余额达 119.2 亿元，贷款 81.76 亿元 。

■ 同年　江宁区联社建立农户经济档案，建档面达到 89%，共发放贷款证 28397 本，发证面 26%，评出信用户 11342 户、信用村 32 个、信用证 1 个。

■ 同年　江宁区联社推出农户小额信用贷款、农户联保贷款等贷款新品种，支持农业产业结构调整。

■ 同年　栖霞区联社增资扩股，共募集新股金1045万元，实收资本达5091万元，资本充足率已达0.14%，实现了资可抵债。

■ 同年　各县（区）联社继续稳步推进人事、机构、分配三项制度改革，开展“三定”（定机构、定岗位、定编制），推行持证上岗、全员劳动合同制，实行结构工资，工资增长和企业效益紧密挂钩。

2004年

■ 12月31日　中共中央、国务院以“一号文件”下发了《关于促进农民增加收入若干政策的意见》，再次聚焦“三农”问题。

■ 4月　江宁区联社完成省网综合业务系统上线，储蓄通存通兑业务开通；区联社上坊、城镇、岔路、金箔信用社直接参加市交票据交换。

■ 11月26日　大厂区联社与六合区联社合并重组为新的六合区联社，理事长为陶正国，主任为汤宇，监事长为张明顺。合并后联社注册资本为5185.364万元，营业机构38个（含信用分社13个），人员381人，各项存款17.3亿元，各项贷款12.5亿元。

■ 年末　全市农村信用社各项存款余额128.87亿元，贷款89.91亿元 。

■ 同年　栖霞区联社、雨花台区联社、江宁区联社、浦口区联社、六合区联社、高淳县联社、溧水县联社获得总计40642万元的中央银行专项票据的发行资格，壮大了南京市农村信用社的资金实力，历史包袱得以化解。

■ 同年　江宁区联社百家湖信用社率先实行综合柜员制。

2005年

■ 4月18日　省联社宣布在全省范围内通过信用社营业网点发行带有“银联”标志的“圆鼎借记卡”，这是全国农信社省级联社首家统一发行的借记卡。

■ 4月28日　雨花台区联社、栖霞区联社、城郊联社合并组建为南京市区联社，理事长为冯晓平、主任为张意如、监事长为朱继林。注册资本12576.56万元，营业机构54个（含信用分社29个），人员515人，各项存款45.18亿元，各项贷款34.33亿元。

■ 12月　市区联社第一台自动取款机（ATM）在来凤信用社投入使用。其他各家联社随后相继投入使用。

■ 年末　全市农村信用社各项存款余额150.7亿元，贷款96.45亿元 。

■ 同年　浦口区联社辖内信用村达49个，约占全区行政村的50%，27家企业经评估公司信用等级评级在（AA级）以上。

■ 同年　各县（区）联社组织推进开展党员先进性教育活动。

■ 同年　六合区联社信贷系统全面上线，率先发行省联社第一张信用社圆鼎借记卡，全年发卡量为3100多张。

2006年

■ 4月12日　农信银资金清算中心正式成立，该中心由全国30家农信银机构共同发起致力于改善我国农村地区支付结算环境，促进农村地区经济、金融发展。省联社为股东之一。

■ 6月5日　省联社王晨曦理事长来市区联社进行“三项”治理工作督促检查。

■ 6月29日　南京市首家农村合作银行——江苏高淳农村合作银行成立，该行由高淳县农村信用合作联社改制组建而成，下设1个营业部、19个支行、7个分理处，员工246人。

■ 8月31日　省联社“三项”治理验收三查小组对市区联社“三项”治理工作进行验收。

■ 9月　全市各联社积极与辖内供电局合作，开通部分乡镇农电站电费的代收业务。

■ 年末　全市农村信用社各项存款余额178.62亿元，贷款112.7亿元。

■ 同年　市区联社配合省联社完成了综合业务系统的升级工作，实现支付系统的上线，并开通办公自动化（OA）系统。

■ 同年　江宁区联社机关按照“精简、统一、效能”的原则，设立“四部一室”，对基层实行中心社管理，全面实施“首位晋升和末位淘汰制”的动态用人机制。

■ 同年　市区联社实行了市场化押运，对全辖金库进行了撤并和整顿，部分不符合安全标准的网点和设施进行了改造；面向全市金融系统公开招聘了信贷业务部总经理和办公室副主任，并组织全辖中层干部竞聘上岗。

■ 同年　南京市各联社开通了圆鼎卡POS机收单业务。其中六合区联社发展圆鼎卡特约商户10个，安装POS终端13台。

■ 同年　浦口区联社职工捐款17110元，帮助职工渡过疾病、经济拮据等难关。

2007年

■ 1月11日　中国人民银行、中国银监会联合发布《关于认真落实专项中央银行票据资金支持政策、切实转换农村信用社经营机制的指导意见》。至年底，市区联社认购的央行专项票据 13786 万元、江宁区联社 13637 万元、浦口区联社 4730 万元、六合区联社 7544 万元，并通过中国人民银行的审核，实现全部兑付，增强了持续发展的能力。

■ 1 月 24 日　由省内无锡、苏州、南通等 10 家城市商业银行合并重组的现代股份制商业银行——江苏银行挂牌开业。

■ 1 月 29 日　中共中央、国务院发布一号文件《关于积极发展现代农业扎实推进社会主义新农村建设的若干意见》，明确提出，发展现代农业是新农村建设的首要任务，要加大对“三农”的投入力度，确保现代农业建设取得实效。

■ 3 月 23 日　中国银监会发布《农村信用社不良资产监测和考核办法》《农村信用社监管内部评级指引（试行）》，后者是继农村信用社全面实施贷款风险分类后，为进一步加强对农村信用社监管而出台的一项具有针对性和可操作性的内部监管评级办法。

■ 5 月 10 日　市委书记罗志军、市委沈健、王为崧及市委办公厅、市发改委、财政局、统计局等一行十多人来市区联社调研。

■ 8 月 13 日　南京市政府召开农村信用社改制问题座谈会，市委副书记、市长蒋宏坤，市委副书记、常务副市长陈家宝，市政府秘书长黄澜，副秘书长储永红，市金融办副主任胡昇荣，市财政局相关领导及 4 家联社理事长参加了会议。

■ 10 月 12 日　市区联社机关搬至中山南路 368 号。

■ 11 月上旬　市发改委副主任杨中南主持召开座谈会，研究南京农村信用社改制推动等问题，并约请江宁区发改局相关领导前往江宁区联社调研。

■ 11 月 19 日　中国人民银行决定，在全国范围内开通小额支付系统跨行通存通兑业务。

■ 同年　经国务院批准，中国人民银行 10 次上调存款准备金率，6 次上调存贷款基准利率。

■ 同年　全市各联社陆续开通全国支票影像交换系统、联网核查公民身份信息系统、农信银汇兑、银行汇票签发系统、小额支付系统、通存通兑系统、反洗钱登记系统等。

■ 同年　浦口区联社积极与区扶贫基金会合作，采取信用社贷款、基金会贴息的方式，帮助 2000 多贫困、低收入户实现脱贫致富，同时以“公司＋农户”的形式拓宽支农新渠道。

- 同年　市区联社与国家开发银行合作开办了生源地助学贷款业务；开通了代理销售长途汽车票业务、代签中行银票业务。
- 同年　六合区联社共在76个村开展了“农贷直通车”工作，涉及农户6.69万户，授信金额达5.34亿元。江苏银监局简报刊登《造“农贷直通车”载农民奔小康》报道。
- 同年　六合区联社引入人大评议机制，并将社会评价信用社服务质量列入信用社综合考核。
- 同年　全市农村信用联社资产总额270.76亿元，各项存款余额228.06亿元，贷款余额154.05亿元。

2008年

- 1月6日　杨中南在六合主持召开南京农信社改革座谈会，明确6月份完成筹建工作小组的组建，并形成筹建方案。
- 4月8日　市区联社获批发行圆鼎贷记卡。同年，南京市各农村信用联社陆续发行圆鼎贷记卡。
- 4月　市区联社港华天然气代收费系统上线运行。7月，联社代理兴业银行第三方存管业务上线。
- 6月　市区联社全辖所有网点实现监控视频联网。
- 上半年　美国次贷危机爆发，蔓延为全球性金融危机，全球经济持续下滑，多家央行大幅降息、注资救市。
- 7月30日　南京市政府《关于成立市农村信用合作联社改革重组推进工作领导小组的通知》下发，南京市农村信用合作联社改革重组推进工作领导小组成立。中共南京市委常委、常务副市长靳道强，省联社副理事长、主任王明津任组长，市政府副秘书长翁国玖、市发改委主任黄澜任副组长。
- 8月15日　南京市农村信用合作联社改革重组推进工作领导小组正式组建并召开了第一次会议，重点讨论了4家联社合并重组工作方案，重组后拟定名“江苏金陵农村商业银行股份有限公司”。
- 同年　浦口区联社在“5·12”汶川地震抗灾期间，专门开辟结算绿色通道，通过延长工作时间、提高现金备付量等措施，保证了救灾款项及时安全清算。江宁区联社支持四川灾区建设，上交10万元“特殊党费”，并发动全员捐款。
- 同年　市区联社加快网点建设步伐。3家发展能力强、市场前景好的分社升格为信用社；增设了4个新网点。

■ 同年　浦口区联社扶贫贷款的做法、经验和成效受到广泛好评，被授予浦口区“扶贫工作先进集体”。联社超额完成了区政府下达的扶贫贴息贷款目标任务，全年发放扶贫贴息贷款306户，计2212.2万元，带动贫困户1470户，解决贫困人口就业543人。

■ 同年　市区、江宁区、浦口区、六合区4家农信联社资产总额353.58亿元，各项存款余额252.03亿元，贷款余额182.89亿元。

2009年

■ 年初　六合区联社成立投资部，全力开拓资金票据业务。市区联社设立了票据中心和审批中心，集中审批联社所有信贷业务和票据业务，加强对信贷风险的控制。

■ 2月3日　在南京市浦口区珍珠泉召开江苏金陵农村商业银行股份有限公司第一次筹备工作会议。

■ 3月23日　国务院发布《关于落实〈政府工作报告〉重点工作部门分工的意见》，其中对金融、财税部门分工提出具体部署，要求人民银行、金融监管机构、发改委、财政部负责做好推进金融体制改革等重要工作。

■ 9月16日　南京农村商业银行筹建工作领导小组办公室成立，下设综合组、清产核资组、制度建设组、科技组。市发改委副主任杨中南任筹建办主任，会上就筹备工作讲话，并对下一步工作做了部署。陶正国、汤宇、刘广生、黄维平等出席。

■ 9月22日　市农商行筹建办召开会议。市委常委、常务副市长、筹建组组长沈健主持召开了南京农村商业银行筹建工作领导小组会议，参加会议的主要有王明津、杨中南、翁国玖等相关部门负责人及筹建办工作成员。

■ 9月　六合区联社正式进入全国银行间同业拆借市场，并发展成为中央国债登记结算公司的乙类结算成员。

■ 10月28日　由中国人民银行建设并管理的电子商业汇票系统正式上线，标志着我国电子票据业务从此进入跨行全流通年代。

■ 10月29日　南京市政府印发《关于成立江苏金陵农村商业银行股份有限公司（暂定名）筹建工作小组的通知》。筹建工作小组组长由市委常委、常务副市长沈健，省联社副理事长、主任王明津担任，副组长由市政府副秘书长翁国玖、市发改委主任黄澜担任。同月，六合区联社、浦口区联社、市区联社及江宁区联社相继召开社员代表大会，表决通过“合并发起新设农村商业银行股份有限公司（暂定名）”的提案，并就筹建工作方案、成立筹建工作小组、资产评估和净资产处置等提出若干建议。

■ 同月　省联社统一实施推广网上银行业务。

■ 11 月 30 日　市农商行第九次筹建会议召开，确定“江苏紫金农村商业银行股份有限公司”为新的行名。

■ 12 月 23 日　江苏银监局分别对市区、浦口区、六合区、江宁区 4 家联社的清产核资工作进行验收。

■ 12 月 31 日　江苏副省长赵克志来市区联社营业部进行年终慰问。

■ 年末　全市农村信用社各项存款余额 412.86 亿元，贷款 283.98 亿元。

■ 同年　浦口区联社发放扶贫补贴息贷款 3052.3 万元，完成区扶贫补贴息贷款目标的 121.6%，帮助和带动贫困及低收入就业、创业 2964 户。代理区政府 11 个项目，发放财政涉农补贴资金近 8 万户。

■ 同年　市区联社组织开发了绩效考核系统、客户管理系统、存贷款分类查询报表系统和每日网点存贷款经营信息短信提示系统，并开发代收供电局电费中间业务系统，完成网上银行系统、指纹识别系统的测试、上线与运行。

■ 同年　六合区联社与国土局协调沟通，将国土局的地籍信息与“农贷直通车”工作相结合，开发了地籍图信贷管理系统。上线了新一代本币交易系统和债券托管结算系统，开展与全国金融机构的资金业务往来。

2010 年

■ 年初　六合区联社、浦口区联社、市区联社及江宁区联社分别召开年度社员代表大会，通过 2009 年度股金分红方案，决定按股本总额的 12% 进行 2009 年度分红并转增股本，该 4 家机构转入紫金农商银行股份为合计 1662258468 股。

■ 1 月 5 日　江苏银监局会同市农商行筹建办及南京市区、江宁区、六合区、浦口区农村信用联社等相关人员在天宫饭店召开清产核资对接会。会议通报了 4 家联社清产核资情况及信贷分类的调整。杨中南主任对下阶段的整改工作提出了要求。

■ 1 月 26 日　经银监会审批同意，拟发起成立的“江苏金陵农村商业银行股份有限公司”名称确定为“江苏紫金农村商业银行股份有限公司”（下称“紫金农商银行”或“全行”）。

■ 3 月 29 日　南京市金融发展办公室建立，承担协调推进地方金融业发展、引导金融和资本市场支持地方经济健康、快速发展的责任。

- 4 月 27 日　中国银监会和保监会联合发布了《关于加强涉农信贷与涉农保险合作的意见》，进一步改善农村“贷款难”。
- 7 月 12 日　银监会下发《中国银监会关于筹建江苏紫金农村商业银行股份有限公司的批复》，同意紫金农商银行筹建工作小组开展工作。
- 9 月 2 日　银监会出台《关于高风险农村信用社并购重组的指导意见》，鼓励、引导民间资本投资农信社。
- 10 月 15 日　中国人民银行举行网上支付跨行清算系统建成运行新闻发布会，首批接入网上支付跨行清算系统的有 29 家银行机构。
- 12 月 6 日　省联社下发《关于召开江苏紫金农村商业银行股份有限公司创立大会暨第一次股东大会的批复》，并提名相关高级管理人员候选人名单。
- 12 月 13 日　紫金农商银行（筹）召开筹建职工代表大会。通过投票推选出黄维平等 10 位同志为紫金农商银行（筹）职工代表大会职工代表。
- 12 月 16 日　紫金农商银行（筹）召开职工代表大会，通过了《人力资源管理暂行办法》《首届监事会职工监事选举方案》。
- 12 月 26 日　经银监会批准，南京市区、江宁区、浦口区、六合区农村信用合作联社等合并重组为江苏紫金农村商业银行股份有限公司，召开创立大会暨第一届股东大会、首届董事会第一次会议、首届监事会第一次会议。会议选举黄维平为董事长、陶正国为监事长，聘任张意如为行长。
- 同年　中国人民银行 6 次上调存款准备金率，2 次上调利率，货币政策由适度宽松转向稳健，银行业加强逆周期宏观管理。

2011 年

- 3 月 17 日　紫金农商银行筹建工作汇报会顺利召开，发改委主任黄澜、秘书长翁国玖、市金融办主任胡昇荣等到会。
- 3 月 28 日　紫金农商银行举行了隆重的开业庆典。省委常委、常务副省长，省委常委、南京市委书记，南京市委副书记、市长，南京市人大常委会主任，南京市政协主席，人民银行南京分行行长等共同为紫金农商银行开业揭牌。
- 4 月　南京市政府出台《关于进一步加快全市金融业改革创新发展的若干意见》。
- 7 月初　紫金农商银行商品房预售款监管操作系统上线通过验收，取得商品房预售监管资格。
- 8 月末　紫金农商银行第一期理财产品发行。

■ 8月　紫金农商银行启动“紫金快付通”工程。

■ 同月　紫金农商银行公司业务部与南京市农委举行座谈会，与5家市级以上农业龙头企业签订合作意向书，与无锡农商行、江南农商行、恒丰银行等23家金融机构建立合作关系，签订资金合作协议。

■ 9月　紫金农商银行成功加入全国银行间同业拆借中心、中央国债登记结算中心、全国银行间票据交易市场，本币交易系统与债券托管结算系统上线运行。

■ 10月24日　紫金农商银行学习贯彻南京第十三次党代会精神大会召开。

■ 同月　高淳农村合作银行改制组建成股份制农村商业银行，次月18日举行开业庆典。

■ 12月28日　紫金农商银行总行机关乔迁至河西中央商务区总部新大楼。

■ 12月31日　王晨曦理事长来紫金农商银行慰问一线的工作人员，并同行领导班子座谈。

■ 年末　全行总资产592.83亿元，各项贷款余额321.29亿元；总负债555.62亿元，其中各项存款余额530.46亿元；实现营业收入27.7亿元，利润6.63亿元，净利润4.63亿元。

■ 同年　紫金农商银行首届董事会第2~7次会议召开，审议、听取了增补首届董事会各专门委员会组成人员和独立董事；成立国际业务部、投资入股高淳农商行（筹）、购置南京金融城意向房产投资入股溧水农商行（筹）等30项提案和报告。

■ 同年　中国人民银行6次上调、1次下调存款类金融机构人民币存款准备金率，3次上调金融机构人民币存贷款基准利率。

■ 同年　全行有122家营业分支机构，其中，一级支行4家、二级支行86家、分理处32家，全行员工1885名。

2012年

■ 1月1日　圆鼎紫金借记卡对外发行，分为普卡和金卡两种形式。

■ 1月12日　从印度尼西亚汇入的两笔合计超过68万美元的结汇资金顺利划到紫金农商银行御道街支行，行国际业务实现“零”突破。

■ 1月20日　紫金农商银行董事长黄维平上门慰问浦口支行进行心脏移植手术的员工黄庭良，并代表全行员工送上30万元捐款。

■ 2月18日　紫金农商银行首届二次职工（工会会员）代表大会召开。

■ 3月15日　紫金农商银行江宁区龟山公园举行以“绿动紫金·成长无限”为主

题的公益植树活动。

■ 3 月 23 日　紫金农商银行公益捐助浦口“留守儿童之家”，向江浦街道和星甸镇龙山社区分别捐赠 2 万元的公益基金。

■ 3 月 26 日　紫金农商银行“同分享，共成长”开业一周年庆典举行。庆典上，同时举行紫金农商银行“留守儿童之家”揭牌仪式及“紫金快付通”惠农工程启动仪式。

■ 5 月 3 日　紫金农商银行百名团员青年在雨花台烈士陵园举行“我为青奥做贡献”签名活动。

■ 5 月 26 日　紫金农商银行六合、浦口支行 2 个现金库的整合完成，总行现金清分中心迁移至江宁。

■ 5 月 31 日　紫金农商银行运营管理部对账中心、事后监督中心、档案中心三大中心落成。6 月 8 日，票据中心成立。

■ 6 月 21 日　紫金农商银行印发《江苏紫金农村商业银行股份有限公司总行职能部室职责分工方案》的通知，总行设置 17 个职能部室，同时明确了各部室的职责。

■ 6 月 29 日　全国首台“硬币存款兑换一体机”在紫金农商银行城中支行营业部投入运行。

■ 7 月 4 日　紫金农商银行营业部成立。

■ 8 月 22 日　紫金农商银行获得中国银行间市场交易商协会资格。

■ 8 月　溧水县联社改制组建成股份制农村商业银行。

■ 9 月 12 日　紫金农商银行启动市民卡发卡工作，成为南京第七家市民卡发卡银行，首批发卡 417 张。

■ 9 月 15 日　紫金农商银行加入中国银行业协会银团贷款信息系统。

■ 9 月 20 日　中国人民银行总行行长助理金琦、人民银行南京分行领导来紫金农商银行城中营业部视察指导。

■ 9 月 28 日　紫金农商银行与南京住房公积金管理中心举行公积金归集银行签约仪式，成为南京市第五家住房公积金归集银行。

■ 10 月 9 日　“紫金快付通”二期平台成功上线，增加了对存折的支持功能，并可实现燃气费、税费等 4 种缴费业务的办理。

■ 10 月 17 日　银监会发布《农户贷款管理办法》，按照手续便利性与业务规范性相结合等原则，吸收借鉴了国际小微贷款管理技术，对业务发展与风险管理提出了具体要求。

■ 10月29日　紫金农商银行江宁支行营业部成功售出投资金27盎司，紫金农商银行实现实物销售贵金属“零突破”。

■ 11月8日　紫金农商银行财务审批中心成立，上收了各一级支行财管系统，由总行统一进行财务核算。

■ 11月15日　《紫金农商银行一级支行组织架构改革方案》发布，4家一级支行拆分为9家一级支行，改革后的一级支行内设市场部、管理部、营业部和综合部4个部室。

■ 11月22日　紫金农商银行机关召开工作人员会议，传达中共十八大会议精神，贯彻机关工作作风建设的新要求。

■ 11月29日　紫金农商银行学习贯彻中共十八大精神专题报告会召开，邀请十六大、十七大、十八大三届党代会代表、全国劳动模范、南京新百公司党委书记朱爱华同志作专题报告。

■ 12月7日　银监会发布《关于实施〈商业银行资本管理办法（试行）〉过渡期安排相关事项的通知》，明确过渡期内分年度资本充足率监管要求，对储备资本要求（2.5%）设定6年的过渡期，对已达标银行和未达标银行提出差异化要求。

■ 12月13日　市金融办牵头组织的南京市“阳光信贷”工作启动会在紫金农商银行举行。

■ 12月25日　紫金农商银行与工商银行江苏省分行签订全面合作协议。

■ 同日　紫金农商银行成立联网监控中心，实现了对全辖网点的联网监控、巡查、报警等功能。

■ 同年　首届董事会第八至十二次会议召开，审议、听取了调整首届董事会各专门委员会组成人选、调整总行职能部室及职能、在零售业务部下设“三农服务部”、新设运营管理部、行政服务部、营业部（筹）三个部室等提案及报告68件，形成各项决议50件。

■ 同年　经与税务部门的协商和沟通，紫金农商银行获得非城区网点的营业税金及附加税率仍然享受农村信用社3%的优惠税率，较原税率降低2个百分点。

■ 同年　建立了外聘行风监督员、业务信息员、贷款协管员制度，主动接受社会监督。

■ 同年　中国人民银行两次下调金融机构存贷款基准利率，调整金融机构存贷款利率浮动区间，放宽银行存款利率上限至 1.1 倍，放宽银行贷款利率下限至 0.7 倍等。同时，将银行间即期外汇市场人民币兑美元交易价浮动幅度由 5‰ 扩大至 1%，将外汇指定银行为客户提供的人民币对美元现汇买卖差价幅度由 1% 扩大至 2%。

- 年末　总资产 511.90 亿元，其中各项贷款余额 329.54 亿元；总负债 469.22 亿元，其中各项存款余额 448.03 亿元；实现营业收入 32.43 亿元，利润 6.75 亿元，净利润 5 亿元。
- 同年　全行有 123 家营业分支机构，其中营业部 1 家、一级支行 9 家、二级支行 82 家、分理处 31 家，全行员工 2018 名。

2013 年

- 1 月 6 日　南京市政府印发《南京区域金融中心建设规划（2011~2020）》的通知。
- 1 月 19~20 日　紫金农商银行 2013 年度工作会议暨首届三次职工代表大会召开。
- 2 月　原鼓楼区与下关区合并，成立新的鼓楼区；秦淮区与白下区合并，成立新的秦淮区；高淳县、溧水县撤县改区。
- 3 月 21 日　南京市副市长罗群、市政府副秘书长钱建宁、市政府办公厅副巡视员刘力、市金融办主任胡昇荣一行 4 人来紫金农商银行调研。
- 3 月 26 日　紫金农商银行标杆网点建设动员大会召开，正式启动标杆网点建设工作。
- 6 月 27 日　与交通银行江苏省分行签署了全面合作协议，展开多领域合作，共同支持地方经济建设。
- 7 月 20 日　中国人民银行决定全面放开金融机构贷款利率管制。
- 7 月 26 日　南京市园林绿化行业银企对接会暨紫金农商银行“绿化贷”产品发布会召开。紫金农商银行当场与 3 家单位签约授信 7200 余万元。
- 7 月 30 日　紫金农商银行党委召开全行党的群众路线教育实践活动动员大会。
- 8 月 6 日　紫金农商银行与麦肯锡合作，召开发展战略规划项目启动大会。
- 8 月 7 日　组织全行党员至南京雨花台革命烈士陵园开展群众路线主题教育活动。
- 9 月 6 日　紫金农商银行六合支行、江北园区支行与六合区村镇代表签订“三资”（资金、资产、资源）信息化管理金融服务合作协议。

■ 12 月 31 日　市政府罗群副市长和省联社王明津主任来行慰问。

■ 年末　全行总资产 604.31 亿元，其中各项贷款余额 378.83 亿元；总负债 558.46 亿元，其中各项存款余额 511.08 亿元；实现营业收入 34.76 亿元，利润 7.63 亿元，净利润 5.75 亿元。

■ 同年　紫金农商银行首届董事会第十三至十九次会议召开，审议、听取了一级支行组织架构调整、制定五年发展规划、增设董事、高级管理人员聘任等提案和报告 53 件，形成各项决议 32 件。

■ 同年　全行有 123 家营业分支机构，其中一级支行 9 家、二级支行 84 家、分理处 30 家，全行员工 2040 名。

2014 年

■ 1 月 20 日　紫金农商银行获人民银行常备借贷便利资格。

■ 1 月 27 日　紫金农商银行与六合区龙袍街道赵坝村开展结对帮扶，挂钩帮扶低收入农户 121 户、244 人，捐赠帮扶资金 27 万余元。

■ 1 月 28 日　紫金农商银行“病例库”系统上线，实现了各部室、各支行发现问题的集中统一管理。

■ 3 月 29 日　紫金农商银行邀请美国富国银行前副总裁高惟德先生来行举办“美国富国社区银行成功模式的经验介绍”讲座。

■ 3 月 31 日　紫金农商银行金融创新办公室组织召开 2014 年度金融创新工作会议，罗群副市长到会作专题讲座。

■ 4 月 16 日　紫金农商银行与中国人寿签订全面业务合作协议。

■ 4 月 17 日　紫金农商银行全面启动手机银行建设。

■ 4 月 20 日　紫金农商银行“活力紫金、青奥同行”首届职工运动会开幕。

■ 5 月 28 日　泛长三角区域现代金融创新发展峰会在南京隆重举行。南京、淮安、芜湖等 10 个城市共同签署了《泛长三角区域城市金融创新合作联盟战略协议》。

■ 6 月 1 日　紫金农商银行与农业发展银行江苏分行签订合作协议。

■ 6 月　紫金农商银行开始代理连云港东方农商行的日元清算业务。

■ 7 月　紫金农商银行营业部成为南京市首批商业银行代理个人信用报告查询服务的四家试点机构之一。

■ 7 月末　全行 124 家营业网点提前完成综合柜员制全年推广目标。

■ 8 月 1 日　成功引入支小再贷款专项资金 5000 万元，投放方向主要为以制造业为主的实体经济。

- 8 月 7 日　首届董事会第二十一次会议召开，审议、听取了第二届董事会董事候选人提名、注册资本由 220000 万元变更为 237600 万元、对溧水区晶桥镇捐赠事宜等提案。
- 8 月 30 日　紫金农商银行 2013 年度股东大会、第二届董事会、监事会第一次会议召开，会议选举张小军为董事长、黄维平为副董事长，聘任汤宇为行长，并顺利完成董、监事、高管层换届工作。
- 11 月 6 日　紫金农商银行第二届董事会第二次会议召开，审议、听取了独立董事换任、内设机构及工作职责调整方案等提案。
- 12 月 5 日《紫金农商银行 2014 年内设机构及工作职责调整方案》下发，规定自 2015 年 1 月 1 日起，全行内设机构为 20 个一级职能部门、1 家营业部、9 家一级支行（下辖二级支行）。
- 12 月 9 日　中央经济工作会议召开，经济工作明确七大重点，突出“调结构”，用“短痛”代替“长痛”。
- 年末　全行总资产 706.91 亿元，其中各项贷款余额 430.5 亿元；总负债 654.17 亿元，其中各项存款余额 596.49 亿元；实现营业收入 40.26 亿元，利润 8.61 亿元，净利润 6.81 亿元。
- 同年　中国人民银行共实施两次定向下调存款准备金率，实施一次非对称下调金融机构人民币贷款和存款基准利率。
- 同年　全行有 126 家营业分支机构，其中总行营业部 1 家、一级支行 9 家、二级支行 85 家、分理处 31 家，全行员工 2141 名。

2015 年

- 1 月　与民生银行签署战略合作协议。
- 2 月 1 日　中央一号文件《关于加大改革创新力度加快农业现代化建设的若干意见》发布，要求推动金融资源向“三农”倾斜。
- 3 月 5 日　国务院总理李克强在十二届全国人大三次会议上所做的政府工作报告首次提出要制订“互联网＋”行动计划。7 月 4 日，国务院印发《关于积极推进“互联网＋”行动的指导意见》，出台关于“互联网＋”的顶层设计。
- 3 月　紫金农商银行手机银行客户端 1.0.0 版上线。
- 同月　“紫金易贷卡”业务开办。
- 4 月 12 日　紫金农商银行 2015 年度案件防控提升年专题会议召开。

■ 4月　紫金普惠个贷助贷合作系统启动，5月底正式上线。

■ 6月　农商银行（上海）合作平台发展与风控委员会第二会议在南京召开。天津农商银行、上海农商银行、紫金农商银行、湖北省农信联社等22家成员单位参会。

■ 8月　紫金农商银行办理首笔融资性保函业务，金额2亿元，期限1年。

■ 10月8日　紫金农商银行微信银行上线运行。

■ 10月27日　紫金农商银行召开南京市新型农业经营主体贷款风险补偿基金签约仪式暨“金陵惠农贷”产品推介会。

■ 11月3日　中共中央《关于制定国民经济和社会发展第十三个五年规划的建议》全文公布。

■ 11月12日　《紫金农商银行2016年内设机构及工作职责调整方案》下发，全行内设机构为21个，新设分行、营业部1家、一级支行9家、二级支行116家。

■ 11月25日　紫金农商银行获得中国证券监督管理委员会颁发的《基金销售业务资格证书》。

■ 11月27日　紫金农商银行股份登记托管仪式在南京股权托管中心隆重举行。

■ 12月18~21日　中央经济工作会议在北京举行。会议强调，明年及今后一个时期，要在适度扩大总需求的同时，着力加强供给侧结构性改革，实施相互配合的五大政策支柱。

■ 12月22日　“绿化贷”项目荣获南京市首届“金融创新奖”。

■ 同日　紫金农商银行首次成功发行15亿元二级资本债，用以补充资本。

■ 年末　全行总资产1017.88亿元，其中各项贷款余额524.35亿元；总负债957.85亿元，其中各项存款余额739.08亿元；实现营业收入47.57亿元，利润10.9亿元，净利润8.19亿元。

■ 同年　紫金农商银行第二届董事会第5~9次会议召开，审议、听取了《紫金农商银行2015~2017年资本规划》《2015~2017年全面风险管理战略规划》、增补独立董事、调整董事会各专门委员会组成人选、2016年内设机构及工作职责调整方案等提案及报告79件，决议45件。

■ 同年　紫金农商银行与市农工委、市农委、市水利局、市供销总社、新农发展集团签订战略合作协议，提供一揽子金融服务方案，牵头制定的《交叉营销推进工作方案》中标江宁区村级财政集中支付项目。

■ 同年　紫金农商银行陆续推出小额度版“随薪易贷”“随房易贷”“紫金好贷”、个人贷款产品等创新产品，并开展信托代销业务。与紫金信托、南京证券签署了战略合作协议，形成优势互补、资源共享的合作模式，被评为“南京市代缴费服务最全的银行”。

■ 同年　紫金农商银行中山东路支行获批“南京科技支行”。

■ 同年　中国人民银行 5 次降低存款准备金、5 次降低存贷款利率，使市场融资成本大大下降。

■ 同年　全行有 126 家营业分支机构，其中总行营业部 1 家、一级支行 9 家、二级支行 116 家，全行员工 2137 名。

附录

一、信用联社及紫金农商银行历届党政主要领导

栖霞区信用合作联社

理事长：冯晓平（2000 年 10 月至 2005 年 1 月）

监事长：崔世凤（2000 年 10 月至 2005 年 1 月）

主　任：周锡春（1995 年 12 月至 1996 年 8 月）

冯晓平（1996 年 8 月至 2005 年 1 月）

副主任：李思美（1995 年 12 月至 1996 年 8 月）

严耀庭（1996 年 8 月至 1998 年 12 月）

马春武（1997 年 2 月至 2005 年 1 月）

汤　宇（1998 年 12 月至 2004 年 9 月）

夏云飞（1996 年 8 月至 1997 年 1 月）

雨花台区信用合作联社

理事长：朱继林（2000 年 10 月至 2005 年 1 月）

监事长：余顺祖（2000 年 10 月至 2005 年 1 月）

主　任：徐庆友（1995 年 12 月至 1998 年 12 月）

朱继林（1998 年 12 月至 2005 年 1 月）

副主任：朱继林（1995 年 12 月至 1998 年 12 月）

夏云飞（1998 年 11 月至 2005 年 1 月）

侯家林（1998 年 5 月至 2005 年 1 月）

南京城郊信用合作联社

理事长：严耀庭（2000 年 10 月至 2005 年 1 月）

监事长：程永才（2000 年 10 月至 2005 年 1 月）

主　任：严耀庭（1998 年 12 月至 2005 年 1 月）

副主任：胡　建（1997 年 2 月至 1998 年 12 月主持工作）

胡　建（1998 年 12 月至 2005 年 1 月）

徐　进（1997 年 3 月至 2005 年 1 月）

南京市区信用合作联社

理事长：冯晓平（2005 年 1 月至 2007 年 8 月）

陶正国（2007 年 8 月至 2011 年 3 月）

监事长：朱继林（2005 年 1 月至 2005 年 8 月）

严耀庭（2005 年 9 月至 2008 年 5 月）

马春武（2008 年 5 月至 2011 年 3 月）

主　任：张意如（2005 年 6 月至 2011 年 3 月）

副主任：马春武（2005 年 1 月至 2008 年 5 月）

侯家林（2005 年 1 月至 2005 年 8 月）

李昌盛（2005 年 1 月至 2011 年 3 月）

包卫东（2007 年 1 月至 2011 年 3 月）

江宁区（县）信用合作联社

理事长：张建华（1999 年 1 月至 2006 年 5 月）

黄维平（2006 年 5 月至 2011 年 3 月）

监事长：张　俊（1999 年 1 月至 2007 年 10 月）

吴亚萍（2008 年 5 月至 2011 年 3 月）

主　任：张建华（1995 年 12 月至 2004 年 12 月）

黄维平（2004 年 12 月至 2006 年 5 月）

孔小祥（2006 年 5 月至 2011 年 3 月）

副主任：周明金（1995 年 12 月至 1998 年 6 月）

任永顺（1998 年 6 月至 2006 年 5 月）

业德辉（1998 年 6 月至 2006 年 5 月）

夏云飞（2005 年 1 月至 2005 年 8 月）

陈　亚（2005 年 1 月至 2007 年 12 月）

胡　建（2005 年 1 月至 2011 年 3 月）

邢小秋（2006 年 5 月至 2011 年 3 月）

江宁经济技术开发区信用合作联社

主　任：（缺）

副主任：康谢林（1995 年 12 月至 1997 年 1 月，主持工作）

夏云飞（1997 年 1 月至 1998 年 11 月，主持工作）

六合（区）县信用合作联社

理事长：张民顺（2000 年 10 月至 2004 年 9 月）

陶正国（2004 年 9 月至 2007 年 8 月）

汤　宇（2007 年 9 月至 2011 年 3 月）

监事长：丁家美（2000 年 10 月至 2004 年 9 月）

张民顺（2004 年 9 月至 2011 年 3 月）

主　任：张民顺（1995 年 12 月至 2004 年 9 月）

汤　宇（2004 年 9 月至 2007 年 9 月）

胡晓宁（2007 年 9 月至 2011 年 3 月）

副主任：席　展（1995 年 12 月至 2004 年 9 月）

张金海（2000 年 10 月至 2004 年 9 月）

林正洋（2004 年 9 月至 2006 年 10 月）

徐　进（2005 年 1 月至 2011 年 3 月）

王清国（2006 年 11 月至 2011 年 3 月）

大厂区信用合作联社

主　任：陶正国（1995 年 12 月至 2004 年 9 月）

副主任：林正洋（1997 年 2 月至 2004 年 9 月）

理事长：陶正国（2000 年 10 月至 2004 年 9 月）

监事长：郭雪红（2000 年 10 月至 2004 年 9 月）

浦口区（县）信用合作联社：

理事长：许传山（2000 年 10 月至 2006 年 11 月）

刘广生（2006 年 11 月至 2011 年 3 月）

监事长：林毓和（2003 年 11 月至 2011 年 3 月）

主　任：许传山（1995 年 12 月至 2003 年 11 月）

刘广生（2003 年 11 月至 2006 年 11 月）

林正洋（2006 年 11 月至 2011 年 3 月）

副主任：潘继宝（潘四明，1995 年 12 月至 2011 年 3 月）

秦礼勇（2003 年 11 月至 2011 年 3 月）

黄爱军（2006 年 11 月至 2011 年 3 月）

江浦县信用合作联社

理事长：刘广生（2000 年 10 月至 2003 年 11 月）

监事长：吴传椿（2000 年 10 月至 2003 年 11 月）

主　任：徐才珍（1995 年 12 月至 1999 年 5 月）

　　　　刘广生（1999 年 5 月至 2003 年 11 月）

副主任：吴传椿（1995 年 12 月至 2000 年 10 月）

　　　　林毓和（1995 年 12 月至 2003 年 11 月）

　　　　秦礼勇（2000 年 10 月至 2003 年 11 月）

中共紫金农商银行委员会

第一届（2011 年 3 月至 2014 年 7 月）

党 委 书 记：解自来

党委副书记：黄维平　陶正国

委　　　员：张意如（2011 年 3 月至 2012 年 9 月）

　　　　　　汤　宇　刘广生（2011 年 3 月至 2012 年 9 月）

　　　　　　陈敬民（2013 年 7 月至 2014 年 7 月）

　　　　　　周石华（2012 年 9 月至 2014 年 7 月）　孔小祥

　　　　　　李昌盛（2012 年 12 月至 2014 年 7 月）　陶正国（纪委书记）

第二届（2014 年 7 月至今）

党 委 书 记：张小军

党委副书记：王留平　汤宇

委　　　员：黄维平　陈敬民　周石华　孔小祥

　　　　　　李昌盛　陶正国（纪委书记）

紫金农商银行董事会

第一届（2010 年 12 月至 2014 年 8 月）

董　事　长：黄维平

董　　　事：黄维平　解自来　张意如（2010 年 12 月至 2013 年 4 月）

　　　　　　汤宇（2013 年 4 月至 2014 年 8 月）

　　　　　　史纪良（2011 年 11 月至 2014 年 8 月）

　　　　　　白世春　陈永富　徐大胜　李心丹　张亚波

　　　　　　李金亮　季昌群　陆加芳　孙小明　陈宝龙

　　　　　　胡晓宁（2010 年 12 月至 2013 年 4 月）

　　　　　　邢小秋（2013 年 4 月至 2014 年 8 月）

董事会秘书：吴　飞（2012 年 12 月至 2014 年 8 月）

第二届（2014 年 8 月至今）

董　事　长：张小军

副 董 事 长：黄维平

董　　　事：张小军　黄维平　汤　宇　陈敬民　乐宜仁　王怀明

蒋志芬（2015 年 5 月至今）

毛玮红（2015 年 5 月至今）

张亚波　李金亮　王宏兵（2014 年 8 月至 2016 年 5 月）

唐　宁　余新平（2016 年 7 月至今）

李明员（2016 年 7 月至今）

董事会秘书：吴　飞

紫金农商银行监事会

第一届（2010 年 12 月至 2014 年 8 月）

监事长：陶正国

监　事：陶正国　沙庆林　高　波　薛炳海　花　伟

吴亚萍　林正洋

第二届（2014 年 8 月至今）

监事长：陶正国

监　事：陶正国　高　波　许　莉　薛炳海　花　伟

侯　军　刘　瑾　林正洋　高旭东

紫金农商银行高级管理层

行　长：张意如（2011 年 3 月至 2012 年 9 月）

汤　宇（2012 年 9 月至今）

副行长：汤　宇（2011 年 3 月至 2012 年 9 月）

陈敬民（2013 年 7 月至今）

周石华（2012 年 9 月至今）

孔小祥（2011 年 3 月至今）

李昌盛（2012 年 12 月至今）

刘广生（2011 年 3 月至 2012 年 9 月）

注：1995 年底各农村信用社与农行办事处分门办公；2000 年统一法人开始设理监事会；2003 年 11 月 5 日，江浦县与浦口区联社合并重组为浦口区联社；2004 年 11 月，大厂区与六合区联社合并重组为六合区联社；2005 年 1 月，栖霞区、雨花台区、城郊联社合并重组为市区联社；2010 年 12 月四家联社发起创立紫金农商银行。

二、烈士、劳动模范及省市级以上先进个人

革命烈士

■ 王四海（1985 年 1 月 3 日牺牲，南京市政府授予）

劳动模范

1984 年

■ 王承亮（人民银行总行授予）

1989 年

■ 胡明贵　王承亮（南京市政府授予）

1994 年

■ 周明金（南京市政府授予）

2012 年

■ 李昌盛（南京市政府授予）

2014 年

■ 汤宇　赵菁菁（南京市政府授予）

先进个人

1982 年

■ 陈民益（江苏省农行系统）

1983 年

■ 陈修年　张振宇　王明友　董敏芝　伍传芳　张京兰　陈明益　鲁明海　业德辉　丁晓明　杨道絮　李　敏　张长庆　傅家流　王承亮　魏钟泉　段世通　杨家明　信萍萍　赵明璐　王志元　蒋志中　汤　铭　章筱娟　郝端汉　胡毓兴　徐亚伯　贺安平　赵月明　金寿宏　蒋春梅　肖从礼　黄传经　彭广东　袁　勇　李宗保　李长云　栾荣富　戴仕明　周德秀　卢小洁　万同华　赵德洲　徐凤仪　张忠富　季益海　李时章　周小兔　吴仕钦　王正河　徐红仪　史昌金　袁　宁　刘秀顺　冯宗德　黄世如　王玉宝　邹纪星　朱维成　顾铁鸣　钱月龙　周敦平　胡明贵　薛菊花　刘长贵　刘继宏　邵明瑞　黄巧姑　王　勇　蔡祖秀　周正明　王如坤　吕秀珍　李金华　万宝成　景士俊　刘鹤智　李成荣　潘天化　李霞梅　朱永煌　肖根栋　杨金宝　陈广金　孔维芳（市级金融红旗手）

1984 年

■ 夏良慧（全国农行系统）

■ 郭明昌　信萍萍　李时章　胡明贵　袁勇　王承亮（省农行系统）

1985 年

■ 王承亮　信萍萍　孔凡玉　魏钟泉　汪祥龙　张长庆　鲁明海　吴　申　董敏芝　苏正华　沈国章　董　军　奚竞秋　陶传文　傅家流　刘秀顺　瞿其祥　张培贵　朱维成　曹世海　陈　策　宋建平　李时璋　邢光虹　李庭潮　史松昌　孔小祥　汤光明　徐跃春　徐凤仪　刘振勇　袁　勇　刘庆浪　周德秀　卞贞敏　姚清凰　万　红　王志元　张建明　沙宝璜　刘兆国　贺安平　王宝珠　滕兴桂　苏华山　杨建强　胡毓兴　陈家宝　张凤琴　孙慧芳　吕秀珍　王继承　张学勤　周锡春　蔡　祥　夏良慧　胡明贵　陆文华　严功德　赵承贵　司福祥　潘天化　钱长云　张美容　朱永煌　王存义　陆家芳　肖根栋　李建楼　王　彪（市农行系统）

1988 年

■ 王承亮　李时章　陈光春　胡明贵　张家法　江志纯　马五四　刘秀顺　周扣英　王伯进（省农行系统）

1989 年

■ 胡明贵（中国农业银行系统）

■ 王承亮　冯江容　卓远海　马五四　刘继宏　胡明贵　孟凡宝　郭隆珠（省农行系统）

■ 王承亮　易家祥　孙　娟　刘德祥　陈思祥　蒋晓红　刘千荣　王先珠　汪祥龙　张强华　孙本金　赵明瑜　谢基文　李毓顺　张　燕　经大顺　戴文明　王亨松　鲁明海　姚永照　沈　萍　张秀翠　陶万荣　冯江容　葛丽娟　花方远　程大春　王晓红　黄祥云　沈公保　蒋志忠　陈美琴　潘有立　赵福建　方可章　席　爱　龙国山　郭雪红　范学兵　袁建萍　卓远海　周德秀　戴永泉　李明权　姚清凰　张龙梅　朱宗明　高茂诚　马五四　钱修根　周正明　贾容钜　宋桂瑛　何　苗　冯玉荣　李慧宁　陈晓花　毕晓放　张相富　王鸿博　胡明贵　刘继宏　朱继林　赵林才　曾天祥　邵明瑞　尹兴年　赵锦波　董正保　黄巧姑　孟凡宝　刘自如　张美荣　伏宝祥　刘玉兰　张崇陵　朱永煌　王　娟　沈继富（市农行系统）

1990 年

■ 汪兆林　丁　明　张美荣　孙永红　庄新娣　周德秀　戴永泉　黄巧姑　嵇振业　陶菊香　袁　宁　汪祥龙　陶万荣　鲁明海　祝世如　王晓燕　范学兵　陈家宝　孟凡宝　张相富　周正明（南京市政府）

1991 年

■ 王承亮　经大顺　王明友　王来娣　郑梅珠　夏云飞　束炜光　吴学勤　严晓华　周文彪　王家洪　张　燕　张建平　尹光柱　王燕燕　张　露　刘志荣　鲁明海　徐　亮　王建敏　陈敬芝　朱凤姑　赵成富　夏训敏　陶菊香　张善弼　葛余刚　董海滨　袁　宁　龚三头　朱春邻　王　森　栾友琴　朱怀根　沈　华　肖　桦　陈年福　沈宏信　史为民　杨顺年　孔小华　史祥生　洪宝玉　杨福根　汤光明　杨　生　葛三欢　吕瑞华　陈家宝　黄祥云　余家清　谢其武　葛丽娟　郭雪红　蒋向阳　范学兵　崔敏华　王　宏　沙宝璜　曹升亮　张民顺　潘国强　方可章　王晓燕　沈公保　於为兴　陈晓梅　彭玉清　吴传椿　吕发富　林爱民　张秀瑶　李明权　刘明跃　王光金　李德和　陈晓花　杨韵红　胡晓珍　周正明　金　鑫　张相富　汤　宇　朱晓明　张维民　周锡春　夏培秋　陆建新　蒋成友　邵明瑞　蒋玉莲　夏　韬　王淑玲　李美云　吴家兰　胡银玉　周庆泉　耿传斌　嵇振业　孟凡宝　涂　琨　潘继宝　张美荣　孔万义　周燕萍　李成荣　王　娟　竺宗辉　靖伯路　朱　兵　沈继富　仝茂琴　黄长庚　周扣英　庄新娣　李　睿　包天雷　苏更宝　肖　毅　赖　峰　石美强　王诚健　郭隆珠　梁立志　徐增标　沙庆林　刘怀连　吴德平　陆加芳　朱　玉　陈明　刘绍民（市农行系统）

1996 年

■ 陈加林　陈占凤　李　红　李晓春　栾友琴　吴　莉　陈晓花　徐陵华　汤　宇　赖光杰　周素萍　武　胜　孔小祥　吕新木　葛继武　李小河　陈宏亮　易家祥　吴玉香　范学兵　曹　阳　孙　勇　达国胜　黄宜年　叶和香　孙海燕　陈红婴　徐仕震　秦礼勇　陈　峰　宋加贵　张晓青　陶爱萍　业德辉　尹光柱　陈义华　李阳宁　张发良　蒋成友　曹　婷　陈恩祥（市农改办授予）

1997 年

■ 张　萍　张正文　周福来　周宝春　王好勇　陆元珠　查学军　包仁海　钱长云　李　红　李阳宁　朱小龙　彭曙明　业德辉　曹晓华　卓传文　缪　萍　韩金凤　方可章　孙其川　范学兵　张金海　赵建军　唐　进　梁林林　武继飞　黄善宏（市农改办授予）

1999 年

■ 段家成　张发良　鲍　钦　吴有武　陆元珠　龚明铜　许发祥　黄　涛　张志国　王荣贵　陈　峰　徐仕霞　曹晓华　郭吉明　刘宗平　柳秀梅　陈明祥　王永勤　吴向海　张晓清　何积顺　张　俊　邹　强　杨福保　杨巧生　傅中根　陈玉和

陈晓花　耿传斌　吕　亮　史小兵（市农改办授予）

2002 年

■ 杨葆华　周宝春　俞立军　余志俊　李志强　范学兵　张劲松　张建华　丁正华　孙小莲　耿传斌（省联社授予）

2003 年

■ 朱继林　周宝春　陶正国　李加红　范秀俊　黄家义　王永勤　张建华　陈晓海　端淳华　李伟军（省联社授予）

2004 年

■ 杨洪武　盛业龙　余志俊　范学兵　高红英　谢　静　张道言　李伟军（省联社授予）

2005 年

■ 董红如　武芬萍　邵菊华　林　盛　王荣贵　史维林　王宜松　朱小龙　杨巧生　史小兵（省联社授予）

2009 年

■ 王　凯　汪俐频（省联社授予）

全国（全省）单项荣誉

1989 年

■ 花方远（中国农业银行优秀信贷员，中国农业银行授予）

■ 汤光明　袁宁（中国农业银行优秀会计员，中国农业银行授予）

■ 杨韵红　胡晓珍（中国农业银行系统优秀出纳员，中国农业银行授予）

■ 易家祥　雷　云　张　露　胥建云　狄武奇　谭成平　陈启培　端礼爱　龙国山　孔维钧　韩常龙　胡明贵　邵明瑞　张昌林　岳翠明　张崇陵　潘永林　林在宝（省农行优秀信贷员，中国农业银行授予）

■ 蒋晓红　秦庆荪　严晓华　周　娟　车小龙　戴文明　张　燕　沈夕华　王晓霞　刘　莉　潘巧玉　倪乐六　金贤华　韩　梅　王小红　袁建萍　崔敏华　蒋玉莲　尹兴年　陈晓琴　李玉香　伍传芳　张映霞　王国才　王　娟　汤　妹（省农行优秀会计员，中国农业银行授予）

■ 张　明　王先珠　秦　凤　李耀武　黄巧姑　稽正业　刘玉兰（省农行优秀出纳员，中国农业银行授予）

1994~1995 年

■ 周锡春　季益海（优秀信贷员，中国农业银行授予）

2010 年

■ 冯建梅（服务“三农”最佳服务标兵，中国银行业协会授予）

2012 年

■ 杜茂英（支农金融服务突出贡献个人，江苏银监局授予）

■ 赵　江（金融 IC 卡推进先进个人，人行南京分行营管部授予）

■ 严　明　陆　畅　包新平　李　琛（优秀电子银行专管员，省联社授予）

■ 李好浩（优秀共产党员，南京国资系统授予）

■ 业志宁（提升银行业数据质量突出贡献个人，江苏银监局授予）

2013 年

■ 梁超（全国银行从业人员消费者权益保护知识竞赛优秀个人奖，中国银行业协会授予）

■ 刘舒琴（文明规范服务明星大堂经理，中国银行业协会授予）

2014 年

■ 包卫东（南京市五一劳动奖章，南京市总工会授予）

■ 秦　天　刘　帅（南京市五一创新能手，南京市总工会授予）

■ 徐　磊（南京市优秀团员，团市委授予）

■ 孙　钰（2014 年度全国银行业理财信息登记工作优秀个人，中央结算公司授予）

先进集体

1984 年

■ 栖霞营业所信用社　江宁县岔路营业所信用社　江浦县永宁营业所信用社　高淳县淳溪镇信用社（省农行授予）

1988 年

■ 栖霞营业所信用社　江宁县营业所信用社　大厂区葛唐信用社　溧水县白马营业所信用社　江浦县城东信用社　雨花铁心桥营业所信用社（省农行授予）

1989 年

■ 岔路营业所信用社　上坊营业所信用社（南京市政府授予）

1990 年

■ 江宁县岔路营业所信用社　雨花台办事处铁心桥营业所信用社（南京市政府授予）

2002 年

■ 高淳县联社　迈皋桥信用社　长芦信用社　永丰信用社浦南分社　江东信用

社　铁心桥信用社　江宁开发区信用社　高淳县砖墙信用社　溧水县柘塘信用社　六合县龙袍信用社　江浦县汤泉信用社（省联社授予）

2003 年

- 大厂区联社　雨花台区联社营业部　栖霞区联社迈皋桥信用社　大厂区长芦信用社　浦口区联社营业部　江浦县联社永宁信用社　六合县联社新篁信用社　江宁区联社东善信用社　溧水县联社石湫信用社　高淳县联社狮树信用社　城郊联社紫金山信用社（省联社授予）

2004 年

- 高淳县联社　栖霞区联社迈皋桥信用社　浦口区联社永宁信用社　六合区联社大厂信用社　江宁区联社其林信用社　溧水县联社营业部　高淳县联社薛城信用社　城郊联社紫金山信用社（省联社授予）

2005 年

- 高淳县联社　南京市区联社迈皋桥信用社　浦口区联社永宁信用社　六合区联社长芦信用社　江宁区联社百家湖信用社　溧水县联社和凤信用社　高淳县联社南漪信用社（省联社授予）

2009 年

- 六合区联社（省联社授予）

单项集体荣誉

1989 年

- 栖霞区联社（信贷管理先进集体，中国农业银行授予）

1991 年

- 高淳县丹湖营业所信用社（抗洪救灾先进集体，中国农业银行授予）
- 高淳县丹湖营业所信用社　六合县新集营业所信用社（抗洪救灾先进集体，省农行授予）

1994~1995 年

- 大厂区联社（信贷管理先进单位，中国农业银行授予）

1999 年

- 大厂区联社营业部　江宁经济技术开发区信用社　六合县新篁信用社钟林分社　江浦县汤泉信用社（青年文明号，人行南京分行营管部授予）

2000 年

- 大厂区联社营业部（青年文明号，人行南京分行授予）

2001 年

- 江浦县汤泉信用社　栖霞区尧化信用社　大厂区联社营业部　雨花台区联社营业部　浦口区联社营业部（青年文明号，人行南京分行营管部授予）

2012 年

- 马鞍联合党支部　永宁联合党支部（先进基层党组织，南京市国资委授予）

2013 年

- 总行营业部（省级工人先锋号，省总工会授予）

2014 年

- 城中支行团委　江宁支行团委　六合支行团委（南京市五四红旗团委，南京团市委授予）
- 城东迈皋桥支行　江宁开发区岔路支行（工人先锋号，南京总工会授予）
- 江宁开发区支行　江宁土桥支行（职工书屋示范点，市总工会授予）
- 城中来凤支行　江宁湖熟支行（青年文明号，团市委授予）

2015 年

- 江浦支行（南京市 2014 年度单位内部安全保卫先进集体，市公安局授予）
- 江宁开发区东山支行　城南支行营业部（青年文明号，团市委授予）
- 铁心桥支行（江苏省及南京市工人先锋号，市总工会授予）
- 江宁支行营业部“紫金书友会”（2015 年度南京职工优秀阅读组织，市总工会授予）

紫金农商银行获得的荣誉

2011 年

- 最佳惠农商业银行奖（2011 经济形势展望暨第五届新华高峰论坛年度颁奖典礼，新华报业传媒集团授予）
- 2011 年度爱在南京中秋公益行爱心企业（南京市文明办、南京日报社联合授予）
- 第三届中国·南京金融博览会特别贡献奖（第三届中国·南京金融博览会组委会授予）
- 纪念建党 90 周年“颂歌献给党”“南京银行杯”歌咏大赛二等奖（南京市财贸工会联社会授予）
- 2011 年度三农服务和产品创新奖（人民银行南京分行、南京金融学会、大众证券报社联社授予）

2012 年

- 推动中小企业金融服务奖（中国中小企业协会、国际金融财务策划师协会、

南京市消费者协会和南京广电集团共同主办的2012中国·南京金融业引领城市经济思维年度盛会授予）

- 2012年度小微企业金融产品创新奖（人民银行南京分行、大众证券报社、南京金融学会共同举办的第五届南京地区银行服务品牌展评活动授予）
- 助农取款奖与最佳组织奖（人民银行南京分行、大众证券报社、南京金融学会共同举办的“第六届南京市民最喜爱银行卡评选”活动授予）
- 南京市人居环境建设突出贡献单位（最佳金融服务）
- 南京市人居环境建设优秀试点单位（南京市人民政府办公厅、南京市人居环境编辑办公室联社授予）
- 第二届江苏地区银行业文明服务满意度大型公益调查“最佳惠农商业银行奖”（新华日报、中国江苏网、新华社《财经国家周刊》、江苏省社科院、南京大学商学院联合授予）
- 2012年度安全保卫工作荣获集团三等奖（南京市公安局全市内保系统安全保卫工作年度总结表彰会授予）
- 2012年度监管统计工作二等奖（江苏银监局数据质量、统计数据分析应用和统计管理年度考核表彰会授予）
- 2012年度金融统计工作三等奖（人民银行南京分行营业管理部年度金融统计工作总结表彰会授予）
- 2010~2012年度江苏省文明单位（省委省政府授予）
- 2010~2012年度市级文明单位（中共南京市委、南京市人民政府联合授予）
- 2012年科技管理工作先进单位（省联社授予）
- 2012年度江苏省人民币流通满意工程先进单位（人民银行南京分行授予）
- 2012年度南京市共青团新闻宣传工作先进集体（南京团市委授予）
- 2012年度南京市五四红旗团（工）委（南京团市委授予）
- 青年文明号（南京团市委授予）
- 南京市2012年金融统计工作三等奖（人民银行南京分行营业管理部授予）
- 2012年度住房公积金缴存先进单位（南京住房公积金管理委员会授予）
- 2012年度龙舟赛先进单位（南京市龙舟运动协会授予）

2013年

- 中国地方金融2013十佳竞争力银行（全国地方金融论坛办公室、金融时报社、中国地方金融研究院联合授予）

- 2013 年度江苏省银行业金融机构先进现金整点中心（人民银行南京分行授予）
- 2013 年先进集体、先进集体三等功（南京市公安局授予）
- 2013 年最佳财富管理银行（南京日报社授予）
- 2013 年最佳中小企业融资银行（南京日报社授予）
- 2013 年最佳中小企业服务银行（华夏时报授予）
- 2013 年度创建放心消费城市服务中小企业先进单位（江苏省放心消费创建活动办公室授予）
- 2013 年度最佳小企业融资服务银行（南京报业传媒集团授予）
- 诚信经营示范企业（江苏省市场管理协会授予）
- 2013（第四届）南京金融风云榜“引领改革·卓越创新奖”（现代快报授予）

2014 年

- 2014 年中国地方金融十佳竞争力银行（全国地方金融论坛授予）
- 十佳支持三农银行（中国新型金融机构论坛组委会、中国地方金融研究院联合授予）
- 2014 年最佳中小企业融资银行（南京日报社授予）
- 服务三农最赞银行（现代快报授予）
- 2014 年最受小微企业信赖地方商业银行（华夏时报授予）
- 圆鼎借记卡在第七届南京市民最喜爱的银行卡暨银联卡评选中荣获便民支付奖（人民银行南京分行营业管理部授予）
- 金融 IC 卡快捷闪付奖（圆鼎卡，人民银行南京分行营业管理部授予）
- 全国银行业理财信息登记工作先进单位（2014 年度）
- 2014 年度金融业服务小微企业竞赛三等奖（南京市总工会、南京金融发展促进会联合授予）
- 2014 年度服务“三农”优秀金融产品奖（家庭农场、南京市总工会、南京金融发展促进会联合授予）

2015 年

- 2015 年度金融业服务小微企业有功单位第二名（南京市总工会、南京金融发展促进会联合授予）
- 2015 年度金融业服务小微企业优秀金融产品奖（紫金·小微贷，南京市总工会、南京金融发展促进会联合授予）
- 十佳农商银行（全国地方金融论坛办公室、中国地方金融研究院、江苏银行

业协会联合授予）

- 年度竞争力优势银行（新华报业传媒集团、江苏省金融业联合会联合授予）
- 全国十佳创新服务小微企业银行（新型金融机构论坛授予）
- 江苏省模范职工之家（江苏省总工会授予）
- 金融创新奖（绿化贷项目，南京市金融系统授予）

后记

为纪念中国共产党建党95周年暨紫金农商银行建行5周年，2015年5月，紫金农商银行启动了行史编纂工作。根据总行党委研究决定，总行董事会办公室牵头负责组织和编纂工作。此后，制定了《江苏紫金农村商业银行股份有限公司行史建设工作方案》，并成立了行史编写办公室。行史建设工作领导小组组长张小军，执行组长黄维平，其他行领导为小组成员。行史办公室主任吴飞，副主任吴亚萍，总行各部室、各一级支行负责人为办公室成员，下设秘书组与外勤组。秘书组组长徐加林，组员戴文芳、刘颖，负责史料的查阅、梳理、整合、保管，以及相关文字的编写、校对等。外勤组组长由吴亚萍兼任，组员黄玉霞、王富流、戴大超、周文军，负责行史建设宣传发动与组织，包括档案及藏品的征集和整理，组织人员访谈、外部沟通协调等。特聘老领导沙庆林、刘广生为顾问，对行史编纂进行统筹和指导。

在各级领导、监管部门的支持下，行史编写组查阅、收集了大量历史档案和资料，包括1924年至紫金农商银行成立期间与农信社有关的报纸、档案、统计年鉴、金融志、地方志、人民银行和农业银行南京分行的工作总结、统计数据、照片、影像资料等，以及紫金农商银行建行以来的档案资料。为准确把握紫金农商银行业务发展变化的脉络，行史编写组在收集、整理资料阶段还组织总行各部室就建行后各主要业务的发展历程和主要事件编写了各条线的发展概况，同时多次召开退休老同志座谈会，对一些重要事件进行回顾和座谈。

全书由南京地方史学者、金融志专家肖振才总纂，并承担第一至五章的撰写，戴文芳承担第六、七两章初稿的撰写，徐加林承担第八章初稿的撰写，刘颖承担第九至十一章初稿的撰写。

在收集资料和编写过程中，得到了南京市及各区政府、各级监管机构及社会各界的大力支持和帮助。人民银行南京分行、银监局、省联社等监管、主管机关对本书的编纂给予了极大的鼓励，并提供了很多重要信息和资料；南京市档案馆、人行南京分行营管部提供了查找资料的方便；中国农业银行江苏省分行营业部安排员工查找资料并复印成册、重要数据制成表格；中共南京市委党史办领导蒋晓星、余翔、王平出席行史编纂工作会议，并提出很好的建议。许多退休老同志积极配合行史编纂前的调研访谈，提供宝贵资料；总行各部门、一级支行及二级支行对本书的编纂给予大力配合，提供了许多行史线索、图文和相关资料。顺此，一并表示衷心的感谢！

由于编者水平有限，受人力、物力和资料挖掘的限制，个别历史阶段撰写得不够充分，历史事件和人物的挖掘不够典型等，表述欠妥和疏漏之处在所难免，恳请读者批评指正，以便在今后的修订中予以更正完善。

编　者

2016 年 6 月